Kurs- und Übungsbuch

DaF kompakt neu A2

Birgit Braun
Margit Doubek
Nadja Fügert
Ondřej Kotas
Martina Marquardt-Langermann
Martina Nied Curcio
Ilse Sander
Nicole Schäfer
Kathrin Schweiger
Ulrike Trebesius-Bensch
Rosanna Vitale
Maik Walter

Ernst Klett Sprachen
Stuttgart

👥 Arbeiten Sie mit einem Partner / einer Partnerin oder in der Gruppe.
🔊 Sie hören einen Text von der MP3-CD.
❗ Hier steht eine Grammatikregel.
⚙️ Hier lernen Sie eine Strategie kennen.
↗ Hier finden Sie eine passende Übung im Übungsbuch.
❗ Hier finden Sie eine Phonetikregel.

1. Auflage 1 8 7 6 | 2022 21 20

© Ernst Klett Sprachen GmbH, Stuttgart 2016. Alle Rechte vorbehalten.
Internetadresse: www.klett-sprachen.de/dafkompakt-neu

Alle Drucke dieser Auflage sind unverändert und können im Unterricht nebeneinander benutzt werden. Die letzte Zahl bezeichnet das Jahr des Druckes. Das Werk und seine Teile sind urheberrechtlich geschützt. Jede Nutzung in anderen als den gesetzlichen zugelassenen Fällen bedarf der vorherigen schriftlichen Einwilligung des Verlags.

Autoren: Birgit Braun, Margit Doubek, Nadja Fügert, Ondřej Kotas, Martina Marquardt-Langermann, Martina Nied Curcio, Ilse Sander, Nicole Schäfer, Kathrin Schweiger, Ulrike Trebesius-Bensch (Phonetik), Rosanna Vitale, Maik Walter
Fachliche Beratung: Daniela Rotter, Universität Graz

Redaktion: Sabine Harwardt
Redaktionelle Mitarbeit: Simone Weidinger
Layoutkonzeption: Alexandra Veigel; Karin Maslo, Stuttgart
Herstellung: Alexandra Veigel
Gestaltung und Satz: typopoint GbR, Ostfildern
Illustrationen: Hannes Rall
Umschlaggestaltung: Silke Wewoda
Reproduktion: Meyle + Müller GmbH + Co. KG, Pforzheim
Druck und Bindung: DRUCKEREI PLENK GmbH & Co. KG, Berchtesgaden
Printed in Germany

978-3-12-676314-1

Zielgerichtet Deutsch lernen mit DaF kompakt neu A2

Sie wollen in Deutschland, Österreich, der deutschsprachigen Schweiz oder in Liechtenstein studieren oder arbeiten? Sie wollen die dortige Bildungs- und Berufswelt kennen lernen und möglichst schnell das Niveau B1 erreichen? Dann ist **DaF kompakt neu** genau das richtige Lehrwerk für Sie.

DaF kompakt neu orientiert sich eng an den Kannbeschreibungen des Gemeinsamen europäischen Referenzrahmens für die Niveaus A1-B1 und führt rasch und zielgerichtet zum Goethe-/ÖSD-Zertifikat B1. Es eignet sich besonders für Lernende, die schon eine andere Fremdsprache in der Schule oder im Studium gelernt haben oder bereits über Vorkenntnisse verfügen.

Aufbau

Die gründliche Bearbeitung baut das bewährte Konzept von DaF kompakt aus: In 30 Lektionen finden Sie den Lernstoff von A1 bis B1 in konzentrierter Form, verteilt auf drei inhaltliche Doppelseiten und eine weitere Doppelseite mit Überblick über den zentralen Lektionswortschatz, wichtige Redemittel und die in der jeweiligen Lektion behandelte Grammatik.

Die von Stufe zu Stufe steigenden Anforderungen des Gemeinsamen europäischen Referenzrahmens spiegeln sich im unterschiedlichen Umfang der einzelnen Teile wider: Der Band A1 umfasst 8 Lektionen, der Band A2 10 Lektionen und der Band B1 12 Lektionen.

Kursbuch

Die Lektionen im Kursbuch enthalten jeweils eine Lektionsgeschichte aus dem universitären oder beruflichen Umfeld und zeigen Kontexte, in denen Sie sich als Studierende oder Berufseinsteiger bewegen. Als Lernende finden Sie sich damit von Anfang an in einer für Sie relevanten Situation und bauen kontinuierlich den Wortschatz auf, der für Sie von zentraler Bedeutung ist. Durch diese situationsorientierte Herangehensweise entsprechen die Sprachhandlungen Ihren realen kommunikativen Bedürfnissen und bereiten Sie optimal auf Ihr Studium oder das Arbeitsleben in einem deutschsprachigen Land vor. Dabei werden Sie immer wieder auch zum kulturellen Vergleich aufgefordert.

Damit Sie klar erkennen können, welche Lernziele mit der jeweiligen Lektionsgeschichte verknüpft sind, sind die Lernziele jeder Doppelseite oben rechts in einer Orientierungsleiste aufgeführt.

Die Grammatikthemen in **DaF kompakt neu** ergeben sich aus dem Kontext der Themen, Texte und Sprachhandlungen; die Grammatik ist somit auf die Lernziele abgestimmt. Im Kursbuch werden die jeweiligen Grammatikphänomene so vorgestellt, dass Sie die Regeln zu Bedeutung, Form und Funktion zielgerichtet und in kompakter Form eigenständig erarbeiten können.

Übungsbuch

Das Übungsbuch ergänzt das Kursbuch und bietet die Möglichkeit, das im Unterricht Gelernte im Selbststudium zu vertiefen. Es folgt dem Doppelseitenprinzip des Kursbuchs und unterstützt den gezielten Aufbau aller Fertigkeiten von Anfang an. Als Abschluss und Ergänzung einer jeden Lektion bietet es unter der Rubrik „mehr entdecken" Lern- und Arbeitsstrategien zu Lese- und Hörverstehen, Textproduktion, Wortschatzerweiterung, die Möglichkeit zur Sprachreflexion sowie Anregungen für passende Projekte über den Stoff im Kursbuch hinaus.

Der Zusammenhang von Übungs- und Kursbuch wird durch klare Verweise im Kursbuch verdeutlicht. Hier wird z. B. auf Aufgabe 1 im Teil A der jeweiligen Lektion im Übungsbuch verwiesen.   A 1

Den Abschluss jeder Übungsbuchlektion bildet ein ausführliches Trainingsprogramm zur Phonetik.

Im Anhang des Übungsbuchs finden Sie einen Modelltest zum Goethe-Zertifikat A2.

MP3-CD

Das Kursbuch enthält eine MP3-CD mit allen Hörtexten, die in Kurs- und Übungsbuch vorkommen. Bei den Hörtexten ist durchgehend die passende Tracknummer angeben.   4

Das Autorenteam und der Verlag wünschen Ihnen viel Spaß und Erfolg beim Deutschlernen und beim Eintauchen in die Universitäts- und Berufswelt der deutschsprachigen Länder mit **DaF kompakt neu**!

Inhaltsverzeichnis Lektionen

Lektion	Handlungsfelder	Grammatik
9 Ein Grund zum Feiern A Das müssen wir feiern! B Den Studienabschluss feiern C Feste hier und dort	› Feiern und Feste › Einladung › Geschenke › Feste und Bräuche	› n-Deklination im Nom., Akk., Dat. › Personalpronomen im Dat. › Dativergänzung mit bestimmtem und unbestimmtem Artikel, Negativ- und Possessivartikel › Stellung von Dativ- und Akkusativergänzung › Adjektive im Nom., Akk., Dat. nach unbestimmtem Artikel, Negativ- und Possessivartikel
10 Neue Arbeit – neue Stadt A Wohnen in einer neuen Stadt B Ist die Wohnung noch frei? C Unsere neue Wohnung	› Lage einer Wohnung › Wohnung mieten › Wohnung einrichten	› Vergleiche: Komparativ und Superlativ (prädikativ) › Vergleiche mit „so / genauso … wie", „nicht so … wie", „als" › Possessivpronomen im Nom., Akk., Dat. › Wechselpräpositionen
11 Neu in Köln A Auf nach Köln! B Kunst- und Medienstadt Köln C „Et es wie et es"	› Sehenswürdigkeiten in Köln › Studium im Ausland › Ausgehmöglichkeiten in einer Stadt › Dialekte › Fremdheitserfahrungen	› Nebensätze mit „weil" und „dass" › Reflexivpronomen im Akk., Dat. › Adjektive im Nom., Akk., Dat. nach bestimmtem Artikel
12 Geldgeschichten A Ich möchte ein Konto eröffnen B Wie konnte das passieren? C Wie im Märchen	› Bankgeschäfte › Anzeige bei der Polizei › Fundbüro › Märchen und Geschichten	› konditionale Nebensätze mit „wenn" › temporale Nebensätze mit „als" › Präteritum von regelmäßigen, unregelmäßigen, gemischten Verben und Modalverben › Verben mit Dativergänzung
13 Ohne Gesundheit läuft nichts! A Ich fühle mich gar nicht wohl B Was fehlt Ihnen denn? C Alles für die Gesundheit	› Stresssymptome › Krankheiten › Arztbesuch › menschlicher Körper › Leben von W. C. Röntgen › Deutsches Röntgenmuseum	› temporale Nebensätze mit „seit(dem)" und „bis" › Bedeutung von Modalverben › „brauchen … nicht zu" / „brauchen … kein … zu" + Infinitiv › kausale Verbindungsadverbien: „darum", „deshalb", „deswegen", „daher"
14 Griasdi in München A Auszeit in München B „Mein Kleiderbügel" C Zwei Münchner Originale	› Kleidung › Kleiderkauf › Feste in München	› der Diminutiv › Frageartikel und -pronomen: „welch" › Demonstrativartikel und -pronomen: „dies-", „der" / „das" / „die" › Indefinitartikel und Indefinitpronomen: „jed-", „kein-", „all-", „viel-", „wenig-"

Sprachhandlungen		Seite
› Radiosendung über Hörergrüße verstehen › Partyeinladung verstehen › Einladung, Zusagen, Absage schreiben › Party planen › überlegen und begründen, welches Geschenk zu wem passt › Vorschläge machen	› sich über Geschenkideen austauschen › Artikel über Feste und Bräuche verstehen und Notizen dazu machen › Radiosendung über Weihnachtsgeschenke verstehen › über Feste in der Heimat sprechen und schreiben	12
› Gespräch über Wohnlage verstehen › Wohnungsanzeigen verstehen und über Lage, Ausstattung sprechen › Telefongespräch zwischen Vormieter und Interessentin verstehen und Notizen machen › einen Besichtigungstermin am Telefon mit Vermieter ausmachen	› Hausordnung verstehen und darüber sprechen › Informationen zur Wohnung, Einrichtung nachverfolgen und diese beschreiben › Veränderungen im Raum beschreiben	20
› Telefongespräch über Studienplan und Wohnungssuche in Köln verstehen › Zeitungsartikel zum Thema „Im Ausland studieren" verstehen und Gründe für Leben im Ausland nennen › Blogeintrag über Eindrücke in Köln verstehen	› Radiosendung über Veranstaltungstipps verstehen › über eigene Wochenendplanung sprechen › Artikel über „Kölsch" verstehen und Inhalt wiedergeben › Radiointerview verstehen › über Erfahrungen in der Fremde sprechen	28
› Gespräch am Bankschalter verstehen und spielen › Bericht über Vorfall in Geschäften verstehen und selbst einen Vorfall beschreiben › Gespräch im Fundbüro verstehen	› Zeitungsartikel über Fundbüros verstehen › Märchen „Vom Dieb und dem Birnenkern" verstehen und nacherzählen › über Märchen aus eigener Kultur berichten	36
› Beschwerden verstehen und passenden Arzt finden › Telefongespräch mit Arzthelferin verstehen und nachspielen › Gespräch zwischen Arzt und Patient nachverfolgen und nachspielen › Beipackzettel verstehen	› biografischen Text über Wilhelm Conrad Röntgen verstehen › über Forschung und Entdeckungen sprechen › über die eigene Gesundheit sprechen	44
› Gespräch über Wochenendplanung verstehen › Flyer von Bekleidungsgeschäft verstehen › Gespräch über Kleidungsstücke verstehen und über Kleidungsstücke sprechen › Gespräch zwischen Kundin und Verkäuferin verstehen und nachspielen	› Zeitungsbericht über Shopping-Alternativen verstehen › Zeitungsartikel und Blogeintrag über Oktoberfest und Kocherlball verstehen und Informationen zusammenfassen › über Volksfest in Heimat berichten	52

Inhaltsverzeichnis Lektionen

Lektion	Handlungsfelder	Grammatik
15 Eine Reise nach Wien A Unterwegs zur Viennale B Spaziergang in der Innenstadt C Was wollen wir unternehmen?	› Übernachtungsmöglichkeiten › Reiseplanung › Viennale › Stadtbesichtigung › Wegbeschreibung › Reiseblog	› Wortstellung von Orts- und Zeitangaben im Satz › Indirekte Fragesätze › Ortsangaben: „bei", „(bis)zu", „links / rechts / gegenüber von", „entlang", „rein" / „raus", „herein" / „heraus" / „hinein" / „hinaus"
16 Ausbildung oder Studium? A Nach der Grundschule B Ich bin Azubi C Das duale Studium	› Schulsystem in Deutschland › Ausbildungsberufe › Berufswahl › duales Studium	› höfliche Fragen, Wünsche, Träume, Empfehlungen, Vorschläge: Konjunktiv II von „haben", „können", „dürfen", „werden", „sollen" › Genitivergänzung mit bestimmtem und unbestimmtem Artikel › Adjektive im Gen. nach unbestimmtem und bestimmtem Artikel › Relativsätze und -pronomen im Nom., Akk., Dat.
17 Erste Erfahrungen in der Arbeitswelt A Hoffentlich bekomme ich den Platz! B Warum gerade bei uns? C Der erste Tag im Praktikum	› Bewerbung um Praktikantenstelle › Firmengeschichte: Ritter Sport › 1. Tag im Praktikum	› Passiv: Präsens und Präteritum › Wortstellung im Satz
18 Endlich Semesterferien! A Wohin in den Ferien? B Ab in die Ferien! C Urlaubsspaß in den Alpen	› Urlaubsregionen und -angebote in Deutschland › Unterkunft und Verpflegung › Urlaub in den Alpen › Sportarten	› Vergleichssätze mit „so / genauso … wie", „nicht so … wie", „als" › Vorsilbe „un-" › temporale Nebensätze mit „wenn" und „als" › „werden" + Nominativergänzung oder Adjektiv

Unregelmäßige Verben | 92

Sprachhandlungen   Seite

› Zeitungsartikel über „Couch surfen" verstehen und Meinung dazu äußern
› Vermutungen zu Aussagen über Viennale anstellen und diese anschließend anhand eines Sachtextes überprüfen
› über ein Festival berichten
› Informationstexte über Wiener Sehenswürdigkeiten verstehen
› Wegbeschreibung verstehen

› Radiointerview mit einem Marktstandler verstehen   60
› einen Minireiseführer von Heimatstadt erstellen und präsentieren
› Gespräch über Nachmittagsplanung verstehen
› Blogeintrag über Viennale-Besuch verstehen
› Notizen zu Informationen über eine Führung machen
› darüber sprechen, welche Filme man wie / wo gerne sieht

› Informationstext über das deutsche Schulsystem verstehen und Notizen machen
› über Ausbildungswege sprechen
› Vorschläge zur Berufswahl verstehen, geben und darauf reagieren

› Informationen zu Berufen verstehen   68
› über Aufgaben / Eigenschaften von Berufen sprechen
› Gespräch in der Berufsberatung verstehen
› Dinge beschreiben

› Aufbau eines Lebenslaufs sowie Bewerbungsbriefs verstehen und selbst schreiben
› Notizen zu Artikel über Firmengeschichte machen
› Notizen zu Vorstellungsgespräch machen und Vorstellungsgespräch nachspielen

› sich über Abteilungen und deren Aufgaben austauschen   76
› Meinungen, Vorlieben und Abneigungen zu Aufgaben äußern
› Tagebucheintrag über 1. Tag beim Praktikum schreiben

› Werbetexte zu Urlaubszielen in Deutschland und Anzeigen von Unterkünften vergleichen
› Einträge in einem Reisepartnerforum verstehen und bewerten
› Gespräch über Reiseplanung verstehen

› über eigene Urlaubsplanung sprechen   84
› schriftliche Anleitung zum Zeltaufbau verstehen
› schriftlich von einem Urlaubserlebnis in Form eines Blogeintrags berichten

sieben 7

Inhaltsverzeichnis Arbeitsteil

Lektion	Sprachhandlungen / Wortschatz	
9 Ein Grund zum Feiern A Das müssen wir feiern! B Den Studienabschluss feiern C Feste hier und dort	› Wortschatz zum Thema „Feiern und Feste" › Redemittel für Einladungen, Zusagen und Absagen	› Redemittel zum Thema „etwas zu Essen anbieten" › Stellungnahme zu einem Fest im eigenen Land schreiben
10 Neue Arbeit – neue Stadt A Wohnen in einer neuen Stadt B Ist die Wohnung noch frei? C Unsere neue Wohnung	› Himmelsrichtungen › Wortschatz zum Thema „Haus", „Wohnung", „Hausordnung", Einrichtungsgegenstände" und „Möbel" › über Anzeigen sprechen	› über die Lage von Wohnungen und Städten sprechen › Fragen von Interessenten, Antworten vom Vermieter formulieren › einen Mietvertrag ausfüllen › Gegenstände im Raum lokalisieren
11 Neu in Köln A Auf nach Köln! B Kunst- und Medienstadt Köln C „Et es wie et es"	› Wortschatz „Sprache" und „Dialekte" › Wortschatz „Stadt" › Säulendiagramm schriftlich beschreiben	› Kölsch-Quiz › Artikel über einen Sachsen in Köln verstehen
12 Geldgeschichten A Ich möchte ein Konto eröffnen B Wie konnte das passieren? C Wie im Märchen	› Wortschatz zum Thema „Bank" › über Geldangelegenheiten sprechen › Überweisungsformular ausfüllen › Informationen verschiedenen Persönlichkeiten zuordnen	› formelle Dankesmail schreiben › Tathergang beschreiben › Anzeige bei der Polizei erstatten
13 Ohne Gesundheit läuft nichts! A Ich fühle mich gar nicht wohl B Was fehlt Ihnen denn? C Alles für die Gesundheit	› über Schmerzen sprechen › Ärzte empfehlen › Termine beim Arzt verschieben › Vermutungen formulieren › Ratschläge geben	› Wortschatz zum Thema „Medikamente", „Körperteile", „Schmerzen" › einen Beipackzettel verstehen › Körperteile benennen › über das augenblickliche Befinden sprechen
14 Griasdi in München A Auszeit in München B „Mein Kleiderbügel" C Zwei Münchner Originale	› Wortschatz zum Thema „Wetter" › Kleidungsstücke beschreiben und zuordnen › Artikel über Kleidungsstile von Studenten verstehen	› Einkaufsgespräche spielen › Umtauschgespräche führen › Zeitungsartikel nach Informationen zu Zahlen, Daten durchsuchen › Text über den Kocherlball schreiben

8 acht

Grammatik	Mehr entdecken	Phonetik	Seite
› n-Deklination im Nom., Akk., Dat. › Personalpronomen im Dat. › Dativergänzung mit bestimmtem und unbestimmtem Artikel, Negativ- und Possessivartikel › Stellung von Dativ- und Akkusativergänzung › Verben mit Dativergänzung › Adjektive im Nom., Akk., Dat. nach unbestimmtem Artikel, Negativ- und Possessivartikel	› Strategie: Lesestile – Hörstile › Reflexion: Possessivpronomen › Projekt: Feste und Bräuche	› Ich- und Ach-Laut	94
› aduso-Konnektoren: „aber", „denn", „und", „sondern" › „nicht / kein …, sondern" › Vergleiche: Komparativ und Superlativ (prädikativ) › Vergleiche mit „so / genauso … wie", „nicht so … wie", „als" › Possessivpronomen im Nom., Akk., Dat. › Wechselpräpositionen › Präsens- und Perfektformen: „stehen / stellen", „liegen / legen", „hängen"	› Strategie: Lesestile: Globales Lesen › Reflexion: Dativ- und Akkusativergänzungen › Projekte: Länderquiz, Fotoprojekt „Orte"	› S-Laute	102
› Nebensätze mit „weil" und „dass" › Reflexivpronomen im Akk., Dat. › reflexive Verben im Präsens und Perfekt › Adjektive im Nom., Akk., Dat. nach bestimmtem Artikel	› Strategie: Adjektivendungen automatisieren („Koffer packen") › Reflexion: reflexive Verben › Projekt: Elfchen zum Thema „Fremdsein"	› langes und kurzes „ö"	110
› konditionale Nebensätze mit „wenn" › temporale Nebensätze mit „als" › Präteritum von regelmäßigen, unregelmäßigen, gemischten Verben und Modalverben › „jemand" ≠ „niemand", „etwas" ≠ „nichts"	› Strategie: Geschichten / Märchen – Texte planen und erzählen › Reflexion: Redewendungen zum Thema „Geld" › Projekt: Banken in unserer Stadt	› ng / nk-Laut	118
› temporale Nebensätze mit „seit(dem)" und „bis" › Bedeutung von Modalverben › „brauchen … nicht zu"/ „brauchen … kein … zu" + Infinitiv › kausale Verbindungsadverbien: „darum", „deshalb", „deswegen", „daher"	› Strategie: Wortfeld Krankheit: Sprichwörter international › Reflexion: Angabe von Gründen › Projekt: Wissenschaftler aus DACH	› langes und kurzes „ü"	126
› der Diminutiv › Frageartikel und -pronomen: „welch-" › Demonstrativartikel und -pronomen: „dies-", „der"/„das"/„die" › Indefinitartikel und Indefinitpronomen: „jed-", „kein-", „all-", „viel-", „wenig-"	› Strategie: Literaturrecherche, Sprechstunde an der Universität › Reflexion: Sprichwörter „Wetter", Diminutiv › Projekt: München und Hildesheim	› das Schwa	134

neun 9

Inhaltsverzeichnis Arbeitsteil

Lektion	Sprachhandlungen / Wortschatz	
15 Eine Reise nach Wien **A** Unterwegs zur Viennale **B** Spaziergang in der Innenstadt **C** Was wollen wir unternehmen?	› Wortschatz zum Thema „Reisen / Übernachten" › Checkliste zu Fehlerkorrektur ergänzen › Wegbeschreibungen machen und verstehen (Auto, öffentliche Verkehrs- mittel)	› Artikel über Viennale-Besucher verstehen › Informationen einholen; höflich fragen und antworten › Blogeinträge über Wiener Sehens- würdigkeiten schreiben
16 Ausbildung oder Studium? **A** Nach der Grundschule **B** Ich bin Azubi **C** Das duale Studium	› Wortschatz zu den Themen „Schule", „Ausbildung" und „Berufe" › Infotext über das Schulwesen in Deutschland verstehen und in einer Grafik visualisieren › sich über das Ausbildungs-, Studien- system in seiner Heimat austauschen › höfliche Bitten, Vorschläge und Ratschläge formulieren	› eine Präsentation über das duale Studium verstehen › den eigenen Bildungsweg in Form einer Präsentation vorstellen › Ratschläge geben › sich über Tipps für eine Präsentation austauschen
17 Erste Erfahrungen in der Arbeitswelt **A** Hoffentlich bekomme ich den Platz! **B** Warum gerade bei uns? **C** Der erste Tag im Praktikum	› Bewerbungsbrief verstehen: Inhalt und Struktur › Anschreiben schreiben › Unterschiede zwischen formellen und informellen Briefen erkennen › Rezept Schoko-Haselnuss-Creme in Textform aufschreiben	› Abteilungen und ihre Aufgaben › sich über berufliche Interessen austauschen › Antwortmail mithilfe vorgegebener Punkte schreiben
18 Endlich Semesterferien! **A** Wohin in den Ferien? **B** Ab in die Ferien! **C** Urlaubsspaß in den Alpen	› Wortschatz zum Thema „Urlaub" und „Unterkunft" › über Urlaubsziele sprechen › E-Mail zu Urlaubsplänen schreiben	› Aussagen negieren › Arbeitsanleitung schreiben und verstehen

P Modelltest Goethe-Zertifikat A2 | 174   **L** Lösungen – Übungsbuchteil | 182   **T** Transkriptionen | 194   **Q** Quellen | 211

Grammatik	Mehr entdecken	Phonetik	Seite
› Bedeutung von Modalpartikel „ja" › Wortstellung von Orts- und Zeitangaben im Satz › Indirekte Fragesätze › Ortsangaben: „bei", „(bis)zu", „links / rechts / gegenüber von", „entlang", „rein" / „raus", „herein" / „heraus" / „hinein" / „hinaus"	› Strategie: Paralleltexte › Reflexion: Reihenfolge von Zeit- und Ortsangaben › Projekt: über einen Film berichten	› Diphthonge	142
› höfliche Fragen, Wünsche, Träume, Empfehlungen; Vorschläge: Konjunktiv II von „haben", „können", „dürfen", „werden", „sollen" › Genitivergänzung mit bestimmtem und unbestimmtem Artikel › Adjektive im Gen. nach unbestimmtem und bestimmtem Artikel › Relativsätze und -pronomen im Nom., Akk., Dat.	› Strategie: Wortfeld Berufe – aus Wortzusammensetzungen Berufsfelder erkennen › Reflexion: Genitivergänzungen › Projekt: eine Präsentation vorbereiten	› unbetonte Endungen und Akzentvokal	150
› Passiv: Präsens und Präteritum › Vergleich zwischen Aktiv- und Passivsätzen › „Agens" in Passivsätzen › Passivsätze ohne „Agens" › Wortstellung im Satz	› Strategie: Notizen machen › Reflexion: Passivsätze ohne „Agens" › Projekt: Bewerbermesse	› Konsonantenhäufung und Silbentrennung	158
› Vergleichssätze mit „so / genauso … wie", „nicht so … wie", „als" › Vorsilbe „un-" › temporale Nebensätze mit „wenn" und „als" › „werden" + Nominativergänzung oder Adjektiv	› Strategie: Doppelbedeutungen („Teekesselchen") › Reflexion: temporale Nebensätze › Projekt: ungewöhnliche Reiseziele	› E-Laute	166

9 Ein Grund zum Feiern

A Das müssen wir feiern!

1 Was feiert man hier?

Betrachten Sie die Fotos: Was machen die Menschen? Ordnen Sie zu.

a. ☐ den Studienabschluss feiern   c. ☐ Geburtstag feiern
b. ☐ Hochzeit feiern   d. ☐ einen Kollegen verabschieden

2 Herzlichen Glückwunsch! – Wir gratulieren!

🔊 1 **a** Hören Sie den Anfang eines Gesprächs zwischen Nele und Marco. Was ist richtig: **a** oder **b**?
Kreuzen Sie an.

a. ☐ Nele möchte die Radiosendung „Hörergrüße" hören.
b. ☐ Nele möchte ihre Schulfreundin Pia anrufen.

🔊 2 **b** Hören Sie die Radiosendung. Warum gratuliert man den Leuten?
Kreuzen Sie die richtigen Antworten an.

1. ☐ Sie haben ihr Studium abgeschlossen.   3. ☐ Sie haben Geburtstag.
2. ☐ Sie heiraten.   4. ☐ Sie haben eine neue Arbeit gefunden.

🔊 2 **c** Hören Sie die Radiosendung in 2b noch einmal: Wer macht was? Kreuzen Sie an.

	feiert Geburtstag	hat den Master gemacht	gratuliert zum Geburtstag	gratuliert zum Master
Benjamin	☐	☐	☐	☐
Kristin	☐	☐	☐	☐
Miriam	☐	☐	☐	☐
Radio Südstadt	☐	☐	☐	☐
Sophia	☐	☐	☐	☐
Nils	☐	☐	☐	☐

Glückwünsche:
„Herzlichen Glückwunsch zum Geburtstag."
„Alles Gute zur Hochzeit."
„Herzlichen Glückwunsch zum Examen."
„Alles Gute für die neue Stelle."

🔊 3 **d** Hören Sie das Gespräch zwischen Nele und Marco. Was wollen sie machen?
↗ A 1

12 zwölf   A1 – B1: 80

> in Gesprächen Thema erkennen › Informationen aus einer Radiosendung verstehen › Briefe, Postkarten, E-Mails schreiben und darin Persönliches austauschen

3 Grammatik kompakt: Personalpronomen

a Welche Sätze passen zusammen? Ordnen Sie zu.

1. Benjamin Möller wird heute 10 Jahre alt.
2. Kristin Meyer feiert heute auch Geburtstag.
3. Sophia und Nils haben ihren Master gemacht.
4. Marco möchte Nils gratulieren.

a. ☐ Er ruft **ihn** an.
b. ☐ Seine Eltern gratulieren ihm ganz herzlich zum Geburtstag.
c. ☐ Ihre Freundin Miriam wünscht ihr alles Gute zum Geburtstag.
d. ☐ Die alten Schulfreunde gratulieren ihnen zum Examen.

b Markieren Sie die Personalpronomen in 3a und ergänzen Sie die Tabelle.

Nominativ	ich	du	_____ / es / sie	wir	ihr	sie / Sie
Akkusativ	mich	dich	_____ / es / sie	uns	euch	sie / Sie
Dativ	mir	dir	_____ / ihm / _____	uns	euch	_____ / Ihnen

Verben mit **Dativ**ergänzung:
Ich gratuliere dir zum Geburtstag.

Verben mit **Akkusativ**ergänzung:
Marco ruft ihn an.

4 Einladung zur Examensfeier

a Lesen Sie die Textnachrichten und bringen Sie sie in die richtige Reihenfolge.

Liebe Sophia,
danke für die Einladung. Ich komme gern. Aber Marco muss leider absagen, denn seine Mutter wird am Samstag 60. LG Nele ☐

Liebe Nele,
ich danke dir für deine Glückwünsche. Ich wollte dich gerade anrufen, denn **das Examen müssen wir natürlich feiern**. Am Samstag um 20 Uhr machen Nils und ich eine große Party bei mir zu Hause. Ich hoffe, du kannst auch kommen. Bring Marco mit. Viele liebe Grüße
Sophia ☐

Marco kann nicht? Das ist schade. Willst du bei mir übernachten? Dann bring bitte eine Matratze mit.
Gruß Sophia ☐

Aber vor 19 Uhr. Morgen Abend ist die offizielle Abschlussfeier in der Uni. Bis morgen. Sophia ☐

Liebe Sophia,
ich habe es auf Radio Südstadt gehört: Du hast es geschafft. Ich gratuliere dir ganz herzlich zum Master. Viele Grüße auch von Marco.
Nele _1_

Eine Matratze habe ich. Brauchst du noch etwas für die Party? Ich kann dir auch beim Kochen helfen. Ich rufe dich morgen an. LG Nele ☐

Präsens:
ich **will**

Präteritum:
ich **wollte**

b Wer sagt ab, wer sagt zu? Ordnen Sie zu.

1. Marco   a. ☐ kann kommen und sagt zu.
2. Sophia   b. ☐ kann nicht kommen und muss leider absagen.

c Markieren Sie die Redemittel zum Thema „Einladung", „Zusage" (ich komme) und „Absage" (ich komme leider nicht) in 4a.

5 Einladungen, Zusagen, Absagen schreiben

a Schreiben Sie einem Kursteilnehmer / einer Kursteilnehmerin eine Einladung (zum Geburtstag, zur Examensfeier, …).

b Antworten Sie auf die Einladung. Sagen Sie zu oder ab. Begründen Sie Ihre Absage.

A1–B1: 81   dreizehn   13

9 Ein Grund zum Feiern

B Den Studienabschluss feiern

1 Abschlussfeier an der Universität

a Wie feiern Studentinnen und Studenten ihren Studienabschluss bei Ihnen? Berichten Sie im Kurs.

mit einem Fest an der Universität | mit einem Ball | sehr traditionell | gar nicht | mit der Familie | …

> Bei uns feiert man sehr traditionell.

b Überfliegen Sie den Zeitungsartikel. Welche Überschrift passt? Ergänzen Sie.

Schluss mit alten Traditionen bei Abschlussfeiern | Abschlussfeiern an Universitäten: Alte Traditionen sind wieder da | Keine Abschlussfeier ohne Talar

_____

Vor sechs Wochen haben Johanna Küpper und Lilian Lorenz ihren Master in Chemie geschafft. Heute Abend bekommen sie ihre Diplome
5 und feiern den Studienabschluss – in langen Abendkleidern und mit einer schicken Frisur. Ein festliches Kleid und eine neue Frisur sind den beiden Chemikerinnen sehr wichtig, denn
10 jetzt beginnt eine neue Phase in ihrem Leben. Ihre männlichen Kollegen tragen dunkle Anzüge. Auch Philipp Dreyer hat viel Geld in einen Anzug investiert und sitzt heute Abend
15 neben seinen stolzen Eltern in der Festhalle der Universität.
Philipps Vater hat vor vielen Jahren selbst hier studiert und sagt: „Für mich ist das etwas völlig Neues. Zu
20 meiner Zeit hat es keine feierliche Abschlussfeier gegeben. Wir haben mit Freunden eine große Party in unserer Wohngemeinschaft gefeiert – ohne Eltern natürlich".

Seit einigen Jahren stehen an 25
deutschen Hochschulen wieder feierliche Abschlussveranstaltungen auf dem Programm und viele Studenten tragen an diesem Tag sogar einen schwarzen Talar und 30
ein schwarzes Barett. Auch Johanna und Lilian haben mit einem schwarzen Barett für das Abschiedsfoto posiert. Ein neuer Trend? Nein, eine sehr alte universitäre Tradition: Mit 35
einem schwarzen Talar haben die Professoren im Mittelalter unterrichtet; im 20. Jahrhundert hat man ihn noch bei Feierlichkeiten getragen. Nach 1968 war damit Schluss: 40
Damals haben die Studenten gegen konservative Professoren mit dem Spruch „Unter den Talaren Muff von tausend Jahren" protestiert. Die Professoren von heute tragen keine 45
langen Talare mehr – ihre Studenten holen sie jetzt wieder aus dem Kleiderschrank.

c Lesen Sie den Text noch einmal und ergänzen Sie die Sätze.

alte Traditionen | ein schwarzer Talar | ein schwarzes Barett | einen teuren Anzug | konservative Professoren | lange Abendkleider

1. Die beiden Studentinnen tragen heute Abend _____.
2. Philipp Dreyer trägt _____.
3. Für das Abschiedsfoto tragen Johanna und Lilian _____.
4. _____ war früher die typische Professorenkleidung.
5. 1968 haben die Studenten gegen _____ protestiert.
6. Heute sind _____ bei Abschlussfeiern sehr beliebt.

> kurzen Zeitungsberichten wichtige Informationen entnehmen > in Gesprächen Thema erkennen
> im Alltag Informationen austauschen > Vorschläge machen und reagieren

9

2 Grammatik kompakt: Adjektive nach „ein-", „kein-", „mein-"

Markieren Sie die Adjektivendungen in 1b und ergänzen Sie die Tabelle. Welche Endungen sind gleich?   B 3

	Maskulinum (M)	Neutrum (N)	Femininum (F)	Plural (M, N, F)
N	ein / kein / mein neu_____ Trend	ein / kein / mein festlich_____ Kleid	eine / keine / meine neu_____ Phase	schwarz_____ Talare meine / keine männlich_____ Kollegen
A	einen / keinen / meinen teur_____ Anzug	ein / kein / mein schwarz_____ Barett	eine / keine / meine groß_____ Party	schwarz_____ Anzüge meine / keine lang_____ Talare
D	einem / keinem / meinem schwarz_____ Talar	einem / keinem / meinem schwarz_____ Barett	einer / keiner / meiner schick_____ Frisur	lang_____ Abendkleide**n** meinen / keinen stolz_____ Eltern

3 Etikette international

Und was tragen Sie auf Feiern? Berichten Sie im Kurs.

> Auf einer Abschlussfeier in der Universität trägt man bei uns auch ein schwarzes Barett.

> Auf einer Hochzeit tragen in … die Frauen lange Kleider und die Männer schwarze Anzüge.

> Auf einer Party trage ich meistens nur eine normale Jeans und ein buntes Hemd.

4 … und jetzt die große Party mit Freunden

a Hören Sie das Gespräch zwischen Sophia und Nils.
In welcher Reihenfolge sprechen sie über die Themen? Nummerieren Sie.

☐ Besteck und Geschirr   ☐ Einkaufen für die Party
☐ Abschlussfeier   ☐ das Essen auf der Party

b Hören Sie das Gespräch in 4a noch einmal. Was hören Sie: **a** oder **b**? Kreuzen Sie an.

1. Nils und Sophia wollen   a. ☐ ein Fondue   b. ☐ ein Buffet machen.
2. Sie wollen   a. ☐ nur warme Gerichte   b. ☐ etwas Warmes und etwas Kaltes anbieten.
3. Sie wollen   a. ☐ nichts Süßes   b. ☐ Kuchen als Dessert anbieten.
4. Sophia hat genug   a. ☐ Suppenteller.   b. ☐ große Essteller.
5. Nele kann ihr vielleicht a. ☐ einen Topf   b. ☐ Suppenteller leihen.
6. Sven leiht Nils   a. ☐ einen Topf.   b. ☐ Suppenteller.
7. Sophia hat   a. ☐ kein Besteck.   b. ☐ nicht genug Besteck.
8. Nils hat   a. ☐ Plastikbesteck.   b. ☐ genug Besteck.

5 Was gibt es auf der Party zu essen? Was schlägst du vor?

a Wie macht man Vorschläge? Wie kann man auf Vorschläge reagieren? Ordnen Sie zu.   B 4–5

~~Sollen wir … kochen?~~ | ~~Das finde ich gut.~~ | Das geht doch nicht! | Das können wir machen. |
Ich möchte gerne … | Ich möchte lieber … | Ich schlage vor, wir … | Wir können doch … |
Das ist eine gute Idee. | Das ist keine gute Idee. | Ich habe eine Idee: … | Das finde ich nicht so gut. |
Ich habe einen anderen Vorschlag: … | …

Ich mache einen Vorschlag: Sollen wir … kochen? …   *Ich stimme zu ☺: Das finde ich gut. …*
                                                          Ich lehne ab ☹:

b Sprechen Sie im Kurs.   > Ich habe eine Idee: Wir können etwas Marokkanisches kochen, zum Beispiel Couscous mit Lammfleisch.

A1–B1: 83   fünfzehn   **15**

9 Ein Grund zum Feiern

C Feste hier und dort

1 Feste und Bräuche

a Überfliegen Sie die Artikel aus einem Magazin. Ordnen Sie die Fotos zu und ergänzen Sie die Überschriften.

Hoffnung auf Neubeginn | Wir sagen danke | Geburtstagsfest

A _____

Ostern ist ein sehr wichtiges christliches Fest. Es fällt immer auf den Sonntag nach dem ersten Vollmond im Frühling (zwischen dem 22. März und dem 25. April). Man feiert mit diesem Fest die Auferstehung von Jesus Christus.
Feiertage sind in Deutschland, Österreich, der Schweiz und in Liechtenstein: Karfreitag, der Freitag vor Ostersonntag (er erinnert an den Tod von Christus am Kreuz), Ostersonntag und Ostermontag. Das Wort „Ostern" kommt wahrscheinlich vom germanischen „austro" für „Morgenröte" und bedeutet eventuell „Frühlingsfest". Der Frühling symbolisiert „Neubeginn von Leben", und man hat ihn schon in vorchristlicher Zeit in vielen Kulturen gefeiert. Viele Bräuche sind typisch für diese Feste, z. B. der Osterhase oder die Ostereier als Symbole für Fruchtbarkeit. Schon im alten Ägypten hat man zum Frühlingsfest Hühnereier in bunten Farben gefärbt. Heute versteckt man bunte Hühner- oder Schokoladeneier im Garten oder im Haus. Manchmal gibt es zu Ostern auch kleine Geschenke.

B _____

Das Erntedankfest ist ein sehr altes Fest und in vielen Kulturen Tradition. Man feiert es im Herbst nach der Ernte, denn man will Gott für die gute Ernte danken. Auf dem Land ist dieses Fest auch heute noch sehr wichtig. Typische Bräuche zum Erntedankfest sind z. B.: Man schmückt die Kirche mit Getreide, Früchten und Gemüse. Oder es gibt einen „Erntezug": Man dekoriert Wagen mit Blumen, Obst und Gemüse und fährt mit ihnen durch die Dörfer. Oft gibt es Musik und Tanz in einem großen Festzelt.

C _____

Weihnachten ist ein religiöses Fest: Man feiert die Geburt von Jesus Christus. Am 24. Dezember macht man am Morgen noch die letzten Einkäufe, stellt einen Weihnachtsbaum auf und schmückt ihn mit Kerzen, bunten Kugeln und Sternen – oft bastelt man den Schmuck selbst. Am frühen Abend beginnt das Fest im Familienkreis: Man legt Geschenke unter den Baum und wünscht „Frohe Weihnachten". Kleine Kinder glauben, die Geschenke bringt der Weihnachtsmann oder das Christkind. Vor dem Weihnachtsfest schreiben sie deshalb einen Wunschzettel.
In einigen Familien gibt es am Heiligen Abend ein richtiges Festessen mit Gänsebraten. In anderen Familien isst man nur Kartoffelsalat mit Würstchen. Der 25. und 26. Dezember sind in Deutschland, Österreich, der Schweiz und in Liechtenstein Feiertage.

b Lesen Sie die Fragen und dann noch einmal die Artikel in 1a. Markieren Sie die Antworten im Text. Schreiben Sie Stichwörter in die Tabelle.

	Ostern	Erntedankfest	Weihnachten
1. Was feiert man?	die Auferstehung von J. C.		
2. Warum feiert man?			
3. Welche Bräuche gibt es?			einen Baum aufstellen,

16 sechzehn · A1–B1: 84

> kurzen informierenden Texten wichtige Informationen entnehmen > in Gesprächen Thema erkennen
> von persönlichen Erfahrungen, Aktivitäten berichten

9

2 Ein Thema im Winter: Was schenken wir zu Weihnachten?

a Hören Sie die Interviews. Was wollen die Interviewpartner zu Weihnachten schenken? Kreuzen Sie an. 🔊 5

- ☐ einen Rucksack
- ☐ Bücher
- ☐ ein Bild
- ☐ ein Deutschbuch
- ☐ eine Uhr
- ☐ einen Gutschein
- ☐ eine Weihnachtskerze
- ☐ ein Fahrrad
- ☐ Schuhe
- ☐ nichts
- ☐ eine DVD
- ☐ ein Parfüm
- ☐ Schmuck
- ☐ einen Teddybären

b Hören Sie die Interviews in 2a noch einmal. Was ist richtig: **a** oder **b**? Kreuzen Sie an. 🔊 5

1. Die junge Frau schenkt ihrem Freund   a. ☐ Wanderschuhe.   b. ☐ einen Rucksack.
2. Die Schwester schenkt ihr   a. ☐ eine Uhr.   b. ☐ einen Gutschein.
3. Das Mädchen schenkt seinen Eltern   a. ☐ ein Bild.   b. ☐ eine Weihnachtskerze.
4. Der junge Mann schenkt dem Neffen   a. ☐ eine DVD.   b. ☐ einen Teddybären.
5. Der junge Mann hat ein Buch im Internet
   bestellt. Er will es seinem Nachbarn   a. ☐ heute schenken.   b. ☐ zu Weihnachten schenken.
6. Der Junge möchte ein Fahrrad haben.
   Seine Eltern schenken es ihm   a. ☐ schon am 24.12.   b. ☐ erst am 25.12.

3 Grammatik kompakt: Dativ- und Akkusativergänzungen und n-Deklination

a Dativ- und Akkusativergänzungen: Markieren Sie in 2b die Ergänzungen im Dativ und im Akkusativ mit verschiedenen Farben. Was fällt auf? Ergänzen Sie die Regel. 🡥 C 2–3

Nomen + Nomen: zuerst Dativ, dann _____ (Satz 1 + ____).
Personalpronomen + Nomen: zuerst _____, dann Nomen (Satz ____ + ____).
Personalpronomen + Personalpronomen: zuerst _____, dann _____ (Satz ____).

b n-Deklination: Vergleichen Sie die Endungen von „Nachbar" und „Neffe". Was fällt auf? Ergänzen Sie die Regel. 🡥 C 4

1. Der junge Mann hat für seinen Nachbarn ein Buch bestellt. Der Nachbar möchte Deutsch lernen.
2. Er schenkt seinem Neffen Tom eine DVD. Den anderen Neffen schenkt er nichts.

Maskuline Wörter auf „-e" (z. B. der Neffe, die Neffen, der Kollege, die Kollegen) haben immer die Endung „____", außer im Nominativ Singular.
Das gilt auch für Wörter wie: der Nachbar, -n; der Mensch, -en; der Bär, -en; Herr, -en (Singular Herrn: Ich spreche mit Herrn Rath);
Wörter aus dem Griechischen oder Lateinischen wie: der Student, -en; der Praktikant, -en; der Biologe, -n u. a.

4 Geburtstag, Weihnachten ... Und was schenken Sie?

a Was sind für Sie passende oder unpassende Weihnachtsgeschenke? Sammeln Sie. 🡥 C 5

b Überlegen Sie in Gruppen: Was wollen Sie den anderen Kursteilnehmerinnen / Kursteilnehmern oder Ihrer Familie schenken? Machen Sie Vorschläge. Begründen Sie Ihre Vorschläge.

zu teuer sein | zu (un)persönlich sein | ... schon haben ... | ... kein/e/en ... brauchen/mögen | ...
(nicht) gerne ... | ...

Wir wollen Natascha eine Theaterkarte schenken, denn sie geht gerne ins Theater. Wir schenken ihr kein Parfüm, denn ein Parfüm ist zu persönlich.

Meiner Mutter schenke ich einen spannenden Roman, denn sie liest gern.

A1–B1: 85   siebzehn **17**

9 Alles auf einen Blick — Lektionswortschatz in Feldern

Feste / Bräuche
der Ball, ⸚e
der Baum, ⸚e
   Weihnachtsbaum
die Bescherung, -en
der Brauch, ⸚e
das Christkind (nur Sg.)
die Dekoration, -en
die Ernte, -n
das Erntedankfest, -e
die Feier, -n
   Abschlussfeier
   Examensfeier
das Fest, -e
das Festival, -s
die Geburt, -en
der Geburtstag, -e
der Heiligabend (nur Sg.)
die Hochzeit, -en
der Karfreitag, -e
die Kerze, -n
die Kirche, -n
die Kultur, -en
das Leben, -
das Neujahrsfest, -e
das Ostern (nur Sg.)
der Osterhase, -n
der Ostermontag, -e
der Ostersonntag, -e
der Priester, -
das Symbol, -e
der Tod, -e
die Tradition, -en
der Wagen, - / ⸚ (Südd.)
das Weihnachten, -
das Weihnachtsfest, -e
der Weihnachtsmann, ⸚er
der Zug, ⸚e
   Erntezug
danken für + A
dekorieren
gratulieren (zu)
schenken
schmücken
symbolisieren
typisch sein für + A

Essen
das Festessen, -
das Büffet, -s
das Ei, -er
   Hühnerei
   Schokoladenei
das Fondue (hier nur Sg.)
   Fleischfondue
   Käsefondue
die Frucht, ⸚e
der Gänsebraten, -
das Getreide (nur Sg.)

Universität und Studium
der Bachelor (nur Sg.)
das Barett, -e
das Diplom, -e
das Examen, -
der Master (nur Sg.)
die Prüfung, -en
der Studienabschluss, ⸚e
der Talar, -e
bestehen
universitär

Arbeit und Beruf
die Rente, -n

Sonstiges
Nomen
die Absage, -n
der Anzug, ⸚e
das Besteck, -e
   der Löffel, -
   das Messer, -
   die Gabel, -n
das Dorf, ⸚er
die Festhalle, -n
das Geschäft, -e
das Geschirr (hier nur Sg.)
   der Teller, -
   die Tasse, -n
   die Schüssel, -n
   der Topf, ⸚e
der Himmel, -
die Hoffnung, -en
das Jahrhundert, -e
das Kochbuch, ⸚er
das Konfetti (nur Sg.)
die Krankheit, -en
die Luftschlange, -n
die Matratze, -n
das Mittelalter (nur Sg.)
die Mitternacht, ⸚e
der Mond, -e
   Vollmond
der Nachbar, -n
das Parfum, -s
der Reiseführer, -
der Rest, -e
der Schulfreund, -e
die Schulfreundin, -nen
der Schutz (nur Sg.)
der Sprung, ⸚e
der Tanz, ⸚e
der (Landes-)Teil, -e
das Zelt, -e
   Festzelt
die Zusage, -n

Verben
absagen
abschließen
annehmen
anzünden
brechen
buchen
einverstanden sein
   (mit + D)
einladen
erinnern an + A
färben
leihen
schaffen
sprechen über + A
streiten über + A
übernachten
verstecken
vorhaben (etwas)
vorschlagen (etwas)
wiegen
zusagen
zusammenhängen mit + D

Adjektive
böse
christlich
froh
gemeinsam
gemütlich
germanisch
keltisch
kirchlich
konservativ
nett
persönlich
telefonisch
wahrscheinlich
wichtig

Adverbien
eventuell
früher
kaum
manchmal
mehrmals
unbedingt

Präposition
zu (Weihnachten, zum Geburtstag, …)

Fragewort
wem?

Redemittel
Alles Gute für die neue Stelle.

Alles Gute zur Hochzeit.

Herzlichen Glückwunsch zum Examen.

Herzlichen Glückwunsch zum Geburtstag.

Ich wünsche Ihnen frohe Weihnachten und einen guten Rutsch ins neue Jahr.

Wir wünschen euch ein fröhliches Weihnachtsfest und ein glückliches, gesundes neues Jahr.

Redemittel / Grammatik

Mit Sprache handeln: Einladungen zusagen oder ablehnen

	zusagen	**absagen**
formell	Gerne sage ich Ihnen zu.	Ich muss leider absagen.
	Ihre Einladung nehme ich gerne an.	Ich habe (leider) schon einen anderen Termin.
informell	Ja, das passt prima.	Heute geht es nicht.
	Ich komme gerne.	Ich kann leider nicht kommen, ich habe schon etwas vor.
	Ich freue mich schon auf die Feier.	

Grammatik

n-Deklination: Nomen im Maskulinum mit -(e)n im Plural

	Singular	**Plural**
Nom.	der / ein Herr / Nachbar / Kollege	die / ø Herren / Nachbarn / Kollegen
Akk.	der / einen Herrn / Nachbarn / Kollegen	die / ø Herren / Nachbarn / Kollegen
Dat.	mit dem / einem Herrn / Nachbarn / Kollegen	mit den / ø Herren / Nachbarn / Kollegen

Ergänzungen mit bestimmtem, unbestimmtem, Negativ- und Possessivartikel

	Maskulinum (M)	**Neutrum (N)**	**Femininum (F)**	**Plural (M, N, F)**
Nom.	der Sohn ein / kein / mein Sohn	das Kind ein / kein / mein Kind	die Tochter eine / keine / meine Tochter	die Söhne / Kinder / Töchter ø / keine / meine Söhne / Kinder / Töchter
Akk.	den Sohn einen / keinen / meinen Sohn	das Kind ein / kein / mein Kind	die Tochter eine / keine / meine Tochter	die Söhne / Kinder / Töchter ø / keine / meine Söhne / Kinder / Töchter
Dat.	dem Sohn einem / keinem / meinem Sohn	dem Kind einem / keinem / meinem Kind	der Tochter einer / keiner / meiner Tochter	den Söhnen / Kindern / Töchtern (aber: den T-Shirts / Festivals / Autos) ø / keinen / meinen Söhnen / Kindern / Töchtern

Adjektive nach „ein-", „kein-", „mein-"

	Maskulinum (M)	**Neutrum (N)**	**Femininum (F)**	**Plural (M, N, F)**
Nom.	ein / kein / mein neuer Trend	ein / kein / mein festliches Kleid	eine / keine / meine neue Phase	schwarze Talare	meine / keine männlichen Kollegen
Akk.	einen / keinen / meinen teuren Anzug	ein / kein / mein schwarzes Barett	eine / keine / meine große Party	schwarze Anzüge	meine / keine langen Talare
Dat.	einem / keinem / meinem schwarzen Talar	einem / keinem / meinem schwarzen Barett	einer / keiner / meiner schicken Frisur	langen Abendkleidern	meinen / keinen stolzen Eltern

Personalpronomen im Nominativ, Akkusativ und Dativ

Nom.	ich	du	er	es	sie	wir	ihr	sie / Sie
Akk.	mich	dich	ihn	es	sie	uns	euch	sie / Sie
Dat.	mir	dir	ihm	ihm	ihr	uns	euch	ihnen / Ihnen

A1–B1: 87

10 Neue Arbeit – neue Stadt

A Wohnen in einer neuen Stadt

1 Wo können wir gut wohnen?

a Sie suchen eine Wohnung. Was ist für Sie wichtig in einer Stadt? Markieren und ergänzen Sie und sprechen Sie dann im Kurs.

gute Einkaufsmöglichkeiten | große Kaufhäuser | kleine Geschäfte | Altstadt / Natur oder ein Park in der Nähe | gute Verkehrsverbindungen | günstige Miete | die Wohnung liegt günstig / gut / zentral … | ruhig | in der Nähe von der Arbeit / Universität | viele junge Leute | Neubau | Altbau | nicht mehr als 30 Minuten zum Flughafen | 10 Minuten zu Fuß bis zur Arbeit / … | nicht so viele Leute | die Nebenkosten sind günstig | die Wohnung ist groß und hat … | nicht zu außerhalb | …

Schweiz: Quartier – Deutschland: (Stadt)viertel

Die Stadt Zürich ist in Kreise eingeteilt. Jeder Kreis hat mehrere Quartiere.

Ich finde gute Verkehrsverbindungen sehr wichtig.

Eine zentrale Lage ist für mich nicht so wichtig.

 b Andrea und ihre Freundin Lara ziehen von Genf nach Zürich. Hören Sie das Gespräch von Andrea und ihrem Schweizer Kollegen, Martin Studer. Wo kann man gut wohnen? Welche Kreise empfiehlt Herr Studer?

 c Hören Sie das Gespräch in 1b noch einmal. Notieren Sie seine Informationen zu den Quartieren.

1. Quartier: Seefeld, Kreis 8
Vorteile: direkt am See, sehr schöne Lage

Nachteil: Mieten _____
(_____ / _____ Franken)

2. Quartier: City, Kreis 1
Vorteile: an der Bahnhofstrasse, man kann sehr gut _____, viele _____ Kaufhäuser

Nachteil: sehr _____, nicht _____ Wohnungen

3. Quartier: Lindenhof, Kreis 1
Vorteile: _____, kleines Quartier in der _____, viele _____

Nachteil: nur kleiner Wohnungsmarkt, oft an Freunde und Bekannte, _____

4. Quartier: Witikon, Kreis 7
Vorteile: Mieten nicht _____, gute _____

Nachteile: etwas au_____

5. Quartier: Enge, Kreis 2
Vorteile: sehr _____, viele _____ Häuser, _____

20 zwanzig

A1–B1: 88

› sachliche Informationen, Zahlenangaben verstehen › Anzeigen wichtige Informationen entnehmen
› Meinung zu alltäglichen Dingen äußern

10

2 Viele Wohnungsangebote

a Lesen Sie die Wohnungsanzeigen. Welches Angebot finden Sie am besten?

A **3-Zimmer-Wohnung**, 80 m², 1'410 Fr., Zürich-Schwamendingen, Kreis 12, 11. Obergeschoss (mit Lift), Balkon, Boden: Laminat, Abstellraum; zum 1.9., Besichtigungstermin: Frau Löb unter 044 356 792

C **Nachmieter gesucht** zum 1.9., für 3-Zi-Wohnung ca. 58 m², Altbau, Kreis 2, Enge, verkehrsgünstig gelegen, Kamin, Bad m. Fenster, teilmöbl., Miete inkl. NK CHF 1'940, 1 Monatsmiete Kaution, Tel: 044 759 870

B **Wohnen an der Bahnhofstrasse**, 2,5 Zi 73 m², 4'772 Fr, ab sofort, Dachwohnung, 2 Terrassen, 2 Bäder, Ausblick auf die Zürcher Altstadt ist am schönsten, kein Parkplatz! Kontakt: 043 345 6783

D **Wohnen auf dem Lindenhof?** Kreis 1, 3 Zi, 58 m², ab sofort, total renoviert, Parkettböden, 2. OG (kein Lift), Küche neu, Bad, WC separat, Keller, Waschmaschine, Mietzins pro Monat Fr. 2'984,– inkl. Nebenkosten, Tel: 044 487 174

> Ich finde Angebot D am besten, denn die Wohnung ist modern und günstig.

b Lesen Sie die Anzeigentexte A – D noch einmal. Was ist richtig: **a** oder **b**? Kreuzen Sie an.

a. ☐ Wohnung B ist teurer als Wohnung A.   b. ☐ Wohnung B ist so teuer wie Wohnung A.
a. ☐ Wohnung C kostet mehr als Wohnung B.   b. ☐ Wohnung C kostet nicht so viel wie Wohnung B.
a. ☐ Wohnung A ist größer als Wohnung D.   b. ☐ Wohnung D ist so groß wie Wohnung A.
a. ☐ Wohnung B ist am teuersten.   b. ☐ Wohnung D ist am teuersten.
a. ☐ Wohnung D ist kleiner als Wohnung A.   b. ☐ Wohnung D ist größer als Wohnung A.

gut ☺
besser ☺☺
am besten ☺☺☺

CH: Mietzins
D: Miete

c Hören Sie das Gespräch von Andrea und Lara. Welches Angebot wählen die beiden? 🔊 7

d Hören Sie das Gespräch in 2c noch einmal. Warum wählen Andrea und Lara das Angebot? Kreuzen Sie an. Sie können auch mehrere Punkte ankreuzen. 🔊 7

a. ☐ tolles Quartier   b. ☐ Miete   c. ☐ Balkon   d. ☐ Kamin   e. ☐ Bad mit Fenster   f. ☐ Altbau

3 Grammatik kompakt: Vergleiche – Komparativ und Superlativ (prädikativ)

Markieren Sie die Adjektive aus 2b und ergänzen Sie die Tabelle. Was fällt auf? Ergänzen Sie die Regeln.

	Komparativ	Superlativ		Komparativ	Superlativ
teuer	teurer		gut		
klein			viel		am meisten
groß		am größten	gern	lieber	am liebsten

1. Den Komparativ bildet man mit   a. ☐ „mehr" und Adjektiv.   b. ☐ Adjektiv + Endung „-er".
2. Den Superlativ bildet man mit   a. ☐ „viel" und Adjektiv.   b. ☐ „am" und Adjektiv + Endung „-(e)sten".
3. Bei einsilbigen Adjektiven meistens: a → ä, o → _____, u → ü.

klein – kleiner – am kleinsten
aber:
teuer – teurer – am teuersten

4 Meine Wohnung

Sie möchten Ihre Wohnung vermieten. Beschreiben Sie Ihre Wohnung in Form einer Anzeige wie in 2a. Hängen Sie die Anzeigen im Kursraum auf. Antworten Sie auf eine Anzeige. Welche Wohnung ist am beliebtesten?

A1 – B1: 89   einundzwanzig 21

10 Neue Arbeit – neue Stadt

B Ist die Wohnung noch frei?

1 Wohnungsbesichtigung in Enge

a Hören Sie das Gespräch zwischen Andrea und dem Vormieter. Über welche Themen sprechen sie? Kreuzen Sie an.

a. ☐ Miete
b. ☐ Lage
c. ☐ Haustiere
d. ☐ Einzugstermin
e. ☐ Wohnungsbesichtigung
f. ☐ Parkmöglichkeiten

b Hören Sie das Gespräch in 1a noch einmal. Was ist richtig: **a** oder **b**? Kreuzen Sie an.

1. Lara telefoniert mit — a. ☐ Herrn Beck. — b. ☐ Herrn Becks.
2. Die Wohnung — a. ☐ ist noch frei. — b. ☐ hat ein anderer Interessent gemietet.
3. Die Wohnung ist — a. ☐ günstig. — b. ☐ nicht günstig.
4. Einzugstermin ist der — a. ☐ 29.08. — b. ☐ 01.09.
5. Andrea und Lara arbeiten — a. ☐ beim Amt. — b. ☐ bei der Allianz.
6. Sie besichtigen die Wohnung — a. ☐ am Donnerstag um 19 Uhr. — b. ☐ am Freitag um 19 Uhr.
7. Die Wohnung ist — a. ☐ in der dritten Etage. — b. ☐ in der fünften Etage.
8. Die Adresse ist — a. ☐ Bederstrasse 215. — b. ☐ Bederstrasse 250.

c Hören Sie Teil 2. Notieren Sie die Informationen zu den Punkten.

> Besichtigungstermin:
> Möbel:
> Ablöse:
> Waschmaschine:
> Nettomiete:
> Nebenkosten:
> Kaution:
> Verkehrsverbindung:

Ablöse / Abstand: Bezahlt man dem Vormieter für Möbel, meistens die Küche.

d Sie möchten eine Wohnung mieten und rufen den Vermieter an. Vor dem Telefonat machen Sie Notizen. Formulieren Sie zu den folgenden Punkten Fragen und auch mögliche Antworten. Vereinbaren Sie einen Besichtigungstermin. Sie können eine der Anzeigen aus A 2a nehmen. Spielen Sie das Telefonat mit verteilten Rollen.

Machen Sie sich vor einem Telefonat Notizen.

> Begrüßung
> 1. noch frei?
> 2. Größe Wohnzimmer …
> 3. Lage, Parkmöglichkeiten
> 4. Möbel
> 5. Kaution / Miete / Ablöse
> 6. Besichtigungstermin
> 7. Dank und Verabschiedung

Guten Tag. Mein Name ist … Ich habe Ihre Anzeige gelesen. Ist die Wohnung noch frei?

Guten Tag, Herr / Frau … Ja, die Wohnung ist noch frei, aber es gibt viele Interessenten.

Entschuldigung, ich habe ein paar Fragen. Ist das Wohnzimmer größer als das Schlafzimmer?

22 zweiundzwanzig — A1–B1: 90

2 Die Hausordnung

Hausordnung

§ 1 Allgemeines
Hauseingang, Treppenhaus und Flure müssen immer frei sein. Es gilt Rauchverbot.
§ 2 Sauberkeit
Stellen Sie keinen Müll in den Hausflur. Benutzen Sie die Mülltonnen vor dem Haus.
§ 3 Lärm
Von 12 bis 13 Uhr ist Mittagsruhe. Ab 22 Uhr ist Lärm verboten.

§ 4 Kinder
Kinder dürfen auf dem Hof spielen. Der Spielplatz ist für alle Kinder im Haus und ihre Freunde.
§ 5 Waschküche
Montag bis Samstag kann man von 6 bis 22 Uhr waschen.
§ 6 Sicherheit
Schließen Sie den Hauseingang und Kellertüren zwischen 22 und 6 Uhr ab.
§ 7 Haustiere
Mieter dürfen Haustiere haben, müssen aber den Vermieter informieren.

a Lesen Sie die Hausordnung. Sprechen Sie mit einem Partner / einer Partnerin: Was dürfen Sie, was dürfen Sie nicht?

> Man darf keinen Müll in den Hausflur stellen.

b Andrea, Lara und die Vermieterin, Frau Wyss, sprechen über die Hausordnung. Hören Sie das Gespräch. Über welche Paragrafen sprechen sie? Markieren Sie. 🔊 10

c Hören Sie das Ende vom Gespräch mit Frau Wyss. Was ist das Thema? 🔊 11

d Hören Sie das Gespräch in 2c noch einmal. Was hören Sie: **a** oder **b**? Kreuzen Sie an. 🔊 11

a. ☐ **Meins** auch!
a. ☐ Oh, hier liegen noch Schlüssel. Sind das **Ihre** oder **unsere**?
a. ☐ Nein, ich habe **meine**. Das sind **Ihre**.

b. ☐ **Deins** auch!
b. ☐ Oh, hier liegen noch Schlüssel. Ist das **deiner** oder **meiner**?
b. ☐ Nein, ich habe **Ihre**. Das sind **meine**.

3 Grammatik kompakt: Possessivpronomen

Ergänzen Sie die Tabelle. Markieren Sie die Endungen. Was fällt auf? Ergänzen Sie die Regel.

	Maskulinum (M)	Neutrum (N)	Femininum (F)	Plural (M, N, F)
Nom.	meiner / uns(e)rer	_____ / unser(e)s	meine / unsere	meine / _____
	deiner / Ihrer	deins / Ihrs	deine / Ihre	deine / Ihre
Akk.	meinen	meins	meine	_____
	deinen / Ihren	deins / Ihrs	deine / _____	deine / Ihre
Dat.	meinem	meinem	meiner	meinen
	deinem / Ihrem	deinem / Ihrem	deiner / Ihrer	deinen / Ihren

Die Endungen von Possessivpronomen sind die gleichen wie die Endungen vom _____ Artikel, z. B.: der → meiner, die → meine, das → meins.

4 Deiner oder meiner?

Nehmen Sie Gegenstände aus dem Kursraum und fragen und antworten Sie wie im Beispiel.

> Ist das mein Kuli oder deiner?   Das ist deiner!

10 Neue Arbeit – neue Stadt

C Unsere neue Wohnung

1 Das ist ja ein richtiges Möbellager!

Beschreiben Sie das Bild. Was steht / hängt / liegt wo?

der Sessel | das Bett | die Kommode |
das Bild / die Bilder | der Stuhl / die Stühle |
die Koffer | das Wandregal | der Teppich |
der Vorhang / die Vorhänge | …

Am Wandregal hängt ein Vorhang.

Vor dem Kamin steht ein Stuhl.

2 Hilfe!

a Lesen Sie die Kurznachricht.
Was glauben Sie, wie reagiert Sven?

Hi Sven, zu viele alte Möbel und zu wenig Platz in der neuen Wohnung. Kannst du nächstes Wochenende helfen? Wir müssen umräumen.
LG Lara

b Hören Sie Teil 1 vom Gespräch von Andrea, Lara und Sven in der neuen Wohnung.
Was ist richtig: **a** oder **b**? Kreuzen Sie an.

1. Sven ist   a. ☐ ein Freund von Lara.   b. ☐ der Bruder von Lara.
2. Sven möchte   a. ☐ Laras Zimmer umräumen.   b. ☐ findet Laras Zimmer gut so.

c Hören Sie Teil 2 vom Gespräch. Was können sie machen? Sven hat Ideen.
Ordnen Sie die Informationen zu.

D: die Schrankwand
CH: die Wohnwand

1. Den Schrank können sie   a. ☐ **auf die** andere Matratze legen.
2. Das Regal können sie   b. ☐ links an die Wand stellen.
3. Den Schreibtisch und das Bett können sie   c. ☐ über die Matratzen legen.
4. Lara kann eine Matratze   d. ☐ in das Zimmer von Lara stellen.
5. Sie kann eine Decke   e. ☐ in den Flur rechts neben die Tür hängen.
6. Den Spiegel kann sie   f. ☐ in den Keller bringen.

d Hören Sie das Ende vom Gespräch. Wo ist …? Schreiben Sie.

1. Die Kaffeemaschine steht auf dem _____.   3. Die Milch ist im _____.
2. Der Kaffee liegt neben der _____.   4. Die Steckdose ist über dem _____.

3 Grammatik kompakt: Präpositionen mit Akkusativ und Dativ

Markieren Sie in 2c und d Wortgruppen mit Präpositionen und die Verben. Was fällt auf?
Ergänzen Sie die Regel.

❗ Wo? mit _____ und den Verben: _____
Wohin? mit _____ und den Verben: _____
„an", „auf", „in", „über", „unter", „hinter", „vor", „neben", „zwischen" sind Wechselpräpositionen.

24 vierundzwanzig   A1–B1: 92

› Anweisungen verstehen › Briefen wichtige Informationen entnehmen › im Alltag Informationen austauschen
› Meinungen, Vorlieben, Abneigungen mitteilen › Dinge, Personen beschreiben

10

4 Laras Zimmer

a Hören Sie Teil 1 vom Gespräch in 2b noch einmal.
Welches Zimmer hat Lara, welches Zimmer hat Andrea?

1. Lara: _____
2. Andrea: _____

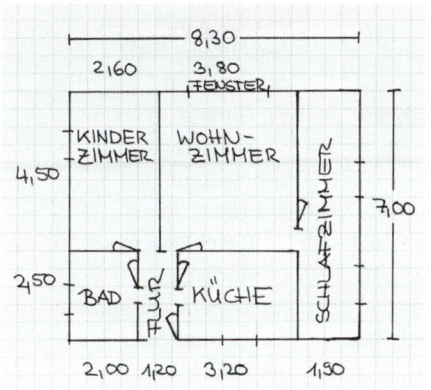

🔊 12

b Lesen Sie Laras Mail an Sven. Was ist jetzt wo?
Zeichnen Sie die Möbel in den Plan.

↗ C 3

Lieber Sven,
danke noch mal für deine große Hilfe! Wir haben noch ein bisschen weiter umgeräumt. Die Wohnung ist jetzt richtig gemütlich und besonders mein Zimmer gefällt mir gut. Das Regal hat ja erst links an der Wand gestanden. Das haben wir jetzt zwischen die Fenster gestellt. Aber nicht an die Wand, sondern quer in den Raum. So teilt das Regal den Raum und er wirkt kürzer und breiter, nicht mehr so lang und schmal. Das finde ich viel besser! Die Matratzen habe ich links von der Tür an die Wand gelegt und eine schöne Decke und große Kissen gekauft. Die selbst gebaute Couch ☺ sieht richtig gut aus! An der Wand gegenüber steht mein Fernseher, CD-Spieler etc. In den Teil rechts von der Tür habe ich den neuen Kleiderschrank und gegenüber, vor das Fenster, einen kleinen Schreibtisch mit Schreibtischstuhl gestellt. Rechts neben das Fenster habe ich noch ein kleines Regal gehängt. Im Zimmer hat noch so ein brauner Teppich gelegen. Der war einfach scheußlich! Der ist jetzt im Müll. Mein Zimmer ist jetzt viel schöner! Ich bin sehr zufrieden. Wann besuchst du uns wieder?
Ich umarme dich, Lara

5

10

---

c Was hat sie nach dem Besuch von Sven neu und anders gemacht? Markieren Sie die 5 Informationen im Text.

5 Was ist hier jetzt anders?

Positionieren Sie einige Objekte aus dem Kursraum oder einige selbst mitgebrachte Dinge auf dem Tisch. Merken Sie sich zuerst die Positionen der Objekte. Schauen Sie dann weg. Ihr Partner verändert nun die Position von den Objekten. Was hat Ihr Partner auf dem Tisch gemacht? Beschreiben Sie.

↗ C 4

Hast du die Stifte vor den Computer gelegt? Sie haben vorher zwischen der
Kaffeetasse und dem Taschenrechner gelegen. Jetzt liegen sie vor dem Computer.

A1 – B1: 93

fünfundzwanzig 25

10 Alles auf einen Blick — Lektionswortschatz in Feldern

Die Lage
die Altstadt, ¨e
der Ausblick, -e
die Einkaufsmöglichkeit, -en
der Flughafen, ¨
die Haltestelle, -n
der Kreis, -e (CH)
die Lage, -n
(in der) Nähe (von)
die Parkmöglichkeit, -en
das Quartier, -e (CH)
der Spielplatz, ¨e
der Verkehr (nur Sg.)
die Verbindung, -en
   Verkehrsverbindung
das (Stadt-)Viertel, -
gelegen
   etwas außerhalb
   (verkehrs-)günstig
   ruhig
   zentral

Mieten
der Vermieter, -
die Vermieterin, -nen
die Ablöse (nur Sg.)
der Einzugstermin, -e
der Umzug, ¨e
der Familienstand (nur Sg.)
der Hauseingang, ¨e
der Hausflur, -e
die Hausordnung, -en
die Kaution, -en
die Miete, -n
   Basismiete (CH)
   Grundmiete
   Kaltmiete
   Monatsmiete
   Nettomiete
der Mietzins (CH), -e
der Nachmieter, -
die Nebenkosten (nur Pl.)
der Vertrag, ¨e
   Mietvertrag
der Vormieter, -
die Vormieterin, -nen
möblieren
umziehen
unterschreiben
der Zivilstand (CH) (nur Sg.)
verwitwet
geschieden
(teil-)möbliert
renoviert
unbefristet

Das Gebäude
der Altbau, -ten
die Etage, -n
die Garage, -n
   Tiefgarage
der Neubau, -ten
das Haus, ¨er
   Geschäftshaus
   Hochhaus
   Mehrfamilienhaus
   Reihenhaus
der Hof, ¨e
der Keller, -
die Kellertür, -en
der Lift, -e
die Mülltonne, -n
der Parkplatz, ¨e
der Stock (nur Sg.)
die Treppe, -n
das Treppenhaus, ¨er
die Waschküche, -n

Die Wohnung
der Abstellraum, ¨e
der Balkon, -e
der Besichtigungs-
   termin, -e
der Boden, ¨
das Dach, ¨er
die Dachwohnung, -en
der Einwohner, -
der Einzugstermin, -e
das Geschoss, -e
   Dachgeschoss
   Erdgeschoss
   Obergeschoss
der Kamin /
   das Kamin (CH), -e
das Laminat, -e
das Möbellager, -
das Parkett (hier nur Sg.)
der Raum, ¨e
die Terrasse, -n
der Vorhang, ¨e
die Wand, ¨e
das WC, -s
der Wohnungsmarkt, ¨e
das Zimmer, -
   Schlafzimmer
   Wohnzimmer
umräumen
vermieten
ziehen

Möbel
die Couch, -s
die Decke, -n
die Schrankwand, ¨e
der Schreibtischstuhl, ¨e
der Teppich, -e
das Wandregal, -e

Bad / Küche
die Badewanne, -n
die Kaffeemaschine, -n
die Steckdose, -n
das Waschbecken, -

Himmelsrichtungen
der Norden (nur Sg.)
   ≠ der Süden (nur Sg.)
der Osten (nur Sg.)
   ≠ der Westen (nur Sg.)
nördlich ≠ südlich
östlich ≠ westlich

Sonstiges
Nomen
Allgemeines (nur Sg.)
der Äquator (nur Sg.)
die Besichtigung, -en
die Brille, -n
die Geste, -n
das Haustier, -e
die Hilfe, -n
die Höhe, -n
das Instrument, -e
das Kaufhaus, ¨er
das Kissen, -
der Koffer, -
der Lärm (nur Sg.)
der Lebensstandard, -s
die (Bus-)Linie, -n
die Mittagsruhe, -n
das Objekt, -e
die Position, -en
das Quiz, -
das Rauchverbot, -e
die Sauberkeit (nur Sg.)
der See, -n
die Sicherheit, -en
der Nachteil, -e
der Vorteil, -e

Verben
hängen
klingeln
legen
liegen
stehen
stellen
tauschen
teilen
üben
umarmen
vereinbaren
wirken

Adjektive
fest
gut / besser / am besten
lang
möglich
recht- (-er, -es, -e)
   ≠ link- (-er, -es, -e)
scheußlich
spitz ≠ flach
-stöckig (zwei-, dreistöckig)
täglich
visuell

Adverbien
besonders
brutto ≠ netto
quer
(ab) sofort

Artikel / Pronomen
mehrere

Wechselpräpositionen
an
auf
hinter ≠ vor
in
neben
unter ≠ über
zwischen

Redemittel / Grammatik

Mit Sprache handeln: Über Wohnungsangebote sprechen

Person A
Wie findest du die Anzeige / das Angebot …?
Und wie findest du die Anzeige …?
Welches Angebot / Welche Anzeige ist besser, A oder B?

Person B
Ich finde, die Anzeige … / das Angebot … passt (nicht), denn … es gibt (kein-) Anzeige / Angebot … passt besser, denn …
…, denn die Wohnung hat … / ist groß / zu klein / liegt (nicht) günstig / gut.
…, denn die Miete ist / Die Nebenkosten sind (nicht) zu hoch.

Grammatik

Vergleiche: Komparativ und Superlativ – prädikativ

	Komparativ	Superlativ		Komparativ	Superlativ
attraktiv	attraktiver	am attraktivsten	teuer	teurer	am teuersten
schön	schöner	am schönsten	hoch	höher	am höchsten
bekannt	bekannter	am bekanntesten	gern	lieber	am liebsten
beliebt	beliebter	am beliebtesten	viel	mehr	am meisten
groß	größer	am größten	gut	besser	am besten
alt	älter	am ältesten			

Possessivpronomen

	Maskulinum (M)	Neutrum (N)	Femininum (F)	Plural (M, N, F)
Nom.	der → meiner	das → meins	die → meine	die → meine
Akk.	den → meinen	das → meins	die → meine	die → meine
Dat.	dem → meinem	dem → meinem	der → meiner	den → meinen

Wechselpräpositionen: an, auf, in, über, unter, hinter, vor, neben, zwischen

Wohin? → mit Akkusativ
(an das → ans, auf das → aufs, in das → ins; umgangssprachlich auch: hinters, übers, unters, vors)
z. B. Stell den Kaffee ins Regal!

Wo? → mit Dativ
(an dem → am, in dem → im; umgangssprachlich auch: auf'm, hinterm, überm, unterm, vorm)
z. B. Der Kaffee steht im Regal.

„aber", „denn", und, „sondern", „oder" → aduso-Konnektoren

1. Hauptsatz	Position 0	2. Hauptsatz / 2. Satzteil
Witikon liegt etwas außerhalb,	aber	es hat gute Verkehrsverbindungen.
Lindenhof ist schön,	denn	es liegt in der Altstadt.
In Witikon sind die Mieten nicht so hoch,	und	die Verkehrsverbindungen sind gut.
Frankfurt liegt nicht westlich (von Mainz),	sondern	(es liegt) östlich von Mainz.
Lara und Andrea möchten in Enge	oder	(sie möchten) in Lindenhof wohnen.

11 Neu in Köln

A Auf nach Köln!

1 Stadtansichten

A1 Lesen Sie die Infotexte zu Köln. Welcher Text passt zu welchem Foto oben? Notieren Sie.

A Der Kölner Karneval, „die 5. Jahreszeit", beginnt am 11.11. um 11 Uhr 11 und dauert bis zum Aschermittwoch. Höhepunkt vom Straßenkarneval ist der Rosenmontagszug. Ca. 1 Mio. Besucher kommen dann nach Köln.

C Köln ist sehr alt. Die Römer haben Köln vor über 2000 Jahren gegründet. Noch heute kann man in der Altstadt viele alte Häuser sehen. Sie ist auch ein beliebtes Ziel für Touristen, weil es dort viele Kneipen gibt.

B Die Universität zu Köln gibt es schon seit 1388. Kölner Bürger haben sie gegründet. Die Universität ist sehr groß, sie hat zurzeit ca. 48.000 Studenten, ca. 11% kommen aus dem Ausland.

D Der Kölner Dom liegt nah am Rhein und gehört zu den großen und bedeutenden Kathedralen weltweit. Der Bau hat über 600 Jahre gedauert, von 1248 bis 1880. Die Türme sind ca. 157 m hoch.

2 Warum gerade Köln?

15 **a** Hören Sie Teil 1 vom Telefongespräch zwischen Bernhard aus Österreich und Eva in Köln und beantworten Sie die Fragen.

1. Wo haben sich Eva und Bernhard kennengelernt?
2. Was möchte Bernhard machen?
3. Was hat Bernhard schon?

15–16 **b** Hören Sie Teil 1 und 2 vom Gespräch. In welcher Reihenfolge sprechen Bernhard und Eva über folgende Themen? Sortieren Sie.

Sprache ☐   Studium ☐   Wohnen ☐   Stadt ☐

16 **c** Hören Sie Teil 2 vom Telefongespräch in 2b noch einmal. Was ist nicht richtig: **a**, **b** oder **c**?
A2 Kreuzen Sie an.

1. Bernhard möchte in Köln studieren,
   a. ☐ weil er von zu Hause weg möchte.
   b. ☐ weil er Köln noch nicht kennt.
   c. ☐ weil er dort keine Sprachprobleme hat.

2. Bernhard hofft,
   a. ☐ dass er Wirtschaftsmathematik studieren kann.
   b. ☐ dass er im Alltag alles versteht.
   c. ☐ dass er in der WG von Eva wohnen kann.

28 achtundzwanzig   A1–B1: 96

> in Texten mit Illustrationen Hauptinformation verstehen > in Gesprächen Thema erkennen
> kurzen Zeitungsberichten wichtige Informationen entnehmen > Fragen beantworten, auf Aussagen reagieren

11

3 Grammatik kompakt: Nebensätze mit „weil" und „dass"

Schreiben Sie die Sätze aus 2c in die Tabelle. Was fällt auf? Ergänzen Sie die Regeln.

Hauptsatz	Nebensatz		
Bernhard möchte in Köln studieren,	weil	er von zu Hause weg	möchte.
Bernhard möchte in Köln studieren,			
Bernhard hofft,	dass		
Bernhard hofft,			

1. Im Nebensatz steht das konjugierte Verb am _____ . Zwischen Haupt- und Nebensatz steht ein Komma.
2. Der Nebensatz mit „weil" nennt den Grund.
   Er gibt Antwort auf die Frage   a. ⌴ wann?   b. ⌴ warum?   c. ⌴ woher?
3. Vor Nebensätzen mit „_____" stehen oft Verben wie „hoffen", „glauben", „wissen" etc.

4 Im Ausland studieren

a Was sagt die Statistik? Lesen Sie den Zeitungsartikel und formulieren Sie Fragen zum Text.

↗ A 3

Im Ausland studieren

Das Statistische Bundesamt informiert: Im Jahr 2013 haben etwa 134.500 Studierende aus Deutschland an ausländischen Hochschulen studiert. Mit ca. 27.000 deutschen Studierenden gehört Österreich, neben den Niederlanden und Großbritannien, seit Jahren zu den drei Lieblingsländern von deutschen Studenten. Die Vorteile für sie in Österreich: die Sprache, kein NC und keine Studiengebühren. Aber auch die deutschen Hochschulen sind attraktiv für ausländische Studenten. Zum Vergleich: Im Wintersemester 1997/98 haben an deutschen Hochschulen ca. 104.000 ausländische Studierende studiert; im Wintersemester 2013/14 waren es 236.000, davon ca. 11.800 Österreicher. Für sie ist ein Studium in Deutschland eine Auslandserfahrung, aber ohne Sprachprobleme.

NC (Numerus clausus): Zulassungsbeschränkungen an Universitäten

Wie viele Deutsche haben 2013 in Österreich studiert?

b Stellen Sie Ihrer Partnerin / Ihrem Partner die Fragen. Antworten Sie mit den Informationen aus dem Text.

Wie viele Deutsche haben 2013 in Österreich studiert?

Ca. 27.000 Studierende.

5 Im Ausland leben

a Warum möchten Sie im Ausland leben? Kreuzen Sie an. Gibt es noch andere Gründe?

	ja, ganz	ein bisschen	nicht
Das stimmt für mich …			
weil man eine fremde Kultur kennenlernen kann.	⌴	⌴	⌴
weil man eine Fremdsprache lernen oder verbessern kann.	⌴	⌴	⌴
weil Auslandserfahrung wichtig ist.	⌴	⌴	⌴
weil das Leben dort günstig ist.	⌴	⌴	⌴
weil die fremde Stadt interessant ist.	⌴	⌴	⌴
weil man das (Studenten-)Leben genießen will.	⌴	⌴	⌴
weil …	⌴	⌴	⌴

Auf die Frage „Warum …?" kann man in einem Gespräch auch direkt mit dem weil-Satz antworten.

b Sammeln Sie Ihre Antworten im Kurs und vergleichen Sie sie.

Ich möchte ein Jahr im Ausland leben, weil ich eine fremde Kultur kennenlernen will. Wer noch?

A1 – B1: 97

neunundzwanzig 29

11 Neu in Köln

B Kunst- und Medienstadt Köln

1 Eindrücke aus Köln

B1 Lesen Sie den Blogeintrag von Bernhard und beantworten Sie die Fragen zum Text.

Notizen aus Köln
12.06.2016 by Bernhard

Köln ist eine sehr interessante Stadt. Ich habe mich schon ein bisschen in diese Stadt verliebt! Am letzten Wochenende haben wir eine Schiffstour auf dem
5 Rhein gemacht, das hat mir sehr gut gefallen. Der Fluss ist sehr schön. Am Rhein kann man sich sehr gut erholen.
Weil ich mich auch sehr für moderne Kunst interessiere, habe ich gestern das Museum Ludwig besucht. Es zeigt in einem Jahr verschiedene Ausstellungen. Ich habe mir dieses Mal viele Bilder der Expressionisten angesehen.
10 Die Stadt ist ein Medienzentrum: Hier befinden sich viele Fernsehsender und es gibt viele Firmen, die in der Medienbranche arbeiten. Bei jungen Leuten sehr bekannt sind auch die vielen YouTuber, junge Leute, die auf YouTube einen eigenen Kanal haben und dort über ihre Themen reden, Comedy machen oder Tipps geben. Viele von diesen YouTubern leben in Köln, manche sogar in *einem* Haus.
15 Im nächsten Monat findet hier die Gamescom statt, eine Messe für Computerspiele und interaktive Videospiele. Als Computerfan freue ich mich schon sehr auf die Messe. Dann kann ich die neuesten Spiele kennenlernen. Letztes Jahr waren über 340.000 Besucher auf der Messe – Wahnsinn!
Also, ich fühle mich wirklich wohl in Köln. Ich kann mir auch jetzt schon vorstel-
20 len, hier länger als nur für das Studium zu bleiben. Nur mit dem Dialekt habe ich so meine Probleme – die kölschen Witze verstehe ich leider gar nicht …

Ciao, euer Bernhard

1. Was hat Bernhard am letzten Wochenende gemacht?
2. Wo erholen sich die Kölner?
3. Was ist das Museum Ludwig?
4. Welche Unternehmen gibt es in Köln?
5. Welche Messe möchte Bernhard besuchen?
6. Wie findet Bernhard die Stadt?

2 Grammatik kompakt: Reflexive Verben

B2 **a** Welches Bild aus 1 passt zu den folgenden Sätzen? Schreiben Sie die Nummer dazu.

1. Am Rhein kann man sich sehr gut erholen: *Bild 1*
2. Als Computerfan freue ich mich schon sehr auf die Messe: _____
3. Weil ich mich auch sehr für moderne Kunst interessiere, habe ich gestern das Museum Ludwig besucht: _____
4. Ich habe mir Bilder der Expressionisten angeschaut: _____

! **b** Markieren Sie in den Sätzen 2 bis 4 mit einem Pfeil das Wort, auf das sich das gelb markierte Pronomen bezieht. Ergänzen Sie dann die Regel.

1. Reflexivpronomen beziehen sich auf
   a. ⬜ das Subjekt im Satz.   b. ⬜ die Akkusativ- oder Dativergänzung im Satz.
2. Reflexive Verben gibt es mit Akkusativ und mit Dativ, z. B.:
   – Reflexive Verben mit _____, z. B. sich erholen → Am Rhein kann man sich sehr gut erholen.
   – Reflexive Verben mit _____, z. B. sich anschauen → Ich habe mir die Bilder der Surrealisten angeschaut.

30 dreißig
A1–B1: 98

11

› Briefen / Blogeinträgen wichtige Informationen entnehmen › Informationen zu Kulturangebot austauschen
› kurzen Radiotexten wichtige Informationen entnehmen › Fragen beantworten, auf Aussagen reagieren

c Markieren Sie im Blogeintrag von Bernhard in 1 weitere Reflexivpronomen im Akkusativ und im Dativ mit verschiedenen Farben und schreiben Sie sie in die Tabelle.

Personalpronomen

Nominativ	Akkusativ	Dativ
ich	mich	mir
du	dich	dir
er / es / sie	ihn / es / sie	ihm / ihm / ihr
wir	uns	uns
ihr	euch	euch
sie / Sie	sie / Sie	ihnen / Ihnen

Reflexivpronomen

Akkusativ	Dativ
dich	dir
	sich
uns	uns
euch	euch
	sich

d Vergleichen Sie die Reflexivpronomen mit den Personalpronomen in der Tabelle. Was fällt auf? Ergänzen Sie die Regel.

Die Reflexivpronomen sind fast identisch mit den Personalpronomen.
Unterschied: _____ Person Sg. und Pl.

3 Ausgehen in Köln

Hören Sie die Tipps im Radio. Was ist richtig: **a**, **b** oder **c**? Kreuzen Sie an.

🔊 17–20
↗ B 3

1. Die Sendung „Ausgehen in Köln" präsentiert Tipps
   a. ⬜ für den Freitagabend.
   b. ⬜ für die nächste Woche.
   c. ⬜ für das Wochenende.

2. Die Tickets für die Technoparty kosten
   a. ⬜ 13,19 €.
   b. ⬜ 13,90 €.
   c. ⬜ 13,99 €.

3. Im Deutschen Tanzarchiv gibt es
   a. ⬜ eine Fotoausstellung.
   b. ⬜ eine Ausstellung mit gemalten Porträts.
   c. ⬜ einen Kurs in Tanz- und Theaterfotografie.

4. Der Karnevalskostümmarkt
   a. ⬜ ist für alle kostenlos.
   b. ⬜ ist nur für Besucher kostenlos.
   c. ⬜ kostet 14 € Eintritt.

5. Für das Theaterstück „Dinner für Spinner" gibt es
   a. ⬜ noch viele Karten.
   b. ⬜ keine Karten mehr.
   c. ⬜ noch wenige Karten.

6. Das Wetter …
   a. ⬜ bleibt gleich.
   b. ⬜ wird kalt.
   c. ⬜ wird warm.

4 Pläne für das Wochenende?

a Recherchieren Sie das Kulturangebot in Ihrer (Kurs-)Stadt. Was kann man alles machen?

b Sprechen Sie mit Ihrer Partnerin / Ihrem Partner über das Ausgehen. Die Fragen helfen.

Wofür interessierst du dich? | Was möchtest du dir gern anschauen? | Wo fühlst du dich wohl? | Worauf freust du dich? | Was möchtest du gern sehen?

Kunst | Sport | Medien | Tanz | Fotografie | Partys | Ausflüge | Theater | YouTube | Karneval | …

> Ich möchte mir gern die Ausstellung „Pharaonen" anschauen, weil ich mich schon sehr lange für Ägypten interessiere. Und du?

> Ich interessiere mich eher für Theater. Es gibt ein tolles Stück am Samstagabend im Stadttheater. Kommst du mit?

Verben mit Präpositionen bilden die Fragen so: Wo+(r)+Präposition. Wenn die Präposition mit einem Vokal beginnt, steht das „r" in der Mitte.
sich interessieren für (+A): Wofür interessierst du dich?
sich freuen auf (+A): Worauf freust du dich?

A1–B1: 99

einunddreißig 31

11 Neu in Köln

C „Et es wie et es"

1 Erzähl mal!

a Neu in Köln: Worüber spricht Bernhard wohl mit seinen Freunden? Sammeln Sie Ideen.

> Ich glaube, dass er die Leute nicht versteht.

b 🔊 21 Hören Sie das Gespräch. Über welche Themen sprechen sie?

c 🔊 21 Hören Sie das Gespräch noch einmal und beantworten Sie die Fragen.

1. Bernhard bestellt — a. ⬜ ein Kölsch. — b. ⬜ ein Wasser.
2. Bernhard — a. ⬜ lacht über Freds Witz. — b. ⬜ lacht nicht über Freds Witz.
3. Bernhard fühlt sich — a. ⬜ sehr gut. — b. ⬜ gar nicht gut.
4. Fred — a. ⬜ übersetzt den Witz. — b. ⬜ versteht Bernhard nicht.
5. Bernhard — a. ⬜ kennt keine Witze. — b. ⬜ erzählt auch einen Witz.

2 Was spricht man in Köln?

a (C 1) Lesen Sie den Informationstext über Dialekte und ergänzen Sie die Sätze.

> Die Sprache Kölns, das „Kölsch", ist ein lebendiger Dialekt mit einer langen Tradition. In Kölsch gibt es eine eigene Literatur und typische Lieder. Viele Kölner verwenden Kölsch als ein alltägliches Kommunikationsmittel.
> Wenn ein Kölner Hochdeutsch spricht, hört man oft noch seinen typischen Kölner Klang. Das „g" (besonders am Wortanfang) spricht man meistens wie „j", der „ich"-Laut klingt immer wie „sch", und es heißt nicht „das" und „was", sondern „dat" und „wat".
>
> Aber nicht nur in Köln spricht man Dialekt, in allen Regionen Deutschlands spricht man Dialekt, mal mehr, mal weniger stark. Über die Hälfte der Deutschen spricht selbst Dialekt, am häufigsten im Süden der Republik. Die Dialekte aus dem Süden sind bei den Deutschen besonders beliebt, vor allem Bayerisch. Beliebt ist auch Kölsch. Am beliebtesten ist aber ein Dialekt aus dem Norden: die Mundart von Hamburg. Nur eine Minderheit der Menschen mag keinen Dialekt.

1. Der Dialekt in Köln heißt _____.
2. Man erkennt Leute aus Köln, weil sie „janz" sagen und nicht _____ oder „misch" und nicht _____.
3. Auch in anderen deutschen _____ spricht man Dialekt, am _____ in Süddeutschland.
4. Nur eine _____ hört Dialekt nicht so gern.

b Markieren Sie die wichtigen Wörter in 2a. Erstellen Sie ein Wortnetz zum Thema „Dialekte".

c Welchen Dialekt oder welche Sprachvarietät sprechen Sie oder hören Sie gern? Recherchieren Sie zu seiner Geschichte, suchen Sie Beispiele. Stellen Sie ihn im Kurs vor.

> Mein Heimatdialekt heißt Lothringisch, oder auch Francique.
> Man spricht ihn im Nordosten von Frankreich.

11

› kurzen informierenden Texten bzw. Briefen / Posts wichtige Informationen entnehmen › in Gesprächen Themen erkennen › kurzen Radiotexten wichtige Informationen entnehmen › im Alltag Informationen austauschen

3 Grammatik kompakt: Adjektivendungen nach „der", „das", „die"

a Lesen Sie den Kommentar eines Freundes von Bernhard auf den Blogeintrag in B 1 und markieren Sie die Adjektive.

> posted by Johann, 20.7.2016
>
> Hallo Bernhard,
> bei dir hat sich ja viel verändert. Wenn ich deinen letzten Blogeintrag lese, denke ich, die kreative Metropole Köln tut dir gut. Wow, in *dem* tollen YouTube-Haus möchte ich gern wohnen! Bist du denn schon in die neue Studenten-WG umgezogen? Und die kölschen Witze? Verstehst du sie nun besser? Hier in Linz ist alles wie immer… Bleib in Köln, mein Freund. ☺
> Bis bald – Johann

b Schreiben Sie die Adjektivendungen in die Tabelle, markieren Sie dann die Adjektivendungen und ergänzen Sie die Regel.

	Maskulinum (M)	Neutrum (N)	Femininum (F)	Plural (M, N, F)
N	der geplante Umzug	das tolle Haus	die kreativ____ Metropole	die kölsch____ Witze
A	den geplant____ Umzug	das tolle Haus	die kreative Metropole	die kölschen Witze
D	dem geplanten Umzug	dem toll____ Haus	der kreativen Metropole	den kölschen Witzen

Adjektive nach bestimmtem Artikel haben nur 2 verschiedene Endungen: „-_____" und „-_____".
Die Endung „-en" steht im Plural, im Dativ und im _____ Maskulinum.

c Schreiben Sie einen Blogeintrag als Antwort auf Bernhards Notiz. Achten Sie auf die Adjektivendungen.

4 Von Erfahrungen erzählen

a Hören Sie das Radiointerview mit Bernhard. In welcher Reihenfolge sprechen Bernhard und die Reporterin über die Themen? Sortieren Sie.

a. ⊔

c. ⊔

d. ⊔

b. ⊔

b Haben Sie sich auch schon ähnlich fremd wie Bernhard gefühlt? Oder kennen Sie Erzählungen von Freunden? Sprechen Sie mit einem Partner / einer Partnerin. Folgende Stichpunkte können helfen:

Sprache | Essen | Traditionen

> Am Anfang habe ich mich in … fremd gefühlt,
> weil ich noch keine Freunde hatte.

11 Alles auf einen Blick — Lektionswortschatz in Feldern

Wohnen in Köln
der Bau, -ten
der Dom, -e
die Kneipe, -n
der Karneval, -e
    Straßenkarneval
der Aschermittwoch (nur Sg.)
die Fastnacht (nur Sg.)
    Weiberfastnacht
der Rosenmontag (hier nur Sg.)
der Rosenmontagszug, ¨e
die Kathedrale, -n
der Turm, ¨e

Sprache
die Aussprache, -n
der Dialekt, -e
die Färbung, -en
das Hochdeutsch (nur Sg.)
das Interview, -s
die Kommunikation (nur Sg.)
das Kommunikationsmittel, -
der Konsonant, -en
der Laut, -e
die Mundart, -en
die Sprachvarietät, -en
die Variante, -n
klingen

Universität und Studium
die Akademie, -n
das Fach, ¨er
die Gebühr, -en
    Studiengebühr
die Hochschule, -n
die Prüfung, -en
das Semester, -
    Wintersemester
    Sommersemester
der Abschlusstest, -s

Sonstiges
Nomen
der Alltag (nur Sg.)
der Ausflug, ¨e
das Ausland (nur Sg.)
die Erfahrung, -en
    Auslandserfahrung
die Ausstellung, -en
das Porträt, -s
der Besucher, -
die Besucherin, -nen

der Bürger, -
die Bürgerin, -nen
die Geschichte (hier nur Sg.)
das Archiv, -e
    Tanzarchiv
die Heimat (nur Sg.)
die Region, -en
der Höhepunkt, -e
die Jahreszeit, -en
der Kanal, ¨e
der Klang, ¨e
das Lied, -er
der Klub, -s
das Kostüm, -e
der Kostümmarkt, ¨e
die Kunst, ¨e
die Literatur, -en
die Medien (nur Pl.)
die Medienbranche, -n
das Medienzentrum,
    die Medienzentren
die Meinung, -en
die Messe, -n
die Minderheit, -en
der Ruf (hier nur Sg.)
die Sammlung, -en
die Schiffstour, -en
die Sehenswürdigkeit, -en
die Sendung, -en
die Szene, -n
die Tatsache, -n
der Tourist, -en
die Touristin, -nen
der Vergleich, -e
das Video, -s
der Wahnsinn (nur Sg.)
der Witz, -e
die Comedy (hier nur Sg.)

Verben
absolvieren
anschauen
befinden, sich
besuchen
erholen, sich
erkennen
freuen, sich auf + A
fühlen, sich
gründen
guttun
hoffen
interessieren, sich für + A

kennen
kennenlernen
malen
verändern, sich
verbessern
verlieben, sich in + A
verwenden
vorstellen, sich + Infinitiv + zu
wohlfühlen, sich

Adjektive
alltäglich
attraktiv
ausländisch
bedeutend
bekannt
eigen
fremd
interaktiv
kostenlos
kreativ
lebendig
nächst- (-er, -es, -e)
nah ≠ fern
neugierig
übernächst- (-er, -es, -e)
verschieden
weltweit
wichtig ≠ unwichtig

Adverbien
anders
meistens
weg
zurzeit

Redemittel / Ausdrücke
am Ende

Redemittel / Grammatik

Mit Sprache handeln: Seine Meinung sagen

Ich meine, dass …   Ich bin der Meinung, dass …
Ich finde, dass …   Ich denke, dass …

Grammatik

Nebensätze mit „weil" und „dass"

Hauptsatz		Nebensatz	
Bernhard möchte in Köln studieren,	weil	er dort keine Sprachprobleme	hat.
Ich möchte im Ausland studieren,	weil	Auslandserfahrung wichtig	ist.
Bernhard hofft,	dass	er im Alltag alles	versteht.
Wir finden,	dass	Köln eine schöne Stadt	ist.

In der mündlichen Umgangssprache verbindet man manchmal auch zwei Hauptsätze mit „weil", z. B.: „Bernhard möchte in Köln studieren, weil … (Pause) … er hat dort keine Sprachprobleme."

Vor Nebensätzen mit „dass" stehen oft Verben wie „hoffen", „glauben", „wissen" etc.

Reflexivpronomen und reflexive Verben

Reflexivpronomen beziehen sich auf die Akkusativ- oder Dativergänzung im Satz:
Reflexivverb mit Akkusativergänzung, z. B.: sich erholen → Ich hoffe, dass ich mich bald erhole.
Reflexivverb mit Dativergänzung, z. B.: sich anschauen → Ich will mir alle Bilder anschauen.
Reflexivpronomen haben die gleiche Wortstellung wie Personalpronomen, z. B.:
Ich habe mir ein Buch gekauft. Ich habe es mir gekauft.

Akk.: Personalpron.	Akk.: Reflexivpron.	Dat.: Personalpron.	Dat.: Reflexivpron.
mich	mich	mir	mir
dich	dich	dir	dir
ihn / sie / es	sich	ihm / ihm / ihr	sich
uns	uns	uns	uns
euch	euch	euch	euch
sie / Sie	sich	ihnen / Ihnen	sich

Adjektive nach dem bestimmten Artikel

	Maskulinum (M)	Neutrum (N)	Femininum (F)	Plural (M, N, F)
Nom.	der lebendige Dialekt	das neue Leben	die lange Tradition	die alten Lieder
Akk.	den lebendigen Dialekt	das neue Leben	die lange Tradition	die alten Lieder
Dat.	dem lebendigen Dialekt	dem neuen Leben	der langen Tradition	den alten Liedern

Adjektive vor Nomen ohne Artikel (=Nullartikel)

	Maskulinum (M)	Neutrum (N)	Femininum (F)	Plural (M, N, F)
Nom.	der → lebendiger Dialekt	das → neues Leben	die → lange Tradition	die → alte Lieder
Akk.	den → lebendigen Dialekt	das → neues Leben	die → lange Tradition	die → alte Lieder
Dat.	dem → lebendigem Dialekt	dem → neuem Leben	der → langer Tradition	den → alten Liedern

12 Geldgeschichten

| Home | Ihre Projekte | Wir helfen Ihnen | Fragen rund ums Geld | Kontakt |

Willkommen bei der GSK Nordbank – Unser Service für junge Berufstätige

Geld überweisen und Geld bekommen – Transaktionen wie diese gehören zu unserem täglichen Leben. Aber nur noch selten bezahlt man bar. Für den bargeldlosen Zahlungsverkehr brauchen Sie ein Konto. Wir haben die passende Lösung für Sie:

A Das Girokonto
» mit der EC-Karte kostenlos Bargeld abheben an 25.000 Geldautomaten in Deutschland
» kostenlos Geld überweisen an unserem Online-Terminal

B Unsere Sparkonten
» das Tagesgeldkonto: Geld kurzfristig anlegen und 1,5 % Zinsen bekommen
» das Festgeldkonto: Geld langfristig anlegen

C Online-Banking
» kostenfreie EC-Karte für Online-Kunden
» kostenfrei Geld vom eigenen PC überweisen
» unsere Banking-App – ideal für Reisen
» neu: Konto eröffnen online

Haben Sie noch Fragen? Wir beraten Sie gern persönlich.
Termin vereinbaren unter 0800 / 6 79 54

A Ich möchte ein Konto eröffnen

1 Unsere Konditionen

Unbekannte Wörter verstehen:
1. Internationale Wörter erkennen: Service, Transaktionen …
2. Zusammengesetzte Wörter analysieren: Geldautomat …
3. Aus dem Kontext erschließen: 1,5 % Zinsen bekommen …

a Lesen Sie die Bedingungen der GSK Nordbank. Was verstehen Sie schon? Markieren Sie.

b Lesen Sie die Kundenfragen auf der Website. Auf welche Fragen geben die Texte **A**, **B** und **C** eine Antwort? Markieren Sie die Textstellen. Für eine Person gibt es keine Antwort.

> **Sarah, 28:** Ich möchte meine Bankgeschäfte von zu Hause aus machen. Geht das? ⊔
> **Nele, 16:** Ich möchte mit meiner EC-Karte Geld abheben. Kostet das etwas? ⊔
> **Samir, 21:** Ich habe meine EC-Karte verloren. Was muss ich tun? ⊔
> **Thorsten, 18:** Ich habe von meinem Opa Geld bekommen und möchte es anlegen. Welche Möglichkeiten gibt es? ⊔

2 Ein neuer Kunde

a Rui Andrade möchte ein Konto eröffnen. Er spricht mit der Angestellten am Bankschalter. Was sagt der Kunde (K), was die Bankangestellte (B)? Nummerieren Sie dann die Sätze in der richtigen Reihenfolge.

_B_ Ja, gern. Sind Sie schon Kunde bei uns? ⊔
___ Guten Tag. Was kann ich für Sie tun? _1_
___ Gern. Das macht meine Kollegin, Frau Glimpf. Ich sage ihr Bescheid. Sie können dort vorne so lange Platz nehmen. ⊔
___ Guten Tag. Mein Name ist Rui Andrade. ⊔
___ Ich hätte gern ein paar Informationen. ⊔
___ Danke, das ist sehr freundlich. ⊔
___ Nein, aber ich möchte ein Konto eröffnen und habe einige Fragen. ⊔

🔊 23 **b** Hören Sie das Gespräch zwischen Rui Andrade und der Bankangestellten und vergleichen Sie.

3 Ein Gespräch mit der Kundenberaterin Frau Glimpf

🔊 24 **a** Hören Sie Teil 1 von Rui Andrades Gespräch mit Frau Glimpf. Was ist richtig: **a** oder **b**? Kreuzen Sie an.

1. Rui möchte   a. ⊔ ein Girokonto   b. ⊔ ein Sparkonto eröffnen.
2. Rui versteht   a. ⊔ die Erklärungen gut.   b. ⊔ nicht alles.

36 sechsunddreißig   A1–B1: 104

> in listenartigen Texten spezifische Informationen auffinden > bei Unklarheiten um Wiederholung bitten
> Alltagssituationen in Geschäften, bei Dienstleistungen bewältigen

12

b Rui muss nachfragen. Hören Sie das Gespräch in 3a noch einmal. Welche Redemittel hören Sie: **a** oder **b**? Kreuzen Sie an. 🔊 24

1. a. ☐ Entschuldigung, ich kenne die deutschen Fachwörter nicht.
   b. ☐ Entschuldigung. Gibt es da einen Unterschied?
2. a. ☐ Entschuldigen Sie, wenn ich noch mal nachfrage.
   b. ☐ Entschuldigen Sie, wenn ich Sie unterbreche.
3. a. ☐ Ich habe gehört, dass … Stimmt das?
   b. ☐ Man hat mir gesagt, dass … Stimmt das?
4. a. ☐ Das verstehe ich nicht. Können Sie das bitte genauer erklären?
   b. ☐ Das ist mir nicht ganz klar. Können Sie das bitte wiederholen?

c Hören Sie Teil 2 vom Gespräch. Was ist richtig: **a**, oder **b**? Kreuzen Sie an. 🔊 25

Eine Überweisung   a. ☐ ist immer kostenlos.   b. ☐ ist am Online-Terminal kostenlos.
Die EC-Karte   a. ☐ ist nur für Online-Kunden kostenlos.   b. ☐ ist für alle Kunden kostenlos.

d Hören Sie Teil 1 und Teil 2 noch einmal. Was ist richtig: **a** oder **b**? Kreuzen Sie an. 🔊 24–25

1. Wenn Rui Geld anlegen will, kann er es   a. ☐ auf ein Girokonto   b. ☐ auf ein Sparkonto einzahlen.
2. Rui bekommt Zinsen, wenn er Geld   a. ☐ auf einem Sparkonto   b. ☐ auf einem Girokonto hat.
3. Wenn Rui den Überweisungsbeleg am Schalter abgibt, kostet die Überweisung   a. ☐ nichts.   b. ☐ 50 Cent.
4. Wenn Rui nicht nur Online-Banking macht, kostet die EC-Karte 6,50 Euro   a. ☐ pro Monat.   b. ☐ pro Jahr.

4 Grammatik kompakt: Konditionale Nebensätze mit „wenn"

Schreiben Sie die Sätze aus 3d in die Tabelle und markieren Sie die Verben. Was fällt auf?
Ergänzen Sie die Regeln.

Nebensatz	Hauptsatz	Hauptsatz	Nebensatz
Wenn Rui Geld anlegen will,	kann er es auf ein Sparkonto einzahlen.		wenn er Geld auf einem Sparkonto hat.

1. Nebensätze mit „wenn" nennen   a. ☐ einen Grund.   b. ☐ eine Bedingung.
2. Der Nebensatz kann vor oder _____ dem Hauptsatz stehen.
3. Wenn der Nebensatz vor dem Hauptsatz steht, steht das Verb im Hauptsatz auf Position _____ .

5 Gespräche in der Bank

a Sie möchten ein Konto eröffnen. Was möchten Sie den / die Bankangestellte / n fragen? Notieren Sie.

– Was ist der Unterschied zwischen einem Sparkonto und einem Girokonto?
– Wie viel kostet ein Girokonto?
– Bekomme ich Zinsen, wenn ich Geld auf einem Girokonto habe?

b Suchen Sie einen Partner / eine Partnerin. Spielen Sie mit ihm / ihr das Gespräch in der Bank.
Fragen Sie nach, wenn Sie etwas nicht verstehen.

Guten Tag. Was kann ich für Sie tun?   Mein Name ist … Ich hätte gern ein paar Informationen.

A1–B1: 105   siebenunddreißig   37

12 Geldgeschichten

B Wie konnte das passieren?

1 Auf der Polizeiwache

🔊 26 **a** Hören Sie den Anfang von Ruis Gespräch mit dem Polizisten. Was ist richtig? Kreuzen Sie an.

Rui möchte Anzeige erstatten,
a. ☐ weil jemand sein Portemonnaie mit seinem Ausweis gestohlen hat.
b. ☐ weil er seine EC-Karte am Bankautomaten verloren hat.
c. ☐ weil sein Portemonnaie, seine EC-Karte und seine Kreditkarte verschwunden sind.

🔊 27 **b** Hören Sie Teil 2 vom Gespräch und beantworten Sie die Fragen.

Was **wollten** Rui und seine Frau in der Stadt machen? _____
Warum konnte Rui im letzten Geschäft nicht bezahlen? _____
Warum ist er ins vorletzte Geschäft zurückgegangen? _____
Was muss Rui jetzt machen? _____

2 Grammatik kompakt: Das Präteritum von Modalverben

Markieren Sie in 1b die Verbformen im Präteritum und ergänzen Sie die Verbendungen in der Tabelle.

	können	wollen	müssen	dürfen
ich	ko**nn**te	wo**ll**___	mu**ss**___	durf___
du	ko**nn**test	wo**ll**___	mu**ss**___	durf___
er/sie/es	ko**nn**___	wo**ll**___	mu**ss**___	durf___
wir	ko**nn**ten	wo**ll**___	mu**ss**___	durf___
ihr	ko**nn**tet	wo**ll**___	mu**ss**___	durf___
sie/Sie	ko**nn**___	wo**ll**___	mu**ss**___	durf___

-te | -test | -ten | -tet

3 Ruis Bericht für die Polizei

Für Ereignisse in der Vergangenheit benutzt man wie bei „haben" und „sein" auch bei den Modalverben meistens das Präteritum.

a Rui schreibt den Bericht für die Polizei auf seinem Computer. Die Absätze sind aber noch nicht geordnet. Nummerieren Sie die Absätze in der richtigen Reihenfolge.

a. ☐ Weil ich ein bestimmtes Buch nicht finden konnte, ging ich zur Information. Plötzlich gab es ein großes Gedränge, als der bekannte Krimiautor Weier für eine Lesung aus seinem neuen Buch in der Buchhandlung ankam.

b. ☐ Um 19.00 Uhr beendeten wir schließlich die Suche, denn ich musste mich noch um meine Karten kümmern: Beide Karten sind jetzt gesperrt.

c. ☐1☐ Am 11.12.2015 war ich von ca. 16.30 bis 19.00 Uhr in der Innenstadt von Kiel. Meine Frau und ich wollten Weihnachtsgeschenke für meine Familie in Brasilien kaufen. Wir gingen in vier Geschäfte: zu Kaufhof, zu Spielzeug Feld, zur Parfümerie Neu und zum Schluss zur Buchhandlung Groß.

d. ☐ Als ich an der Kasse bezahlen wollte, merkte ich, dass mein Portemonnaie weg war. Im Portemonnaie waren 250,– €, meine EC- und Kreditkarte und alte Familienfotos.

e. ☐ Als ich noch an der Information wartete, rempelte mich plötzlich ein junger Mann an. Er entschuldigte sich und rannte schnell zum Ausgang. Wir fanden das etwas komisch, aber wir dachten uns weiter nichts.

f. ☐ Ich suchte in allen Taschen, aber ich fand es nicht. Dann liefen wir – sehr aufmerksam – den Weg zur Parfümerie zurück, aber wir sahen das Portemonnaie nicht. Danach fragten wir in der Parfümerie. Leider wusste niemand etwas.

38 achtunddreißig — A1–B1: 106

b Was ist mit Ruis Portemonnaie passiert? Sprechen Sie im Kurs.

Ich glaube, dass Rui sein Portemonnaie zu Hause vergessen hat.

Vielleicht hat er sein Portemonnaie auf der Straße verloren.

Das glaube ich nicht, weil …

Das glaube ich auch, denn …

Ich bin sicher, dass der Mann in der Buchhandlung sein Portemonnaie gestohlen hat.

4 Grammatik kompakt: Das Präteritum

Markieren Sie in 3a die Verbformen im Präteritum und ergänzen Sie die Tabelle und die Regeln.

	regelmäßige Verben		unregelmäßige Verben			gemischte Verben	
	suchen	**warten**	**gehen**	**laufen**	**ankommen**	**rennen**	**denken**
ich	such____	wart____		lief	kam … an	rann**te**	da**ch**te
du	such**test**	wart**etest**	ging**st**	lief**st**	kam**st** … an	rann**test**	da**ch**test
er / sie / es	such____	wart**ete**	ging	lief			da**ch**te
wir	such____	wart**eten**			kam**en** … an	rann**ten**	
ihr	such**tet**	wart**etet**	ging**t**	lief**t**	kam**t** … an	rann**tet**	da**ch**tet
sie / Sie	such**ten**	wart**eten**	ging**en**			rann**ten**	da**ch**ten

> Lernen Sie den Infinitiv immer zusammen mit dem Präteritum und dem Perfekt, z. B.: *gehen, ging, ist gegangen*

der Vokal | -e | Endung | Perfekt | Präteritum | -te / -test / -ten / -tet | Umlaut

1. Regelmäßige Verben, Modalverben und gemischte Verben haben im Präteritum die Endungen _____ .
2. Wenn der Verbstamm auf „–t" oder „–d" endet, steht ein ____ zwischen Stamm und Endung.
3. Bei unregelmäßigen und gemischten Verben verändert sich in der Wortmitte _____ .
4. Die unregelmäßigen Verben haben in der 1. und 3. Person Singular keine _____ .
5. Die Modalverben haben im Präteritum keinen _____ .
6. In schriftlichen Berichten und Geschichten benutzt man meistens das _____ , beim Sprechen meistens das _____ .

5 Grammatik kompakt: Temporale Nebensätze mit „als"

Markieren Sie in 3a die Nebensätze mit „als". Beantworten Sie dann die Frage und ergänzen Sie die Regel.

Wann gab es ein großes Gedränge?
Es gab ein großes Gedränge, als _____ .
Als _____ , gab es ein großes Gedränge.

1. Nebensätze mit „als" geben eine Antwort auf die Frage: _____ passierte das?
2. Der Nebensatz kann _____ oder _____ dem Hauptsatz stehen.
3. Wenn der Nebensatz vor dem Hauptsatz steht, steht das Verb im Hauptsatz auf Position _____ .

6 Das glaube ich dir nicht!

a Sprechen Sie in Kleingruppen: Was haben Sie in Ihrem Leben schon erlebt? Schreiben Sie kurze Sätze im Präteritum auf ein Blatt. Die Erlebnisse können wahr sein oder fiktiv.

b Stehen Sie auf und verteilen Sie sich im Kursraum. Die erste Gruppe liest ihre Sätze vor. Wenn Sie meinen, dass die Aussage richtig ist, gehen Sie zum Fenster. Wenn Sie meinen, dass die Aussage fiktiv ist, gehen Sie zur Tür. Für jede richtige Zuordnung bekommen Sie einen Punkt.

A1 – B1: 107 neununddreißig 39

12 Geldgeschichten

C Wie im Märchen

1 Im Fundbüro *oder* die ehrliche Finderin

a Lesen Sie die Überschrift und schauen Sie sich das Foto an. Was ist wohl passiert? Finden Sie eine Antwort auf die Fragen: Wer? Wo? Was? Wann? Wie?

b Hören Sie das Gespräch im Fundbüro. Vergleichen Sie mit Ihren Vermutungen.

c Hören Sie das Gespräch in 1b noch einmal und beantworten Sie die Fragen.

1. Wann hat man das Portemonnaie im Fundbüro abgegeben?
2. Wer hat es abgegeben?
3. Wo hat sie das Portemonnaie gefunden?
4. Wie viel Finderlohn ist normal?
5. Was will Rui tun?

d Warum sagt Rui „Das ist ja wie im Märchen"? Sprechen Sie im Kurs.

e Hören Sie das Gespräch noch einmal. Welche Redemittel hören Sie? Markieren Sie.

Das ist ja wunderbar! | Da freue ich mich sehr! | Ich habe mir schon große Sorgen gemacht. | Ich hatte wirklich Angst. | Das ist wirklich ärgerlich! | Da bin ich aber froh! | Ich bin so glücklich! | Wie konnte mir so etwas passieren? | Da habe ich aber Glück gehabt!

f Ordnen Sie die Redemittel den folgenden Kategorien zu und schreiben Sie in Ihr Heft.

Freude: Das ist ja wunderbar!   *Angst: …*   *Ärger: …*

2 Das Fundbüro – eine Fundgrube

a Lesen Sie den Zeitungsartikel und ordnen Sie die Überschriften den Textabschnitten zu.

Ehrliche Finder (Zeile: _____)
Ungewöhnliche Fundsachen (Zeile: _____)
Verlorene Gegenstände finden neue Besitzer (Zeile: _____)
Alltagsgegenstände im Fundbüro (Zeile: _____)

Stadt erhält jährlich 300 Fundsachen

Etwa 300 Fundsachen geben Finder bei der Stadt Unna im Jahr ab. Unter den Fundsachen sind Rucksäcke, Koffer, Sport- und Handtaschen – natürlich mit Inhalt. Auch Schals, Mützen, Handschuhe, Schuhe, 5 Brillen, Schirme und Schlüssel verliert man immer wieder und sie landen dann im Fundbüro.
Jochen Noller arbeitet im Fundbüro und ist immer wieder überrascht, wie viele ehrliche Menschen es noch gibt. „Ein sehr ehrlicher Finder hat hier mal ein 10 Portemonnaie mit 5000 Euro abgegeben", erzählt er. Auch Schmuck oder andere Fundsachen entdeckt man im Fundbüro. „Wir hatten vor ein paar Jahren mal einen Karton mit 15 bis 20 elektrischen Zahnbürsten und sogar einen Fernseher", berichtet Jochen Noller. 15
Wenn jemand eine Sache findet und sich der Besitzer nicht innerhalb von sechs Monaten meldet, darf der Finder die Fundsache behalten. Wenn der Finder kein Interesse hat, versteigert man die Fundsachen. Die nächste Versteigerung findet am 11. März statt. Dann 20 kann jeder bieten. Besonders häufig findet man Handys. Jochen Noller meint: „Die bringen bei einer Versteigerung schon richtig Geld. Wir fangen bei einem Euro an. Die Menschen bieten manchmal bis zu 50 oder 100 Euro, wenn es ein i-Phone ist." Der Gewinn 25 aus der Versteigerung fließt in die Stadtkasse.

40 vierzig

> im Alltag Informationen austauschen > Angst, Freude ausdrücken > kurze Geschichte erzählen
> Zeitungsartikeln wichtige Informationen entnehmen > in einfachen Geschichten Inhalt verstehen

12

b Lesen Sie den Text noch einmal. Welche Aussagen sind richtig (r), welche sind falsch (f)? Kreuzen Sie an.

	r	f
1. Die Finder geben im Fundbüro leere Taschen ab.	☐	☐
2. Die Finder bringen auch Wertsachen ins Fundbüro.	☐	☐
3. Der Finder darf die Fundsache immer behalten.	☐	☐
4. Die Versteigerung von Handys bringt Geld in die Stadtkasse.	☐	☐

3 Das Märchen vom Dieb und vom Birnbaum

a Lesen Sie das Märchen. Was sagen die Personen? Ergänzen Sie.
Hören Sie dann das Märchen und vergleichen Sie.

A „Als ich klein war, habe ich meiner Mutter eine Münze gestohlen und das darf niemand wissen."
B „Keiner hier hat ein gutes Gewissen. Doch niemand von euch muss im Gefängnis sitzen wie ich! Aber ich habe nur eine alte, zerbrochene Pfeife gestohlen."
C „Bring mich zum König. Ich will ihm einen großen Schatz geben."
D „Man kann ihn nur pflanzen, wenn man noch nie etwas gestohlen oder betrogen hat."
E „Das ist ja nur ein ganz normaler Birnenkern!"

Vor langer, langer Zeit, als die Märchen noch wahr waren, stahl ein armer Mann einmal in einem Gasthaus eine alte, zerbrochene Pfeife. Er wollte sie reparieren und am Abend nach der schweren Arbeit zu Hause ein Pfeifchen rauchen. Aber jemand erstattete Anzeige und er kam ins Gefängnis.
Eines Tages bat er seinen Wächter: _____ [1]
Als der Dieb vor dem König stand, gab er ihm eine kleine Schachtel. Der König öffnete sie und fand dort nur einen Birnenkern: _____ [2]
Da sagte der arme Mann: „Ja, aber wenn Ihr ihn in die Erde legt, wächst bald ein Baum mit Birnen aus Gold." „Und warum hast du ihn nicht selbst gepflanzt?", fragte der König. Da antwortete der arme Mann: _____ [3] Und der Mann sprach weiter: „Wenn doch, trägt der Baum nur ganz normale Birnen. Ich bringe Euch den Kern, denn Ihr habt bestimmt ein gutes Gewissen." Der König aber erinnerte sich an seine Kindheit: _____
_____ [4] Und so rief er seinen Kanzler. Aber der Kanzler wollte auch nicht, denn er nahm manchmal Geld aus der Staatskasse. Der König rief nach dem Ersten Richter, aber der war korrupt und nahm Bestechungsgelder an. Und der General zahlte den Soldaten zu wenig Geld. Noch viele wichtige Leute kamen, aber niemand wollte den Kern pflanzen.
Da sagte der Dieb: _____ [5]
Da schenkte der König dem Mann die Freiheit.

b Lesen Sie zuerst die Fragen. Lesen Sie dann das Märchen noch einmal und beantworten Sie die Fragen.

1. Wer ist der Dieb?
2. Was hat er gestohlen?
3. Was passierte mit ihm?
4. Was gab der Dieb dem König?
5. Wann trägt der Baum goldene Birnen?
6. Warum wollte niemand den Kern pflanzen?
7. Wie endet die Geschichte?
8. Was denken Sie über den Dieb und über den König?

4 Märchen international

Wie heißt Ihr Lieblingsmärchen? Sammeln Sie im Kurs.

> Mein Lieblingsmärchen heißt „Blanche-Neige".
> Ich glaube, auf Deutsch heißt das „Schneewittchen".

12 Alles auf einen Blick — Lektionswortschatz in Feldern

In der Bank
die Bank, -en
das Bankgeschäft, -e
die Banking-App, -s
der Bankschalter, -
die Bankverbindung, -en
das Bargeld (nur im Sg.)
die Bedingung, -en
der BIC, -s
die EC-Karte, -n
die Filiale, -n
die Gebühr, -en
der Geldautomat, -en
die IBAN, -s
die Kondition, -en
das Konto, Konten
    Girokonto
    Sparkonto
    Festgeldkonto
der Kontostand, ¨e
das Kreditinstitut, -e
die Kundennummer, -n
der / das Online-Terminal, -s
der Personalausweis, -e
die PIN, -s
die Rechnungsnummer, -n
der Schalter, -
der Service (nur Sg.)
das Sparbuch, ¨er
das Tagesgeld, -er
die Transaktion, -en
die Überweisung, -en
der Überweisungsbeleg, -e
das Überweisungs-
    formular, -e
der Verwendungszweck, -e
die Zahlung, -en
der Zahlungsverkehr
    (nur Sg.)
der Zins, -en
abheben
anlegen
einen Kredit aufnehmen
betragen
einzahlen (Geld)
ein Konto eröffnen
Online-Banking machen
Platz nehmen
sparen
sperren (Karte)
überweisen
bar
bargeldlos
kostenfrei
kurzfristig

Bankautomat
die Geldkarte, -n
das Hauptmenü, -s
Karte einführen
PIN eingeben

Die Anzeige
die Anzeige, -n
    (bei der Polizei)
die Aussage, -n
der Ausweis, -e
der Besitzer, -
der Dieb, -e
der Finder, -
der Finderlohn (nur Sg.)
das Fundbüro, -s
die Fundsache, -n
der Polizist, -en
die Polizeiwache, -n
die Wertsache, -n
Anzeige erstatten
stehlen
ehrlich
wertvoll

Universität und Studium
der Semesterbeitrag, ¨e
die Immatrikulation, -en

Sonstiges
Nomen
der / die Angestellte, -n
die Anrede (nur Sg.)
der Ausgang, ¨e
der Autor, -en
der Bericht, -e
der / die Berufstätige, -n
die Bestechung, -en
das Bestechungsgeld, -er
das Blatt, ¨er
die Buchhandlung, -en
das Datum, die Daten
das Detail, -s
der Dozent, -en
die Ehrlichkeit (nur Sg.)
der Empfänger, -
die Erde (hier nur Sg.)
das Erlebnis, -se
das Fachwort, ¨er
die Freiheit, -en
das Gasthaus, ¨er
das Gedränge (nur Sg.)
das Gefängnis, -se
der General, ¨e
der Gewinn, -e

das Gewissen (nur Sg.)
das Gold (nur Sg.)
die Hexe, -n
der Inhalt, -e
die Innenstadt, ¨e
der Karton, -s
der Kern, -e
die Kindheit (nur Sg.)
der Krimi, -s
die Lesung, -en
das Märchen, -
die Münze, -n
der Nobelpreis, -e
die Pfeife, -n
die Pfütze, -n
das Portemonnaie, -s
die Prinzessin, -nen
das Projekt, -e
der Richter, -
der Schatz, ¨e
das Schloss, ¨er
der Schmuck (nur Sg.)
der Soldat, -en
die Stadtkasse, -n
der Unterschied, -e
die Versicherung, -en
die Versteigerung, -en
der Vorfall, ¨e
der Vortrag, ¨e
der Wächter, -
die Zuordnung, -en
Glück haben

Verben
abgeben
anrempeln
ansprechen
bedanken, sich
begründen
behalten
beraten
bieten
bitten
eintreffen
emigrieren
erleben
klar sein
landen
melden, sich
nachfragen
pflanzen
rennen
Bescheid sagen
stimmen
strukturieren

unterbrechen
verbinden
verlassen
verlieren
verschwinden
versteigern
vertrauen
wachsen
weitergeben
zaubern
zurücklaufen

Adjektive
ärgerlich
arm
aufmerksam
bestimmt
blond
fiktiv
golden
hässlich
jährlich
komisch
korrupt
langfristig
letzt (-er, -es, -e)
optimistisch
überrascht
ungewöhnlich
vorletzt (-er, -es, -e)
wahr
zerbrochen

Pronomen
jemand
niemand

Adverbien
genau – genauer
irgendwo
leider
plötzlich
rund um

Redemittel / Grammatik

12

Mit Sprache handeln: In der Bank

Bankangestellter / Bankangestellte
Guten Tag. Was kann ich für Sie tun?
Ja, gern. Sind Sie schon Kunde bei uns?

Kunde / Kundin
Guten Tag. Ich hätte gern ein paar Informationen.
Nein, aber ich möchte ein Konto eröffnen und habe einige Fragen. / Ja. Was muss ich machen, wenn …

Grammatik

Präteritum

	regelmäßige Verben		unregelmäßige Verben			gemischte Verben	
	suchen	**warten**	**gehen**	**laufen**	**ankommen**	**rennen**	**denken**
ich	such**te**	wart**ete**	g**ing**	l**ief**	k**a**m … an	r**ann**te	d**a**ch**te**
du	such**test**	wart**etest**	g**ing**st	l**ief**st	k**a**mst … an	r**ann**test	d**a**ch**test**
er / sie / es	such**te**	wart**ete**	g**ing**	l**ief**	k**a**m … an	r**ann**te	d**a**ch**te**
wir	such**ten**	wart**eten**	g**ing**en	l**ief**en	k**a**men … an	r**ann**ten	d**a**ch**ten**
ihr	such**tet**	wart**etet**	g**ing**t	l**ief**t	k**a**mt … an	r**ann**tet	d**a**ch**tet**
sie / Sie	such**ten**	wart**eten**	g**ing**en	l**ief**en	k**a**men … an	r**ann**ten	d**a**ch**ten**

	Modalverben			
	können	**wollen**	**müssen**	**dürfen**
ich	k**o**nn**te**	woll**te**	muss**te**	durf**te**
du	k**o**nn**test**	woll**test**	muss**test**	durf**test**
er / sie / es	k**o**nn**te**	woll**te**	muss**te**	durf**te**
wir	k**o**nn**ten**	woll**ten**	muss**ten**	durf**ten**
ihr	k**o**nn**tet**	woll**tet**	muss**tet**	durf**tet**
sie / Sie	k**o**nn**ten**	woll**ten**	muss**ten**	durf**ten**

Modalverben haben im Präteritum Endungen wie regelmäßige Verben und manchmal einen Vokalwechsel. „Möchte-" verwendet man nur im Präsens, im Präteritum gebraucht man „wollen".

Bedingung nennen: Konditionale Nebensätze mit „wenn"

Hauptsatz		Nebensatz		
Rui bekommt Zinsen,		wenn	er Geld auf einem Sparkonto	hat.
Die EC-Karte kostet nichts,		wenn	Rui nur Online-Banking	macht.

Nebensatz			Hauptsatz		
Wenn	Rui Geld anlegen	will,	kann	er es auf ein Sparkonto	einzahlen.
Wenn	er nur Online-Banking	macht,	kostet	die EC-Karte nichts.	

Einen Zeitpunkt in der Vergangenheit nennen: Temporale Nebensätze mit „als"

Hauptsatz		Nebensatz		
Ruis Portemonnaie war weg,		als	er an der Kasse	zahlen wollte.

Nebensatz			Hauptsatz	
Als	er an der Kasse	zahlen wollte,	war	Ruis Portemonnaie weg.

A1–B1: 111

dreiundvierzig **43**

13 Ohne Gesundheit läuft nichts!

Mein Kopf tut weh!

Jetzt habe ich mich auch noch erkältet!

A Ich fühle mich gar nicht wohl

1 Kennst du einen guten Arzt?

a Welche Symptome haben Sie bei Stress? Markieren Sie und sprechen Sie dann im Kurs.

A 1–2

Das Immunsystem ist geschwächt. | Ich habe Rückenschmerzen / Kopfschmerzen / Magenschmerzen / Ohrenschmerzen / Halsschmerzen … | Der Nacken tut weh. | Ich habe Schlafstörungen. | Ich habe nachts Alpträume. | Ich bekomme Pickel. | Ich habe alles gut organisiert und habe keinen Stress. | …

> Wenn ich Stress habe, tut mein Rücken weh. Manchmal habe ich auch Schlafstörungen.

b Beate hat viel Stress. Sie postet eine Nachricht für ihre Freunde. Lesen Sie und beantworten Sie die Fragen.

> **Beate:** Wer kann mir helfen? Seitdem ich meine Masterarbeit schreibe, sitze ich jeden Tag 12 Stunden über meinen Büchern oder am Laptop. Außerdem habe ich dauernd Rückenschmerzen, Schmerzen in der Schulter, mein Kopf tut weh, und ich habe starke Magenschmerzen. Bis man einen Termin beim Arzt bekommt, muss man ziemlich lange warten. Gestern habe ich einen Termin bei Dr. Rosmann
> 5 vereinbart. Es dauert noch zwei Wochen, bis ich hingehen kann. Dr. Rosmann ist der Internist in dem großen Ärztehaus am Markt. Dort gibt es auch eine Orthopädin und einen Allgemeinmediziner. Kennt jemand die Ärzte? Hat jemand eine Empfehlung? Ich war bei keinem Arzt mehr, seitdem mein alter Hausarzt in Rente ist. War schon mal jemand bei ihm? Tut mir leid, dass ich nur von Krankheiten schreibe, aber ich fühle mich echt schlecht! Jetzt habe ich mich auch noch erkältet (mit 39,5 Grad Fieber) ☹.

1. Welche Beschwerden hat Beate?
2. Warum schreibt sie die Nachricht?

2 Grammatik kompakt: Nebensätze mit „seit(dem)" und „bis"

A 3 Lesen Sie die Nachricht noch einmal und ergänzen Sie die Sätze und die Regeln.

1. Ich sitze jeden Tag über meinen Büchern und am Laptop, <u>seit(dem) ich meine Masterarbeit schreibe.</u>
2. _____, war ich bei keinem Arzt mehr.
3. _____, dauert es noch zwei Wochen.

umgangssprachlich:
seitdem → seit

! 1. eine Dauer von einem Zeitpunkt bis jetzt: • → a. ☐ seit(dem) b. ☐ bis
2. eine Dauer von einem Zeitpunkt bis zu einem späteren Zeitpunkt: • → • a. ☐ seit(dem) b. ☐ bis

44 vierundvierzig A1–B1: 112

> häufig vorkommende Schilder, Aufschriften verstehen › Ratschläge und Empfehlungen geben
> Informationen, die auf Mengen-, Preis-, Terminangaben basieren, erfragen und austauschen

13

3 Eine gute Empfehlung

a Lesen Sie die Schilder am Ärztehaus. Welche Praxen nennt Beate in ihrer Nachricht in 1b? Kreuzen Sie an. A 4–5

Dr. A. Rosmann	**Eveline Feld**	**Dr. Andreas Hofer**	**Dr. Michael Freund**
Internist	Orthopädin	Allgemeinmedizin	TCM (Chinesische Medizin)
Mo, Di, Do 9.00–13.00		Homöopathie	Homöopathie
15.30–18.00	Mo, Di, Do 8.00–18.30	Mo–Fr 7.30–12.00	Mo–Fr 9.00–14.00
Mi u. Fr 9.00–13.00	Mi, Fr 8.00–12.00	Di, Do 14.00–19.00	Di, Do 16.00–20.00
alle Kassen	alle Kassen	alle Kassen	nur privat

b Lesen Sie die Schilder noch einmal. Wohin geht man? Kreuzen Sie an.

1. Für homöopathische Behandlungen als Kassenpatient   a. ☐ zu Dr. Freund   b. ☐ zu Dr. Hofer
2. Mit starken Rückenschmerzen   a. ☐ zu Dr. Rosmann   b. ☐ zu Frau Feld
3. Für Akupunktur als Privatpatient   a. ☐ zu Dr. Hofer   b. ☐ zu Dr. Freund

c Lesen Sie die Nachrichten von Beates Freunden. Markieren Sie Ratschläge und Empfehlungen.

> **Marvin:** Hi Beate, geh auf keinen Fall zu Dr. Rosmann. Die Praxis ist immer sehr voll, und er nimmt sich nur wenig Zeit für seine Patienten.
> **Larissa:** Hallo Beate, ich empfehle dir, mal bei Dr. Hofer anzurufen. Man bekommt bei ihm schnell einen Termin. Er ist ein sehr erfahrener praktischer Arzt, nimmt sich Zeit und hört gut zu. Außerdem macht er homöopathische Behandlungen. Wenn es nötig ist, kann er dich zu einem Internisten überweisen.
> **Klaus:** Hallo Cousinchen, ich kenne keinen von den Ärzten im Ärztehaus. Wie wäre es mit ein paar alten Hausmitteln? Frag doch mal Oma, die kennt sich damit aus.
> **Leni:** Hallo, du darfst auf keinen Fall länger warten. Du musst zum Arzt. Ich rate dir, zu Dr. Freund zu gehen. Er ist sehr gut, behandelt aber keine Kassenpatienten. Ich habe bei ihm mal Akupunktur gemacht. Das hat mir sehr geholfen, aber ich musste alles selbst bezahlen. Und das war ziemlich teuer.

In Deutschland ist eine Krankenversicherung für alle Bürger verpflichtend.

Nicht jeder Arzt hat einen Doktortitel.

d Welcher Ratschlag ist sinnvoll, welcher nicht? Sprechen Sie im Kurs.

e Mit welchen Redemitteln gibt man Ratschläge und Empfehlungen? Markieren Sie in 3c und ergänzen Sie die Tabelle.

Imperativ	Modalverben	Infinitiv mit „zu"	andere Redemittel

Beachten Sie die Stellung von „zu": Ich rate dir, zu Dr. Freund **zu** gehen. Ich empfehle dir, bei Dr. Hofer an**zu**rufen.

4 Bitte um Rat

Welche Gesundheitsprobleme haben Sie? Bitten Sie um Rat.

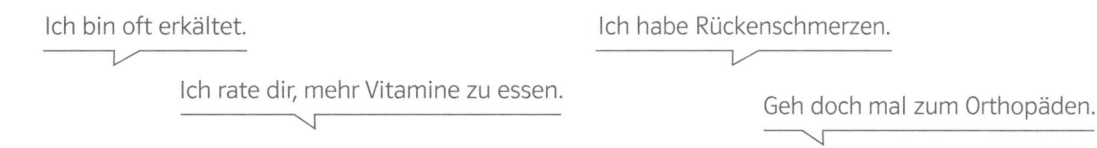

A 6

Ich bin oft erkältet.   Ich habe Rückenschmerzen.

     Ich rate dir, mehr Vitamine zu essen.   Geh doch mal zum Orthopäden.

13 Ohne Gesundheit läuft nichts!

B Was fehlt Ihnen denn?

1 Anruf beim Arzt

a Beate ruft in der Praxis von Dr. Hofer an. Hören Sie das Gespräch mit der Arzthelferin. Was ist richtig: **a** oder **b**? Kreuzen Sie an.

Beate kann   a. ☐ heute noch   b. ☐ erst in 14 Tagen kommen.

b Hören Sie das Gespräch in 1a noch einmal und beantworten Sie die Fragen.

1. Bei welcher Krankenkasse ist Beate versichert?
2. Welchen Termin nennt die Arzthelferin zuerst?
3. Bis wann muss Beate da sein?
4. Was muss Beate mitbringen?

c Spielen Sie das Telefongespräch mit den Infos aus 1a nach, benutzen Sie folgende Redemittel und denken Sie an Begrüßung, Dank und Abschied. Tauschen Sie auch die Rollen.

Patient/-in:
Ich hätte gern einen Termin. | Geht es nicht früher? | Kann ich nicht doch heute kommen?

Arzthelferin:
Was kann ich für Sie tun? | Wie wäre es am … um …? | Da ist leider kein Termin frei. | Gut, aber seien Sie bis … da.

2 Sind Sie zum ersten Mal hier?

a Beate steht am Empfang in der Praxis von Dr. Hofer. Was vermuten Sie: Was passiert dort?

1. Was fragt die Arzthelferin?   2. Was antwortet Beate?

Ich glaube / denke / vermute, dass … | Es kann sein, dass … | Vielleicht / Möglicherweise … | Wahrscheinlich … | Sicher …

b Hören Sie das Gespräch und machen Sie Notizen zu den Fragen in 2a. Vergleichen Sie dann mit Ihren Vermutungen. Was muss Beate machen?

c Füllen Sie den Auszug aus dem Patientenbogen mit den Daten von Beate aus.

AOK | 1,69 m | Penicillinallergie | ~~Studentin~~ | Nichtraucherin | keine Vorerkrankung | 63 kg | Vater: Rheuma | Mandeloperation

„Krankheit" bürokratisch = „Erkrankung"

```
Patientenbogen
Beruf: Studentin_____     Größe: _____        Gewicht: _____
Allergien: _____          Krankenkasse: _____ Raucher: ja ☐  nein ☐
Vorerkrankungen: _____    Operationen: _____  Familienerkrankungen: _____
```

3 Was führt Sie zu mir?

a Hören Sie Teil 1 von Beates Gespräch mit Dr. Hofer. Was antwortet sie auf die folgenden Fragen? Notieren Sie kurz.

1. Welche Beschwerden haben Sie denn?
2. Was genau tut Ihnen denn weh?
3. Seit wann haben Sie alle diese Schmerzen?
4. Seit wann sind Sie erkältet?
5. Haben Sie Fieber?

> mit einfachen sprachlichen Mitteln Vermutungen äußern > einfache sachliche Informationen und Zahlenangaben verstehen > in einfachen formellen Gesprächen, Interviews wichtige Informationen verstehen und geben

13

b Hören Sie jetzt Teil 2 vom Gespräch. Welche Anweisungen bekommt Beate von Dr. Hofer? 🔊 33
Was ist richtig: **ja** oder **nein**? Kreuzen Sie an.

	ja	nein		ja	nein
1. Sie muss sich nicht ausruhen.	☐	☐	4. Sie soll viel schlafen.	☐	☐
2. Sie darf jetzt nicht arbeiten.	☐	☐	5. Sie kann sehr viel essen.	☐	☐
3. Sie soll nicht spazieren gehen.	☐	☐	6. Sie braucht keine Diät einzuhalten.	☐	☐

4 Grammatik kompakt: Bedeutung von Modalverben

a Lesen Sie die Sätze in 3b und ordnen Sie sie nach ihrer Bedeutung in die Tabelle in Ihr Heft. ↗ B 3

jemand weist an:	es ist nötig / nicht nötig:	es ist erlaubt:	es ist nicht erlaubt:
Sie soll nicht spazieren gehen, …	_____	_____	_____

b Was fällt auf? Ergänzen Sie die Regel.

„brauchen … zu" + Infinitiv verwendet man immer mit „nicht / kein …", es hat die gleiche Bedeutung wie „nicht _____". ❗

5 Wie soll ich das nehmen? – Viermal täglich …

a Dr. Hofer hat Beate weitere Anweisungen gegeben und Medikamente verschrieben. Beate hat sich 🔊 34
Notizen gemacht. Hören Sie das Gespräch. Was hat Beate falsch notiert? Korrigieren Sie. ↗ B 4

– Magenmittel: 4 x tägl. 20 Tropfen ~~nach dem Essen~~   *vor dem Essen*
– Mittel für Immunsystem: tagsüber alle 6 Stunden 2 Tabletten   _____
– jeden Tag spazieren gehen   _____
– wenn es besser geht, jeden 3. Tag 1/2 Std. schnell gehen   _____
– 5 x Krankengymnastik (Termin machen)   _____

b Welche Informationen stehen auf dem Beipackzettel von einem Medikament? Sammeln Sie. ↗ B 5
Lesen Sie dann den Beipackzettel und überprüfen Sie Ihre Vermutungen.

> **Gasteron Plus (pflanzliches Heilmittel)**
>
> **Anwendungsgebiete:** Zur Behandlung von funktionellen Magen-Darm-Erkrankungen und zur Unterstützung bei der Behandlung von Beschwerden bei Magenschleimhautentzündung (Gastritis).
> **Schwangerschaft:** Sie sollten Gasteron Plus in den ersten Monaten der Schwangerschaft nicht einnehmen.
> **Kinder:** Säuglinge und Kleinkinder unter 2 Jahren dürfen Gasteron Plus nicht einnehmen.
> **Verkehrstüchtigkeit und Arbeit mit Maschinen:** Die Behandlung mit diesem Medikament kann zu starker Müdigkeit führen. Sie sind möglicherweise nicht aufmerksam, wenn Sie im Straßenverkehr fahren oder an Maschinen arbeiten.
> **Anwendung: Dosierung, Art und Dauer:** Wenn der Arzt es nicht anders verordnet hat, nimmt man „Gasteron plus" 3 – 4-mal täglich vor oder zu den Mahlzeiten in etwas Flüssigkeit wie folgt: Erwachsene und Jugendliche: 20 Tropfen; Kinder: von 6 – 12 Jahren: 10 Tropfen, von 2 – 5 Jahren: 8 Tropfen.

6 Arztbesuch

Spielen Sie den Dialog „Arzt / Ärztin – Patient / Patientin". Tauschen Sie auch die Rollen.

A1–B1: 115

siebenundvierzig 47

13 Ohne Gesundheit läuft nichts!

C Alles für die Gesundheit

1 Was bedeutet das „X"?

a Vor einem Museum im Bergischen Land steht ein großes „X". Was bedeutet es wohl?

In dem Museum erfährt man etwas über
a. ☐ die Genetik und die Chromosomen.
b. ☐ die Röntgenstrahlung.
c. ☐ die Mathematik.

b Lesen Sie den ersten Abschnitt von einem Zeitungsartikel und überprüfen Sie Ihre Antwort.

Ein Museum mit „X"

Vor dem Röntgenmuseum in Remscheid-Lennep steht ein überdimensionales „X". Wenn Sie glauben, dass man hier etwas über Mathematik, Chromosomen oder über die Fernsehserie „X-Files" erfährt, irren Sie sich.
5 Das Museum trägt seinen Namen nach dem Physiker Wilhelm Conrad Röntgen.
Röntgen entdeckte 1895 bei einem Experiment eine Strahlung, die durch alle Materialien gehen
10 konnte, durch Papier, Karton, Holz und die eigene Hand. Alles war transparent. Das „X" steht in der Mathematik für etwas Unbekanntes. Deshalb nannte der
15 50-Jährige das neue Phänomen „X-Strahlung". Endlich konnte man ins Innere vom menschlichen Körper schauen.
Wilhelm Conrad Röntgen wurde 1845 in Remscheid-Lennep geboren. Er machte kein Abitur. Darum durfte
20 er nicht an einer traditionellen Universität studieren. Am Polytechnikum in Zürich studierte er zunächst Maschinenbau. Der junge Ingenieur interessierte sich auch für Experimentalphysik. Deswegen begann er schließlich ein Physikstudium. Er promovierte in Ther-
25 modynamik und lehrte als Professor in Straßburg, Gießen, Würzburg und München. Für seine Entdeckung erhielt er 1901 den ersten Nobelpreis für Physik.

Heute spielt die Röntgenstrahlung nicht nur in der Medizin eine große Rolle. Archäologen können mit ihrer Hilfe z. B. alte ägyptische Mumien untersuchen. 30
Der Röntgenscanner am Flughafen durchleuchtet das Gepäck von Passagieren.
Das Remscheider Röntgenmuseum bietet auf 2100 Quadratmetern Interessantes über Röntgens Entdeckung und die Verwendung von Röntgenstrahlung. 35
Eine besondere Attraktion ist die „gläserne Frau". An der lebensgroßen Figur kann man sehr gut die inneren Organe und das Skelett erkennen. Auf Knopfdruck geht ein Licht an und man sieht die Adern und die Nerven. Man erfährt auch etwas über Röntgens Privat- 40
leben: Er wanderte sehr gerne und auf seinen Wanderungen begleitete ihn oft Robert Koch. Der Mikrobiologe Koch entdeckte 1882 den Tuberkulosevirus. Röntgen war ein sehr verschlossener Mensch. Als er den Nobelpreis erhielt, wollte er keine Dankes- 45
rede halten. Er erzählte auch kaum etwas über seine Entdeckung. Im Alter verbrannte er sogar alle Laborbücher, Dokumente und Briefe. Daher weiß man heute relativ wenig über ihn.
Wenn Sie noch einen Tag länger in Remscheid bleiben 50
möchten, können Sie auf dem Röntgenwanderweg eine Wanderung rund um Remscheid machen – in Erinnerung an den Forscher und Wanderer Wilhelm Conrad Röntgen.

c Lesen Sie den ganzen Artikel in 1b. Wo erfährt man etwas über die die folgenden Aspekte? Schreiben Sie die Zeilennummern.

Röntgens Leben, Zeile: _____
Röntgens Entdeckung und ihre Bedeutung, Zeile: _____
Das Röntgenmuseum, Zeile: _____

d Welche Informationen finden Sie interessant? Sprechen Sie im Kurs.

Ich finde interessant / bemerkenswert, dass …

> Zeitungsberichten wichtige Informationen entnehmen › sachliche Informationen, Zahlenangaben verstehen
> Informationen aufschreiben › Absagen begründen

13

e Notieren Sie aus dem Text in 1b alle Wörter zum Wortfeld „Wissenschaft / Forschung / Medizin".

der Physiker, entdecken, die Entdeckung ...

f Kennen Sie andere berühmte Mediziner oder Naturwissenschaftler? Was haben sie entdeckt oder entwickelt? Worüber haben sie geforscht?

... hat ein Medikament / eine Impfung gegen ... entwickelt. | ... hat ... den ...-virus entdeckt. | ... hat über ... geforscht.

Louis Pasteur war Franzose.
Er hat eine Impfung gegen die Tollwut entwickelt.

2 Grammatik kompakt: darum, deshalb, deswegen, daher

a Lesen Sie die folgenden Sätze. Wie sind sie im Zeitungsartikel formuliert? Schreiben Sie.

1. Der 50-Jährige nannte das neue Phänomen „X-Strahlung", weil das „X" in der Mathematik für etwas Unbekanntes steht.

Das „X" steht in der Mathematik für etwas Unbekanntes. Deshalb nannte der 50-Jährige das neue Phänomen „X-Strahlung".

2. Er durfte nicht an der Universität studieren, weil er kein Abitur hatte.

3. Er begann schließlich ein Physikstudium, weil er sich auch für Experimentalphysik interessierte.

4. Man weiß heute relativ wenig über ihn, weil er im Alter alle Laborbücher, Dokumente und Briefe verbrannte.

b Markieren Sie in den Sätzen in 2a den Grund.

c Vergleichen Sie. Wo steht der Grund? Kreuzen Sie an.

1. Der Grund steht in Sätzen mit „weil" im   a. ☐ Hauptsatz.   b. ☐ Nebensatz.
2. Der Grund steht in Sätzen mit „darum / deshalb / deswegen / daher" im   a. ☐ 1. Hauptsatz.   b. ☐ 2. Hauptsatz.

3 Mir tut alles weh. Deshalb kann ich nicht ...

Machen Sie Ihrem Partner / Ihrer Partnerin Vorschläge für die Freizeit. Antworten Sie mit einer Absage. Begründen Sie, warum Sie nicht mitmachen können.

Sollen wir heute Abend joggen?   Tut mir leid. Mein Bein tut weh. Deshalb kann ich heute nicht joggen. Vielleicht morgen.   Das ist aber schade.

4 Über die Gesundheit sprechen

Sprechen Sie mit einem Partner / einer Partnerin über die Frage: Was tue ich für meine Gesundheit?

Ich ernähre mich (nicht) sehr gesund: Ich esse viel / wenig ...   Ich bin (kein) Vegetarier / Veganer.   Ich mache Diät.

13 Alles auf einen Blick — Lektionswortschatz in Feldern

Körper
die Ader, -n
der Arm, -e
das Auge, -n
der Bauch, ¨e
das Bein, -e
der Blutdruck (nur Sg.)
die Brust, ¨e
der Darm, ¨e
der Finger, -
der Fuß, ¨e
der Hals, ¨e
das Herz, -en
das Immunsystem, -e
das Knie, -
der Knochen, -
der Kopf, ¨e
die Lunge, -n
der Magen, ¨
die Mandel, -n
der Mund, ¨er
der Muskel, -n
der Nacken, -
die Nase, -n
der Nerv, -en
das Ohr, -en
das Organ, -e
der Po, -s
der Rücken, -
der Schenkel, -
   Oberschenkel
   Unterschenkel
die Schulter, -n
das Skelett, -e
der Teil, -e
   Körperteil
der Zeh, -en

Beschwerden
die Krankheit, -en
   ≠ die Gesundheit
   (nur Sg.)
die Allergie, -n (eine A.
   haben [gegen + A])
der Alptraum, ¨e
die Erkältung, -en
die Erkrankung, -en
   Vorerkrankung
das Fieber
   (Fieber / Temperatur
   haben)
das Rheuma (nur Sg.)
die Schlafstörung, -en
der Schmerz, -en
   (Schmerzen haben)
das Symptom, -e

erkältet sein
weh tun
fehlen (mir fehlt etwas)

Arzt + Patient
die Krankenkasse, -n
der Kassenpatient, -en
der Patientenbogen, ¨
die Versichertenkarte, -n
das Ärztehaus, ¨er
die Praxis, Praxen
der Hausarzt, ¨e
der Allgemeinmediziner, -
die Arzthelferin, -nen
der Spezialist, -en
der Chirurg, -en
der Internist, -en
der Orthopäde, -n
der Raucher, -
   ≠ der Nichtraucher, -
versichert sein

Behandlung
die Akupunktur (nur Sg.)
die Behandlung, -en
der Beipackzettel, -
die Diät, -en (einhalten)
die Dosierung, -en
das Gebiet, -e
   Anwendungsgebiet
das Hausmittel, -
die Homöopathie (nur Sg.)
das Hörgerät, -e
der Hustensaft, ¨e
die Impfung, -en
das Medikament, -e
das Mittel, -
   Magenmittel
die Operation, -en
das Penicillin (nur Sg.)
das Phänomen, -e
die Röntgenstrahlung, -en
die Tablette, -n
der Tropfen, -
der / das Virus, die Viren
behandeln
heilen
einnehmen (Medizin)
gurgeln
messen
überweisen (Patienten)
untersuchen
verordnen
verschreiben
ambulant
homöopathisch

Wissenschaft
die Daten (nur Pl.)
die Entdeckung, -en
die Entwicklung, -en
das Ergebnis, -se
das Experiment, -e
der Wissenschaftler, -
die Wissenschaftlerin, -nen
   Naturwissenschaftler
der Forscher, -
die Forscherin, -nen
die Forschung, -en
die Genetik (nur Sg.)
das Labor, -e
forschen
entwickeln
durchleuchten

Sonstiges
Nomen
die Abteilung, -en
die Art, -en
die Dauer (nur Sg.)
der Empfang, ¨e
die Empfehlung, -en
die Erinnerung, -en
die Figur, -en
die Flüssigkeit, -en
die Gemeinsamkeit, -en
die Größe, -n
das Licht, -er
die Müdigkeit (nur Sg.)
der Pickel, -
die Ruhe (nur Sg.)
die Salzstange, -n
die Schwangerschaft, -en
der Säugling, -e
das Schild, -er
die Sorge, -n
die Unterstützung, -en
die Verwendung, -en
das Vitamin, -e
die Wanderung, -en
die Weile (nur Sg.)
die Verkehrstüchtigkeit
   (nur Sg.)

Verben
anstrengen, sich
ausruhen, sich
ausspannen
begleiten
bemerken
empfehlen
irren, sich
lohnen, sich
schwächen

spazieren gehen
eine Rolle spielen
tun (etwas tun für + A)
überzeugt sein
verbrennen
geboren werden

Adjektive
bemerkenswert
dauernd
dick ≠ schlank
erfahren
häufig
inner (-er, -es, -e)
kompetent
krank ≠ gesund
lebensgroß
menschlich
müde
nötig
öffentlich ≠ privat
pflanzlich
regelmäßig
salzarm
schwanger
sinnvoll
stark ≠ schwach
bequem ≠ unbequem

Adverbien
möglicherweise
tagsüber
selbst

Artikel / Pronomen
jeden (3. Tag)

Redemittel / Grammatik

Mit Sprache handeln: Beim Arzt – Termine und Patientengespräch

Das sagt der Patient / die Patientin
Ich hätte gern einen Termin.
Geht es nicht früher?
Kann ich nicht doch heute kommen?

Guten Tag … Ich habe …
Mein / e … tut / tun weh …
Ich habe noch …
Seit … / Ich weiß nicht genau …

Was soll ich tun? Darf ich …?
Gut, das mache ich.
Und wie ist es mit …? / Muss ich …?
Wie muss ich das nehmen?

Das sagt die Arzthelferin
Wie wäre es am … um …?
Da ist leider kein Termin frei.
Gut, aber seien Sie bis … da.

Das sagt der Arzt / die Ärztin
Guten Tag … Was führt Sie zu mir? Was genau tut Ihnen denn weh?
Welche Beschwerden haben Sie denn noch?
Seit wann haben Sie diese Schmerzen?
Seit wann sind Sie erkältet?
Haben Sie Fieber?
Sie dürfen jetzt (nicht) … Sie sollten … Sie brauchen nicht …
Ich verschreibe Ihnen noch … / ein Medikament …
Bitte nehmen Sie täglich …

Grammatik

Nebensätze mit „seit(dem)" [• →] und „bis" [• → •]

Hauptsatz		Nebensatz		
Beate hat dauernd Schmerzen,		seit(dem)	sie an ihrer Masterarbeit	arbeitet.
Beate war bei keinem Arzt mehr,		seit(dem)	ihr alter Hausarzt	in Rente ist.
Es dauert noch 2 Wochen,		bis	Beate zu Dr. Rosmann	gehen kann.
Es dauerte 2 Wochen,		bis	Beate einen Arzttermin	bekam.

Nebensatz			Hauptsatz		
Seit(dem)	Beate so viel	arbeitet,	hat	sie dauernd Schmerzen.
Seit(dem)	Beate Larissa	getroffen hat,	sind	fast drei Monate vergangen.
Bis	Beate zu Dr. Rosmann	gehen kann,	dauert	es noch 2 Wochen.
Bis	Beate einen Arzttermin	bekam,	dauerte	es 2 Wochen.

Bedeutung von Modalverben

jemand weist an:	Beate **soll** viel schlafen. / Beate **soll nicht** arbeiten.
es ist (nicht) erlaubt:	Beate **darf** / **kann** spazieren gehen.
	Beate **darf nicht** arbeiten.
es ist (nicht) nötig:	Beate **muss** sich ausruhen.
	Beate **muss** sich **nicht** ausruhen.
	Beate **braucht keine** Diät **zu** machen.
	Beate **braucht** nicht mehr im Bett zu liegen.
es ist (nicht) möglich:	Beate **kann** verreisen. / Beate **kann** nicht verreisen.
jemand ist (nicht) fähig:	Beate **kann** Chinesisch sprechen. / Beate **kann** nicht Chinesisch sprechen.

Gründe formulieren: Kausale Verbindungsadverbien „darum", „deshalb", „deswegen", „daher"

Weil ich Sport machen soll, gehe ich jeden zweiten Tag walken.
→ Ich soll Sport machen, darum / deshalb / deswegen gehe ich jeden zweiten Tag walken.
Ich habe Urlaub genommen, weil ich mich ausruhen soll.
→ Ich soll mich ausruhen, darum / deshalb / deswegen habe ich Urlaub genommen.

14 Griasdi in München

A Auszeit in München

1 Es gibt kein schlechtes Wetter …

a Suchen Sie auf der Karte vorne im Buch die Städte Hildesheim und München. Was wissen Sie über die Städte? Sammeln Sie im Kurs.

> Hildesheim liegt im …

> Keine Ahnung, vielleicht im …

b Hören Sie das Gespräch: Was wollen Isabella und Vroni machen? Welches Foto passt (**A**, **B** oder **C**)?

c Hören Sie das Gespräch in 1b noch einmal. Was ist richtig, **a** oder **b**? Kreuzen Sie an.

1. Wo wohnen Vroni und Isabella?
   a. ☐ Beide wohnen in München.
   b. ☐ Vroni in München und Isabella in Hildesheim.
2. Wie ist der Wetterbericht für München?
   a. ☐ Starker Regen und 11 Grad.
   b. ☐ Sonnig und 21 Grad.
3. Warum sprechen sie über das Wetter?
   a. ☐ Sie wollen spazierengehen.
   b. ☐ Sie wollen in die Bibliothek.
4. Was ist das Problem?
   a. ☐ Sie hat keine Winterkleidung.
   b. ☐ Sie hat keine Wanderschuhe.

2 Über Geschmack lässt sich (nicht) streiten

a Wo kaufen Sie Kleidung? Markieren und ergänzen Sie und vergleichen Sie mit Ihrem Partner/ Ihrer Partnerin.

online, denn … | am liebsten in einem kleinen Geschäft, weil … | in einem Secondhandladen | auf dem Flohmarkt | aus dem Katalog | in einem Kaufhaus | in einem großen Einkaufszentrum | Ich lasse meine Kleider schneidern. | Ich nähe meine Kleider selbst. | Ich leihe mir Kleider aus. | …

b Vroni findet einen Flyer in ihrem Briefkasten: „Mein Kleiderbügel". Lesen Sie den Flyer oben rechts. Welche Informationen finden Sie? Sprechen Sie im Kurs.

> Ein Bekleidungsgeschäft hat eröffnet, es heißt …
> Man kann (… kaufen …). Das Geschäft ist … Hier steht, dass …

52 zweiundfünfzig

A1–B1: 120

> in Gesprächen Thema erkennen > in Texten mit Bildern Hauptinformationen verstehen
> sachliche Informationen, Zahlenangaben verstehen > Meinungen, Vorlieben, Abneigungen mitteilen

14

Mein Kleiderbügel

Neueröffnung

Auf unseren Kleiderbügeln hängen stilvolle, modische Kleidungsstücke: **Hosen**, **Röcke** usw. Auch angesagte **Accessoires** finden Sie bei uns (Gürtel, Taschen).
Die Preise sind uns nicht „Jacke wie Hose"!

20 Prozent Rabatt auf alle Jacken und Hosen bis zum **15. Oktober**.

- **Rock** aus reiner Wolle, kariert, Gr. 34–40, **49,95 Euro**
- **Pullover** mit Rollkragen, reine Wolle in Grau, Blau, Gr. 36–42, **59 Euro**
- **Wintermantel** in Rot, Blau und Schwarz, Gr. 34–46, **89 Euro**
- **Pullover** mit V-Ausschnitt, reine Baumwolle, verschiedene Farben, Gr. 36–42, **39 Euro**
- **Bluse** aus reinem Leinen, weiß mit kurzen Ärmeln, **19,90 Euro**
- **Kapuzenjacke** in Grün / Schwarz / Grau, **49 Euro**
- **Lederjacke** mit Gürtel, in Schwarz und Beige, Gr. S–XL, **179,99 Euro**

Kommen Sie vorbei. Die neue Herbstkollektion ist da! Wir beraten Sie gerne. Wo: Amalienstraße 55b.

c Hören Sie das Gespräch. Über welche Kleidungsstücke sprechen Isabella und Vroni? Markieren Sie. 🔊 36

d Isabella und Vroni haben verschiedene Geschmäcker. Hören Sie das Gespräch in 2c noch einmal. 🔊 36
Wie finden sie was? Notieren Sie. Neun Ausdrücke bleiben übrig. A 2

altmodisch | cool | hübsch | bequem | unbequem | klasse | zu kurz | ideal für den Winter |
langweilig | modern | nicht warm genug | ~~praktisch~~ | unpraktisch | schick | hässlich | sportlich |
süß | gar nicht teuer | zu teuer | stilvoll

Wie findet Vroni…
1. das Jäckchen? _praktisch_
2. den Wintermantel? _____
3. den Pullover mit Rollkragen? _____
4. das weiße Blüschen? _____
5. das Röckchen? _____

Wie findet Isabella …
1. die Jacke? _____
2. den Wintermantel? _____
3. den Pullover mit Rollkragen? _____
4. die weiße Bluse? _____
5. den Rock? _____

3 Grammatik kompakt: Der Diminutiv – Verkleinerungsform

Markieren Sie in den Sätzen in 2d links die Nomen mit „-chen" und rechts die passenden Nomen. A 3
Ergänzen Sie die Regeln.

1. Substantive mit „-chen" sind   a. ☐ Maskulinum   b. ☐ Neutrum   c. ☐ Femininum
2. Meistens: a → _____ o → _____ u → _____
3. -chen bedeutet auch: Ich finde etwas   a. ☐ hübsch/nett. ☺   b. ☐ schlecht. ☹
4. Ironie: „Blüschen" in der Bedeutung „altmodisch"

„Dirndl" ist die bayrische / österreichische Verkleinerungsform von „Dirn". Das Wort bedeutet auch heute im Dialekt noch „junges Mädchen".
Das Wort „Mädchen" entstand im 17. Jh. und ist die Verkleinerungsform zu „Magd", das früher „unverheiratete Frau" bedeutete.

alternativ
auch „-lein" → das Jäcklein
Schwäbisch:
auch „-le" → das Jäckle
Österreich / Bayern:
auch „-erl" → das Jackerl
Schweiz:
auch „-li" → das Jäckli

4 Wie findest du das?

Sprechen Sie über die Kleidungsstücke in 2b. Fragen Sie Ihren Partner / Ihre Partnerin und antworten Sie.
Benutzen Sie die Ausdrücke in 2d.

Wie findest du …?   Den finde ich … Und du?

A1–B1: 121   dreiundfünfzig **53**

14 Griasdi in München

B „Mein Kleiderbügel"

1 Umschauen und anprobieren

a Schauen Sie sich die Bilder an. Welche Redemittel passen zu Foto **A** oder **B**? Kreuzen Sie an.

a. ☐ Danke, wir möchten uns nur umschauen.
b. ☐ Da vorne sind die Umkleidekabinen!
c. ☐ Schau mal hier im Schaufenster, wie findest du den Wollpullover?

b 🔊 37 Hören Sie das Gespräch. Über welche Punkte sprechen Isabella und Vroni?

☐ Modelle   ☐ Preise   ☐ Größen   ☐ Farben

c 🔊 37 Hören Sie das Gespräch in 1b noch einmal. Ordnen Sie die Sätze zu.

B 1
1. Schau mal, wie findest du den Wollpullover?
2. Oder meinst du den hellgrünen?
3. Wie gefällt dir denn die Strickjacke?
4. Aber der Baumwollpulli da sieht auch klasse aus.
5. Welches Modell meinst du?
6. Passt das denn zu meinen neuen Jeans?
7. Zu welchem Pulli passt meine Bluse hier am besten?

a. ☐ Dieses hier in Lila.
b. ☐ Welcher, der bunte?
c. ☐ Nein, diesen hier, den dunkelgrünen.
d. ☐ Zu diesem, dem schwarzen Baumwollpulli.
e. ☐ Zu welchen?
f. ☐ Welchen, den blauen?
g. ☐ Welche? Die lange da?

2 Grammatik kompakt: „welch-?" – Rückfragen / Antworten mit „dies-" / „der" / „das" / „die"

B 2 Markieren Sie die Fragepronomen „welch-" und die Demonstrativpronomen und -artikel „dies-", „der", „das", „die" in 1c und ergänzen Sie die Tabelle und die Regeln. Was fällt auf? Was ist richtig: **a** oder **b**? Kreuzen Sie an.

	Maskulinum (M)	Neutrum (N)	Femininum (F)	Plural (M, N, F)
N	Welch____ → dies**er** / d**er**	Welch____ → dies____ / d____	Welch____ → diese / d____	Welche → dies____ / d____
A	Welch____ → Dies____ / d____	Welch**es** → dies____ / d____	Welch____ → dies____ / die	Welch____ → diese____ / d____
D	Zu welch____ (Pullover) → zu dies____ / d____	Zu welch____ (Modell) → zu diesem / dem	Zu welcher (Jacke) → zu dies____ / d____	Zu welch____ (Jeans) → zu diesen / den → zu diesen / denen

❗ 1. „welch-"   a. ☐ weist auf Dinge und Personen hin.   b. ☐ fragt nach Dingen und Personen.
2. „dies-"   a. ☐ weist auf Dinge und Personen hin   b. ☐ fragt nach Dingen und Personen.
3. „der", „das", „die"   a. ☐ weist auf Dinge und Personen hin.   b. ☐ fragt nach Dingen und Personen.
4. „welch-" und „dies-"   a. ☐ haben gleiche Endungen.   b. ☐ haben nicht gleiche Endungen.

54 vierundfünfzig   A1 – B1: 122

> sachliche Informationen, Zahlenangaben verstehen › Alltagssituationen in Geschäften, bei Dienstleistern bewältigen › Informationen zu Mengen-, Preis-, Terminangaben erfragen und austauschen

14

3 Umtausch nur mit Kassenbon

a Was bedeutet das Verb „umtauschen"? Schlagen Sie im Wörterbuch nach.

b Was sagt die Verkäuferin (V), was sagt die Kundin (K)? Kreuzen Sie an.   B 3a–c

	V	K			V	K
1. Kann ich Ihnen helfen?	☐	☐	a. ☐ Ich habe Größe …		☐	☐
2. Welche Größe haben Sie?	☐	☐	b. ☐ Leider nein.		☐	☐
3. Haben Sie dieses Modell auch in Grün?	☐	☐	c. ☐ Ja, das geht, aber nur mit Kassenbon.		☐	☐
4. Wo kann ich den Mantel anprobieren?	☐	☐	d. ☐ Ja, der passt genau.		☐	☐
5. Passt der Mantel?	☐	☐	e. ☐ Der kostet …		☐	☐
6. Passt der Mantel in Größe 40 besser?	☐	☐	f. ☐ Ja, bitte. Ich suche einen Mantel.		☐	☐
7. Was kostet der Mantel?	☐	☐	g. ☐ Da vorne ist die Umkleidekabine.		☐	☐
8. Kann ich den Mantel eventuell wieder umtauschen?	☐	☐	h. ☐ Ja, mit EC- oder Kreditkarte. Da vorne ist die Kasse.		☐	☐
9. Kann ich auch mit Karte bezahlen?	☐	☐	i. ☐ Nein, der ist zu klein.		☐	☐

c Ordnen Sie den Fragen 1–9 in 3b die Antworten a–i zu. Hören Sie dann zur Kontrolle.   38

d Hören Sie das Gespräch in 3c noch einmal. Was ist richtig (r), was ist falsch (f)? Kreuzen Sie an.   38

	r	f
1. Isabella trägt die deutsche Kleidergröße 44.	☐	☐
2. Den Wintermantel gibt es in drei Farben.	☐	☐
3. Der Wintermantel in Größe 40 ist zu klein.	☐	☐
4. Der Wintermantel kostet 159 Euro.	☐	☐
5. Isabella kann den Mantel innerhalb von 2 Wochen umtauschen.	☐	☐

4 Shopping-Alternativen: Tauschboutiquen und -plattformen

a Heute im Unimagazin: Shopping-Alternativen. Markieren Sie die Gründe: Warum tauscht man Kleider?

Kleider kaufen? Ja, gerne. Aber was tun, wenn am Monatsende kein Geld mehr da ist oder kein Platz mehr im Kleiderschrank?! Wie kann man dieses Problem lösen? Eine junge Frau hat einen Laden aufgemacht („Das Kleiderrad"). Dort kann man Kleider – (für den Alltag) und für wenig Geld – tauschen oder ausleihen. „Finde und tausche" ist das Motto. Kaufen ja, aber nicht besitzen. Man kann sich per Post auch Kleider zuschicken lassen und zahlt pro Monat einen Be-
5 trag. Nach vier Wochen schickt man diese wieder kostenlos zurück und bekommt ein neues Kleiderpaket. Das ist praktisch. So muss man nicht jedes Mal selbst einkaufen. Man kann in dieser Zeit was anderes machen, zum Beispiel eine Hausarbeit für die Uni schreiben ☺. Und es ist nachhaltig, also ökologisch. Es gibt auch Online-Plattformen, wo man Kleidung tauschen oder dann auch kaufen kann. Übrigens heißt dieser Tauschtrend im Akademikerdeutsch „kollaborative Ökonomie" (Wichtiger als der Besitz von einem Produkt ist der Zugang zu diesem.).

b Schreiben Sie einen Kommentar im Meinungsforum. Wie finden Sie Tauschplattformen?

Ich finde so eine Tauschplattform (nicht) gut, weil … | In … gibt es so etwas nicht. | Das kann ich mir nicht vorstellen, denn …

5 Im Bekleidungsgeschäft

Sie wollen einen Pullover, eine Hose etc. kaufen. Spielen Sie das Gespräch im Bekleidungsgeschäft. Benutzen Sie die Redemittel in 3b. Tauschen Sie die Rollen.   B 3d

Kann ich Ihnen helfen?   Ja, bitte ich suche …

A1–B1: 123   fünfundfünfzig 55

14 Griasdi in München

C Zwei Münchner Originale

1 Heute im Stadtmagazin: München feiert das Oktoberfest

a Was wissen Sie schon und was möchten Sie über das Oktoberfest wissen? Formulieren Sie mindestens vier Fragen.

Wo …? | Seit wann …? | Wie viele …? | Warum …? | Was kann man essen und trinken auf dem Oktoberfest? | …

b Lesen Sie die Zwischenüberschriften und ordnen Sie diese sowie die Bilder den Abschnitten zu.

Eine Hochzeit für alle | Die „Wiesn" kann beginnen | Ein Volksfest entsteht | Touristenmagnet Oktoberfest

A _____

Das Oktoberfest hat sich inzwischen zu einem riesigen Volksfest entwickelt: Jedes Jahr kommen ca. 6 Millionen Besucher. Viele Gäste kommen auch aus dem Ausland. Sie genießen das
5 Angebot von ca. 250 Schaustellern und fast 100 Gastronomiebetrieben. Das Fest hat eine große wirtschaftliche Bedeutung für die Stadt München und die Umgebung. Denn auf dem Oktoberfest arbeiten ca. 12.000 Menschen und
10 es bringt einen Umsatz von ca. 800 Millionen Euro.

B _____

Am 12. Oktober 1810 feierten Kronprinz Ludwig, der spätere König Ludwig I., und Prinzessin Therese von Sachsen-Hildburghausen ihre Hochzeit. Ludwig lud auch die Bürger von Mün-
5 chen zu den Feierlichkeiten ein. Diese fanden auf einer Wiese vor München statt. Heute liegt die Wiese in der Stadt und sie heißt in Erinnerung an die Braut „Theresienwiese". Am Ende von den Feierlichkeiten fand am 17. Oktober ein
10 Pferderennen statt. In den nächsten Jahren wiederholte man das Pferderennen und so entstand die Tradition der „Oktober-Feste".

C _____

Das Oktoberfest findet heute immer noch auf der Theresienwiese – der „Wiesn" – statt. Das Fest beginnt inzwischen am Samstag nach dem 15. September. Die Gastwirte von der „Wiesn"
5 ziehen an diesem Tag mit Pferdewagen von der Innenstadt zur Festwiese. Wenn dann um 12.00 Uhr der Oberbürgermeister von München das große Bierfass anschlägt und ruf: „O'zapft is!" – „Es ist angezapft!", kann das Oktoberfest
10 beginnen. Das Fest geht dann bis zum ersten Sonntag im Oktober.

D _____

Mit der Zeit entwickelte sich das Oktoberfest immer mehr zu einem Volksfest: Es gab kein Pferderennen mehr, aber viele Möglichkeiten zur Unterhaltung, z. B. Schaukeln, Karussells
5 und zahlreiche Buden mit verschiedenen Angeboten zum Essen, Trinken und Spielen. Und es entstanden große Bierzelte für Tausende von Besuchern.

c Haben Sie Antworten auf Ihre Fragen in 1a bekommen? Notieren Sie die Antworten.

2 Blogeintrag: Mein Tag auf der Wiesn

a Isabella schreibt einen Blog über ihre Zeit in Deutschland. Lesen Sie den Eintrag oben rechts und markieren Sie die neuen Informationen zum Oktoberfest.

56 sechsundfünfzig A1 – B1: 124

> kurzen Zeitungsberichten wichtige Informationen entnehmen > Briefen/Blogeinträgen wichtige Informationen entnehmen > mithilfe von Textbausteinen Informationen aufschreiben > von persönlichen Erfahrungen berichten

14

Isabella: Heute aus München: Die Stadt bietet Kultur, Natur – und viele Einkaufsmöglichkeiten ☺ Vroni, meine bayerische Freundin, und ich waren gestern auf dem Oktoberfest. (Das gibt es schon seit über 200 Jahren! Unglaublich!) Es war genial! Die Atmosphäre, die Musik, die Bierzelte, die Karussells, das Riesenrad! Und die Leute kommen aus allen Ländern!! Amerikaner, Japaner und viele
5 Italiener. An unserem Tisch im Bierzelt saßen auch Italiener. Nur wenige sprachen Deutsch, deshalb haben wir die Speisekarte für sie übersetzt und schließlich für jeden Brathendl bestellt – ein typisches „Wiesn-Gericht". Wir waren alle sehr fröhlich und haben gesungen und getanzt. Keiner wollte nach Hause, aber um 23.30 Uhr war dann leider doch Schluss. So, das war's aus München. Ach und nächstes Jahr geht's auf den Kocherlball: Hier der Link – da steht alles drin! Der ist lustig,
10 aber früh! (auf jeden Fall nichts für Langschläfer ☺)

b Haben Sie auch hier Antworten auf Ihre Fragen in 1a bekommen? Notieren Sie die Antworten.

3 Zum Link: Der Kocherlball

a Sprechen Sie mit Ihrem Partner/Ihrer Partnerin über die folgenden Punkte.

1. Was ist ein Ball?
2. Welche Kleidung trägt man?
3. Was bedeutet „Koch**erl**"?
4. Wer geht auf den Ball?
5. Wie lange dauert der Ball?
6. Wo findet der Ball statt?

b Lesen Sie den Infolink. Waren Ihre Vermutungen richtig?

Ab 1880 trafen sich ca. 5000 Hausangestellte (Köche, Kindermädchen, Hausdiener usw.) immer am Sonntagmorgen im Sommer im Englischen Garten. Ganz früh (von 5 bis 8 Uhr) tanzten sie alle am Chinesischen Turm. Danach mussten sie wieder arbeiten. 1904 hat man den Ball
5 verboten („unmoralisch"). Das Wort „Kocherl" stammt aus dieser Zeit und meinte das Küchenpersonal: die „Köchinnen". Seit 1989 gibt es den Ball wieder. Jung und Alt machen mit. Viele kommen in Tracht (Dirndl, Lederhose), manche auch in Dienstbotenuniformen oder bürgerlicher Kleidung des 19. Jahrhunderts. Der Ball findet jedes Jahr am
10 3. Sonntag im Juli statt.

4 Grammatik kompakt: Indefinitpronomen und Indefinitartikel

Markieren Sie die Indefinitpronomen und -artikel im Blogeintrag in 2a und im Infolink in 3b und schreiben Sie die Endungen in die Tabelle.

	Maskulinum (M)	Neutrum (N)	Femininum (F)	Plural (M, N, F)
N	jed____ kein Mann/keiner	jed**es** kein Fest/keins	jede kein____	all____/viel____/ wenig____/kein____
A	jed____ kein____	jed____ kein Fest/kein____	jede kein____	all____/viele/ wenig____/kein____
D	jed____ keinem	jed____ kein____	jed____ kein____	allen/viel____/ wenig____/kein____

5 Volksfeste

Schreiben Sie einem Freund/einer Freundin eine Mail über das Oktoberfest. Machen Sie den Vorschlag, im nächsten Jahr gemeinsam dorthin zu fahren.

A1–B1: 125

14 Alles auf einen Blick — Lektionswortschatz in Feldern

Wetterbericht
das Gewitter, -
der Hagel (nur Sg.)
der Nebel, -
der Schnee (nur Sg.)
der Wetterbericht, -e
der Wind, -e
blitzen
donnern
fallen (Regen, Schnee)
gewittern
hageln
regnen
scheinen (die Sonne)
schneien
stürmen
wehen (Wind)
bedeckt
bewölkt
heiter
neblig
regnerisch
sonnig
stürmisch
warm
windig

Bekleidungsgeschäft
der Ärmel, -
der Ausschnitt, -e
die Bekleidung (nur Sg.)
der Blazer, -
die Cordhose, -n
der Daunenmantel, ⸚
das Etikett, -en
die Handtasche, -n
die Kapuzenjacke, -n
das Kostüm, -e
der Kassenbon, -s
der Kleiderbügel, -
die (Kleider)größe, -n
der Kleidungsstil, -e
der Knopf, ⸚e
der Kragen, ⸚
die Lederjacke, -n
das Leinen (nur Sg.)
das Loch, ⸚er
das Modell, -e
das Muster, -
das Outfit, -s
das Poloshirt, -s
die Regenjacke, -n
der Rollkragen, ⸚
das Schaufenster, -
die Sandale, -n
das Schweißband, ⸚er

der Stiefel, -
der Stöckelschuh, -e (ugs.)
die Strickjacke, -n
das Tuch, ⸚er
die Umkleidekabine, -n
der Umtausch, ⸚e
der Wanderschuh, -e
der Wintermantel, ⸚
aussuchen
umtauschen
ausgewaschen
dezent
einfarbig ≠ bunt
farblich
geblümt
kariert
hübsch ≠ hässlich
langärmelig
eng
leger
pink
sportlich
unpraktisch ≠ praktisch
wasserfest

Oktoberfest
das Bierfass, ⸚er
das Bierzelt, -e
das Brathendl, -
die Bude, -n
das Dirndl, -
der Gastronomiebetrieb, -e
der Gastwirt, -e
das Karussell, -s
der Bürgermeister, -
    Oberbürgermeister
das Pferderennen, -
der Pferdewagen, ⸚
das Riesenrad, ⸚er
die Schaukel, -n
der Schausteller, -
der Touristenmagnet, -e
die Tracht, -en
der Umsatz, ⸚e
die Unterhaltung (hier
    nur Sg.)
das Volksfest, -e
die Wiese, -n

Universität und Studium
die Ethnologie, -n
die Methode, -n
vorlesungsfrei
wissenschaftlich

Arbeit und Beruf
der Aktenkoffer, -
die Ökonomie, -n
der Regisseur, -e
die Regisseurin, -nen
wirtschaftlich

Sonstiges
Nomen
die Abneigung, -en
der Abschnitt, -e
die Alternative, -n
die Atmosphäre, -n
der Armreif, -e
die Auszeit, -en
die Bedeutung, -en
der Betrag, ⸚e
der Briefkasten, ⸚
der Eintrag, ⸚e
die Feierlichkeit, -en
der Flohmarkt, ⸚e
der Geschmack, ⸚er
der/die Hausangestellte, -n
der Katalog, -e
die Kette, -n
das Kindermädchen, -
das Klischee, -s
der Link, -s
die Methode, -n
das Monatsende, -n
das Motto, -s
der Ohrring, -e
die Kette, -n
das Paket, -e
die Perle, -n
das Personal (nur Sg.)
der Pferdeschwanz, ⸚e
die Plattform, -en
der Prinz, -en
der Schluss, ⸚e
der Tausch (Pl. selten)
die Umgebung, -en
die Verkleinerung, -en
die Zusammenfassung, -en

Verben
ausleihen
besitzen
eignen, sich
entstehen
genießen
hinweisen
lösen (ein Problem)
orientieren, sich
nähen

schneidern
tragen (Kleidung)
übersetzen
umschauen, sich
zurücknehmen
zusammenbinden
zuschicken

Adjektive
dezent
genial
kaputt
ökologisch
rein
riesig
schwach ≠ stark
sozial
stilvoll
unglaublich
zahlreich

Adverbien
inzwischen
schließlich
teils – teils
vorne

Präposition
innerhalb
seit
über (200 Jahre)

Redemittel
gar nicht (teuer / un-
    bequem / …) sein
ideal für (den Winter /
    den Abend / …)
zum ersten / zweiten / …
    Mal

Redemittel / Grammatik

Mit Sprache handeln: Im Bekleidungsgeschäft

Verkäufer / Verkäuferin	**Kunde / Kundin**
Kann ich Ihnen helfen?	Ja, bitte. Wo finde ich …? / Ich suche …
	Ja gern.
	Nein danke, im Moment nicht.
	Danke, wir möchten uns nur umschauen.
Welche Größe haben Sie?	Ich habe die (deutsche) Größe …
Passt …?	Haben Sie dieses Modell auch in Grün / Größe 40 / …?
	Nein, der / die / das ist zu klein.
Da vorne ist die Umkleidekabine.	Wo kann ich … anprobieren?
	Was kostet …?
Ja, das geht, aber nur mit Kassenbon.	Kann ich … eventuell wieder umtauschen?
Ja, mit EC- oder Kreditkarte.	Kann ich auch mit Karte bezahlen?

Grammatik

Diminutiv = Verkleinerungsform

Nomen mit der Endung „-chen" oder „-lein" haben den Artikel „das": **der** Rock → **das** Röck**chen**.
Meistens gibt es einen Vokalwechsel: a → ä, o → ö, u → ü, z. B. J**a**cke → J**ä**ckchen.
Die Endung „-chen" / „-lein" bedeutet: Etwas ist klein; „-chen" bedeutet auch: Man findest etwas hübsch / nett.

Frageartikel und -pronomen „welch-" und Demonstrativartikel und -pronomen „dies-", „der" / „das" / „die"

„welch-" fragt nach Dingen und Personen.
„dies-" und „der, das, die" weisen auf Dinge und Personen hin.
z. B.: Welchen Pullover findest du besser? → Diesen / Den hier.
Zu welcher Bluse passt der Rock? → Zu dieser / der gestreiften.
Schau mal, die Kleider. Welches gefällt dir am besten? → Dieses / Das da.
Und da die Hosen. Welche ist schicker? → Diese / Die schwarze.

	Maskulinum (M)	**Neutrum (N)**	**Femininum (F)**	**Plural (M, N, F)**
Nom.	Welch**er** Pullover? → dies**er** / d**er**	Welch**es** Modell? → dies**es** / d**as**	Welch**e** Jacke? → dies**e** / d**ie**	Welch**e** Jeans? → dies**e** / d**ie**
Akk.	Welch**en** Pullover? → dies**en** / d**en**	Welch**es** Modell? → dies**es** / d**as**	Welch**e** Jacke? → dies**e** / d**ie**	Welch**e** Jeans? → dies**e** / d**ie**
Dat.	Zu welch**em** Pullover? → zu dies**em** / d**em**	Zu welch**em** Modell? → zu dies**em** / d**em**	Zu welch**er** Jacke? → zu dies**er** / d**er**	Zu welch**en** Jeans? → zu dies**en** / d**en**en → zu dies**en** / d**en** Jeans

Indefinitpronomen und Indefinitartikel „jed-", „kein-", „all-", „viel-", „wenig-"

	Maskulinum (M)	**Neutrum (N)**	**Femininum (F)**	**Plural (M, N, F)**
Nom.	jeder (k)ein Mann / (k)einer	jedes (k)ein Fest / (k)eins	jede (k)eine	alle / viele / wenige
Akk.	jeden (k)einen	jedes (k)ein Fest / (k)eins	jede (k)eine	alle / viele / wenige
Dat.	jedem (k)einem	jedem (k)einem	jeder (k)einer	allen / vielen / wenigen

A1 – B1: 127

neunundfünfzig

15 Eine Reise nach Wien

"Viennale" = jährliches Filmfestival in Wien

A Unterwegs zur Viennale

1 Wo übernachten?

a Ordnen Sie die Fotos oben den Übernachtungsmöglichkeiten zu.

1. Jugendherberge ☐   2. „Couch surfen" ☐   3. Campingplatz ☐   4. Hotel ☐

A 1 **b** Wo übernachten Sie gern? Berichten Sie im Kurs.

39 **c** Hören Sie das Telefongespräch zwischen Jörg und einer Freundin. In welcher Reihenfolge werden die vier Begriffe in 1a genannt? Nummerieren Sie.

Jugendherberge ☐   „Couch surfen" ☐   Campingplatz ☐   Hotel ☐

A 2 **d** Lesen Sie den Zeitungsartikel. Markieren Sie die Schlüsselwörter und beantworten Sie die Fragen.

Reisen – mal anders

Das Konzept ist einfach und erfolgreich: Reisende können bei anderen Menschen umsonst auf der Couch oder im Gästebett übernachten.
Eric aus Amsterdam ist quer durch Europa unterwegs: Hamburg, Dresden, Krakau, dann weiter in den Süden. Hotels oder Jugendherbergen findet der 26-jährige Student nicht so toll. Er schläft lieber in fremden Wohnungen. Die Wohnungsbesitzer lernt er über das Internet kennen.

„Couch surfen" heißt das Konzept: Reiselustige Menschen vernetzen sich online und bieten ihre Schlafmöglichkeiten gratis an. Man informiert die anderen über sich und seine Vorlieben, d. h., man legt im Internet ein „persönliches Profil" an, denn am Reiseziel will man ja sympathische Leute treffen.
Tipp: Ein kleines Gastgeschenk gefällt immer. Es ist auch gut, wenn man z. B. im Haushalt hilft oder kocht.

1. Wie kann man private Schlafgelegenheiten finden?
2. Was kostet das Übernachten für „Couch-Surfer"?
3. Warum legt man ein „Profil" an?
4. Was kann man für den Gastgeber tun?

e Wie finden Sie „Couch surfen"? Schreiben Sie einen kurzen Text. Die markierten Wörter und die Antworten in 1d sowie folgende Redemittel helfen Ihnen. Besprechen Sie dann Ihre Texte in Gruppen und korrigieren Sie sie, wenn nötig.

Ich finde „Couch surfen" …! | „Couch surfen" gefällt mir (nicht), weil … | Ich möchte „Couch surfen" (nicht) machen, weil … | Ich mag „Couch surfen" (nicht), denn … | „Couch surfen" ist (k)eine gute Idee, denn …

60   sechzig   A1 – B1: 128

> in Gesprächen Thema erkennen › in Alltagstexten zu erwartende Informationen auffinden › über alltägliche Dinge schreiben und Meinungen ausdrücken › von persönlichen Erfahrungen, Ereignissen, Aktivitäten berichten

2 Filme ansehen

a Über die Viennale. Was meinen Sie: Was ist richtig: **a**, **b** oder **c**? Kreuzen Sie Ihre Vermutungen an. Arbeiten Sie zu zweit.

1. Das erste Filmfestival ist eine Idee von
   a. ☐ Filmemachern.
   b. ☐ einem Filmschauspieler. c. ☐ Filmjournalisten.

2. Die Besucherzahlen sind seit 1961
   a. ☐ fast gleich geblieben.
   b. ☐ langsam gestiegen. c. ☐ rasch gestiegen.

3. Die Dauer des Festivals hat man
   a. ☐ verlängert.
   b. ☐ verkürzt. c. ☐ gleich gelassen.

4. Die Viennale-Filme zeigt man in Kinos in
   a. ☐ ganz Wien.
   b. ☐ der Innenstadt. c. ☐ den Außenbezirken.

5. Es gibt auch
   a. ☐ Veranstaltungen mit bekannten Filmstars.
   b. ☐ Ausstellungen über Filme. c. ☐ Open-Air-Kino für alle.

b Lesen Sie den Informationstext über die Viennale. Was haben Sie in 2a richtig vermutet? Überprüfen Sie.

VIENNALE
Vienna International Film Festival

Im Jahr 1960 findet das erste internationale Filmfestival in Österreich statt. Die Idee stammt von einer Gruppe von österreichischen Filmjournalisten. Es werden internationale und österreichische Filme gezeigt. Seit 1962 heißt das jährliche Festival Viennale (Vienna International Film Festival). Es dauert mehrere Jahre, bis das Festival größer und bekannter wird. Seit 2007 liegt die Zahl der Besucher jedes Jahr bei über 90.000.
Man kann bei der Viennale die besten Filme des Jahres sehen. Außerdem gibt es ein Spezialprogramm und verschiedene Retrospektiven. Insgesamt sind es ca. 300 Spiel-, Dokumentar-, Kurz- und Experimentalfilme.

Seit 1978 findet das Festival im Oktober statt und dauert 14 statt nur acht Tage. Seit 1991 bekommt der beste österreichische Film aus dem letzten Jahr zum Abschluss der Viennale den Wiener Filmpreis.
Die Filme laufen in verschiedenen Wiener Innenstadt-Kinos.
Doch die Viennale bietet mehr als nur Filme: In der Festivalzentrale in der Alten Post gibt es Partys und Premierenfeiern. International bedeutende Schauspieler und Regisseure besuchen das Festival als Stargäste. Das Rahmenprogramm bietet dem Publikum Diskussionsveranstaltungen, Lesungen und Konzerte.

3 Festivals international

Welche Festivals kennen Sie? Gibt es ein Festival in Ihrer (Kurs-)Stadt? Recherchieren Sie und berichten Sie im Kurs. Die Redemittel auf dem Notizzettel helfen.

> Jedes Jahr im … findet in … das … statt.
> Alle … Jahre …
> Es dauert …
> Das Festival gibt es seit …
> Auf diesem Festival zeigt man … / treten Musikgruppen aus … auf.
> Das Rahmenprogramm bietet …
> Außerdem …
> Zu diesem Festival kommen circa … Besucher.
> Ich persönlich finde … / Besonders interessant/gut finde ich, dass …

A1 – B1: 129

15 Eine Reise nach Wien

B Spaziergang in der Innenstadt

1 Rund um den Karlsplatz

B 1 **a** Welcher Text aus einem Reiseführer passt zu welchem Foto? Notieren Sie.

A Der Kahlenberg liegt im 19. Wiener Gemeindebezirk und ist mit 484 m Höhe eigentlich ein Hügel. Er gehört zum Wienerwald und ist ein traditionelles Sonntagsausflugsziel der Wiener, weil man eine tolle Aussicht auf die ganze Stadt hat. Bei gutem Wetter sieht man bis zu den Kleinen Karpaten im Nachbarland Slowakei.

Foto ⌐⌐

B Das Wien Museum Karlsplatz stammt aus den 1950er-Jahren. Die Sammlung von Kunst und historischen Zeugnissen zeigt den Weg von Wien durch die Jahrhunderte. Highlights sind u. a. Kunstwerke aus der Epoche Wien um 1900. In den nächsten Jahren wird das Museum umgebaut.

Foto ⌐⌐

C Den Naschmarkt gibt es schon lange, seit 1916 befindet er sich am heutigen Standort. Es gibt 120 gemauerte Marktstände in einheitlichem Stil. Bekannt ist der Markt besonders für das Angebot an internationalen Waren. Außerdem gibt es viele Gastronomiebetriebe und an Samstagen einen Flohmarkt.

Foto ⌐⌐

D Das Hotel Sacher gibt es seit 1876. Es liegt direkt hinter der Oper. Die Suiten sind nach Opern und Komponisten benannt. Viele berühmte Künstler und wichtige Politiker haben das Haus als Gäste besucht. Man kann im Café Sacher die Original Sachertorte probieren.

Foto ⌐⌐

E Der Wiener Musikverein von 1870 ist im Renaissance-Stil (mit Elementen der griechischen Antike) erbaut. Er ist ein traditionsreiches Konzerthaus. Im Großen (goldenen) Saal spielen jedes Jahr die Wiener Philharmoniker das Neujahrskonzert. Man kann es in über 90 Ländern im Fernsehen sehen.

Foto ⌐⌐

F Die Wiener Staatsoper war 1869 das erste Gebäude auf der neu errichteten Ringstraße. Man hat die Oper im Renaissance-Stil gebaut. Berühmte Sänger und Dirigenten aus aller Welt treten hier auf. Einmal im Jahr wird die Oper zu einem festlichen Ballsaal – beim Wiener Opernball.

Foto ⌐⌐

b Welche Sehenswürdigkeiten sind Ihnen bekannt? Welche finden Sie interessant? Welche Sehenswürdigkeiten aus Wien kennen Sie noch? Vergleichen Sie im Kurs.

2 Zu Fuß zum Café Sacher

a Jörg ist im Wien Museum. Wie kann er zum Café Sacher, Philharmonikerstraße 4 (hinter der Oper), gehen?
Schauen Sie auf den Plan und sprechen Sie mit einem Partner / einer Partnerin.

1 Staatsoper   4 Karlskirche
2 Secession   5 Wien Museum
3 Naschmarkt   6 Musikverein

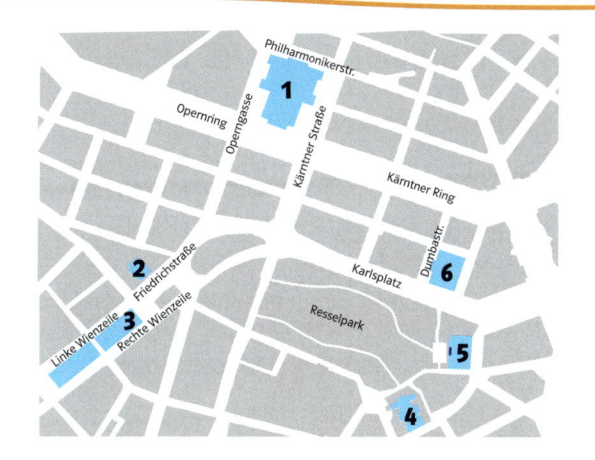

b Hören Sie das Handygespräch zwischen Jörg und Michael. War Ihre Wegbeschreibung in 2a gleich?

c Hören Sie das Gespräch in 2b noch einmal. Was ist richtig: **a** oder **b**? Kreuzen Sie an.

1. Jörg geht   a. ins Wien Museum rein.   b. aus dem Wien Museum raus.
2. Er soll   a. links am Musikverein vorbeigehen.   b. rechts am Musikverein vorbeigehen.
3. Er soll   a. die Dumbastraße bis zum Ring gehen.   b. bis zur Dumbastraße gehen.
4. Die Oper ist   a. links von ihm.   b. gegenüber von ihm.
5. Er soll   a. die Kärntner Straße entlang gehen.   b. links in die Kärntner Straße einbiegen.
6. Michael sieht   a. einen Tisch beim Fenster.   b. einen Tisch bei der Eingangstür.

3 Grammatik kompakt: Ortsangaben mit Dativ und Akkusativ

Markieren Sie in 2c die Ortsangaben. Was fällt auf? Ergänzen Sie die Regeln.

1. „bei", „(bis) zu", „links / rechts / gegenüber von" stehen mit dem _____ .
2. Die Präpositionen „zu", „bei" und „von" verbinden sich mit dem bestimmten Artikel:
   von + dem = vom, zu + dem = _____ , zu + der = _____ , bei + dem = _____ .
3. „entlang" mit Akkusativ steht   a. vor dem Nomen.   b. nach dem Nomen.
4. „rein" und „raus": „rein" kann mit der Präposition „_____" + Akkusativ und „raus" kann mit der Präposition „_____" + Dativ stehen.

4 Besuch auf dem Naschmarkt

a Hören Sie das Interview mit Herrn Schmalzbauer. Was ist ein Marktstandler? Kreuzen Sie an: **a** oder **b**.

Ein Marktstandler ist eine Person, die   a. auf dem Naschmarkt Waren verkauft.
                                          b. den Naschmarkt besucht.

b Hören Sie das Interview noch einmal. Welche Aussagen sind richtig (r), welche falsch (f)? Kreuzen Sie an.

	r	f
1. Herr Schmalzbauer ist um 6 Uhr aufgestanden.		
2. Der Stand gehört der Schwester von Herrn Schmalzbauer.		
3. Herr Schmalzbauer spricht gern mit seinen Kunden.		
4. Touristen kaufen viel ein.		
5. Herr Schmalzbauer war schon als Kind am Naschmarkt.		
6. Es gibt heute mehr Restaurants als früher.		

5 Minireiseführer

Machen Sie einen Minireiseführer Ihrer Heimat- oder Kursstadt und präsentieren Sie ihn im Kurs.

15 Eine Reise nach Wien

C Was wollen wir unternehmen?

1 Ein gemeinsamer Tag?

a Hören Sie das Gespräch zwischen Jörg (**J**) und Michael (**M**). Was wollen sie machen? Unterstreichen Sie.

auf den Stephansdom steigen | ins Kino gehen | spielen |
ins Museum gehen | auf dem Kahlenberg essen | ins Theater gehen |

b Hören Sie das Gespräch in 1a noch einmal. Notieren Sie: Was beschließen die beiden?

1. Am Samstagvormittag / -mittag: _____
2. Am Samstagabend: _____
3. Am Samstagnachmittag: **J:** _____ **M:** _____

c Hören Sie das Gespräch aus 1a noch einmal. Was ist richtig: **a** oder **b**? Kreuzen Sie an.

1. **J:** Auf Stephansdom steigen?   a. ☐ Das mache ich nicht so gern.   b. ☐ Vielleicht ganz gut.
2. **J:** Kahlenberg: Ausflug + Essen?   a. ☐ Das mag ich nicht.   b. ☐ Das klingt gut.
3. **M:** Kinobesuch?   a. ☐ Das ist nichts für mich.   b. ☐ Ja gut, warum nicht?
4. **J:** Theaterbesuch?   a. ☐ Das möchte ich nicht so gern, ich möchte lieber …
   b. ☐ Eine gute Idee, das ist mal was anderes.
5. **J:** „Mensch ärgere dich nicht" spielen?   a. ☐ Ja klar, sehr gern.
   b. ☐ Das muss ich mir noch überlegen.

2 Was machen Sie gern?

Welche Ideen für das Wochenende gefallen Ihnen? Machen Sie Vorschläge und reagieren Sie. Verwenden Sie auch die Redemittel in 1c. Sprechen Sie in Kleingruppen.

Möchtest du ein Picknick machen? Das klingt gut, sehr gern!

3 Notizen aus Wien

Lesen Sie Jörgs Blogeintrag zur Wienreise. Was war am Samstag anders als geplant? Unterstreichen Sie.

> Notizen aus Wien
> xx.10.2016 by Jörg
>
> Die Wohnung von M. liegt sehr gut, gleich bei einer U-Bahnstation und das Gästezimmer ist sehr angenehm. Ich bin diese Woche schon fünfmal im Kino gewesen, denn es gibt viele spannende Filme bei der Viennale. M. ist ein netter Typ! Heute hatte er Zeit für einen gemeinsamen Tag. Leider hat es geregnet! Wir wollten eigentlich zu Mittag auf dem Kahlenberg essen. Da gibt es typische Wiener Lokale mit toller Aussicht. Wir sind aber nach dem Frühstück ins Museum Moderner Kunst gegangen. Wir waren fast zwei Stunden dort und haben anschließend in einem typischen Wiener Beisl gegessen! Michael hatte dann einen Spiele-Nachmittag mit den Nachbarn und ich war um 16 Uhr wieder im Kino. Ich kenne jetzt schon mehrere alte Kinos in Wien. Die gefallen mir viel besser als die modernen Kinos mit den vielen kleinen Sälen. Wir kommen jetzt gerade aus dem Burgtheater nach Hause. Eine tolle Inszenierung! Zum Glück habe ich noch eine Karte bekommen. Ich liebe ja Filme, aber auch dieses Live-Erlebnis im Theater war spannend. 3D ganz ohne Brille ☺! Wien-Fotos folgen …

4 Grammatik kompakt: Orts- und Zeitangaben im Satz

Markieren Sie im Blog in 3 die Zeit- und Ortsangaben in verschiedenen Farben und schreiben Sie die Sätze in die Tabelle oben rechts. Was fällt auf? Ergänzen Sie die Regel.

64 vierundsechzig   A1–B1: 132

> in einfachen Geschichten Inhalt verstehen > sachliche Informationen, Zahlenangaben verstehen und notieren
> Personen, Dinge schriftlich beschreiben > Basisinformationen über sehr vertraute Themen präsentieren

15

	Position 2	Mittelfeld	Satzende
Jörg	ist	diese Woche schon fünfmal im Kino	gewesen.
J. und M.	sind		gegangen.
Sie	waren		
Jörg	war		
J. und M.	kommen		nach Hause.

Im Mittelfeld stehen Zeitangaben meistens   a. vor ☐   b. nach ☐ Ortsangaben.

5 In der Touristeninformation

Hören Sie das Gespräch in der Touristeninformation mit Informationen über „Der Dritte Mann" und notieren Sie.

🔊 43
↗ C 4

1. Führung „Der Dritte Mann – auf den Spuren eines Filmklassikers":
   Dauer: _____ , Beginn: _____
   Wochentage: _____ + _____
   Treffpunkt bei U4-Station: _____
2. Mehr Informationen zum Film im Dritte-Mann-Museum, geöffnet nur am _____

„Der Dritte Mann": Film von 1949, gedreht in Wien mit Orson Welles. Besonders berühmt ist die Filmmusik.

6 Grammatik kompakt: Indirekte Fragesätze

a Hören Sie das Gespräch in 5 noch einmal und ergänzen Sie dann die indirekten Fragen.

🔊 43

1. Ich möchte wissen, *ob es auch Führungen zum Thema „Film" gibt.*
2. Können Sie mir sagen, _____
3. Können Sie mir auf dem Plan zeigen, _____
4. Wissen Sie, _____
5. Ich möchte gern wissen, _____

ob das Museum heute noch offen ist? | wo der Treffpunkt ist? | welches Ticket am besten ist. | wie lange die Führung dauert? | ~~ob es auch Führungen zum Thema „Film" gibt.~~

b Formulieren Sie die indirekten Fragen in 6a in direkte Fragen um. Achten Sie auf die neue Position des Verbs!

1. Gibt es auch Führungen zum Thema „Film"?

c Was fällt auf? Ergänzen Sie die Regeln.

1. Indirekte Fragesätze sind Nebensätze. Das Verb steht daher am _____.
2. Wenn die direkte Frage eine Ja/Nein-Frage ist, beginnt die indirekte Frage mit „_____",
   z. B. Satz _____ + _____.
3. Wenn die direkte Frage mit einem Fragewort beginnt, beginnt die indirekte Frage mit dem gleichen
   _____ , z. B. Satz _____ + _____ + _____.

7 Was ich gern sehe!

Welche Filme sehen Sie gern und wie? Fragen Sie Ihren Partner/Ihre Partnerin.

Western | Liebesfilme | Dokus (Dokumentarfilme) | Actionfilme | Filmkomödien | Science fiction | Zeichentrickfilme | Horrorfilme | alte Hollywoodfilme | Experimentalfilme | Filmklassiker | Kurzfilme | …

ins Kino gehen | fernsehen | das Fernsehprogramm ansehen | eine DVD-Sammlung haben | Filme online sehen | Filme streamen | Filmfestivals besuchen | einen Filmabend machen | …

Ewa, ich möchte gern wissen, ob du Actionfilme magst.   Nein, ich mag lieber …

A1–B1: 133   fünfundsechzig   65

15 Alles auf einen Blick — Lektionswortschatz in Feldern

Übernachtung
der Campingplatz, ⸚e
der Gastgeber, -
das Gästebett, -en
das Hotel, -s
die Jugendherberge, -n
die Schlafgelegenheit, -en
Couch surfen

Stadtbesichtigung
der Besuch, -e
    Kinobesuch
    Theaterbesuch
der Bezirk, -e
    Gemeindebezirk
    Außenbezirk
der Saal, Säle
der Spaziergang, ⸚e
Staats- (die Staatsoper, -n)
das Konzerthaus, ⸚er
die Innenstadt, ⸚e
das Theaterstück, -e
die Vorstellung, -en
die Inszenierung, -en
das Wahrzeichen, -

Filme und Festivals
die Besucherzahl, -en
das Drehbuch, ⸚er
der Film, -e
    Actionfilm
    Dokumentarfilm
    Experimentalfilm
    Kurzfilm
    Liebesfilm
    Spielfilm
    Thriller
    Western
    Zeichentrickfilm
der Filmemacher, -
die Filmemacherin, -nen
der Filmpreis, -e
der Filmstar, -s
die Hauptrolle, -n
der Klassiker, -
    Filmklassiker
der Originalschauplatz, ⸚e
die Premierenfeier, -n
das Spezialprogramm, -e
das Rahmenprogramm (hier nur Sg.)
der Gast, ⸚e
    Stargast
spielen (eine Rolle im Film)

Richtung
einbiegen
folgen
überqueren
vorbeigehen

Sonstiges
Nomen
das Angebot, -e
der Augenblick, -e
die Aussicht, -en
die Epoche, -n
das Erlebnis, -se
der Gastronomiebetrieb, -e
der Hinweis, -e
die Idee, -n
der Jahreswechsel, -
das Jahrhundert, -e
die Lesung, -en
das Nachbarland, ⸚er
der / die Reisende, -n
der Politiker, -
die Politikerin, -nen
das Profil, -e
die Stufe, -n
das Tagesticket, -s
die Theaterkarte, -n
der Treffpunkt, -e
der Typ, -en
die Vorliebe, -n
die Ware, -n
die Warnung, -en
das Zeugnis, -se
Kontakt aufnehmen

Verben
auftreten
auskennen, sich
beschließen
eröffnen
errichten
nachdenken über + A
nachfragen
probieren
recherchieren
stammen aus + D
steigen
streamen
überlegen
verkürzen
verlängern
vernetzen, sich
vorbeigehen

Adjektive
angenehm
aufregend
erfolgreich
reiselustig
spannend
traditionsreich
weltberühmt
rasch
live
zeitgenössisch

Adverbien
anschließend
eigentlich
gratis = umsonst
hinauf (auf + A) ≠ hinunter (vom + D)
hinein (in + A) ≠ hinaus (aus + D)
herein (in + A) ≠ heraus (aus + D)
rein (in + A) ≠ raus (aus + D) (ugs.)
vorbei (an + D)
unterwegs

Modalpartikel
übrigens

Präpositionen:
bis + D
entlang + A
gegenüber (von) + D
quer durch + A

Redemittel
d.h. = das heißt
Es ist / kommt anders als geplant.
gleich bei … sein

Redemittel / Grammatik

Mit Sprache handeln: Nach dem Weg fragen

Entschuldigung, können Sie mir helfen?
Kennen Sie sich in … aus?
Ich muss zum / zur … / Wie komme ich zum / zur …?

Ja, natürlich / gern.
Ja, wohin wollen Sie denn?
Fahren Sie bis zum / zur … Nehmen Sie dort …
Dann sind sie gleich / direkt beim / bei der …

Grammatik

Orts- und Zeitangaben im Satz

Position 1	Position 2	Mittelfeld	Satzende
Jörg	ist	diese Woche schon fünfmal im Kino	gewesen.
Jörg und Michael	sind	nach dem Frühstück sofort ins Museum	gegangen.
Sie	waren	fast zwei Stunden im Museum.	

Im Mittelfeld stehen Zeitangaben meistens vor Ortsangaben.

Indirekte Fragesätze

Wenn die direkte Frage eine **Ja / Nein-Frage** ist, beginnt die indirekte Frage mit „ob".
  Gibt es auch Führungen zum Thema „Film"?
  → Ich möchte wissen, ob es auch Führungen zum Thema „Film" gibt.
Wenn die direkte Frage mit einem **Fragewort** beginnt, beginnt die indirekte Frage mit dem gleichen Fragewort.
  Wie lange dauert die Führung?
  → Können Sie mir sagen, wie lange die Führung dauert?
  Wo ist der Treffpunkt?
  → Können Sie mir auf dem Plan zeigen, wo der Treffpunkt ist?
  Welches Ticket ist am besten?
  → Ich möchte gern wissen, welches Ticket am besten ist.

Ortsangaben

- „bei", „(bis) zu", „links / rechts / gegenüber von" stehen mit dem Dativ. Die Präpositionen „zu", „bei" und „von" verbinden sich mit dem bestimmten Artikel: zu + dem = zum, zu + der = zur, bei + dem = beim, von + dem = vom

  Jörg soll bis zum Ring / bis zur Dumbastraße gehen.

- „entlang" + Akk. steht nach dem Nomen.

  Jörg soll die Kärntner Straße entlang gehen.

- „rein" und „raus": „rein" und „raus" sind Kurzformen von „hinein" / „herein" = „rein" und „hinaus" / „heraus" = „raus". Die Kurzformen verwendet man vor allem im mündlichen Sprachgebrauch. „rein" / „hinein" / „herein" können mit der Präposition in + Akkusativ und „raus" / „hinaus" / „heraus" können mit der Präposition aus + Dativ stehen.

  Jörg geht in das Wien Museum rein / hinein.
  Jörg geht aus dem Wien Museum raus / heraus.

- „heraus", „herein", „herauf", „herunter" → „her-" bedeutet: von einem Ort zum Sprecher.

  Komm heraus!

- „hinaus", „hinein", „hinauf", „hinunter" → „hin-" bedeutet: weg vom Sprecher zu einem Ort.

  Jörg geht aus dem Museum hinaus.

A1 – B1: 135

16 Ausbildung oder Studium?

A Nach der Grundschule

1 Schule und Berufsausbildung

a Welche Schultypen kennen Sie? Wie lange gehen Kinder in Ihrem Land zur Schule? Wie lange dauert die Grundschule? Wohin gehen die Kinder danach? Sprechen Sie im Kurs.

b Lesen Sie den Info-Text und füllen Sie die Lücken mit den verschiedenen Schultypen aus.

Gymnasium | Grundschule | Realschule | Hauptschule

Einige wichtige Abkürzungen:

bzw. = beziehungsweise
d. h. = das heißt
i. d. R. = in der Regel
sog. = sogenannte
u. a. = unter anderem
usw. = und so weiter
v. a. = vor allem
z. B. = zum Beispiel
z. T. = zum Teil

Azubi = „Auszubildende / r". Ein Synonym ist auch „Lehrling".

Nach der _____ gehen die Schülerinnen und Schüler auf eine weiterführende Schule (Sekundarbereich). Es gibt drei Möglichkeiten: die Hauptschule*, die Realschule und das
5   Gymnasium. Die Hauptschule dauert fünf Jahre, die Realschule sechs und das Gymnasium acht bzw. neun Jahre, je nach Bundesland. Jede Schulart bereitet auf unterschiedliche Berufe vor.

Schülerinnen und Schüler, die das _____
10   ab der 5. Klasse besuchen, machen im Alter von 18 bzw. 19 Jahren ihr Abitur. Sie können an der Universität, der Fachhochschule oder einer anderen Hochschule (z. B. Musikhochschule) studieren. In den letzten Jahren wählen viele
15   Jugendliche auch das duale Studium, das Studium und Praxis miteinander verbindet.

Schüler, die die _____ besuchen, schließen mit dem Mittleren Schulabschluss ab und haben ein größeres Spektrum für die Be-
20   rufswahl. Außer der dualen Ausbildung können die Schüler auch eine berufliche Oberschule oder Fachschule besuchen und sich so weiterbilden.

Die _____ qualifiziert v. a. für einen
25   handwerklichen oder einfacheren technischen Beruf in einer dualen Berufsausbildung. D. h. während der Ausbildung bzw. Lehre sind die Jugendlichen normalerweise drei Tage pro Woche im Betrieb und zwei Tage in der Berufsschule.
30   Die Ausbildung dauert i. d. R. drei Jahre und die Auszubildenden (Azubis) erlangen einen beruflichen Abschluss.

c Lesen Sie den Text in 1b noch einmal und beantworten Sie die Fragen in Stichworten.

Dauer? Hauptschule: 5 Jahre, Realschule: ...
Qualifikation für welche Berufe? ...
Wie geht es nach der Schule weiter? ...

* In manchen Bundesländern gibt es diesen Schultyp nicht mehr oder er heißt anders.

> Fachbegriffe aus dem Wortfeld Schule und Beruf kennen › einige wichtige Abkürzungen verstehen
> sachliche Informationen, Zahlenangaben verstehen › Informationen vergleichen und abwägen

2 Ausbildung oder Studium?

a Was glauben Sie? Für welche Berufe braucht man in Deutschland ein Universitätsstudium, für welche eine Berufsausbildung? Ordnen Sie in die Tabelle. Schreiben Sie mit Bleistift und vergleichen Sie im Kurs.

~~Erzieherin~~ | ~~Rechtsanwalt~~ | Bauer | Bäckerin | Lehrer | Automechanikerin | Architekt | Mechatroniker | Informatiker | Wirtschaftsingenieur | Betriebswirt | Bankkaufmann | Köchin | Kraftfahrer | Bürokauffrau | Übersetzer | Sozialpädagoge | Augenoptikerin | Eventmanager | Journalist | Konditor | Krankenpfleger | Floristin | Automobilkaufmann

	Berufe
Berufsausbildung	Erzieherin, …
Universitätsstudium	Rechtsanwalt, …

> Wenn man (in Deutschland) … werden möchte,
> muss man … / … braucht man …

b Gibt es diese Berufe in Ihrem Land? Für welche Berufe muss man studieren? Für welche Berufe braucht man kein Studium?

c Hören Sie das Gespräch zwischen Tim, Rainer, Sofia und Emma, Klasse 11 Gymnasium. Wer will was machen?

1. studieren: *Emma*
2. eine Lehre im technischen Bereich: _____
3. eine kaufmännische Ausbildung: _____
4. in die Berufsfachschule gehen: _____

d Hören Sie das Gespräch in 2c noch einmal. Was sagen die Schüler: **a** oder **b**? Kreuzen Sie an.

1. Tim: Wenn man eine Lehre macht, verdient man
   a. ☐ sofort Geld.
   b. ☐ kein Geld.
2. Emma: Studieren ist besser, denn nach dem Studium verdient man besser und
   a. ☐ man hat mehrere Berufe.
   b. ☐ es gibt viel mehr interessante Jobs.
3. Rainer: Als Handwerker
   a. ☐ hat man nicht so viele berufliche Möglichkeiten.
   b. ☐ kann man eine eigene Firma eröffnen.
4. Emma: Handwerker können
   a. ☐ schwer den Beruf wechseln.
   b. ☐ leicht den Beruf wechseln.
5. Rainer: Wenn man studiert,
   a. ☐ dauert das nicht lange.
   b. ☐ ist man die ganze Zeit abhängig von seinen Eltern.
6. Sofia: Für eine Ausbildung reicht
   a. ☐ der Mittlere Abschluss nach dem 10. Schuljahr.
   b. ☐ das 11. Schuljahr.
7. Sofia: Bei einer Ausbildung an einer Berufsfachschule kann man gleichzeitig
   a. ☐ lernen und Berufserfahrung sammeln.
   b. ☐ in einem Betrieb Geld verdienen.
8. Emma: Wenn man studiert,
   a. ☐ kann man jobben.
   b. ☐ kann man in den Semesterferien Praktika machen.

e Schreiben Sie die Informationen von 2d in die Tabelle. Gib es weitere Argumente? Sammeln Sie und vergleichen Sie im Kurs.

	Vorteile	Nachteile
Berufsausbildung	man verdient sofort Geld, …	
Universitätsstudium		

16 Ausbildung oder Studium?

B Ich bin Azubi

1 Die beliebtesten Ausbildungsberufe

Lesen Sie die Internetseite einer Berufsberatung und beantworten Sie die Fragen.

Wenn man klein ist, dann träumt man davon Pilot, Tierarzt oder Astronaut zu werden. Doch wie sieht es eigentlich in der Wirklichkeit aus? Wählen deutsche Schüler tatsächlich diese Berufe? Schaut man auf die Zahlen, so muss man diese Frage mit „Nein" beantworten, denn es sind völlig andere Berufe, die jedes Jahr von tausen-
5 den Azubis erlernt werden. Ganz vorne mit dabei sind kaufmännische Ausbildungen, wie die Ausbildung zur Bürokauffrau oder zum Industriekaufmann. Ebenso ist jedes Jahr erneut die Ausbildung zum Verkäufer unter den beliebtesten Ausbildungsberufen. Welcher Beruf auf der „Poleposition" steht und welche Berufe es noch in die Top 10 der beliebtesten Ausbildungsberufe geschafft haben, erfährst du bei uns.
10 Aber zuerst haben wir ein paar Fragen an dich. Wenn du noch Schülerin oder Schüler bist, dann schreib uns. Wir würden gerne deine Meinung wissen:
1. Welchen Beruf würdest du gerne erlernen? Warum?
2. Kennst du deine Stärken und Schwächen oder würdest du gerne mal einen Test bei uns machen?
15 3. Würdest du gerne einen Beruf im Büro wählen oder einen, bei dem du mit Menschen arbeitest?
4. Könntest du dir vorstellen, ins Ausland zu gehen?
5. Möchtest du in Zukunft viel Geld verdienen?
6. Hättest du Lust, zur Berufsberatung zu kommen?
20 Unsere Adresse: umfrage@beliebtesteberufe.de.

Die beliebtesten Ausbildungsberufe in Deutschland 2014

Neu abgeschlossene Ausbildungsverträge

… insgesamt
Kaufmann / Kauffrau im Einzelhandel	31.080
Kaufmann / Kauffrau für Büromanagement	28.725
Verkäufer / -in	24.702
Kraftfahrzeugmechatroniker / -in	19.773
Industriekaufmann / -kauffrau	18.177

… Frauen
Kauffrau für Büromanagement	21.357
Kauffrau im Einzelhandel	16.926
Verkäuferin	14.508
Medizinische Fachangestellte	13.881
Zahnmedizinische Fachangestellte	11.070

… Männer
Kraftfahrzeugmechatroniker	18.978
Kaufmann im Einzelhandel	14.154
Industriemechaniker	12.432
Elektroniker	11.340
Anlagenmechaniker für Sanitär-, Heizungs- und Klimatechnik	10.737

© Statistisches Bundesamt 2015

---

man träumt davon, … zu werden = man möchte … werden

1. Realisiert man die Träume, die man als Kind hat?
2. Welche Ausbildungsberufe gehören zu den beliebtesten in Deutschland?
3. Was muss man tun, damit man erfährt, welche Berufe in den Top 10 sind?

2 Grammatik kompakt: Konjunktiv II – höfliche Fragen, Empfehlungen, Wünsche und Träume

B 1–2

Markieren Sie auf der Internetseite in 1 die Verben in den Fragen 1–6 und ergänzen Sie die Tabelle und die Regeln. Was fällt auf?

möcht- ist zwar die Konjunktivform von *mögen*, ersetzt aber bei den höflichen Fragen und Wünschen das Modalverb *wollen*.

	haben	sein	werden	können	(möcht-)	dürfen	müssen
ich	hätte	wäre	würde	könnte	möchte	dürfte	müsste
du		wär(e)st				dürftest	müsstest
er / sie / es	hätte	wäre	würde	könnte	möchte	dürfte	müsste
wir	hätten	wären		könnten	möchten	dürften	müssten
ihr	hättet	wär(e)t	würdet	könntet	möchtet	dürftet	müsstet
sie / Sie	hätten	wären	würden	könnten	möchten	dürften	müssten

! 1. Die Konjunktiv-II-Formen werden aus den _____ formen gebildet.
Die Verben *haben* und *werden*, sowie die Modalverben *können*, *dürfen* und *müssen* haben im Konjunktiv II einen _____ .
2. Mit dem Konjunktiv II kann man höfliche _____ und Bitten formulieren, aber auch über _____ und _____ in der Zukunft sprechen. Sie müssen nicht immer realistisch sein.

3 Duale Berufsausbildung: Kaufleute im Büromanagement und Einzelhandel

Lesen Sie die Steckbriefe der beiden beliebtesten Ausbildungsberufe. Welchen Beruf finden Sie interessanter? Vergleichen Sie mit Ihrem Partner / Ihrer Partnerin.

Kaufmann / -frau im Büromanagement
Ausbildungsdauer: 3 Jahre
Lernorte: Ausbildungsbetrieb und Berufsschule
Inhalte des Berufs:
– Erledigung des internen und externen Schriftverkehrs
– Planung und Überwachung der gesamten Termine
– Organisation von Dienstreisen
– Planung der Meetings
– Unterstützung der Personalabteilung und des Marketings
– Einkauf externer Dienstleistungen
– Betreuung der Kunden
– Schreiben von Rechnungen
– Überwachung der Zahlungseingänge
Arbeitsorte: freie Wirtschaft oder öffentliche Verwaltung

Kaufmann / -frau im Einzelhandel
Ausbildungsdauer: 3 Jahre
Lernorte: Ausbildungsbetrieb und Berufsschule
Inhalte des Berufs:
– Verkauf von Konsumgütern
– Beratung der Kunden
– Bearbeitung anfallender Reklamationen
– Planung des Einkaufs
– Entgegennahme von Lieferungen
– Überprüfung der Qualität
– Gestaltung der Verkaufsräume
– Sicherung einer fachgerechten Lagerung
Arbeitsorte: Einzelhandelsunternehmen

4 Grammatik kompakt: der Genitiv

a Lesen Sie die Steckbriefe in 3 noch einmal und markieren Sie die Genitivformen.

b Schreiben Sie die Genitivformen in die Tabelle. Was fällt auf? Ergänzen Sie die Regeln.

	Maskulinum (M)	Neutrum (N)	Femininum (F)	Plural (M, N, F)
N	der / ein Einkauf	das / ein Meeting	die / eine Rechnung	die / ø Meetings
	der / ein Kunde			die / ø Kunden
G	____ / _____ Einkauf____	____ / eines Meeting____	der / einer Rechnung	____ / ø Meetings
	____ / eines Kunde____			____ / ø Kunden

1. Artikel im Genitiv: Maskulinum und Neutrum Singular → _____ , _____ ;
   Femininum Singular und im Plural → einer, _____ / ø.
2. Genitivendung von Nomen:
   a. Maskulinum und Neutrum: „-____" oder „-es", z. B. des Plans / Planes;
      Genitivendung bei Nomen mit „s", „z", „ß", „x": „-es", z. B. des Hauses.
   b. Femininum und Plural: Keine Genitivendung!
3. Nomen der n-Deklination haben immer die Genitivendung „-____" oder „-en".

!
Ersatzform mit „von":
Bei Nomen ohne Artikel verwendet man anstelle des Genitivs auch „von" + Dat., z. B. *der Verkauf von Konsumgütern.*

5 Welcher Beruf ist das?

Suchen Sie sich einen bestimmten Beruf aus. Notieren Sie sich einige Stichpunkte, was Sie tun müssten / würden / sollten … im Konjunktiv II, z. B. *Ich würde jeden Tag… / Ich hätte (keine) Zeit zum… / Manchmal müsste ich…* Sagen Sie dies Ihrem Partner / Ihrer Partnerin, der / die erraten soll, welchen Beruf Sie gewählt haben.

Ich würde jeden Tag mit Menschen arbeiten.

Als Azubi müsste ich viel arbeiten und hätte wenig Zeit für Freunde.

16 Ausbildung oder Studium?

C Das duale Studium

1 Rainer und Sofia bei der Berufsberatung

a Was glauben Sie, ist ein duales Studium? Sprechen Sie im Kurs.

Die Hochschule ist keine „high school", sondern der Oberbegriff für eine akademische Institution des Tertiärbereichs, z. B. Musikhochschule, Hochschule der Bildenden Künste oder Technische Hochschule, aber auch die Fachhochschule.

b Rainer und Sofia haben viele Vorstellungen und Fragen. Verbinden Sie die Synonyme mit Pfeilen.

1. verwirrt sein
2. Praxiserfahrung sammeln
3. die Schule schmeißen
4. sich (nur) theoretisches Wissen aneignen
5. das Unternehmen
6. Man hat die Qual der Wahl.
7. Hand in Hand
8. Man wird übernommen.

a. ⎵ die Schule vorzeitig verlassen
b. ⎵ Der / Die Auszubildende kann nach der Ausbildung im Betrieb bleiben.
c. ⎵ der Betrieb
d. ⎵_1_ konfus sein
e. ⎵ gemeinsam, miteinander
f. ⎵ praktische Erfahrungen machen, arbeiten
g. ⎵ (hier:) studieren
h. ⎵ Es ist schwierig etwas auszusuchen.

c 🔊 46–48 Frau Scholz, Sofias ehemalige Klassenlehrerin, hat ihr empfohlen, zur Berufsberatung in der Agentur für Arbeit zu gehen. Rainer begleitet sie. Hören Sie sich nacheinander die drei Teile des Gesprächs an. Worum geht es in den drei Abschnitten hauptsächlich? Notieren Sie das Hauptthema.

Teil 1: _____
Teil 2: _____
Teil 3: _____

d 🔊 46–48 Hören Sie sich das ganze Gespräch nochmals an. Was ist richtig (r), was ist falsch (f)? Kreuzen Sie an.

	r	f
1. Sofia und Rainer kennen die verschiedenen Berufsmöglichkeiten gut.	⎵	X
2. Beide möchten Praxiserfahrung sammeln und deshalb nicht studieren.	⎵	⎵
3. Herr Schmitz schlägt ihnen ein Universitätsstudium vor.	⎵	⎵
4. Sofia und Rainer kennen das duale Studium nicht.	⎵	⎵
5. Das duale Studium bedeutet Studium + Ausbildung gleichzeitig.	⎵	⎵
6. Es gibt v. a. Studiengänge im künstlerischen und musischen Bereich.	⎵	⎵
7. Man braucht nur die Mittlere Reife.	⎵	⎵
8. Man verdient während dieser Zeit kein Geld.	⎵	⎵
9. Ein Vorteil ist, dass man danach mit großer Sicherheit einen Arbeitsplatz hat.	⎵	⎵
10. Man bewirbt sich an der Hochschule direkt.	⎵	⎵

2 Eine E-Mail an Emma

C 2, C 6 Überfliegen Sie die Mail von Rainer an Emma. Fassen Sie die wichtigsten Informationen zusammen. Welche Informationen sind im Vergleich zum Beratungsgespräch mit Herrn Schmitz neu?

Hallo Emma,
Sofia und ich waren gestern bei der Agentur für Arbeit. Frau Scholz, die vor einigen Jahren Sofias Klassenlehrerin war, hat uns empfohlen, zur Berufsberatung zu gehen. Herr Schmitz, der uns beraten hat, war sehr kompetent und nett und hat uns das duale Studium, von dem ich noch nicht viel
5 gehört hatte, erklärt. Dieses Ausbildungsprinzip, das auch Sofia nicht so genau kannte, kombiniert Ausbildung und Studium an einer Hochschule. Wäre das nicht auch etwas für dich? Sofia war ganz begeistert, dass es sogar duale Studiengänge gibt, bei denen du soziale Berufe erlernen bzw. studieren kannst. Herr Schmitz, den ich nach einer Möglichkeit im Bankbereich gefragt habe, hat sogar mehrere Studiengänge aufgezählt, bei denen man einen Bachelor of Science-Abschluss ma-
10 chen kann. Das fand ich echt krass. Die Schulabschlüsse, die man braucht, sind Fachabitur oder

> aus Gesprächen die wichtigsten Fakten verstehen > E-Mails wichtige Informationen entnehmen
> Fakten und Tatsachen erklären können

16

allgemeines Abi. Ein Freund, den ich gestern Abend noch getroffen habe, hat mir auch erzählt, dass er das nach dem Abi machen will. Er hat mir geraten, genau zu recherchieren, denn die Dauer ist unterschiedlich. Auch hat er mir erklärt, dass das duale Studium, das auf den ersten Blick so attraktiv scheint, auch Nachteile haben kann. Man hat zwei verschiedene Wohnorte und das muss
15 man alles planen. Zudem ist es ziemlich arbeitsintensiv, man hat kaum Freizeit und muss beim Arbeitgeber Urlaub beantragen. Na ja, aber für mich überwiegen die Vorteile, die man hat: Man verdient Geld und man hat nach der Ausbildung bzw. dem Studium einen sicheren Arbeitsplatz. Und dadurch bin ich von meinen Eltern finanziell unabhängig. Das finde ich super. Wie findest du das denn? Ich bin neugierig auf deine Meinung.
20 Tschüss dann, Rainer

3 Grammatik kompakt: Relativsätze

a Markieren Sie die Relativsätze in der Mail in 2. Unterstreichen Sie die Relativpronomen und zeichnen Sie einen Pfeil zu den Wörtern, zu denen sie gehören.

Frau Scholz, die vor einigen Jahren Sofias Klassenlehrerin war, hat uns …

b Schreiben Sie die Relativpronomen in die Tabelle. Was fällt auf? Ergänzen Sie die Regeln.

	Maskulinum (M)	Neutrum (N)	Femininum (F)	Plural (M, N, F)
Nom.				die
Akk.			die	
Dat.	dem		der	

1. Im Nominativ, Akkusativ und Dativ Singular und im Nominativ und Akkusativ Plural sind die Relativpronomen wie der bestimmte _____ .
2. Der Dativ Plural heißt „_____".

c Markieren Sie die Relativpronomen in folgenden Relativsätzen. Was fällt auf? Ergänzen Sie die Regeln.   C 3–5

Ein Freund, den ich gestern Abend noch getroffen habe, hat mir auch erzählt …
Herr Schmitz hat uns das duale Studium, von dem ich noch nicht viel gehört hatte, erklärt.

1. Relativsätze sind _____ . Sie erklären ein Nomen im Hauptsatz.
2. Das Genus (der, die, das) und der Numerus (Singular, Plural) des Relativpronomens richten sich nach dem _____ , auf das es sich bezieht.
3. Der Kasus (Nominativ, Akkusativ, Dativ) richtet sich nach dem Verb im Relativsatz (z. B. „treffen" + _____) oder nach der Präposition (z. B. „hören von" + _____).
4. Der Relativsatz steht oft direkt hinter dem Wort, zu dem er gehört. Dann kann er den Satz teilen: Haupt-, Relativsatz, -satz.
   In der gesprochenen Sprache findet man den Relativsatz aber auch oft etwas entfernt von dem Wort, auf das er sich bezieht, meist wenn das Verb im Hauptsatz eine Satzklammer bildet, z. B. *Herr Schmitz hat sogar mehrere Studiengänge aufgezählt, bei denen man einen Bachelor of Science-Abschluss machen kann.*

4 Das Ding, das ich sehe …

Suchen Sie sich einen Gegenstand im Raum aus. Beschreiben Sie ihn Ihrem Partner / Ihrer Partnerin. Verwenden Sie dabei 2–3 Relativsätze. Ihr Partner / Ihre Partnerin soll erraten, was es ist. Wechseln Sie sich ab.

Das Ding, mit dem ich schreibe, liegt …

Das Ding, das dort hinten steht …

16 Alles auf einen Blick — Lektionswortschatz in Feldern

Ausbildung
die (duale) Ausbildung, -en
　Berufsausbildung
das duale Studium
der / die Auszubildende, -n
　(ugs. Azubi)
das Bildungssystem, -e
die Lehre, -n
der Lehrling, -e
die Semesterferien
　(nur Pl.)
der Studiengang, ⸚e
der Studienplatz, ⸚e
die Hochschule, -n
der Tertiärbereich (nur Sg.)

Schule
das Abitur (nur Sg.)
die Berufsfachschule, -n
die Berufsschule, -n
die Grundschule, -n
das Gymnasium, -en
die Hauptschule, -n
die Klasse, -n
der (Mittlere) Abschluss, ⸚e
die Oberschule, -n
die Realschule, -n
das Schuljahr, -e
die Schulpflicht (nur Sg.)
der Schultyp, -en
der Test, -s
der Elementarbereich (Sg.)
der Primarbereich (Sg.)
der Sekundarbereich I (Sg.)
der Sekundarbereich II
　(Sg.)

Arbeit und Beruf
der Arbeitsplatz, ⸚e
der Astronaut, -en
der Augenoptiker, -
der Ausbildungsberuf, -e
der Bäcker, -
der Bankkaufmann,
　-leute /
die Bankkauffrau, -en
der Berufsberater, -
die Berufsmöglichkeit, -en
der Einzelhandel (nur Sg.)
der Elektroniker, -
der Erzieher, -
der Eventmanager, -
der Florist, -en
der / die Fachangestellte, -n
der Handwerker, -

der Konditor, -en
der Kraftfahrer, -
der Manager, -
der Mechaniker, -
　Anlagenmechaniker
der Mechatroniker, -
　Kraftfahrzeugmecha-
　troniker
der Pilot, -en
der Rechtsanwalt, ⸚e
der Sozialpädagoge, -n
der Tierarzt, ⸚e
der Übersetzer, -
der Ingenieur, -e
　Wirtschaftsingenieur
die Agentur, -en
die Beratung, -en
die Berufserfahrung, -en
der Betrieb, -e
das Büromanagement, -s
der Einzelhandel (nur Sg.)
die Karriere, -n
das Kraftfahrzeug, -e (KFZ)
die Qualifikation, -en
der Verkauf (hier nur Sg.)
die Verwaltung, -en
die Wahl, -en
　Berufswahl (nur Sg.)
bewerben, sich (bei + D;
　um + Akk.)
erlernen (Beruf)
qualifizieren, sich
übernommen werden
wechseln (Beruf)
weiterbilden, sich
arbeitsintensiv
beruflich
handwerklich
kaufmännisch
technisch

Konto
die Anlage, -n
der Anleger, -
finanziell

Pflege / Arzt
das Krankenhaus, ⸚er
der Krankenpfleger, - /
　die Krankenschwester, -n
das Rezept, -e
medizinisch
zahnmedizinisch

Sonstiges
Nomen
der Ausdruck (hier nur Sg.)
die Beachtung (nur Sg.)
die Bearbeitung, -en
die Begrüßung, -en
der Bereich, -e
die Betreuung, -en
das Bundesland, ⸚er
die Chance, -n
der Einleitungssatz, ⸚e
die Ferien (nur Pl.)
die Folie, -n
die Gesellschaft, -en
die Gestaltung, -en
die Grafik, -en
die Konsumgüter (nur Pl.)
die Lagerung, -en
die Lebensqualität, -en
die Planung, -en
die Politik (nur Sg.)
die Präsentation, -en
die Reklamation, -en
der Schlusssatz, ⸚e
der Sitz, -e
die Stärke, -n
　≠ die Schwäche, -n
der Steckbrief, -e
der Stichpunkt, -e
die Theorie
　≠ die Praxis
　(hier nur Sg.)
die Praxiserfahrung
　(nur Sg.)
der Überblick, -e
die Überlegung, -en
die Überprüfung, -en
die Überwachung, -en
die Unterlagen (nur im Pl.)
der Unterpunkt, -e
die Voraussetzung, -en
die Wirklichkeit, -en
das Wissen (nur Sg.)

Verben
abhängen von
abschließen (einen
　Vertrag)
analysieren
aneignen, sich
ankommen auf
aufzählen
(aus)reichen
beachten
bearbeiten

eintreten
entscheiden, sich
erstellen
formulieren
führen
gestalten
gliedern
kombinieren
realisieren
überfliegen
überwiegen
vorbeikommen
vorbereiten auf
vorstellen, sich
zugeben
zuhören
zusammenfassen

Adjektive
abhängig ≠ unabhängig
allgemein
gestresst
gleichzeitig
leicht ≠ schwer
selbständig
tatsächlich
theoretisch ≠ praktisch
verantwortlich
verwirrt

Adverbien
neulich
dadurch
ebenso

Modalpartikel
eigentlich

Redemittel
es in die Top 10 schaffen
die Schule schmeißen
die Qual der Wahl haben
Hand in Hand
im Rahmen von
Das ist echt krass! (ugs.)

bzw. = beziehungsweise
d. h. = das heißt
i. d. R. = in der Regel
sog. = sogenannte
u. a. = unter anderem
usw. = und so weiter
v. a. = vor allem
z. B. = zum Beispiel
z. T. = zum Teil

Redemittel / Grammatik

Mit Sprache handeln: Präsentieren

Einleitung	(Hallo und) guten Morgen! Im Rahmen von unserem Thema „…" möchte ich … vorstellen, …
Gliederung	Meine Präsentation gliedert sich in … Punkte: Erstens …, zweitens …, drittens …
	Zu Punkt 1: … Ihr wisst / Sie wissen, dass … Ich wollte… Zuerst … Dann … Schließlich …
	Das führt mich zu Punkt 2: … Mein Ziel war es, …
	Und damit komme ich zu Punkt 3, den ich in … Unterpunkte gegliedert habe: …
	Zunächst zu Punkt 3.1: … Nun zu Punkt 3.2: … Meine Aufgaben sind folgende: …
	Und zum letzten Unterpunkt: … Damit komme ich schon zu meinem letzten Punkt: …
	Ich muss zugeben … Aber …
Zusammenfassung	So, das war ein kurzer Überblick über …
Schluss	Danke fürs Zuhören. Wenn ihr Fragen habt / Sie Fragen haben, gerne.

Grammatik

Konjunktiv II: „haben", „sein" „werden", „können", „dürfen", „müssen", „sollen", „möcht-"

	haben	sein	werden	können	dürfen	müssen	(möcht-)	sollen
ich	hätte	wäre	würde	könnte	dürfte	müsste	möchte	sollte
du	hättest	wär(e)st	würdest	könntest	dürftest	müsstest	möchtest	solltest
er / sie / es	hätte	wäre	würde	könnte	dürfte	müsste	möchte	sollte
wir	hätten	wären	würden	könnten	dürften	müssten	möchten	sollten
ihr	hättet	wär(e)t	würdet	könntet	dürftet	müsstet	möchtet	solltet
sie / Sie	hätten	wären	würden	könnten	dürften	müssten	möchten	sollten

„möcht-" ist zwar die Konjunktivform von „mögen", ersetzt aber bei den höflichen Fragen und Wünschen das Modalverb „wollen" im Indikativ Präsens. Die Modalverben „sollen" (und „wollen") haben im Konjunktiv II keinen Umlaut.

Genitivergänzung: Adjektive im Genitiv

	best. Artikel	unbest. Artikel	Possessivartikel	ohne Artikel
M	des großen Erfolgs	eines großen Erfolgs	meines großen Erfolgs	großen Erfolgs
N	des großen Lebens	eines großen Lebens	meines großen Lebens	großen Lebens
F	der kurzen Karriere	einer kurzen Karriere	deiner kurzen Karriere	kurzer Karriere
Pl.	der gestressten Manager	ø gestresster Manager	unserer gestressten Manager	gestresster Manager

Relativsätze und Relativpronomen

	Maskulinum (M)	Neutrum (N)	Femininum (F)	Plural (M, N, F)
Nom.	der	das	die	die
Akk.	den	das	die	die
Dat.	dem	dem	der	denen

Relativsätze sind Nebensätze. Sie erklären ein Nomen im Hauptsatz.
Das Genus (der, die, das) und der Numerus (Singular, Plural) des Relativpronomens richten sich nach dem Nomen, auf das sich das Relativpronomen bezieht: Ich hatte einen Berater, der sehr kompetent war.
Der Kasus (Nominativ, Akkusativ, Dativ) richtet sich nach dem Verb im Relativsatz (z. B. „treffen" + Akkusativ) oder nach der Präposition (z. B. „hören von " + Dativ).

17 Erste Erfahrungen in der Arbeitswelt

Ritter SPORT

PRODUKTE   AKTUELLES & AKTIONEN   **FAMILIENUNTERNEHMEN & WERTE**   BESUCHEN   ALLES ÜBER SCHOKOLADE

UNSER LEITBILD   GESCHICHTE   NACHHALTIGKEIT   **KARRIERE**   ZAHLEN & FAKTEN

- Die Alfred Ritter GmbH & Co. KG ist mit ca. 1.400 Beschäftigten weltweit und der bekannten Marke
- RITTER SPORT eines der erfolgreichsten Süßwarenunternehmen unserer Zeit in Familienhand.
- Mit immer wieder neuen Sorten begeistern wir die Schokoladenliebhaber national wie international.

Wir suchen vom 01.09.2016 bis 29.02.2017

eine/n Praktikant/in in Analytik/Labor.

Die Schwerpunkte des Praktikums: Analysemethoden, Chemie und Projektarbeit. Voraussetzung: Sie sind Chemiestudent/in und mit den Methoden der Projektarbeit und den üblichen EDV-Programmen vertraut.

A Hoffentlich bekomme ich den Platz!

1 Bewerbung

Laura studiert Chemie und muss in ihrem Studium ein Pflichtpraktikum absolvieren. Wo könnte sie nach einem Praktikumsplatz suchen? Und was benötigt sie für eine Bewerbung? Tauschen Sie sich aus.

Sie muss den Internetauftritt der Firma lesen!   …   *Sie braucht einen Lebenslauf.*

2 Lebenslauf

a In ihrer Online-Bewerbung hat Laura einen Lebenslauf und ein Anschreiben hochgeladen. Lesen Sie zuerst den Lebenslauf und schreiben Sie die Überschriften in die passende Zeile.

Persönliche Interessen | ~~Persönliche Daten~~ | Weiterbildung | Schule und Studium | EDV-Kenntnisse | Sprachkenntnisse

Persönliche Daten [1]	Laura Feld geboren am 14.07.1995 in Stuttgart
_____ [2]	
voraussichtlich März 2018 seit 2014 2005 – 2014	Bachelor of Science (Chemie) Eberhard-Karls-Universität Tübingen: BA-Studium der Chemie Albert-Einstein-Gymnasium, Stuttgart: Abitur
_____ [3]	
10 / 2015 – 01 / 2016	WAV-Akademie, Tübingen: Fortbildungskurs (4 Wochenenden): „Methoden der Projektarbeit"
_____ [4]	Microsoft Office (Word, Excel, Powerpoint), Wordpress, SQL
_____ [5]	Englisch: C1 Französisch: B2
_____ [6]	Sport, Lesen
Tübingen, 15.05.2016	Laura Feld

b Schreiben Sie Ihren eigenen tabellarischen Lebenslauf nach dem Muster in 2a.

› Briefen wichtige Informationen entnehmen › in listenartigen Texten spezifische Informationen auffinden
› in offiziellen Schreiben Gruß-, Anrede-, Bitt-, Dankesformeln anwenden

17

3 Das Anschreiben

a Lesen Sie Lauras Anschreiben für die Bewerbung um einen Praktikumsplatz bei „Ritter Sport" und ordnen Sie die Inhalte rechts dem Anschreiben bzw. der begleitenden E-Mail zu. A 2–3

Interesse beim Arbeitgeber wecken | Bezug auf eine Anzeige | Anrede | ~~Betreff~~ | Unterschrift | Gründe für die Bewerbung | Grußformel | Kenntnisse | Schlusssatz | Bezug auf Vorgespräch

---

Sehr geehrter Herr Bayer,
vielen Dank für das informative Telefongespräch heute Morgen.
Wie besprochen, schicke ich Ihnen anbei meine Bewerbungsunterlagen.
Mit freundlichen Grüßen
Laura Feld

_____ [1]

Laura Feld
Goethestraße 327c • 72076 Tübingen • Tel: 07071/3578 • Mobil: 0171/704562
laura.feld@stud.uni-tuebingen.de

Alfred Ritter GmbH & Co. KG
Herrn Peter Bayer
Alfred-Ritter-Straße 25
D-71111 Waldenbuch

Bewerbung als Praktikantin in Analytik / Labor
Ihre Anzeige auf Ihrer Homepage   15.05.2016   _Betreff_____ [2]

Sehr geehrter Herr Bayer,   _____ [3]

das erste Mal war ich mit 6 Jahren im Museum Ritter. Ich war fasziniert von
der Frage: Wie stellt man Schokolade her? Über die bloßen Rezepte hinaus
haben mich die chemischen Prozesse dahinter interessiert. In der Schule war   _____ [4]
ich mehrere Jahre lang Mitglied einer Chemie-AG, und Chemie war immer ein
wichtiges Fach für mich. Im Abitur habe ich den Chemie-Leistungskurs mit   _____ [5]
der Note 1,5 abgeschlossen. Ich absolviere zurzeit einen Bachelor-Studiengang Chemie an der Universität Tübingen und bin im 4. Semester. Nun möch-   _____ [6]
te ich in diesem Bereich praktische Erfahrung sammeln, und ich denke, mein
Profil passt genau zu der ausgeschriebenen Praktikumsstelle.
Wie Sie den beigefügten Unterlagen entnehmen können, verfüge ich über
Spezialkenntnisse in Analysemethoden. Außerdem habe ich neben dem Stu-
dium einen Kurs in Methoden der Projektarbeit absolviert und habe sehr gute
EDV-Kenntnisse (Office-Programme [Word, Excel, Powerpoint], Wordpress,   _____ [7]
SQL). Zudem würde ich sehr gern in einem Familienunternehmen arbeiten.

Habe ich Ihr Interesse geweckt? Dann freue ich mich sehr auf ein persön-   _____ [8]
liches Gespräch.

Mit freundlichen Grüßen   _____ [9]

Laura Feld   _____ [10]

---

b Lesen Sie das Anschreiben in 3a noch einmal und markieren Sie, welche Ausdrücke auch Sie selbst in einem Anschreiben verwenden können.
Formulieren Sie ein Anschreiben für ein Praktikum mit Ihren persönlichen Angaben.

A1–B1: 145   siebenundsiebzig 77

17 Erste Erfahrungen in der Arbeitswelt

B Warum gerade bei uns?

1 Von der Firmengründung bis heute

a Überfliegen Sie den Infotext über die Geschichte von „Ritter Sport". Welche Abschnitte passen zu den Fotos? Ordnen Sie zu.

A Die Geschichte von Ritter Sport beginnt mit einer Heirat: 1912 heirateten der Konditor Alfred Eugen Ritter und Clara Göttle, Inhaberin eines Süßwarengeschäfts. Im selben Jahr wurde in Bad Cannstatt bei Stuttgart die Schokoladen- und Zuckerwarenfabrik Alfred Ritter Cannstatt von den Eheleuten gegründet. 1919 wurde eine eigene Schokoladenmarke auf den Markt gebracht: die „Alrika" (Alfred Ritter Cannstatt). Die Mitarbeiterzahl wuchs schnell: 1926 waren es schon 80. Im selben Jahr wurde auch der erste Firmenwagen angeschafft. 1930 wurde die Firma ins idyllische Waldenbuch verlegt, weil eine industrielle Produktion in Bad Cannstatt nicht möglich war.

B In dieser Zeit entwickelte Clara Ritter eine originelle Idee: „Produzieren wir doch eine Schokoladentafel, die in jede Sportjacketttasche passt und nicht bricht." 1932 wurden die ersten quadratischen Schokoladentafeln produziert. Sie erhielten den Namen „Ritter's Sport Schokolade." Im 2. Weltkrieg wurde die Schokoladenproduktion zuerst reduziert und ab 1940 ganz beendet.

C Ab 1950 wird die Schokoladenproduktion wieder aufgenommen und ist schnell erfolgreich. In den 60er- und 70er-Jahren werden viele neue Sorten produziert und jede erhält eine eigene fröhliche Farbe. Im Fernsehen wird mit dem Slogan „Quadratisch, praktisch, gut" geworben. 1976 wird eine ganz neue Verpackung entwickelt – der sogenannte „Knick-Pack". In den 80er-Jahren beschäftigt das Unternehmen 710 Mitarbeiter und macht fast 400 Millionen DM Umsatz. Der Exportanteil beträgt 10 %.

D 2005 wird direkt neben dem Firmengelände das neue MUSEUM RITTER mit dem erweiterten SchokoLaden, dem Besucherzentrum der Firma, und einem Café eröffnet. Dort werden die Herstellung von Schokolade und die Geschichte von Ritter Sport präsentiert. 2008 werden neue Bio-Schokoladen entwickelt. Die Firma hat heute ca. 1.400 Mitarbeiter, sie exportiert ihre Schokolade in über 100 Länder der Erde und machte 2015 einen Umsatz von 470 Mio. Euro.

b Lesen Sie den Text in 1a noch einmal. Unterstreichen Sie die Stichwörter zur Chronologie der Firmengeschichte und markieren Sie die Jahreszahlen im Text. Schreiben Sie in Stichwörtern in Ihr Heft: Was passierte wann?

1912: Firma wurde gegründet
1919: „Alrika" wurde auf den Markt gebracht
…

c Laura hat sich für ihre Vorbereitung einige Fragen notiert. Lesen Sie den Text in 1a noch einmal und beantworten Sie Lauras Fragen.

1. Seit wann gibt es die Firma?
2. Wie viele Mitarbeiter beschäftigt sie?
3. Wie hoch ist der Umsatz heute?
4. Wann wurde das Museum Ritter eröffnet?
5. Was wird im Besucherzentrum präsentiert?
6. Welche Marke wurde in den letzten Jahren entwickelt?

> kurzen Berichten wichtige Informationen entnehmen > von persönlichen Erfahrungen, Ereignissen, Aktivitäten berichten > in formellen Gesprächen, Interviews wichtige Informationen verstehen und geben

2 Grammatik kompakt: Passiv – Präsens und Präteritum

a Schreiben Sie die folgenden Sätze in die Tabelle und ergänzen Sie die fehlenden Verbformen in der Verbtabelle rechts.

	Präsens	Präteritum
ich	werde	wurde
du	wirst	wurdest
er/sie/es		
wir	werden	wurden
ihr	werdet	wurdet
sie/Sie		wurden

1. 1912 wurde die Fabrik von den Eheleuten gegründet.
2. 1919 wurde eine eigene Schokoladenmarke auf den Markt gebracht.
3. Ab 1950 wird die Produktion wieder aufgenommen.
4. In den 60er- und 70er-Jahren werden viele neue Sorten produziert.

		Position 2		Satzende
Präteritum	1912	wurde	die Fabrik von den Eheleuten	gegründet.
	___	___	___	___
Präsens	___	___	___	___

b Was fällt auf? Ergänzen Sie die Regeln.

1. Das Passiv wird mit einer Form von „werden" und dem Partizip _____ gebildet.
2. „Werden" steht auf Position _____, das Partizip am _____.
3. Die Person, die etwas tut (Agens), kann im Passivsatz mit „_____" + Dativ stehen.

3 Das Vorstellungsgespräch

a Hören Sie Teil 1 des Gesprächs zwischen Laura und dem Personalchef, Herrn Bayer. Was steht nicht in Lauras Bewerbungsbrief und im Lebenslauf? 🔊 49

b Hören Sie das Gespräch in 3a noch einmal. Was passt: **a** oder **b**? Kreuzen Sie an. 🔊 49

1. Wo hat Laura das Abitur gemacht? a. ☐ an der Grundschule b. ☐ am Gymnasium
2. Wo hat sie ihr Schulpraktikum gemacht? a. ☐ in einer Apotheke b. ☐ in einer Chemiefirma
3. Wie lange hat das Industriepraktikum gedauert? a. ☐ 14 Tage b. ☐ 3 Monate

c Hören Sie nun Teil 2 des Gesprächs und notieren Sie die Antworten von Laura. Vergleichen Sie in der Gruppe. 🔊 50–51

1. Warum wollen Sie gerade bei uns ein Praktikum machen? *Anzeige passt zum Profil, …*
2. Was wissen Sie über unsere Firma? _____
3. Was wollen Sie nach dem Praktikum machen? _____
4. Was machen Sie in Ihrer Freizeit? _____
5. Was möchten Sie sonst noch wissen? _____

4 Erfahrungen im Praktikum

Welche Praktika haben Sie gemacht oder welches Praktikum möchten Sie gern machen? Berichten Sie im Kurs. Die Redemittel unten helfen.

ein Praktikum bei/in … machen | dort Erfahrungen sammeln | Kenntnisse erweitern/vertiefen | zurzeit noch studieren | im Moment bei … arbeiten | einen …-kurs besuchen/absolvieren | …

17 Erste Erfahrungen in der Arbeitswelt

C Der erste Tag im Praktikum

1 Herzlich willkommen in der Firma!

a Welche Abteilungen in der Liste in 1b passen zu den Fotos oben? Notieren Sie.

Foto 1: _____ Foto 2: _____ Foto 3: _____

b Ordnen Sie die Tätigkeiten den Abteilungen zu.

Abteilungen
1. Controlling / Buchhaltung
2. Marketing
3. Produktion
4. Wareneingang
5. Personalabteilung
6. Analytik und Rohstoffsicherheit
7. Vertrieb
8. Forschung und Entwicklung

Aufgaben
a. ☐ Neue Produkte entwickeln
b. ☐ Rohstoffe annehmen
c. ☐ Werbung machen
d. ☐ Verkauf vorbereiten und fördern
e. ☐ Schokoladensorten herstellen
f. ☐ 1 ☐ Steuern, Rechnungen kontrollieren
g. ☐ Mitarbeiter / innen betreuen
h. ☐ Rohstoffe und fertige Produkte analysieren und kontrollieren

c Hören Sie Teil 1 des Gesprächs zwischen Herrn Bayer und Laura. Von welchen Abteilungen und Aufgaben in 1b sprechen sie? Markieren Sie in 1b.

d Sprechen Sie mit einem Partner / einer Partnerin. In welcher Abteilung würden Sie gerne / nicht gerne arbeiten? Begründen Sie. Verwenden Sie dabei auch die folgenden Redemittel.

… finde ich interessant, darum … | Ich würde gern in … arbeiten, weil ich … mag. | … gefällt mir. Deshalb … | Ich möchte gern in … arbeiten, denn ich … | Ich interessiere mich für …, deswegen …

… finde ich nicht interessant, darum … | … gefällt mir nicht, deshalb … | Ich würde nicht gern in / im … arbeiten, denn für Chemie / … habe ich mich noch nie interessiert. | Ich mag … lieber, deshalb … | In Mathematik / … war ich noch nie gut, deswegen …

> Ich würde gern in der Produktion arbeiten, weil ich praktische Arbeit mag. Und du?

> Ich mag eine Bürotätigkeit lieber, deshalb würde ich z. B. gern im Controlling arbeiten.

80 achtzig   A1 – B1: 148

> Meinungen, Vorlieben, Abneigungen mitteilen › kurzen informierenden Texten wichtige Informationen entnehmen › in formellen Gesprächen, Interviews wichtige Informationen verstehen und geben

2 Arbeitszeitregelung und andere Fragen

a Lesen Sie die Auszüge aus einem Wörterbuch und beantworten Sie die Fragen.

| **Gleit.zeit** die <-> *(kein Pl.)* Arbeitszeitregelung: Man kann Anfang und Ende der Arbeitszeit in Grenzen, die vom Betrieb festgelegt werden, selbst bestimmen. | **Schicht** die <-, -en> ein Abschnitt der Arbeitszeit in einem Betrieb, in dem man 24 Stunden oder über 10 Stunden arbeitet: in der Früh-, Spät-, Nachtschicht arbeiten. | **Ü.ber.stun.de** die <-, -n> *(meist Plural)* Stunden, die man zusätzlich zur vertraglichen Arbeitszeit arbeitet = Überstunden machen ≠ Ü. abbauen. |

1. Kann man bei Gleitzeit kommen und gehen, wann man will? _____
2. Jemand beginnt um 6 Uhr morgens mit der Arbeit. Welche Schicht ist das? _____
3. Bei Ritter Sport arbeitet man 38 Stunden wöchentlich. Eine Mitarbeiterin hat diese Woche 36 Stunden gearbeitet. Hat sie Überstunden gemacht oder abgebaut? _____

b Laura hat noch einige Fragen und hat Stichpunkte notiert. Hören Sie Teil 2 ihres Gesprächs mit Herrn Bayer. Was ist richtig (r), was ist falsch (f)? Kreuzen Sie an.

	r	f
1. Gleitzeit? Ja, aber nicht, wenn man Schicht arbeitet.	☐	☐
2. Schicht? Kann Laura selbst bestimmen.	☐	☐
3. Überstunden? Ja, aber nur 7,6 Stunden am Tag arbeiten.	☐	☐
4. Arbeitszeitkontrolle? Mit dem Werksausweis.	☐	☐
5. Kantine? Nein, nur für die festen Mitarbeiter/innen.	☐	☐
6. Zuschuss Fahrtkosten? Ja, zu allen öffentlichen und privaten Verkehrsmitteln.	☐	☐

c Hören Sie das Gespräch in 2b noch einmal und korrigieren Sie die falschen Informationen in 2b.

d Formulieren Sie Fragen mit den folgenden Elementen und den Stichpunkten in 2b und c. Spielen Sie dann das Gespräch in 2b mit einem Partner / einer Partnerin nach. Tauschen Sie auch die Rollen.

Haben Praktikanten …? | Wie wird … kontrolliert? | Gibt es …? | Darf man …? | Bekommt man …? | Arbeitet man …?

3 Mein erster Tag als Praktikantin

a Laura schreibt regelmäßig Tagebuch. Lesen Sie, was sie über ihren ersten Tag als Praktikantin schreibt, und ordnen Sie nach Vorteilen und Nachteilen.

> Mein erster Tag bei Ritter Sport: Ich habe so viel Neues erfahren! Nach der allgemeinen Einführung und dem Rundgang durch das Werk war ich in der Analytik und Rohstoffsicherheit und
> 5 habe dort die Kollegen kennengelernt. Alle waren sehr freundlich. Meine Aufgaben sind Rohstoffe analysieren, Verpackungen kontrollieren und die fertigen Produkte überprüfen. Später bekomme ich sogar ein eigenes Projekt, das freut mich sehr. Ich kann in der Kantine essen 10 und bekomme einen Zuschuss zu den Fahrtkosten. Außerdem bekomme ich 600 Euro. Das ist super! Aber ich muss natürlich den ganzen Tag arbeiten + 2 Stunden Busfahrt. Aber Waldenbuch gefällt mir sehr und der Rabatt im Schokoladen 15 ist echt ein Vorteil!!

Vorteile: Kollegen im Labor – alle freundlich, … Nachteile:

b Stellen Sie sich vor, Sie sind den ersten Tag in einem Praktikum. Schreiben Sie einen eigenen Tagebucheintrag.

17 Alles auf einen Blick — Lektionswortschatz in Feldern

Bewerbung
das Anschreiben, -
die Bewerbung, -en
die Bewerbungsunterlagen (nur Pl.)
der Lebenslauf, ⸚e
die Unterschrift, -en
das Vorgespräch, -e
das Vorstellungsgespräch, -e
ausschreiben (Stelle)
besprechen
bewerben, sich
 (bei + D; um + Akk.)

Arbeit und Beruf
die Analytik (nur Sg.)
der Arbeitgeber, -
die Arbeitswelt, -en
die Arbeitszeit, -en
der/die Beschäftigte, -n
die Buchhaltung (nur Sg.)
das Controlling (nur Sg.)
der Export, -e
die Fabrik, -en
das Gehalt, ⸚er
die Gleitzeit (nur Sg.)
die Herstellung, -en
die Industrie, -n
die Kantine, -n
das Marketing (nur Sg.)
der Markt, ⸚e
 (auf den Markt bringen)
die Personalabteilung, -en
der Personalchef, -s
die Produktion, -en
die Projektarbeit, -en
der Rohstoff, -e
die Schicht, -en
 Frühschicht
 Spätschicht
 Nachtschicht
der Vertrieb (nur Sg.)
die Überstunde, -n
der Umsatz, ⸚e
der Wareneingang, ⸚e
die Werbung, -en
beschäftigen
exportieren
werben
industriell

Schule / Universität und Studium
die Abkürzung, -en
die Analysemethode, -n
die Biologie
die Chemie (nur Sg.)
der Fortbildungskurs, -e
die Kenntnisse (nur Pl.)
 Fachkenntnisse
 Sprachkenntnisse
der Leistungskurs, -e
die Note, -n
die Weiterbildung (nur Sg.)

Sonstiges
Nomen
der Absatz, ⸚e
der Anteil, -e
die Apotheke, -n
die Betonung, -en
der Betreff, -e
der Bezug, ⸚e (in / mit Bezug auf)
die EDV (nur Sg.)
die Ehe, -n
die Einführung, -en
die Ergänzung, -en
die Fahrtkosten (nur Pl.)
das Gelände, -
die Gliederung, -en
der Grund, ⸚e
die Gründung, -en
die Grußformel, -n
die Kontrolle, -n
der Laden, ⸚
die Marke, -n
die Pflicht, -en
der Prozess, -e
die Regelung, -en
der Rundgang, ⸚e
die Sachlichkeit (nur Sg.)
der Schluss, ⸚e
das Schlüsselwort, ⸚er
der Schwerpunkt, -e
der Slogan, -s
die Sorte, -n
die Standardsprache, -n
das Tagebuch, ⸚er
die Tätigkeit, -en
die Umgangssprache, -n
der Weltkrieg, -e
das Werk, -e
das Zeichen, -
der Zuschuss, ⸚e

Verben
abbauen
analysieren
anschaffen
aufgeben
aufnehmen
beifügen
benötigen
bestimmen
betreuen
einreichen
entnehmen
erfahren
erweitern
fasziniert sein von
festlegen
fördern
herstellen
hochladen
kontrollieren
konzentrieren, sich auf
reduzieren
teilnehmen
verfügen über
verlegen
vertiefen
wecken (Interesse)

Adjektive
aufgeregt
erweitert
idyllisch
informativ
originell
quadratisch
übersichtlich
üblich
vertraglich
vertraut
wöchentlich
zusätzlich

Adverbien
außerdem
gleich
voraussichtlich
zudem

Redemittel / Grammatik

Mit Sprache handeln: Seinen Ausbildungsweg beschreiben

Ich bin in die …schule gegangen.
Dann bin ich auf … gewechselt.
Zurzeit gehe ich noch zur Schule / studiere ich noch.
Ich habe die Schule / das Studium mit … abgeschlossen.
Ich habe einen …-Kurs besucht / absolviert.
Ich habe ein Praktikum bei / in … gemacht.
Dort habe ich Erfahrung gesammelt.
In … / Bei … / Dort habe ich meine Kenntnisse erweitert / vertieft.
Im Moment arbeite ich bei …

Mit Sprache handeln: Interessen / Vorlieben und Abneigungen äußern

… finde ich interessant, darum …
… gefällt mir. Deshalb …
Ich würde gern in … arbeiten, weil ich … mag.

Ich möchte gern in … arbeiten, denn ich …
Ich interessiert mich für …, deswegen …

… finde ich nicht interessant, darum …
… gefällt mir nicht, deshalb …
Ich würde nicht gern in / im … arbeiten, denn für … habe ich mich noch nie interessiert.
Ich mag … lieber, deshalb …
In … war ich noch nie gut, deswegen …

Grammatik

Aktiv → Passiv

Im Aktivsatz ist das „Agens" wichtig: Wer tut das?
Im Passivsatz ist die Handlung wichtig: Was wird getan?
Das „Agens" kann im Passivsatz mit „von" + Dativ stehen, wenn diese Information auch wichtig ist.

	Subjekt		Akkusativergänzung
Aktiv:	Die Eheleute gründen 1912		die Fabrik.

Passiv:	Die Fabrik wird 1912 (von den Eheleuten) gegründet.
	Subjekt	von + „Agens"	

„Man" im Aktivsatz = kein Agens im Passivsatz.

Passivsätze ohne Agens verwendet man für allgemeine Informationen oder Regeln, z. B.
Im Museumsshop verkauft man Bücher und Plakate.
(= Im Museumsshop werden Bücher und Plakate verkauft.)

	Präsens	Präteritum
ich	werde aufgenommen	wurde aufgenommen
du	wirst aufgenommen	wurdest aufgenommen
er/sie/es	wird aufgenommen	wurde aufgenommen
wir	werden aufgenommen	wurden aufgenommen
ihr	werdet aufgenommen	wurdet aufgenommen
sie/Sie	werden aufgenommen	wurden aufgenommen

	Position 2		Satzende
Viele neue Sorten	werden	in den 60er- und 70er-Jahren	produziert.
In den 60er- und 70er-Jahren	werden	viele neue Sorten	produziert.
Die Fabrik	wurde	1912 von den Eheleuten	gegründet.
1912	wurde	die Fabrik von den Eheleuten	gegründet.

A1 – B1: 151

dreiundachtzig 83

18 Endlich Semesterferien!

A Wohin in den Ferien?

1 Reiseland Deutschland

Welche Reiseziele in Deutschland kennen Sie? Wo waren Sie schon? Sprechen Sie im Kurs.

2 Niclas und Linus möchten in den Semesterferien verreisen

a Hören Sie das Gespräch und beantworten Sie die Fragen.

1. Was ist „vorlesungsfreie Zeit"?
2. Was plant Linus in den Semesterferien?
3. Was möchte Niclas im Urlaub machen?
4. Welchen Traum hat Niclas?
5. Wo möchte Niclas Urlaub machen?

b Linus hat vier Reisetipps für Niclas. Überfliegen Sie die Werbetexte zu den Urlaubszielen. Welcher Text passt zu welchem Foto?

A Kein Ziel in Deutschland ist für einen Bade- und Strandurlaub beliebter als die Ostsee: tolle Landschaft und perfekte Voraussetzungen für Wassersport: segeln, tauchen und surfen. Wer Ruhe und Entspannung sucht, kann stundenlang in den Dünen herrliche Spaziergänge machen oder in einem der typischen Strandkörbe die Natur und das Meer genießen. Doch auch Kultur und Geschichte kommen nicht zu kurz: Die alten Handelsstädte Rostock, Wismar und Stralsund laden zu einem Besuch ein. Foto:

B Du bist sportlich und möchtest in deinem Urlaub viel erleben? Dann bist du bei uns im Nationalpark Berchtesgaden im Süden Bayerns genau richtig! Entdecke mit uns die vielen Highlights der Region. Am bekanntesten sind der Königssee und der faszinierende Berg Watzmann. Die großartige Natur mit ihren hohen Bergen und traumhaften Seen bietet vielfältige Sport- und Freizeitmöglichkeiten, Wellness und Spaß: wandern, klettern, mit dem Paragleiter fliegen oder mountainbiken ... alles kein Problem. Schöner als hier kannst du deinen Urlaub nicht verbringen – wir freuen uns auf dich! Foto:

C Ein Gefühl wie am Mittelmeer und doch nicht weit weg! Der Bodensee wird ja nicht umsonst das „Schwäbische Meer" genannt. Das deutsche Bundesland Baden-Württemberg teilt sich den See mit Österreich und der Schweiz. Kein See in Deutschland ist größer und attraktiver. Hier können Sie sich an einem der wunderschönen Badestrände oder bei einem Spaziergang durch eines der vielen hübschen Städtchen erholen. Sie können aber natürlich auch eine Fahrradtour um den See oder eine Schifffahrt zur Insel Mainau machen, auf der sogar tropische Pflanzen wachsen. Foto:

› in Texten mit Illustrationen Hauptinformation verstehen › in Gesprächen Thema erkennen
› in Alltagstexten zu erwartende Informationen auffinden

18

D Die Stadt Berlin bietet viel Geschichte und Kultur, historische und moderne Architektur. Egal, ob man die Stadt auf dem Fahrrad, zu Fuß oder auf einem Schiff entdecken möchte – die Metropole an der Spree ist voller Überraschungen! Wer die Stadt genießen will, sollte sich genug Zeit für die vielen interessanten Museen und für die entspannte City-Atmosphäre
5 mit vielen Parkanlagen mitbringen. Beliebte Touristenziele sind z. B. das Brandenburger Tor, der Potsdamer Platz, der Bundestag mit seiner Glaskuppel, der Fernsehturm am Alexanderplatz oder das multikulturelle Stadtviertel Kreuzberg. Foto: ⌴

c Was ist in den Regionen besonders? Formulieren Sie Fragen zu den Texten und beantworten Sie die Fragen Ihres Lernpartners / Ihrer Lernpartnerin.

A 3

Wo findet man eine Insel mit tropischen Pflanzen?

Welche Region bietet …?

Wo kann man …?

Finden Sie … besser / attraktiver / interessanter als …?

3 Welches Urlaubsziel wählt Niclas?

Wohin möchte Niclas fahren? Was möchte er machen? Hören Sie das Gespräch. Was ist richtig: **a** oder **b**? Kreuzen Sie an.   🔊 55

1. Für den Urlaub findet Niclas die Alpen …
   a. ⌴ besser als die Ostsee.   b. ⌴ nicht so attraktiv wie die Ostsee.
2. Immer mehr Deutsche verbringen ihren Urlaub …
   a. ⌴ lieber im eigenen Land als im Ausland.   b. ⌴ genauso gern in Deutschland wie im Ausland.
3. Linus meint, Urlaub in Deutschland ist …
   a. ⌴ billiger als im Ausland.   b. ⌴ teurer als im Ausland.
4. Niclas möchte …
   a. ⌴ lieber allein in Urlaub fahren.   b. ⌴ nicht allein in Urlaub fahren.
5. Im Reiseforum findet Niclas …
   a. ⌴ interessante Informationen über die Alpen.   b. ⌴ einen Reisepartner / eine Reisepartnerin.

4 Grammatik kompakt: Vergleichssätze

Markieren Sie die Adjektive und Adverbien in 3 und lesen Sie die Sätze noch einmal. Was fällt auf? Kreuzen Sie an.   A 4

1. Für einen Vergleich mit dem Komparativ benutzt man   a. ⌴ wie.   b. ⌴ als.
2. Für einen Vergleich mit „genauso" oder „so / nicht so" benutzt man   a. ⌴ wie.   b. ⌴ als.

5 Welches Urlaubsziel interessiert Sie?

Sprechen Sie mit Ihrem Lernpartner / Ihrer Lernpartnerin über Urlaubsziele in Deutschland. Die Redemittel helfen Ihnen.

A 5

Ich … (nicht) sehr gern, deshalb … | Mir gefällt / gefallen … gut / besser / am besten, darum … |
Ich möchte gern / nicht so gern …, weil … | Ich würde gern / lieber / am liebsten …, denn … |
Ich mag … (nicht), deswegen …

Am liebsten würde ich Urlaub an der Ostsee machen, weil ich schwimmen möchte. Und du?

Ich würde gern nach Berlin fahren. Ich interessiere mich für Kunst, und dort gibt es viele tolle Museen.

A1–B1: 153   fünfundachtzig **85**

18 Endlich Semesterferien!

B Ab in die Ferien!

1 Reiseforum im Internet

a Ordnen Sie die Anzeigen den Rubriken zu.

a. ☐ Fernreise   b. ☐ Aktivurlaub   c. ☐ Wellness   d. ☐ Campingurlaub   e. ☐ Städtereise

---

Uni-Reiseforum: Reisepartner/innen gesucht! Du möchtest deine nächste Weltumrundung oder nur einen kurzen Urlaub nicht allein machen? Dann suche und finde hier deine Reisepartner/innen.

Thema / Autor	Bewertung	Antworten
23.04.2016, 16:47 **1 Suche Reisepartner für Sommertour** Liebe Freunde, ich suche einen Reisepartner oder eine Reisepartnerin für meine Tour von Koblenz den Rhein entlang bis Rotterdam und von dort weiter nach Amsterdam (rund 500 km). Wichtig ist mir Entspannung, aber auch Zeit für das Sightseeing in kleineren und größeren Städten. von Thomas	👍	15
2 Du magst alles, was exotisch ist? Ich möchte die große weite Welt entdecken und fremde Länder besuchen. Hast du Lust auf grandiose Landschaften, Erfahrungen mit anderen Kulturen und möchtest viel erleben? Dann melde dich bei mir – ich plane eine lange Reise im Sommer und suche noch Reisepartner und -partnerinnen! von PatriciaK	👍	3
3 Sport und Erholung Wer hätte Interesse, einen Urlaub mit sportlichen Aktivitäten in den Alpen zu verbringen? Ich würde gern klettern, Radfahren, wandern und vielleicht auch im Zelt / draußen übernachten. Bin aber offen auch für andere Vorschläge und Ideen! von pia23	👍	10
4 Mit dem Wohnmobil durch Deutschland und Europa Hallo! Wir sind drei Freunde und suchen noch einen Reisepartner für unsere Tour. Mit dem Wohnmobil meiner Eltern wollen wir möglichst viel entdecken und auf schönen Campingplätzen die Zeit genießen. von dreifreunde	👍	2
5 Entspannung pur Ich suche einen relaxten Reisepartner. Einfach nur chillen, entspannen, Körper und Geist verwöhnen und zwei Wochen lang nichts tun müssen! Ich möchte mich erholen, etwas für die Gesundheit tun, keinen Stress haben und nicht weit weg reisen – Deutschland ist doch auch schön und inspirierend! von Verena	👍	23

Seite **1** von 5   **1** 2 3 … >

b Für welchen Reisepartner würden Sie sich entscheiden?

c Für welchen Reisepartner / welche Reisepartnerin entscheidet sich Niclas? Begründen Sie Ihre Vermutungen.

> Ich glaube, dass er …

> Niclas fährt wahrscheinlich mit Thomas, weil …

> Ich bin mir nicht sicher, ob …

> Er wählt bestimmt einen Reisepartner, mit dem er …

2 Niclas ruft an …

a Hören Sie das Gespräch. Für welche Anzeige hat sich Niclas entschieden? 🔊 56

b Hören Sie das Gespräch in 2a noch einmal. Was ist richtig (r), was ist falsch (f)? Kreuzen Sie an. 🔊 56

	r	f
1. Niclas kann nur Anfang August in die Berge fahren.	☐	☐
2. Pia hat im August einen Ferienjob.	☐	☐
3. Im September ist in den Bergen weniger los.	☐	☐
4. Pia war noch nie wandern.	☐	☐
5. Niclas denkt, er ist zum Wandern nicht fit genug.	☐	☐

3 Wo sollen wir übernachten?

a Pia und Niclas sehen sich im Internet verschiedene Unterkünfte an. Lesen Sie die Anzeigen und besprechen Sie unbekannte Wörter.

1 Campingplatz Bergblick
- tolle Lage
- Wanderrouten führen direkt vom Campingplatz aus in die Berge
- gemütlicher Aufenthaltsraum mit Grill
- Caféterrasse mit Kiosk
- Öffnungszeiten: ganzjährig geöffnet
- günstige Preise, bei längerem Aufenthalt Rabatt

2 Jugendherberge Berchtesgaden
- 7 moderne Zweibettzimmer (auch mit Balkon) und viele Mehrbettzimmer
- Radwege und Wanderwege direkt in der Nähe
- reichhaltiges Frühstücksbuffet + Lunchpakete
- auf Anfrage auch warmes Mittagessen, Abendessen in Buffetform „All you can eat"

3 Wellnesshotel Alpenpanorama
- elegante Zimmer und angenehme Atmosphäre
- großartiges Wellness-Programm
- hauseigener Swimmingpool und toller Sauna-Bereich
- Restaurant mit regionaler Küche

4 Landgasthof Watzmann
- familiäre Atmosphäre zum Wohlfühlen!
- gemütliche Zimmer
- jeden Morgen großes Frühstücksbüfett
- mittags und abends traditionelle Küche mit Zutaten aus der Region

b Hören Sie das Gespräch zwischen Pia und Niclas. Welche Unterkunft wählen sie? 🔊 57

c Hören Sie das Gespräch in 3b noch einmal. Was sagen Pia und Niclas zu den Unterkünften? Machen Sie Notizen. 🔊 57

1. Wellnesshotel
2. Landgasthof
3. Jugendherberge
4. Campingplatz

4 Einen Urlaub in Deutschland planen

Planen Sie Ihren Deutschlandurlaub mit Ihrem Lernpartner / Ihrer Lernpartnerin. Die Fragen unten helfen.

Ziel: Wohin möchten Sie fahren?
Aktivitäten: Was möchten Sie machen und erleben?
Zeit: Wann möchten Sie fahren?

Verkehrsmittel: Welche möchten Sie benutzen?
Preis / Budget: Wie viel soll der Urlaub kosten?
Unterkunft: Wo möchten Sie übernachten?

Ich schlage vor, dass …

18 Endlich Semesterferien!

C Urlaubsspaß in den Alpen

1 Über den Urlaub berichten

C1 Pia beschreibt ihren Urlaub mit Niclas in einem Reiseblog. Was haben sie erlebt? Markieren Sie zentrale Informationen und sprechen Sie im Kurs.

Reiseberichte -> Europa -> Deutschland -> Alpen

Hallo Leute :-)!
Der Urlaub in den Berchtesgadener Alpen war einfach traumhaft: Die Landschaft und die Freizeit- und Sportangebote sind fantastisch! Wir haben im
5 Zelt übernachtet, der Campingplatz hat eine super Lage mitten in den Bergen, direkt am Watzmann. Das ist der höchste Berg hier (2713 m).
Nur am Anfang gab es ein kleines Problem: Ein Zelt richtig aufbauen ist nicht so einfach ;-)!
10 Aber wir haben es geschafft, das Zelt hat wie eine Eins gestanden und uns hat nichts gefehlt!
Als wir ankamen, war das Wetter leider nicht so gut. Deshalb haben wir in Berchtesgaden einen Stadtbummel gemacht und das Salzbergwerk besichtigt. Dort haben wir sehr viel über die Geschichte der Region erfahren. Wir haben auch einen Ausflug zum Königssee gemacht und die Kirche St. Bartholomä angesehen. Als wir dort waren, hat eine Musikgruppe traditionelle Musik gespielt, das war toll!
15 Immer wenn das Wetter gut war, haben wir Wanderungen in den Bergen gemacht. Es gibt hier ca. 240 km markierte Wanderwege – ein Wanderparadies!
Manche Touren waren aber ganz schön anstrengend – jedes Mal, wenn wir sehr müde waren, haben wir einen Pausentag eingeplant, an dem wir nichts gemacht haben – wenn man faulenzt, erholt man sich manchmal einfach am besten.
20 Den absoluten Urlaubshöhepunkt haben wir uns für das Ende des Urlaubs aufgehoben: Wir haben für uns beide einen Tandemflug mit einem Paragleiter gebucht. Es war total faszinierend und hat viel Spaß gemacht! Bald gibt es hier weitere Infos + Bilder, wenn unsere Fotos sortiert sind :-)

von
Pia und Niclas

01. Oktober
um 10.00 Uhr

20 Kommentare

Gefällt mir   Kommentieren   Teilen

---

2 Probleme mit dem Zeltaufbau?

C2 Ordnen Sie die Textteile. Die Fotos helfen.

> Mit „zuerst, nun, dann, danach, schließlich" kann man einen Text strukturieren.

1. Stangen zusammenstecken.    2. Zelt aufrichten.    3. Ende gut, alles gut!

a. ⬜ Stecken Sie dann die Enden der Stangen in die Halterungen an den 4 Ecken des Zeltes und richten Sie das Zelt auf.

b. ⬜ Schließlich können Sie noch die Leinen mit Heringen am Boden befestigen. Das Zelt steht dann auch bei Wind sicher.

c. ⬜ Stecken Sie nun die Zeltstangen zusammen und schieben Sie sie durch die Kanäle am Zelt. Fixieren Sie das Zelt danach mit Heringen am Boden.

d. ⬜ Breiten Sie zuerst das Zelt aus. Der Zeltplatz sollte trocken, flach und ohne Steine sein.

> schriftliche Anleitungen verstehen > in einfachen Geschichten Inhalt verstehen > Handlungsstrang einer Geschichte folgen > schriftlich persönliche Erfahrungen, Ereignisse, Aktivitäten beschreiben

18

3 Grammatik kompakt: Temporale Nebensätze mit „wenn" und „als"

Welche Sätze aus dem Blog passen in die Tabelle? Überlegen Sie zu zweit und ergänzen Sie.

Ereignis, das einmal in der Vergangenheit passiert ist	Ereignis, das mehrmals in der Vergangenheit passiert ist	Ereignis, das einmal oder mehrmals in der Gegenwart oder Zukunft passiert
Als ...	Wenn ...	Wenn ...

C 3a–c

4 Paragliding – Angst gehabt?

„Paragleiter" oder „Gleitschirm"

„Rudi, mein Tandem-Lehrer"

„ich"

a Hören Sie das Gespräch zwischen Pia und Gabi. Wie war der Flug? 🔊 58

b Hören Sie das Gespräch in 4a noch einmal. Was ist richtig (r), was ist falsch (f)? Kreuzen Sie an. 🔊 58

                                                                        r   f

1. Pia und Niclas haben sich im Urlaub nicht gut verstanden.
2. Niclas hat beim Abendessen gesagt: „Der Flug mit dem Paragleiter wird fantastisch."
3. Pia war nur mit Rudi zum Ausgangspunkt gefahren.
4. Pia wurde vor Angst ganz blass.
5. Pia dachte: „Das wird einfach nur super."
6. Pia hat am Ende den Schirm gelenkt.
7. Rudi sagte: „Du wirst noch eine Supersportlerin."

C 3d

c Markieren Sie in 4b die Sätze mit „werden". Was fällt auf? Ergänzen Sie die Regeln.

1. Nach „werden" kann eine Ergänzung im Nominativ oder ein _____ stehen.
2. „Werden" bedeutet hier a ⬜ „etwas verändert/entwickelt sich". b ⬜ „etwas wird gemacht".

C 4

5 Mensch, das war ein Urlaub!

Berichten Sie in Ihrem Reiseblog von einem besonderen Urlaubserlebnis. Strukturieren Sie Ihren Urlaubsbericht mit W-Fragen (wer?, wann?, wo?, was?, ...) und Zeitangaben (als, jedes Mal wenn, immer wenn, zuerst, dann, ...).

A1–B1: 157

neunundachtzig **89**

18 Alles auf einen Blick — Lektionswortschatz in Feldern

Landschaften und Natur
die Alpen (kein Sg.)
der Berg, -e
der Berggipfel, -
die Düne, -n
die Hansestadt, ⸚e
der Hahn, ⸚e
die Luft, ⸚e
das Meer, -e
der Nationalpark, -s
die Parkanlage, -en
die Pflanze, -n
die Schlange, -n
die See (nur Sg.)
der See, -n
der Stein, -e
der Vogel, ⸚
tropisch

Wasser(-sport)
das Schiff, -e
die Schifffahrt, -en
segeln
surfen

Reisen
die Fernreise, -n
die Metropole, -n
das Reiseforum, -en
der Reisepartner, -
das Reiseziel, -e
die Städtereise, -n
der Strandkorb, ⸚e
der Urlaub, -e
   Aktivurlaub
   Campingurlaub
   Strandurlaub
   Badeurlaub
das Urlaubsland, ⸚er
das Reiseland, ⸚er
das Ausland (nur Sg.)
die Wellness (nur Sg.)
baden
unternehmen
verreisen

Unterkunft
der Aufenthalt, -e
das Doppelzimmer (DZ), -
   Zweibettzimmer
   Mehrbettzimmer
die Ferienwohnung, -en
das Büfett, -s
   Frühstücksbüfett
   (auch Buffet, -s)
die Liegewiese, -n
das Lunchpaket, -e
der Gasthof, ⸚e
die Pension, -en
   Halbpension
   (nur Sg.) (HP)
   Vollpension
   (nur Sg.) (VP)
der Aufenthaltsraum, ⸚e
der Stellplatz, ⸚e
die Terrasse, -n
   Sonnenterrasse
das Wohnmobil, -e
der Wohnwagen, -

Sport / Freizeit
die Entspannung (nur Sg.)
die Erholung (nur Sg.)
das Mountainbike, -s
das Paradies, -e
   Wanderparadies
das Paragliding (nur Sg.)
die Sauna, Saunen
das Schwimmbad, ⸚er
der Sportler, -
die Sportlerin, -nen
der Stadtbummel, -
der Spaziergang, ⸚e
der Tandemflug, ⸚e
der Wanderweg, -e
der Wassersport (nur Sg.)
chillen
faulenzen
klettern
entspannt
fit

Sonstiges
Nomen
(auf) Anfrage (hier nur Sg.)
der Aufbau
   ≠ der Abbau (nur Sg.)
der Ausgangspunkt, -e
die Ausstattung, -en
die Bewertung, -en
der Boden, ⸚
das Ereignis, -se
der Ferienjob, -s
der Geist (hier nur Sg.)
die Halterung, -en
die Handelsstadt, ⸚e
der Hering, -e
die Leine, -n
die Luft (hier nur Pl.)
der Luftballon, -s
der Pkw, -s
   (Personenkraftwagen)
die Stange, -n
das Schloss, ⸚er

Verben
aufbauen ≠ abbauen
aufheben
aufrichten
ausbreiten
befestigen
berichten
fixieren
fliegen
gleiten
lenken
mitmachen
nerven
schieben
sortieren
stecken
trocknen
verstehen, sich
verwöhnen

Adjektive
absolut
blass
echt
elegant
eigen
familiär
fantastisch
faszinierend
gefährlich
genervt
großartig
herrlich
inspirierend
kühl
negativ
nervös
perfekt
pur
regional
reichhaltig
traumhaft
vielfältig

Adverbien
danach
draußen
genauso
jedes Mal
umsonst
zu Hause

Artikel / Pronomen
beide

Redemittel / Ausdrücke
die große weite Welt

Redemittel / Grammatik

Mit Sprache handeln: Ein Urlaubserlebnis strukturiert beschreiben

Wann?	Seit … sind wir in
Wo?	Hier in … ist es wirklich schön / klasse / großartig / …
Was?	Es ist wirklich interessant: …
	Es gibt …
	Man kann (sogar) …
	Wenn man …, (dann) …
	Ich möchte auch noch …
	Stell dir vor, …
Schluss	Ich würde am liebsten …

Grammatik

Vergleichssätze

etwas / jemand ist gleich / nicht gleich

Beispiele: Immer mehr Deutsche verbringen ihren Urlaub genauso gern in Deutschland wie im Ausland.
Für den Urlaub findet Niclas die Ostsee nicht so attraktiv wie die Alpen.

etwas / jemand ist mehr

Beispiele: Linus meint, Urlaub in Deutschland ist billiger als im Ausland.
Viele denken, die Luft auf dem Land ist gesünder als die Luft in der Stadt.
Niclas möchte lieber mit Freunden als allein in Urlaub fahren.
Niclas findet, die Alpen bieten mehr Sportmöglichkeiten als die Ostsee.

Temporale Nebensätze mit „wenn" und „als"

„als" für ein Ereignis, das einmal in der Vergangenheit passiert ist

Beispiele: Das Wetter war leider nicht so gut, als wir ankamen.
Als wir dort waren, hat eine Musikgruppe traditionelle Musik gespielt.

„wenn" für ein Ereignis, das mehrmals in der Vergangenheit passiert ist

Beispiele: (Immer) wenn das Wetter gut war, haben wir Wanderungen in den Bergen gemacht.
(Jedes Mal) wenn wir sehr müde waren, haben wir einen Pausentag eingeplant.

„wenn" für ein Ereignis, das einmal oder mehrmals in der Gegenwart oder Zukunft passiert

Beispiele: Man erholt sich am besten, wenn man faulenzt.
Wenn das Wetter morgen schön ist, (dann) machen wir einen Ausflug.

Liste der unregelmäßigen und gemischten Verben in DaF kompakt neu A1 und A2

Die Liste enthält prinzipiell keine Verben mit trennbaren oder untrennbaren Vorsilben; Ausnahmen: Verben, die nur in dieser Verbindung gebräuchlich sind (z. B. vergessen).

Infinitiv	Präteritum	Partizip II	Infinitiv	Präteritum	Partizip II
haben	hatte	hat gehabt	rufen	rief	hat gerufen
sein	war	ist gewesen	schieben	schob	hat geschoben
werden	wurde	ist geworden	schlafen	schlief	hat geschlafen
			schlagen	schlug	hat geschlagen
beginnen	begann	hat begonnen	schließen	schloss	hat geschlossen
biegen	bog	ist / hat gebogen	schreiben	schrieb	hat geschrieben
bieten	bot	hat geboten	schwimmen	schwamm	ist / hat geschwommen
binden	band	hat gebunden	sehen	sah	hat gesehen
bitten	bat	hat gebeten	singen	sang	hat gesungen
bleiben	blieb	ist geblieben	sitzen	saß	hat gesessen*
brechen	brach	hat / ist gebrochen	sprechen	sprach	hat gesprochen
empfehlen	empfahl	hat empfohlen	stehen	stand	hat gestanden*
essen	aß	hat gegessen	stehlen	stahl	hat gestohlen
fahren	fuhr	ist gefahren	steigen	stieg	ist gestiegen
fangen	fing	hat gefangen	sterben	starb	ist gestorben
finden	fand	hat gefunden	stoßen	stieß	hat gestoßen
fliegen	flog	ist geflogen	streiten	stritt	hat gestritten
geben	gab	hat gegeben	tragen	trug	hat getragen
gehen	ging	ist gegangen	treffen	traf	hat getroffen
genießen	genoss	hat genossen	treten	trat	hat / ist getreten
gleiten	glitt	ist geglitten	trinken	trank	hat getrunken
halten	hielt	hat gehalten	tun	tat	hat getan
hängen	hing	hat gehangen*	überweisen	überwies	hat überwiesen
heben	hob	hat gehoben	vergessen	vergaß	hat vergessen
heißen	hieß	hat geheißen	verlieren	verlor	hat verloren
helfen	half	hat geholfen	wachsen	wuchs	ist gewachsen
klingen	klang	hat geklungen	wiegen	wog	hat gewogen
kommen	kam	ist gekommen	ziehen	zog	hat gezogen**
lassen	ließ	hat gelassen			
laufen	lief	ist gelaufen	brennen	brannte	hat gebrannt
leihen	lieh	hat geliehen	bringen	brachte	hat gebracht
liegen	lag	hat gelegen	denken	dachte	hat gedacht
messen	maß	hat gemessen	kennen	kannte	hat gekannt
nehmen	nahm	hat genommen	rennen	rannte	ist gerannt
raten	riet	hat geraten	wissen	wusste	hat gewusst

* Süddeutschland, A, CH: ist

** aber: umziehen   zog um   ist umgezogen

Übungsbuchteil

DaF kompakt neu A2

9 Ein Grund zum Feiern

A Das müssen wir feiern!

1 Glückwünsche

Was sagen Sie? Ordnen Sie zu.

Alles Gute zur Hochzeit. | Alles Gute für den Ruhestand. | ~~Herzlichen Glückwunsch zum Geburtstag.~~ | Herzlichen Glückwunsch zum Examen. | Herzlich willkommen im Haus. | Viel Glück für die Prüfung.

1. Jemand wird 30 Jahre alt: *Herzlichen Glückwunsch zum Geburtstag.*
2. Jemand hat geheiratet: _____
3. Jemand muss eine Prüfung ablegen: _____
4. Jemand hat seinen Master geschafft: _____
5. Sie haben einen neuen Nachbarn: _____
6. Ein Kollege geht in Rente: _____

2 Verben mit Dativ – Verben mit Akkusativ

Feste Wendung:
Wie geht es dir? /
Wie geht's?
Mir geht es gut.

a Welche Antworten passen? Ordnen Sie zu.

1. Wie geht es deiner Schwester?
2. Wie geht's deinen Freunden?
3. Wie gefällt euch die Radiosendung „Hörergrüße"?
4. Wie gefällt deinem Mann das neue Kleid?
5. Gehört das rote Auto deinem Bruder?
6. Hat Ihnen das Essen geschmeckt?
7. Ich gratuliere Ihnen zum Examen.
8. Hast du deiner Mutter zum Geburtstag gratuliert?
9. Soll ich Ihnen helfen?
10. Ich danke dir für das Buch.
11. Ist dem Kind etwas passiert?
12. Warum antwortest du mir nicht?

a. ⬜ Na klar, ich habe sie heute Morgen angerufen.
b. ⬜ Nein. Es gehört mir. Ich habe es gestern gekauft.
c. ⬜ Vielen Dank. Das ist nett von Ihnen.
d. ⬜ Nein. Alles ist ok. Es geht ihm gut.
e. ⬜ Es gefällt ihm gut. Er liebt rot.
f. ⬜ Vielen Dank. Es hat uns sehr gut geschmeckt.
g. ⬜ Danke für die Glückwünsche. Das ist nett von Ihnen.
h. ⬜ Ich habe dich nicht gehört. Tut mir leid.
i. ⬜ 1 Es geht ihr gut. Sie hat ihren Bachelor gemacht.
j. ⬜ Es geht ihnen gut. Sie machen gerade Urlaub in Italien.
k. ⬜ Mir gefällt sie, aber Marco mag sie nicht.
l. ⬜ Ich hoffe, es gefällt dir.

b Markieren Sie die Verben in den Sätzen 1–12 und ergänzen Sie die Regel.

❗ Die Verben *es geht*, *gefallen*, _____, _____, _____, _____, _____, _____ und _____ haben eine Ergänzung im Dativ.

c Markieren Sie die Artikel im Dativ in den Sätzen 1–12 und ergänzen Sie die Tabelle.

	Maskulinum (M)	Neutrum (N)	Femininum (F)	Plural (M, N, F)
Nom.	der / ein / dein Bruder	das / ein / dein Kind	die / eine / deine Mutter	die / ø / meine Freunde
Akk.	den / einen / deinen Bruder	das / ein / dein Kind	die / eine / deine Mutter	die / ø / meine Freunde
Dat.	dem / einem / _____ Bruder	_____ / einem / deinem Kind	der / einer / _____ Mutter	den / ø / _____ Freunden

d Welche Antworten passen? Ordnen Sie zu.

1. Warum hast du mich nicht angerufen?
2. Hast du auch deine Nachbarn eingeladen?
3. Wann ist dein Examen?
4. Hast du den Hausmeister gesehen?
5. Hast du Hanna auch eingeladen?
6. Brauchen Sie mich noch?
7. Kannst du uns bitte morgen anrufen?

a. ☐ Ich habe sie eingeladen, aber sie haben keine Zeit.
b. ☐ Ich habe es schon letzte Woche abgelegt und geschafft.
c. ☐ Nein. Denn ich habe sie schon lange nicht mehr gesehen.
d. ☐ Das mache ich. Wann kann ich euch denn erreichen?
e. ☐ Danke für Ihre Hilfe. Wir sind jetzt fertig.
f. ☐1 Ich habe dich angerufen, aber du hast nicht geantwortet.
g. ☐ Nein. Ich kann ihn auch telefonisch nicht erreichen.

e Markieren Sie die Personalpronomen im Dativ (Ü 2a) und im Akkusativ (Ü 2d) und ergänzen Sie die Tabelle.

Nom.	ich	du	er / es / sie	wir	ihr	sie / Sie
Akk.						/ Sie
Dat.						

f Schreiben Sie die SMS neu. Ersetzen Sie die unterstrichenen Satzteile durch Personalpronomen.

> Liebe Tina, du kennst doch Sophia und Nils, oder? Sophia und Nils haben ihren Master geschafft und wollen am Samstag eine große Party machen. Kommst du mit? LG Ali

> Lieber Ali, Sophia und ich waren mal im Seminar von Professor Eck. Später habe ich Sophia bei einer Hausarbeit geholfen. Nils kenne ich auch – Nils und ich sind beide beim Uni-Sport. Ich treffe Nils dort manchmal. Seit ein paar Wochen habe ich Nils aber nicht gesehen. Nils hat also auch den Master geschafft. Das ist schön. Ich muss Nils unbedingt anrufen. Ich komme gerne mit zur Party. Wann beginnt denn die Party? VG Tina

> Hi, die zwei haben viele Leute eingeladen. Ich bin schon um 16 Uhr da, denn ich möchte Sophia und Nils beim Kochen helfen. Komm doch auch früh. Dann kannst du Sophia, Nils und mir helfen. Bis bald, Ali

Liebe Tina, du kennst doch Sophia und Nils, oder? Sie haben …

3 Einladung zur Examensfeier

a Wie lädt man ein? Wie sagt man „Ich komme" (Zusage)? Wie sagt man „Ich komme nicht" (Absage)? Ordnen Sie die Redemittel in eine Liste in Ihr Heft.

Am … habe ich leider keine Zeit. Da muss ich … | Danke für die Einladung. Leider kann ich nicht kommen. Am … bin ich schon bei … eingeladen. | ~~Am … um … Uhr mache ich eine Party. Kommst du auch?~~ | Die Party findet am … um … statt. | Ich hoffe, du kannst kommen. | Ich komme gern, aber ein bisschen später, denn … | Ich komme gern. | Ich möchte dich zu meiner Party einladen. | Natürlich komme ich. | Soll ich etwas mitbringen? | Tut mir leid. Da kann ich nicht. | Wir feiern bei mir zu Hause / bei meinen Eltern im Garten.

eine Einladung schreiben: Am … um … Uhr mache ich eine Party. Kommst du auch?

zusagen (= ich komme):

absagen (= ich komme nicht):

b Sprechen Sie im Kurs: Laden Sie die anderen Kursteilnehmer / Kursteilnehmerinnen zu einer Party ein. Wer sagt zu? Wer sagt ab? Machen Sie eine Liste.

Party am …	zugesagt:	abgesagt:

Ich mache am Freitagabend um 20 Uhr eine Party. Kommst du auch?

Am Freitagabend habe ich keine Zeit. Da bin ich bei Paul eingeladen.

Danke für die Einladung. Ich komme gerne.

9 Ein Grund zum Feiern

B Den Studienabschluss feiern

1 Wie feiert man das?

a Was macht man auf den Feiern? Ordnen Sie den Kategorien zu und schreiben Sie in Ihr Heft. Es gibt oft mehrere Möglichkeiten. Schlagen Sie neue Wörter im Wörterbuch nach.

eine Rede halten | mit Sekt anstoßen | Kerzen ausblasen | tanzen | zur Kirche gehen | Geschenke bekommen | Freunde und Verwandte einladen | bis spät in die Nacht feiern | eine Torte anschneiden | festliche Kleidung tragen | ein schwarzes Barett tragen | ein Gruppenfoto machen | Adressen austauschen | ein Menü mit vielen Gängen essen | Fingerfood / Häppchen essen | ein Lied singen

halten:
er / es / sie hält
ausblasen:
er / es / sie bläst aus
einladen:
er / es / sie lädt ein
tragen:
er / es / sie trägt

Geburtstagsfeier: mit Sekt anstoßen, …

Hochzeitsfeier:

Abschlussfeier an der Universität:

Begrüßungs- oder Abschiedsfeier in der Firma:

b Und wie ist das bei Ihnen? Vergleichen Sie Ihre Liste mit einem Partner / einer Partnerin.

2 Gespräche auf der Abschlussfeier

Ergänzen Sie die Adjektive in den drei Gesprächen.

alten | bequeme | interessant | interessante | karierte | schick | schicken | weite

1. Sophia: Professor Otto hat eine _____ [1] Rede gehalten.
   Nils: Das finde ich auch. Aber auch seine Vorlesungen waren immer sehr _____ [2].
   Hanna: Habt ihr seine Klamotten gesehen? Er hat sogar einen _____ [3] Anzug angezogen. In der Uni trägt er meistens nur _____ [4] Hemden, _____ [5] Jeans und _____ [6] Sandalen. Er ist heute wirklich _____ [7].
   Sophia: Das stimmt. Und im Labor haben wir ihn immer nur in einem _____ [8] weißen Laborkittel gesehen.

großen | französischen | deutschen | französische | lustig | neue

2. Hanna: Hast du schon gehört? Bei Professor Becker gibt es zwei _____ [9] Assistentenstellen.
   Jonas: Ich weiß, aber ich gehe nach Frankreich und arbeite dort in einem _____ [10] Labor bei Paris.
   Hanna: Das ist ja super. Sprichst du denn gut Französisch?
   Jonas: In den letzten Monaten habe ich mit meinem _____ [11] Nachbarn immer nur Französisch gesprochen. Er findet, ich spreche schon ziemlich gut. Aber ich habe einen sehr starken _____ [12] Akzent. Das findet er _____ [13].
   Hanna: Dann musst du schnell eine _____ [14] Freundin finden. So lernt man eine Sprache besonders schnell.

dunklen | elegant | langen | roten | schwarzer | teuer | teures

dunkel / teuer:
Nils trägt einen **teur**en, **dunkl**en Anzug. Seine Schuhe waren auch teuer.

3. Sophia: In _____ [15] Anzügen und _____ [16] Kleidern sehen wir alle ganz anders aus.
   Nils: Das stimmt. Du siehst richtig _____ [17] aus in deinem _____ [18] Kleid.
   Sophia: Rot ist meine Lieblingsfarbe. Dein _____ [19] Anzug gefällt mir aber auch.
   Nils: Der Anzug war ziemlich _____ [20]: Ich habe über 300 Euro dafür bezahlt. So ein _____ [21] Kleidungsstück habe ich noch nie getragen.

3 Wer trägt heute grüne Socken?

a Schreiben Sie auf einen kleinen Zettel: Was tragen Sie heute? Beginnen Sie mit Ihren Schuhen. Sammeln Sie die Zettel ein und lesen Sie im Kurs vor. Die anderen müssen raten, wer das ist.

Ich trage heute weiße Turnschuhe, eine blaue Hose, ein weißes Hemd und einen blauen Schal. Wer bin ich?

Wer trägt heute braune Schuhe, graue Socken, eine schwarze Hose und ein rotes T-Shirt?

Das ist Joe.

b Komplimente machen: Gehen Sie durch den Kursraum und fragen Sie die anderen Kursteilnehmer / innen.

Wie gefällt dir mein blau**er** Pullover?

Er gefällt mir gut. Aber deinen roten Pullover finde ich besser.

gut ☺
besser ☺☺
am besten ☺☺☺

4 Möchtest du etwas Warmes essen?

Schreiben Sie die passenden Antworten. Es gibt oft mehrere Möglichkeiten.

nichts / etwas Warmes | ~~Kaltes~~ | Vegetarisches | Süßes | Alkoholisches | mit Fisch | mit Käse | mit Schweinefleisch | ohne Fleisch | ohne Alkohol | …

1. Möchtest du heute Abend Suppe essen? – Nein, danke. *Ich möchte etwas Kaltes essen.*
2. Möchtest du ein Bier? – Nein, danke. _____
3. Möchtest du eine Thunfischpizza? – Nein, danke. _____
4. Möchtest du einen Kaffee? – Nein, danke. _____
5. Möchtest du ein Käsebaguette? – Nein, danke. _____
6. Möchtest du einen Veggieburger? – Nein, danke. _____
7. Möchtest du ein Würstchen? – Nein, danke. _____
8. Möchtest du Eis oder Kuchen? – Nein, danke. _____

Nomen aus Adjektiven
Ich möchte nichts *Warm***es** essen.
Ich esse gern (etwas) *Süß***es**.

5 Alles für die Party

a Haben Sie genug Geschirr für eine Party mit 20 Gästen? Machen Sie eine Liste und berichten Sie.

Besteck | Salatschüsseln | Weingläser | Biergläser | Suppentopf | Teller | Servietten | …

Ich habe genug Geschirr für 20 Gäste: Ich habe 24 große Teller und 24 Biergläser.

Für 20 Gäste habe ich nicht genug Geschirr: Ich habe nur 12 kleine Teller und 12 Gläser.

b Sie wollen eine Party machen, aber Sie haben nicht genug Geschirr. Fragen Sie im Kurs.

Ich habe nicht genug Teller. Kannst du **mir** 8 Teller leihen?

Tut **mir** leid. Ich kann **dir** nur 5 Teller leihen.

Ich habe keinen großen Topf. Kannst du **mir** einen Topf leihen?

Ja, natürlich leihe ich **dir** einen Topf.

Verben mit Dativ- und Akkusativergänzung

Kannst du **mir** einen Topf leihen?

Person: im Dativ (mir)
Sache: im Akkusativ (einen Topf)

auch: zeigen, erklären, geben, schenken, mitbringen …

A1–B1: 81 siebenundneunzig **97**

9 Ein Grund zum Feiern

C Feste hier und dort

1 Feste und Bräuche

Lesen Sie den Text im Kursbuch C, Aufgabe 1, noch einmal. Was ist richtig (r), was ist falsch (f)? Kreuzen Sie an.

	r	f
1. Ostern ist immer am Sonntag nach dem letzten Vollmond im Jahr.	☐	X
2. „Ostern" bedeutet wahrscheinlich „Sommerfest".	☐	☐
3. Das Erntedankfest feiert man nur in Deutschland.	☐	☐
4. Am Erntedankfest möchten die Menschen Gott für die gute Ernte danken.	☐	☐
5. Die Menschen dekorieren Kirchen und Wagen mit Eiern.	☐	☐
6. Das Weihnachtsfest beginnt am Abend des 24. Dezember.	☐	☐
7. Man kann den Schmuck für den Weihnachtsbaum kaufen oder selbst basteln.	☐	☐
8. Alle Familien essen am Heiligen Abend Gänsebraten.	☐	☐
9. Der Weihnachtsmann oder das Christkind bringen die Geschenke.	☐	☐

2 Was schenken die Menschen? – Dativergänzung und Akkusativergänzung

a Lesen Sie die Sätze und markieren Sie die Dativergänzung pink und die Akkusativergänzung grau.

1. Die junge Frau schenkt ihrem Freund einen Rucksack.
2. Kristin schenkt ihrer Schwester einen Gutschein.
3. Das Mädchen schenkt seinen Eltern ein Bild.
4. Der junge Mann schenkt seiner Nichte einen Teddybären.
5. Der junge Mann schenkt seinem Neffen eine DVD.
6. Die Eltern schenken ihrem Sohn ein Fahrrad.

b Ersetzen Sie die Dativergänzung in den Sätzen aus 2a durch ein Pronomen. Schreiben Sie in Ihr Heft.

1. Die junge Frau schenkt ihm einen Rucksack.

c Ersetzen Sie die Akkusativergänzung in den Sätzen aus 2a durch ein Pronomen. Schreiben Sie in Ihr Heft.

1. Die junge Frau schenkt ihn ihrem Freund.

d Ersetzen Sie jetzt die Dativ- und Akkusativergänzung in den Sätzen aus 2a durch ein Pronomen. Schreiben Sie in Ihr Heft.

1. Die junge Frau schenkt ihn ihm.

e Bringen Sie die Satzteile in die richtige Reihenfolge. Schreiben Sie in Ihr Heft.

1. ~~Nils | zu Weihnachten | seinen Eltern | Theaterkarten | schenken~~
2. ihrem Sohn | Nils' Eltern | zum Geburtstag | schenken | einen neuen Laptop
3. die Großeltern | ihrem Enkel | dieses Jahr | schenken | eine neue Uhr
4. den Studenten | der Kursleiter | die Aufgabe | erklären
5. dem Kursleiter | die Studenten | schicken | eine E-Mail
6. der IT-Spezialist | den Studenten | erklären | das neue Programm
7. die Studenten | dem IT-Spezialisten | stellen | viele Fragen

1. Nils schenkt seinen Eltern zu Weihnachten Theaterkarten. / Zu Weihnachten schenkt Nils seinen Eltern Theaterkarten. / Seinen Eltern schenkt Nils zu Weihnachten Theaterkarten.

Die Dativergänzung kann auch an Position 1 stehen. Das Verb steht dann an Position 2.

3 Dativ- und Akkusativergänzung im Überblick

Markieren Sie die Verben und ergänzen Sie die Liste in Ihr Heft.

1. Ich schenke den Kindern Spielsachen.
2. Kannst du mir dein Handy geben?
3. Schmeckt dir der Kuchen?
4. Wir möchten das Essen bestellen.
5. Soll ich euch die Fotos zeigen?
6. Können Sie mir das hier erklären?
7. Das stimmt. Ich stimme dir zu.
8. Ich gratuliere dir zum Geburtstag.
9. Dein neuer Pullover gefällt mir gut.
10. Ich wünsche dir viel Glück.
11. Können Sie mir helfen?
12. Ich muss die Wohnung aufräumen.
13. Ich finde deine Idee nicht schlecht.
14. Sollen wir einen Kuchen backen?
15. Möchtest du einen Kaffee trinken?
16. Jeden Morgen lese ich die Zeitung.
17. Kannst du mir 10 Euro leihen?
18. Warum antwortest du mir nicht?

Verben mit Dativergänzung: schmecken, ...
Verben mit Akkusativergänzung: bestellen, ...
Verben mit Dativ- und Akkusativergänzung: schenken, ...

4 n-Deklination

n-Deklination oder nicht? Ergänzen Sie.

Zu meiner Party lade ich einen Kommilitone____ [1], meine besten Freunde____ [2], meinen Nachbar____ [3], meinen Onkel____ [4], meinen Neffe____ [5], einen Junge____ [6] aus der Nachbarschaft, meinen Deutschlehrer____ [7] und einen Kollege____ [8] von meinem Bruder ein. Mein Freund____ [9] Timo bringt einen Praktikant____ [10] aus seiner Firma mit. Ein anderer Kollege____ [11] kann leider nicht mitkommen. Meinen Professor und seinen Assistent____ [12] Paulo habe ich auch eingeladen. Aber der andere Assistent____ [13], Michael, hat keine Zeit.

5 Feste und Bräuche

a Welche Verben passen zu den Nomen? Ordnen Sie zu.

anbieten | anschneiden | anstoßen | anzünden | begrüßen | einladen | halten | mitbringen | übernachten | wünschen

1. eine Kerze _____
2. Geschenke _____
3. Gäste zu einer Feier _____
4. mit Sekt _____
5. die Torte _____
6. beim Gastgeber _____
7. die Gäste an der Haustür _____
8. den Gästen etwas zu essen _____
9. eine Rede _____
10. „Frohes Fest" _____

b Lesen Sie die Stellungnahmen. Wer mag Weihnachten? Wer mag es nicht?
Markieren Sie die Begründungen.

1 Meine Familie sehe ich nur zu Weihnachten, denn ich arbeite im Ausland. Am Heiligen Abend sind wir alle bei meinen Eltern und wir reden bis tief in die Nacht. Das finde ich sehr schön.
(Alex, 30)

2 Zu Weihnachten gibt es bei uns immer Stress: Meine kleinen Geschwister streiten, mein Vater und mein Onkel streiten über Politik, meine Mutter arbeitet den ganzen Tag in der Küche und ist unzufrieden.
(Saskia, 16)

3 Zu Weihnachten besuche ich meine Eltern, es gibt ein leckeres Essen, ich bekomme Geschenke und wir singen Weihnachtslieder – wie früher, als ich klein war.
(Nadine, 33)

c Wie gefällt Ihnen ein Fest in Ihrem Land? Schreiben Sie eine kurze Stellungnahme.

Bei uns feiert man ... | Wir ... | Das Fest gefällt mir (nicht), denn ... | ...

9 Ein Grund zum Feiern

DaF kompakt – mehr entdecken

1 Lesestile – Hörstile

a Welcher Lesestil passt zu welcher Leseabsicht? Ordnen Sie zu.

A das detaillierte Lesen | **B** das globale Lesen | **C** das selektive Lesen

1. Sie wollen nur das Thema und die Hauptaussage von einem Text verstehen. Sie müssen nicht auf jedes einzelne Wort achten.	2. Sie wollen nur bestimmte Informationen verstehen. Achten Sie auf Schlüsselwörter. Den Rest müssen Sie nicht genau verstehen.	3. Sie wollen alle Informationen in einem Text verstehen. Sie müssen den Text genau lesen.

b Lesen Sie die Arbeitsanweisungen. Welchen Lesestil verlangen die Aufgaben?

1. Überfliegen Sie den Text und ordnen Sie die Fotos zu. (Kursbuch C, Aufgabe 1a):
   Lesestil: _____
2. Lesen Sie die Fragen und dann noch einmal den Text. Markieren Sie die Antworten im Text.
   (Kursbuch C, Aufgabe 1b) Lesestil: _____
3. Lesen Sie den Text noch einmal. Was ist richtig **(r)**? Was ist falsch **(f)**? Kreuzen Sie an.
   (Übungsbuch C, Aufgabe 1) Lesestil: _____

c Auch beim Hören unterscheidet man drei Hörstile: das detaillierte Hören, das globale Hören oder das selektive Hören. Welchen Hörstil verwenden Sie in folgenden Situationen? Ordnen Sie zu.

1. Sie hören den Wetterbericht für die Weihnachtsfeiertage. Sie wollen wissen: Wie ist das Wetter am Heiligen Abend? Hörstil: _____
2. Sie hören eine Filmkritik. Sie wollen wissen: Ist der Film gut oder schlecht?
   Hörstil: _____
3. Sie hören ein Kochrezept. Sie wollen das Gericht auch kochen und wollen wissen: Welche Zutaten braucht man? Wie kocht man das Gericht? Hörstil: _____

2 Über Sprache reflektieren

Dativ- und Akkusativergänzung im Satz. Ergänzen Sie die Tabelle und vergleichen Sie im Kurs.

Deutsch	Englisch	andere Sprache(n)
Er gibt seiner Schwester das Buch.	He gives the book to his sister.	
Er gibt es ihr.	He gives it to her.	
Er gibt ihr das Buch. / Er gibt es seiner Schwester.	He gives her the book. / He gives it to his sister.	

3 Miniprojekt: Feste und Bräuche in anderen Ländern

Welche Feste feiert man bei Ihnen? Wann feiert man es? Warum? Welche Bräuche gibt es? Präsentieren Sie im Kurs.

In … feiert man … das …-fest. | Es findet am … statt. | Wir feiern das Fest, denn … | Am Festtag … | Vor dem Fest … | Zu essen gibt es bei mir zu Hause … | In anderen Familien isst man … | Wir schenken … | Ich mag das Fest (nicht), denn …

Phonetik

Ach ich!

1 Ich- und Ach-Laut

a Hören Sie zuerst die beiden Laute und sprechen Sie sie dann nach. 🔊 59

1. [ç] – ich   2. [x] – ach

b Hören Sie zuerst die Wörter und sprechen Sie sie dann nach. 🔊 60

– machen   – besuchen   – noch   – auch

c Hören Sie zuerst die Wörter und sprechen Sie sie dann nach. 🔊 61

– nicht   – sprechen   – vielleicht   – euch   – Küche   – lächeln   – möchte

d Hören Sie zuerst die Wörter und sprechen Sie sie dann nach. 🔊 62

– manchmal   – Kirche   – traurig   – zwanzig

e Wann spricht man [ç], wann [x]? Kreuzen Sie an.

Wo?	Beispiele	[ç]	[x]
1. nach „a", „o", „u", „au"	machen	☐	☐
2. nach „i", „e", „ei", „eu", „ö", „ü", „ä"	euch	☐	☐
3. nach Konsonanten	manchmal	☐	☐
4. die Silbe „-ig"	traurig	☐	☐

Bei Fremdwörtern meistens: vor „e" und „i" → [ç], z. B. Chemie, China
Sonderfall: Orchester [k].
Bei Fremdwörtern aus dem Griechischen vor „a", „o", „u" und Konsonanten → [k], z. B. Chor, Charakter, christlich

f Was hören Sie: [ç] oder [x], [ç] oder [ig]? Kreuzen Sie an. Sprechen Sie dann nach. 🔊 63

	[ç]	[x]			[ç]	[ig]
1. Buch	☐	☐	5. langweilig		☐	☐
2. Bücher	☐	☐	6. ein langweiliger Film		☐	☐
3. Nächte	☐	☐	7. das salzige Essen		☐	☐
4. Nacht	☐	☐	8. salzig		☐	☐

2 Weihnachten

a Hören Sie die Sätze. Was hören Sie: [ç] oder [x]? Kreuzen Sie an. 🔊 64

	[ç]	[x]			[ç]	[x]
1. Frohe Weihnachten!	☐	☐	6. Später gehen wir in die Kirche.		☐	☐
2. Wir besuchen unsere Eltern.	☐	☐	7. Vielleicht treffen wir dort alte Freunde.		☐	☐
3. Die Nachbarn kommen zum Essen.	☐	☐	8. Meine Mutter schenkt mir zwei Bücher.		☐	☐
4. Wir haben uns lange nicht gesehen.	☐	☐	9. Manchmal singen wir zur Gitarre.		☐	☐
5. Der Abend ist sehr lustig.	☐	☐	10. Alle sind glücklich.		☐	☐

b Sprechen Sie die Sätze in 2a nach.

c Hören Sie den Satz. Sprechen Sie ihn dann so schnell wie möglich nach. 🔊 65

Echte Weihnachtsmänner lachen nachts über fröhliche Sachen,
über fröhliche Sachen lachen nachts echte Weihnachtsmänner.

d Sprechen Sie den Satz in 2c zuerst ganz langsam und dann so schnell wie möglich.
Wer kann es am besten?

A1 – B1: 85   einhunderteins **101**

10 Neue Arbeit – neue Stadt

A Wohnen in einer neuen Stadt

1 Sammeln Sie Fragen – was passt?

1. Wo liegt denn die Wohnung?
2. Wie weit ist es bis zur Schule?
3. Kann ich in der Nähe einkaufen?
4. Gibt es in der Nähe ein Kino?
5. Wie viel kostet die Wohnung?
6. Wie hoch sind die Nebenkosten?
7. Wie viele Zimmer hat die Wohnung?
8. Wann ist die Wohnung frei?

a. ☐ Die Nebenkosten sind günstig, nur 200 CHF.
b. ☐ Sie kostet 2130 CHF plus Nebenkosten.
c. ☐ Ab Oktober.
d. ☐ 3 Zimmer, Küche und Bad.
e. ☐ Ja, es gibt einen Supermarkt um die Ecke.
f. ☐ Nicht sehr weit, nur 10 Minuten mit dem Bus.
g. ☐ Nein, aber es gibt ein Theater.
h. ☐1 Die liegt sehr zentral.

2 Wo liegt denn die Wohnung?

a Ordnen Sie die Wörter den Abkürzungen von der Windrose zu.

~~Norden~~ | Südosten | Westen | Südwesten | Nordosten | Osten | Nordwesten | Süden

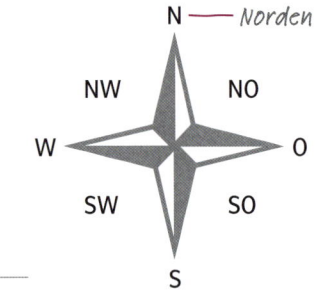

b Schreiben Sie die Adjektive wie in den Beispielen.

1. Norden → _nördlich_
2. Nordosten → _nordöstlich_
3. Osten → _____
4. Westen → _____
5. Nordwesten → _____
6. Süden → _____
7. Südosten → _____
8. Südwesten → _____

c Wo liegen die Länder und Städte? Schauen Sie auf die Karte vorne im Buch.

1. Zürich liegt _nordöstlich_ von Bern.
2. Genf (Geneva) liegt _____ von Sion.
3. München liegt _____ von Salzburg.
4. Salzburg liegt _____ von Wien.
5. Bonn liegt _____ von Köln.
6. Potsdam liegt _____ von Berlin.
7. Hamburg liegt _____ von Bremen.
8. Lausanne liegt _____ von Genf.

Die Schweiz liegt _____ [9] von Österreich. Österreich liegt _____ [10] von Deutschland. Liechtenstein liegt _____ [11] von der Schweiz und _____ [12] von Österreich.

13. München liegt nicht südlich von Innsbruck, sondern (es liegt) _____ von Innsbruck.
14. Frankfurt liegt nicht westlich von Mainz, sondern (es liegt) _____ von Mainz.
15. Basel liegt nicht südlich von Genf, sondern (es liegt) _____ von Genf.

3 Nicht so, sondern so

a Markieren Sie in 2c, Sätze 13–15, die Wörter „nicht" und „sondern". Ergänzen Sie die Regel.

! Nach einer Negation kann man mit „sondern" eine Alternative anschließen. Es steht wie „aber", „denn", „und", „oder" auf Position ___. Merkwort: „aduso"-Konnektoren.

b Schreiben Sie Sätze mit „aduso"-Konnektoren in Ihr Heft.

1. Andrea und Lara | in Zürich | suchen | kein Haus | sondern | eine Wohnung
2. sie | in Zürich | eine Wohnung | suchen | arbeiten | dort | sie | ab September | denn
3. nicht außerhalb | sie | wohnen | möchten | lieber | zentral | sondern
4. sie | zentral wohnen | wollen | bezahlen | nicht so viel | können | aber | sie

1. Andrea und Lara suchen in Zürich kein Haus, sondern eine Wohnung.

102 einhundertzwei
A1–B1: 86

c Bilden Sie Sätze mit „kein …, sondern" wie im Beispiel. Schreiben Sie in Ihr Heft. Besser immer das erste Wort durchstreichen, denn das gibt es nicht.

1. ~~Altbau~~ → Neubau
2. ~~Tiefgarage~~ → Parkplatz
3. ~~Reihenhaus~~ → Einfamilienhaus
4. ~~Balkon~~ → Terrasse
5. ~~Parkett~~ → Laminatboden
6. ~~Keller~~ → Abstellraum

1. Das Haus ist kein Altbau, sondern ein Neubau.
2. Das Haus hat keine Tiefgarage, sondern einen Parkplatz.

Vor „sondern" steht immer ein Komma.

d Was passt wo? Ergänzen Sie „kein" oder „nicht".

Lara macht _____ [1] Praktikum, sondern hat einen festen Job. Zusammen mit Andrea sucht sie _____ [2] Haus, sondern eine Wohnung. Ihre Traumwohnung soll _____ [3] außerhalb liegen, sondern sehr zentral. Die Wohnung soll auch _____ [4] teuer, sondern preiswert sein. Sie können die Wohnung _____ [5] heute, sondern erst morgen besichtigen.

4 Vergleiche: Komparativ und Superlativ

a Ergänzen Sie die Formen.

Positiv	Komparativ	Superlativ
klein	kleiner	am kleinsten
schön	_____	am schönsten
billig	billiger	am _____
groß	größer	am größten
hoch	höher	am höchsten
teuer	teurer	am teuersten
interessant	interessanter	am interessantesten
beliebt	_____	_____
gut	_____	am besten
viel	mehr	am meisten

b Achten Sie besonders auf die Formen mit Vokalwechsel. Ergänzen Sie.

1. warm – *wärmer*
2. kalt – _____
3. alt – _____
4. jung – _____
5. groß – _____
6. lang – _____
7. kurz – _____

c Ergänzen Sie **als** oder **wie**.

New York ist nicht so groß _____ [1] Hongkong. New York hat aber mehr Einwohner (Leute) _____ [2] Hongkong.
Die Winter sind in Mitteleuropa kälter und länger _____ [3] in Asien.

d Vergleichen Sie die Angebote im Kursbuch A 2a. Schreiben Sie Sätze wie im Beispiel.

Die Wohnung auf dem Lindenhof ist kleiner als die Wohnung in Zürich-Schwamendingen …

e Beantworten Sie die Fragen für sich und vergleichen Sie mit Ihrem Partner / Ihrer Partnerin.

Welche Stadt finden Sie am interessantesten? _____
Welches Land finden Sie am schönsten? _____
Welche Sprache finden Sie am schwierigsten? _____

5 Meine Wohnung

Beschreiben Sie den Ort, wo Sie wohnen. Die Redemittel helfen.

Ich wohne nicht in einem Haus, sondern in einer Wohnung. | Denn ich habe … | Meine Wohnung hat eine / einen …, aber sie / er ist … | Meine Küche ist nicht nur praktisch, sondern auch …, aber ich habe keinen … | Jetzt ist meine Wohnung kleiner als das Haus von meinen Eltern, aber … | Mein neues Zimmer ist größer / schöner / kleiner / … als / so schön wie …

10 Neue Arbeit – neue Stadt

B Ist die Wohnung noch frei?

1 Rund ums Mieten

a Welche Wörter finden Sie? Schreiben Sie in Ihr Heft und ergänzen Sie auch Artikel und Plural.

KAUTIONMIETELAGEBESICHTIGUNGABLÖSEVERMIETERNEBENKOSTENZIMMERVERTRAGSTOCKWASCHKÜCHE

1. die Kaution, -en

b Schauen Sie sich das Bild an. Welches Wort passt wo?
Schreiben Sie die Zahlen in das Bild.

1. spitzes Dach (n)
2. flaches Dach (n)
3. dreistöckig
4. vierstöckig
5. Eingang (m)
6. Baum (m)
7. Altbau (m)
8. Mehrfamilienhaus (n)
9. Geschäftshaus (n)
10. Dachgeschoss (n)
11. Erdgeschoss (n)

c Lesen Sie die Stichwörter und formulieren Sie die Fragen.

1. Besichtigungstermin – wann?
2. Adresse?
3. Stockwerk?
4. Größe Wohnzimmer?
5. Waschmaschine?
6. Abstellraum?
7. Parkplatz?
8. Höhe Ablöse?
9. Höhe Nettomiete?
10. Höhe Kaution?
11. Straßenbahn?
12. Name Vermieter?

1. Wann ist der Besichtigungstermin?

d Schreiben Sie nun die Antworten vom Vermieter zu den Fragen aus 1c in Ihr Heft.
Die Stichwörter helfen.

1. Besichtigungstermin: Samstag ab 10:00 Uhr
2. Adresse: Mainstr. 25
3. 2. Etage, dreimal klingeln
4. Wohnzimmer: 20 m²
5. Waschmaschinen in Waschküche / Keller
6. kein Abstellraum – großer Keller
7. Parkplatz in Tiefgarage
8. Möbel geschenkt
9. Nettomiete: CHF 1.940
10. Kaution: zwei Monatsmieten
11. Linie 25, Haltestelle Mainstraße
12. Herr Widmer = Vermieter

1. Sie können die Wohnung am Samstag ab 10 Uhr anschauen.

2 Die Hausordnung

🔊 10 Hören Sie das Gespräch mit Frau Wyss im Lehrbuch B, Aufgabe 2b noch einmal.
Beantworten Sie die Fragen und schreiben Sie in Ihr Heft.

1. Was ist Teil vom Mietvertrag?
2. Wie lange darf man täglich ein Instrument üben?
3. Was muss Andrea beachten?
4. Wann dürfen Andrea und Lara waschen?
5. Warum wollen die beiden am Sonntag waschen?
6. Was machen die drei Frauen am Ende?

1. Die Hausordnung ist Teil vom Mietvertrag.

104　einhundertvier　　　　　　　　　　　　　　　　　　　　　　　　　　　　A1–B1: 88

3 Der Mietvertrag

Schreiben Sie die fehlenden Informationen in den Vertrag oder kreuzen Sie an.

Andrea Mahler / Lara Jung | Kaution | 3-Zimmer-Wohnung | 01.09.2016 | Bederstrasse 250 | im Keller | 3.

> **Mietvertrag für Wohnungen**
> **1. Vertragsparteien**
> Vermieter / in: Carola Wyss, Bahnhofstrasse 392a, 8001 Zürich
> Mieter / in: _____ [1], Rue de Berne 176, 1200 Genf
> Zivilstand: ☐ ledig   ☐ verheiratet   ☐ verwitwet   ☐ geschieden [2]
> **2. Mietobjekt:**
> Adresse: _____ [3], 8002 Zürich
>   _____ [4], _____ [5] Stock
> außerdem: Waschmaschine _____ [6]
> **3. Mietbeginn / Mietende:** _____ / unbefristet [7]
> **4. Mietzins / Nebenkosten /** _____ [8]: Miete netto (Basismiete): CHF 1'700
>   Nebenkosten: CHF 240
>   Total Mietzins brutto: CHF 1'940
>   Kaution: CHF 1'700
>
> Zürich, 02.08.2016
> Vermieter   Mieter
> _____   _____

Schweiz: Zivilstand
Deutschland: Familienstand
Schweiz: Basismiete
Deutschland: Grundmiete / Kaltmiete
Schweiz: Mietzins
Deutschland: Miete

4 Possessivpronomen: Wem gehört der Schlüssel?

a Lesen Sie die Gespräche und ergänzen Sie die Lücken.

1. ○ Wem gehört der Schlüssel? Hendrik, ist es dein____ [1]?
   ● Nein, mein____ [2] ist das nicht. Aber vielleicht gehört er Lars?
   ○ Nein, sein____ [3] ist es auch nicht. Vielleicht gehört er Ira?
   ● Nein, ihr____ [4] ist es auch nicht.

2. ○ Wem gehört das Buch? Hendrik, ist das dein____ [5]?
   ● Nein, es ist nicht mein____ [6].

3. ○ Wem gehört die Tasche? Hendrik, ist das dein____ [7]?
   ● Ja, das ist mein____ [8].

4. ○ Wem gehören die Taschentücher? Hendrik, sind das dein____ [9]?
   ● Nein, das sind nicht mein____ [10].

b Schreiben Sie Gespräch 1 mit „Computer", „Smartphone", „Brille" und „Stifte".

5 Unsere Wohnung ist am besten!

Andrea und Lara schreiben eine E-Mail an einen Freund. Ergänzen Sie die Possessivpronomen.

> Letztes Wochenende haben wir zwei Arbeitskollegen zu Hause besucht. Sie haben eine schöne Wohnung, aber *unsere* [1] ist schöner. Unsere Wohnung hat drei Zimmer, aber _____ [2] hat nur zwei. Ihre Küche ist modern, aber _____ [3] ist moderner. Unser Wohnzimmer hat 20 qm, aber _____ [4] hat nur 15 qm. Ihr Vermieter ist nett, aber _____ [5] ist netter. Und das Beste ist: Sie haben ihre Möbel günstig gekauft, aber _____ [6] waren ein Geschenk!

A1 – B1: 89

einhundertfünf **105**

10 Neue Arbeit – neue Stadt

C Unsere neue Wohnung

1 Wortschatz Möbel

Ergänzen Sie die Wörter mit den Artikeln und Pluralformen.

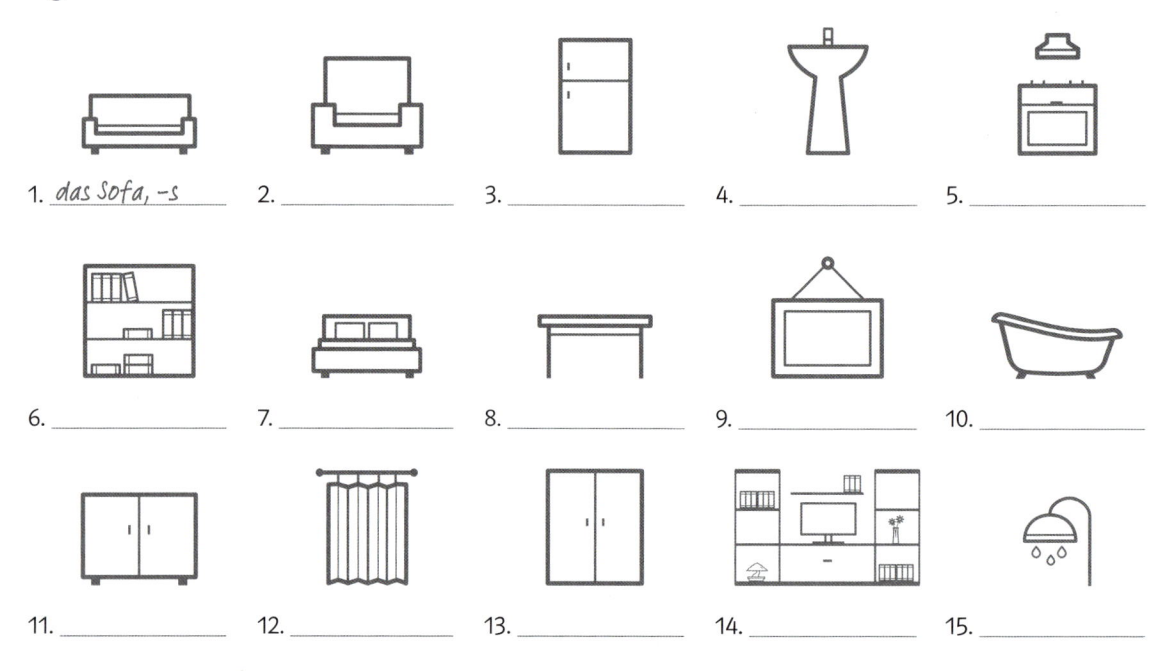

1. *das Sofa, -s* 2. _____ 3. _____ 4. _____ 5. _____

6. _____ 7. _____ 8. _____ 9. _____ 10. _____

11. _____ 12. _____ 13. _____ 14. _____ 15. _____

2 Wo oder wohin?

a Markieren Sie. Das Verb hilft.

	Wo?	Wohin?
1. Die Katze liegt auf dem Tisch.	X	☐
2. Lara sitzt am Schreibtisch.	☐	☐
3. Die Jacke hängt am Regal.	☐	☐
4. Ich habe das im Radio gehört.	☐	☐
5. Sie legt die Brille auf den Tisch.	☐	☐
6. Er setzt sich aufs Sofa.	☐	☐

	Wo?	Wohin?
7. Ich stelle den Saft in den Kühlschrank.	☐	☐
8. Ich surfe jeden Tag im Internet.	☐	☐
9. Ich war gestern auf dem Sportplatz.	☐	☐
10. Ich gehe gern ins Kino, aber noch viel lieber ins Internet.	☐	☐
11. Mein Vater arbeitet viel am Computer.	☐	☐
12. Wir sind im Park spazieren gegangen.	☐	☐

b Was passt zusammen? Schreiben Sie.

~~im Bett~~ | ~~ins Bett~~ | im Internet | ins Internet | im Park | in den Park | im Supermarkt | ins Kino

Ich war *im Bett, …* _____
Ich gehe *ins Bett, …* _____

c Schreiben Sie zu den Bildern Sätze mit „liegen – legen", „stehen – stellen" und „hängen".

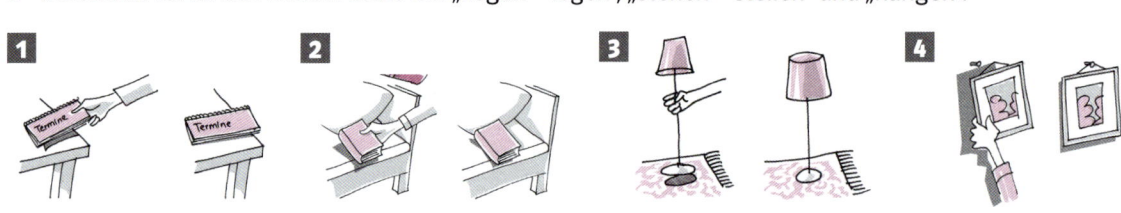

1a. *Er legt den Terminkalender auf den Tisch.* 1b. *Der Terminkalender liegt auf dem Tisch.*

106 einhundertsechs   A1–B1: 90

d Wo? Positionsverben im Perfekt. Ergänzen Sie.

1. liegen - _gelegen_
2. stehen - _____
3. hängen - _____
4. sitzen - _____

Diese Verben sind unregelmäßig!

e Wohin? Aktionsverben im Perfekt. Ergänzen Sie.

1. legen - _gelegt_
2. stellen - _____
3. hängen - _____
4. setzen - _____

Diese Verben sind regelmäßig!

f Was passt zusammen? Suchen Sie immer Partnerwörter.

surfen | spazieren gehen | gehen | liegen | gehen | liegen

1. ins Internet _____
2. im Internet _____
3. im Park _____
4. in der Küche _____
5. in die Küche _____
6. im Bett _____

3 Laras Zimmer

a Lesen Sie die Mail im Kursbuch C 4b noch einmal. Schreiben Sie: Was hat Lara gemacht?

1. Das Regal hat an der Wand gestanden. Jetzt steht das Regal zwischen den Fenstern.
   Lara hat das Regal _____
2. Die Matratze liegt jetzt an der Wand. Auf der Matratze liegen jetzt neue Kissen.
   Lara hat _____
3. Der Kleiderschrank steht jetzt in der Ecke.
   Lara hat _____
4. Neben dem Fenster hängt jetzt ein kleines Regal.
   Lara hat das kleine Regal an die Wand _____

b Wohin stellen wir das? Ergänzen Sie die Verben stehen – stellen – liegen – legen – hängen in der richtigen Form.

Sven: Okay, Mädels, fangen wir an. Den Schrank _stellen_ [1] wir links an die Wand.
Lara: Ja, an der Wand _____ [2] er gut. Und neben den Schrank _____ [3] wir den Spiegel.
Andrea: Sven, kannst du die Matratze in mein Zimmer bringen?
Sven: Ja klar. Wo _____ [4] sie denn?
Andrea: Sie _____ [5] im Wohnzimmer.
Sven: Gut, und wohin soll ich sie _____ [6]?
Andrea: Bitte _____ [7] sie vor das Fenster. Sag mal, Lara, wohin _____ [8] du dein Bett?
Lara: Ich _____ [9] es neben den Schrank. Und vor das Bett _____ [10] ich den Teppich.
Andrea: Das ist eine gute Idee. Schau mal, Sven!
Lara: Wo ist Sven?
Andrea: Er ist hier, in meinem Zimmer, er _____ [11] auf der Matratze. Ich glaube, er braucht eine Pause.

4 Wo ist bloß …?

Bilden Sie Fragen wie in den Beispielen.

Wo sind bloß meine Schlüssel? Ich habe sie doch gerade auf den Tisch gelegt, oder?
Wo ist die Milch? Ich habe sie doch gerade in den Kühlschrank gestellt, oder?

1. Jacke – Schrank
2. Kuli – Tisch
3. Wörterbuch – Regal
4. Smartphone – Kommode
5. Tasche – Sofa
6. Notizblock – Tasche
7. Joghurt – Kühlschrank
8. Suppentopf – Herd

A1–B1: 91 einhundertsieben 107

10 Neue Arbeit – neue Stadt

DaF kompakt – mehr entdecken

1 Lesestile: Globales Lesen

Überfliegen Sie die Mail von Lara an ihren Bruder Sven. Warum schreibt sie die Mail? Wo steht der Grund? Markieren Sie den Satz.

Globales Lesen
Was ist die Hauptinformation?
Lesen Sie den ganzen Text zuerst sehr schnell. Sie müssen nicht jedes Wort verstehen.

> Lieber Sven,
> leider nur ganz kurz: Ich habe gleich eine Besprechung. Jetzt haben wir die schöne Wohnung in Enge gemietet, aber Andrea und ich haben ein Problem: Der Vormieter hat ganz viele Möbel in der Wohnung gelassen – wir haben keinen Platz! Wir müssen alles umräumen. Jetzt habe ich eine große Bitte: Kannst du vielleicht nicht erst nächstes, sondern schon dieses Wochenende nach Zürich kommen? Wir brauchen unbedingt Hilfe und du hast immer so gute Ideen. Hättest du Zeit? Ich bezahle natürlich die Fahrkarte.
> Liebe Grüße Lara

2 Über Sprache reflektieren

a Ergänzen Sie die Tabelle.

Deutsch	Englisch	andere Sprache(n)
Das ist mein Stift. / Das ist meiner.	That's my pen. / That's mine.	
Das ist mein Auto. / Das ist meins.	That's my car. / That's mine.	
Das ist meine Kamera. / Das ist meine.	That's my camera. / That's mine.	
Das sind meine Bücher. / Das sind meine.	These are my books. / These are mine.	

b 9 Wechselpräpositionen

Warum heißen diese 9 Präpositionen Wechselpräpositionen?

über, auf, an, hinter, in, zwischen, vor, neben, unter

Lernen Sie sie mit Gesten. Versuchen Sie so schnell wie möglich nicht mehr zu übersetzen, sondern visuell zu lernen.

3 Miniprojekte

a Arbeiten Sie im Team: Denken Sie sich 10 Quizfragen aus. Tauschen Sie Ihre Fragen mit einem anderen Team und spielen Sie das Quiz der anderen. Welches Team kann die meisten Fragen richtig beantworten?

1. Welche Stadt ist älter: Kairo oder Neapel?
2. Welche Stadt hat mehr Einwohner? _____ oder _____ ?
3. Welche Stadt liegt höher? _____ oder _____ ?
4. _____ ist größer? _____ oder _____ ?
5. _____ liegt nördlicher? _____ oder _____ ?
6. _____ liegt näher am Äquator? _____ oder _____ ?
7. _____ hat mehr _____ ?
8. Welcher Berg ist höher? _____ oder _____ ?
9. Wo ist der Lebensstandard höher? In _____ oder in _____ ?
10. _____ ? _____ oder _____ ?

b Machen Sie Fotos, z. B. auf dem Spielplatz oder im Raum und beschreiben Sie die Positionen von den Gegenständen auf den Fotos.

108 einhundertacht   A1–B1: 92

Phonetik

Das zischt!

1 S-Laute

a Hören Sie zuerst die Laute und die Wörter und sprechen Sie nach! 🔊 66

[s]	Haus	günstig	Schlüssel	Straße	Dieser Laut ist stimmlos. Man hört nur ein Geräusch. Das „s" zischt.
[z]	sehen	lesen	sauber		Dieser Laut ist stimmhaft. Das „s" summt.

b Hören Sie die Wörter und schreiben Sie sie in die Tabelle. 🔊 67

See | Einkaufsmöglichkeit | außerhalb | Süden | Kreis | besichtigen | Erdgeschoss | scheußlich | Sofa | Monatsmiete | Terrasse | leise | Bus

[s]	[z]
	See,

c Sprechen Sie die Wörter in 1b nach.

d Wann spricht man [s] und wann [z]? Kreuzen Sie an.

	Beispiele	[s]	[z]
1. „s" steht am Wortanfang	sauber	☐	☐
2. „s" steht am Silbenanfang	lesen	☐	☐
3. „s" steht am Wortende	Haus	☐	☐
4. „s" steht zwischen Konsonanten	günstig	☐	☐
5. wir schreiben „ss"	Schlüssel	☐	☐
6. wir schreiben „ß"	Straße	☐	☐

e Welche Wörter kennen Sie noch? Schreiben Sie sie in Tabelle in 1b.

2 Und im Plural?

Hören Sie die Wörter. Sind die s-Laute gleich (g) oder ungleich (u)? Kreuzen Sie an! 🔊 68

                                                          g   u

1. das Haus – die Häuser ☐ ☐
2. das Erdgeschoss – die Erdgeschosse ☐ ☐
3. die Straße – die Straßen ☐ ☐
4. die Hose – die Hosen ☐ ☐
5. der Fuß – die Füße ☐ ☐
6. der Kreis – die Kreise ☐ ☐
7. die Terrasse – die Terrassen ☐ ☐
8. die Reise – die Reisen ☐ ☐

Es gelten die gleichen Regeln wie in 1d.

3 Zungenbrecher

Hören Sie und sprechen Sie dann den Satz erst langsam, dann immer schneller. Wer kann es am besten? 🔊 69

Sieben summende Hummeln müssen abends nach Hause.
Nach Hause müssen abends sieben summende Hummeln.

A1–B1: 93   einhundertneun **109**

11 Neu in Köln

A Auf nach Köln!

1 Stadtansichten

Was passt nicht: **a**, **b**, **c** oder **d**? Kreuzen Sie an.

1. Stadt: a. ☐ Münster   b. ☐ Einkaufszentrum   c. ☐ Straßenbahn   d. ☒ Natur
2. Karneval: a. ☐ Rosenmontag   b. ☐ Aschermittwoch   c. ☐ Karfreitag   d. ☐ 5. Jahreszeit
3. Universität: a. ☐ Studium   b. ☐ Kurs   c. ☐ Professor   d. ☐ Biografie
4. Kirche: a. ☐ Restaurant   b. ☐ Kathedrale   c. ☐ Turm   d. ☐ Dom

2 Nebensätze mit „weil" und „dass"

a Was ist richtig: „**weil**" oder „**dass**"? Kreuzen Sie an.

1. Bernhard möchte in Köln studieren,   a. ☒ weil   b. ☐ dass   die Universität einen guten Ruf hat.
2. Er weiß,   a. ☐ weil   b. ☐ dass   er in Köln Studiengebühren zahlen muss.
3. Er will nach Köln,   a. ☐ weil   b. ☐ dass   die Stadt weit weg von Linz ist.
4. Er kennt die Rheinstadt schon,   a. ☐ weil   b. ☐ dass   er als Tourist schon einmal hier war.
5. Er hofft,   a. ☐ weil   b. ☐ dass   er in Deutschland keine Probleme mit der Sprache hat.
6. Eva sagt ihm,   a. ☐ weil   b. ☐ dass   er eine E-Mail schreiben soll.

b Unterstreichen Sie den Nebensatz und markieren Sie dort das konjugierte Verb. Schreiben Sie anschließend die Sätze in die passende Tabelle in Ihr Heft.

1. Bernhard sagt, <u>dass er Wirtschaftsmathematik interessant findet</u>.
2. <u>Weil Bernhard von zu Hause weg will</u>, will er in Köln studieren.
3. Eva meint, dass das Studium anstrengend ist.
4. Dass er Wirtschaftsmathematik interessant findet, sagt Bernhard immer wieder.
5. Weil Bernhard ein WG-Zimmer sucht, telefoniert er mit Eva.
6. Bernhard schreibt der WG eine Mail, weil er das Zimmer haben möchte.
7. Dass Köln eine interessante Stadt ist, weiß Bernhard schon.

Hauptsatz	Nebensatz		
1. Bernhard sagt,	dass	er Wirtschaftsmathematik interessant	findet

Nebensatz			Hauptsatz	
2. Weil	Bernhard von zu Hause weg	will,	will	er in Köln studieren.

! Nebensätze mit „dass" stehen manchmal am Anfang. Man will sie dann meistens betonen.
In der gesprochenen Sprache benutzt man „dass" oft nicht, sondern man formuliert einen 2. Hauptsatz, z. B. Eva sagt, Köln ist toll.
Schriftsprache: Eva sagt, dass Köln interessant ist.

c Formulieren Sie Sätze aus folgenden Elementen.

1. Bernhard kennt Eva, … er | weil | einen Sprachkurs | mit ihr | gemacht | haben
2. Bernhard hofft, … er | dass | können | finden | in einer WG | ein Zimmer
3. Eva findet es schön, … Bernhard | angerufen | sie | haben | dass
4. Bernhard kommt nach Köln, … wollen | er | weil | dort | studieren
5. Bernhard möchte in Köln studieren, … weg | weil | er | von zu Hause | wollen | sein
6. Eva glaubt, … Bernhards Studium | dass | anstrengend | sein

1. Bernhard kennt Eva, weil er mit ihr einen Sprachkurs gemacht hat.

Achtung!
1. Satz: Subjekt, 2. Satz: Personalpronomen, z. B.
Bernhard studiert in Köln, weil **er** die Stadt kennt.
Weil **Bernhard** die Stadt kennt, studiert **er** in Köln.

d Beginnen Sie die Sätze mit dem Nebensatz.

1. Im Februar kommen viele Besucher in die Stadt, weil sie den Karneval sehen möchten.
2. Viele junge Leute studieren in Köln, weil sie die Stadt interessant finden.
3. Köln ist eine interessante Stadt, weil es viele Sehenswürdigkeiten hat.
4. Den Studenten gefällt die Universität, weil sie einen guten Ruf hat.
5. Bernhard ist glücklich, weil er schon einen Studienplatz hat.

1. Weil viele Besucher den Karneval sehen möchten, kommen sie im Februar in die Stadt.

> In der gesprochenen Sprache antwortet man auf die Frage „Warum?" oft nur mit dem Nebensatz mit „weil", z. B.: Warum studierst du Englisch? – Weil ich England mag.

e Ergänzen Sie „denn" oder „weil".

Bernhard möchte Wirtschaftsmathematik studieren, _weil_ [1] er das Fach interessant findet. Eva lebt in Köln, _____ [2] sie studiert dort. Bernhards Schwester möchte nach Köln kommen, _____ [3] sie will Eva und Bernhard besuchen. _____ [4] der Karneval sehr bekannt ist, kommen jedes Jahr viele Besucher nach Köln.

Gründe ausdrücken – Vergleichen Sie:

Hauptsatz mit „denn":

Bernhard ist in Köln, denn er studiert dort.

Nebensatz mit „weil":

Bernhard ist in Köln, weil er dort studiert.

f Kennen Sie Köln? Welcher Konnektor passt?

und | und | und | aber | oder | nicht … sondern | denn | ~~weil~~ | weil | dass | dass | keinen … sondern

Köln ist sehr alt, _weil_ [1] die Römer die Stadt vor über 2000 Jahren gegründet haben. Noch heute gibt es in der Altstadt viele alte Häuser _____ [2] Kirchen. _____ [3] es dort viele Kneipen und Restaurants gibt, ist die Altstadt ein beliebtes Ziel für Kölner und Touristen. Der Kölner Dom gehört zu den großen _____ [4] bedeutenden Kathedralen weltweit. Haben Sie gewusst, _____ [5] der Bau über 600 Jahre gedauert hat? Die Kölner Universität ist auch sehr alt, _____ [6] die Bürger haben sie schon 1388 gegründet. Man sagt, _____ [7] die Uni derzeit ca. 44.000 Studenten hat. 11% der Studenten kommen _____ [8a] aus Deutschland, _____ [8b] aus dem Ausland. Köln ist auch berühmt für den Karneval. Er beginnt am 11.11. um 11.11 Uhr _____ [9] dauert bis zum Aschermittwoch. Dann gibt es in Köln _____ [10a] Alltag mehr, _____ [10b] nur viele Partys. Fast eine Million Menschen besuchen den Rosenmontagszug, _____ [11] es gibt auch viele Menschen, die den Karneval überhaupt nicht mögen. Sie bleiben zu Hause _____ [12] fahren in Urlaub.

3 Auswärts studieren

Beschreiben Sie die Grafik.

Deutsche Studierende im Ausland im Jahr 2013

Österreich: 26.536
NL: 23.123
GB: 15.700
Schweiz: 14.851
USA: 10.160

© Statistisches Bundesamt 2015

Die Grafik zeigt, dass … | In der Grafik kann man sehen, dass … | Die Grafik macht deutlich, dass … | Man kann auch sagen, dass … | Viele Deutsche gehen zum Studium ins Ausland. | Viele deutsche Studierende wollen lieber in Europa studieren. | Die meisten Deutschen absolvieren ein Studium an einer Universität in … | Nur ca. 10.000 Deutsche sind 2013 zum Studium in die USA gegangen.

1. Die Grafik zeigt, dass viele Deutsche zum Studium ins Ausland gehen.

A1–B1: 95

einhundertelf 111

11 Neu in Köln

B Kunst- und Medienstadt Köln

1 Eindrücke aus Köln

Ergänzen Sie ein passendes Wort.

~~Stadt~~ | Besucher | Messe | Fluss | Kanal | Museen | Ausstellungen | Schiffstouren | Fernsehsender

Köln ist eine sehr interessante _Stadt_, [1] die an einem großen _____, [2] dem Rhein, liegt. Auf dem Rhein kann man _____ [3] machen. In der Stadt gibt es viele _____ [4]. Das Museum Ludwig zeigt in verschiedenen _____ [5] die Kunst des 20. und 21. Jahrhunderts. Die Stadt ist auch ein Medienzentrum: Es gibt viele _____ [6] hier. Auch für die YouTuber-Szene ist Köln bekannt: Junge Leute, die auf YouTube einen eigenen _____ [7] haben. Für viele Computerfans ist auch die Gamescom, eine _____ [8] für Computerspiele und interaktive Videospiele, wichtig. Im letzten Jahr gab es dort 340 000 _____ [9].

2 Reflexive Verben

a Welches Verb passt? Manchmal gibt es mehrere Möglichkeiten. Ergänzen Sie.

~~sich verlieben~~ | sich erholen | sich interessieren für | sich befinden | sich freuen auf | sich ansehen | sich wohlfühlen | sich vorstellen

1. in eine Frau | in einen Mann | in eine Stadt | in eine Musik: _sich verlieben_
2. im Park | am Fluss | im Urlaub | zu Hause: _____
3. für Kunst | für Sport | für Tanz | für Fotografie: _____
4. ein Haus | einen Film | einen Park | ein Museum: _____
5. auf den Urlaub | auf ein Treffen | auf morgen | auf die Hochzeit: _____
6. in einer Stadt | im Team | im Restaurant | in Deutschland: _____
7. sein Leben in 5 Jahren | ein Treffen mit einem Rockstar | seinen Traumjob | seine Traumfrau: _____
8. ein Museum | eine Ausstellung | Fotos | ein Buch: _____

b Ergänzen Sie das Reflexivpronomen im Akkusativ und Dativ.

Akkusativ:
1. Bernhard hat _sich_ in Köln verliebt.
2. Interessierst du _____ für Fotografie?
3. Ja, ich interessiere _____ für Schwarz-Weiß-Fotografie.
4. Wir erholen _____ am Wochenende im Park.
5. Wo befindet _____ das YouTube-Haus?
6. Freut ihr _____ auf die Messe?
7. Fühlen sie _____ in Köln wohl?
8. Verlieb _____ nicht so schnell!

Dativ:
9. Wie stellst du _____ dein Leben vor?
10. Siehst du _____ das Museum Ludwig an?

c Vergleichen Sie die Sätze und suchen Sie Beispiele für die Regeln.

Reflexivpronomen im Dativ	Reflexivpronomen im Akkusativ
1. Ich stelle mir mein Leben in Köln vor.	3. Sieh dich mal an!
2. Sieh dir mal diese Fotos an.	4. Ich fühle mich sehr wohl.

1. In Sätzen mit einer Akkusativergänzung steht das Reflexivpronomen im Dativ. Sätze: _1,_ _____
2. In Sätzen ohne Akkusativergänzung steht das Reflexivpronomen meist im Akkusativ. Sätze: _____

d Schreiben Sie Sätze. Überlegen Sie, ob das Reflexivpronomen im Dativ oder im Akkusativ steht.

1. ich | sich vorstellen | mein Studium | interessant.   *1. Ich stelle mir (D) mein Studium interessant vor.*
2. du | sich kaufen | ein Buch über Fotografie?
3. ich | sich waschen | die Hände.
4. er | sich interessieren | für modernen Tanz.
5. ich | sich erholen | am Freitag | zu Hause.
6. du | sich wohlfühlen | in deiner Stadt?
7. wir | sich freuen auf | die Ausstellung.
8. ich | sich treffen | mit Anja | morgen.
9. du | sich ansehen | die Van-Gogh-Ausstellung?
10. ich | sich freuen über | das schöne Wetter.

e Lesen Sie die SMS und markieren Sie die Verben. Ergänzen Sie dann die Regel.

> Hallo Clara,
> wie geht es dir? Mir geht's gut, ich hab mich hier schnell wohlgefühlt.
> Hast du dir schon meine Fotos angeschaut?
> Ich habe sie per Mail geschickt.
> Und hast du dich von den Prüfungen erholt???
> LG Dein Bernhard

1. Das Perfekt der reflexiven Verben wird mit dem Hilfsverb   a. ⃣ sein   b. ⃣ haben gebildet.

f Schreiben Sie Fragen im Perfekt. Ergänzen Sie passende Informationen.

1. sich verlieben in …?   4. sich wohlfühlen in …?   7. sich kaufen …?
2. sich ansehen …?   5. sich freuen auf …?   8. sich interessieren für …?
3. sich erholen …?   6. sich freuen über …?

1. Hast du dich in Max verliebt?

sich freuen auf = auf etwas, das noch passiert

sich freuen über = über etwas, das schon da ist

g Vergleichen Sie die Stellung von „sich" in den Sätzen. Was fällt auf? Ergänzen Sie die Regel.

Position 1	Position 2	Satzmitte	Satzende
Paul	freut	sich sehr über Evas Anruf.	
Über Evas Anruf	freut	sich Paul sehr.	
Über Evas Anruf	hat	Paul sich sehr	gefreut.
Über Evas Anruf	hat	er sich sehr	gefreut.

Das Reflexivpronomen steht meist ganz links in der _____ Aber: Ein Personalpronomen als Subjekt steht immer _____ dem Reflexivpronomen.

3 Ausgehen in Köln

Welches Wort passt nicht? Streichen Sie durch.

1. Party – Eintritt – ~~verkaufen~~ – stattfinden
2. Ausstellung – Porträts – tanzen – Fotografin
3. Karneval – Eintritt – Spaß – Kostüm
4. Theater – Karten – Komödie – lesen
5. Wetter – Altstadt – Temperaturen – Grad

11 Neu in Köln

C „Et es wie et es"

1 Dialekte und Hochdeutsch

Was ist das? Ordnen Sie den Erklärungen die Wörter zu.

1. Da kann man etwas lernen, z. B. Kölsch.
2. Das ist eine bestimmte Aussprache von deutschen Wörtern.
3. Das sprechen viele Leute in der Familie, im Alltag.
4. Das hört man im Radio, im Fernsehen, in der Schule.
5. Das findet man in Museen, Galerien.

a. ⬜ Dialekt
b. ⬜ Hochdeutsch
c. ⬜ 1 Akademie
d. ⬜ Sammlung
e. ⬜ Färbung

2 Adjektivdeklination

a Adjektive nach unbestimmtem Artikel: Markieren Sie gleiche Adjektivendungen mit gleicher Farbe. Was fällt auf? Schreiben Sie dann in die Tabelle unten.

	Maskulinum (M)	Neutrum (N)	Femininum (F)	Plural (M, N, F)	
Nom.	ein / kein / mein neuer Kurs	ein / kein / mein gutes Buch	eine / keine / meine tolle Stadt	nette Leute	keine / meine netten Leute
Akk.	einen / keinen / meinen neuen Kurs	ein / kein / mein gutes Buch	eine / keine / meine tolle Stadt	nette Leute	keine / meine netten Leute
Dat.	einem / keinem / meinem neuen Kurs	einem / keinem / meinem guten Buch	einer / keiner / meiner tollen Stadt	netten Leuten	keinen / meinen netten Leuten

1. Endung „-er"	2. Endung „-en"	3. Endung „-e"	4. Endung „-es"
nur Nominativ (M)			

b Adjektive nach bestimmtem Artikel: Welche Adjektivendungen sind gleich? Markieren Sie gleiche Endungen mit gleicher Farbe. Was fällt auf? Schreiben Sie in die Tabelle unten.

	Maskulinum (M)	Neutrum (N)	Femininum (F)	Plural (M, N, F)
Nom.	der neue Kurs	das gute Buch	die tolle Stadt	die netten Leute
Akk.	den neuen Kurs	das gute Buch	die tolle Stadt	die netten Leute
Dat.	dem neuen Kurs	dem guten Buch	der tollen Stadt	den netten Leuten

1. Endung „-e"   2. Endung „-___"

Nominativ (Maskulinum, ...

c Ergänzen Sie die Adjektivendungen nach dem unbestimmten und dann nach dem bestimmten Artikel. Was fällt auf?

	unbestimmter Artikel	bestimmter Artikel
M	1. Ich fange mit einem neu_en_ Kurs an.	5. Ich fange heute mit dem neu_en_ Kurs an.
N	2. Ich war in einem interessant___ Museum.	6. Ich war in dem interessant___ Museum Ludwig.
F	3. In einer schön___ Altstadt gibt es viele Touristen.	7. In der schön___ Altstadt gibt es viele Touristen.
Pl.	4. Ich habe mit nett___ Leuten gesprochen.	8. Ich habe mit den nett___ Kölnern gesprochen.

d Kurse an der Akademie für Kölsch: Ergänzen Sie die Adjektivendungen.

Sie verstehen nur Bahnhof? Die Lösung: Lernen Sie Kölsch!

Lernen Sie einen lebendig_en_ [1] Dialekt kennen und sprechen. Bei uns hören Sie etwas über Kölsch und seine lang____ [2] Tradition. Sie üben das Sprechen und probieren die neu____ [3] Sprachkenntnisse im Kurs aus.
Der nächst____ [4] Kurs für Kölsch beginnt am übernächst____ [5] Freitag, 29. April, um 19.00 Uhr. Im nächst____ [6] Semester gibt es neu____ [7] Kurse. Informationen bekommen Sie auch mit dem aktuell____ [8] Kölschbrief per E-Mail. Senden Sie uns eine kurz____ [9] E-Mail an info@akadköln.xpu.de.

Wir freuen uns auf Sie!
Ihre Akademie für Kölsch

---

3 Fremdsprache Kölsch: Das Kölsch-Quiz

Was glauben Sie? Was gehört zusammen?

Kölsch	Hochdeutsch
1. Fastelovend	a. ⊔ dunkles Brötchen mit Käse und Senf (klingt wie: ein halber Hahn)
2. een halver Hahn	b. ⊔ _1_ Fastnacht
3. Et kütt wie et kütt.	c. ⊔ Was ist das denn?
4. janz jut	d. ⊔ Es kommt, wie es kommt.
5. Wat is dat denn?	e. ⊔ ganz gut

4 Mein Dialekt

a Überfliegen Sie den Text: Was ist das Thema? Kreuzen Sie an.

1. ⊔ Es geht um einen Dialekt.
2. ⊔ Ein Mann spricht über deutsche Dialekte.
3. ⊔ Er spricht über seine Heimat.

Ein Sachse in Köln

Mein Dialekt ist das Sächsische, genauer gesagt, das Sächsisch, das man in Chemnitz spricht. Allein von dem sächsischen Dialekt gibt es viele Varianten, ein Dresdner spricht anders als ein Leipziger und dieser wieder anders als ein Chemnitzer. Im Sächsischen spricht man die harten Konsonanten „p", „t", „k"
5 weich aus, also als „b", „d", „g". „Au" spricht man als langes „o". Für viele klingt das sehr lustig. Ich lebe nun schon sehr lange in Köln. Aber immer, wenn ich einen Sachsen treffe und Sächsisch höre, fühle ich mich wohl. Dieser Dialekt ist meine Heimat, finde ich. Dann denke ich an meine Familie. Ich selbst versuche in Köln Hochdeutsch zu sprechen, aber man hört noch ein bisschen
10 den Dialekt.

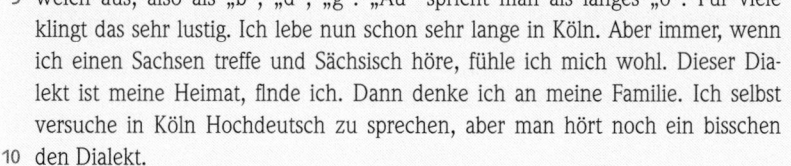

Marco Bauer aus Chemnitz lebt seit 5 Jahren in Köln

---

b Lesen Sie den Text noch einmal. Was ist richtig (r) oder falsch (f)?

	r	f
1. Herrn Bauers Heimatdialekt ist der sächsische Dialekt von Chemnitz	X	⊔
2. Der sächsische Dialekt ist in Dresden, Leipzig und Chemnitz gleich.	⊔	⊔
3. Die Konsonanten spricht man anders als im Hochdeutschen.	⊔	⊔
4. Viele Leute finden das lustig.	⊔	⊔
5. Marco hört den Dialekt und denkt an seine Heimat.	⊔	⊔
6. Er spricht in Köln Hochdeutsch.	⊔	⊔

11 Neu in Köln

DaF kompakt – mehr entdecken

1 Adjektivendungen automatisieren – Ich packe meinen Koffer …

Spielen Sie das Spiel „Ich packe meinen Koffer".

Das Spiel geht so: Person 1 sagt den Satz: Ich packe meinen Koffer. In meinem Koffer ist ein neuer Kugelschreiber. Person 2 sagt diesen Satz und ergänzt ein weiteres Nomen mit Adjektiv. Person 3 wiederholt den Satz von Person 2 und ergänzt wieder ein Nomen mit Adjektiv usw. Wer einen Fehler macht, verliert. Gewinner ist, wer alle Wörter und Endungen richtig hat.
Durch die Wiederholungen lernen Sie die Adjektivendungen.

Das Spiel im Nominativ:

> Ich packe meinen Koffer. In meinem Koffer sind:
> ein neuer Kugelschreiber, eine blaue Tasse, ein kleines Radio und neue Schuhe …

Das Spiel im Akkusativ:

> Ich packe meinen Koffer und nehme mit:
> einen neuen Kugelschreiber, eine blaue Tasse, ein kleines Radio und neue Schuhe …

Das Spiel im Dativ:

> Ich packe meinen Koffer voll mit einem neuen Kugelschreiber,
> mit einer blauen Tasse, mit einem kleinen Radio und mit neuen Schuhen …

2 Über Sprache reflektieren

Sprachen in der Welt: Reflexive Verben. Ergänzen Sie die Tabelle und vergleichen Sie im Kurs.

Deutsch	Englisch	andere Sprache(n)
Ich fühle mich wohl.	I feel good.	
Ich erinnere mich.	I remember.	

3 Miniprojekt: Gedichte zum Thema „Fremdsein"

Schreiben Sie Gedichte (Elfchen) mit dem Wort „fremd". Machen Sie dann eine Ausstellung in der Klasse oder ein Buch mit Ihren Gedichten.

Elfchen sind Gedichte aus nur elf Wörtern. Schreiben Sie nach dem Plan:

1. Zeile: Adjektiv
2. Zeile: Artikel Nomen
3. Zeile: Wort Wort Wort
4. Zeile: Wort Wort Wort Wort
5. Zeile: Wort

fremd
die Sprache
die Leute auch
Wo bin ich hier?
Köln!

fremd
das Land
und die Leute
Ich habe keine Angst
neugierig

Phonetik

Das ö ist in Köln

1 Wie findet man den richtigen Laut?

a Hören Sie die Bildung des Lautes „ö" und sprechen Sie dann nach. 🔊 70

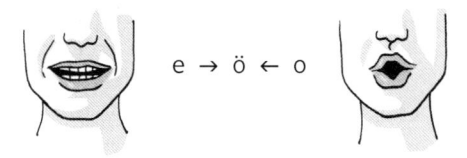

e → ö ← o

Das „ö" ist in der Mitte zwischen „e" und „o". Denken Sie ein „e", wenn Sie „ö" sprechen. Die Zunge ist wie beim „e", die Lippen sind wie beim „o".

b Hören Sie die Familiennamen und sprechen Sie sie dann nach. 🔊 71

1. a. ☐ Heller   b. ☐ Höller   c. ☐ Holler
2. a. ☐ Ehrsen   b. ☐ Öhrsen   c. ☐ Ohrsen
3. a. ☐ Meller   b. ☐ Möller   c. ☐ Moller
4. a. ☐ Lehrmann   b. ☐ Löhrmann   c. ☐ Lohrmann
5. a. ☐ Meckel   b. ☐ Möckel   c. ☐ Mockel
6. a. ☐ Kehler   b. ☐ Köhler   c. ☐ Kohler

c Sie hören jetzt immer nur einen von den drei Namen in 1b. Was hören Sie: **a**, **b** oder **c**? Kreuzen Sie an. 🔊 72

d Hören Sie die Namen mit „ö" in 1b noch einmal. Markieren Sie den Akzentvokal: _ = lang oder • = kurz? 🔊 73

e Frau Köhler und Frau Möckel kaufen ein. Sie kaufen nur Dinge mit dem gleichen Akzentvokal wie ihr Nachname. Wer kauft was? Sprechen Sie in Gruppen.

Möbel | Brötchen | Töpfe | Knödel | zwölf Löffel | ein Wörterbuch | Söckchen | Öl | ein Hörbuch

> Wer kauft die Töpfe?   Die kauft Frau Möckel.

Im Wörterbuch ist der Akzentvokal immer markiert: _ = langer Akzentvokal, • = kurzer Akzentvokal.

2 Plurale

a Ergänzen Sie die Pluralformen.

1. der Sohn   → *die Söhne*   5. der Rock → _____
2. die Tochter → _____   6. das Wort → _____
3. der Ton   → _____   7. der Korb → _____
4. der Boden   → _____   8. der Kloß → _____

b Hören Sie die Pluralformen. Ist in 2a alles richtig? Sprechen Sie dann die Wortpaare aus 2a. 🔊 74

3 Die Möbel singen fröhlich

Sprechen Sie in Gruppen und bilden Sie aus den Nomen und Adjektiven verrückte Sätze.

Brötchen | Knödel | Löffel | Lösung | Möbel | Röcke | Söhne | Töchter | Wörter |
blöd | böse | fröhlich | höflich | köstlich | möbliert | östlich | persönlich | schön

> Die Möbel singen fröhlich.

12 Geldgeschichten

A Ich möchte ein Konto eröffnen

1 Über Geld spricht man (nicht)

Wie ist das bei Ihnen? Was antworten Sie? Kreuzen Sie an. Sie können auch nichts ankreuzen.

1. Haben Sie ein Konto?
   a. ☐ Ich habe ein Girokonto.
   b. ☐ Ich habe ein Sparkonto.
   c. ☐ Ich habe kein Konto.
3. Machen Sie Online-Banking?
   a. ☐ Ich mache nur Online-Banking.
   b. ☐ Ich mache manchmal Online-Banking.
   c. ☐ Ich mache nie Online-Banking.
5. Sparen Sie Geld?
   a. ☐ Ich spare jeden Monat ein bisschen Geld und lege es auf einem Sparbuch an.
   b. ☐ Meine Eltern sparen für mich.
   c. ☐ Ich spare nichts.

2. Wie bezahlen Sie Ihre Einkäufe am liebsten?
   a. ☐ Ich bezahle fast alles mit EC-Karte / Kreditkarte.
   b. ☐ Ich bezahle fast alles bar.
   c. ☐ Ich bezahle mit Karte, wenn ich etwas Teures kaufe.
4. Wie überweisen Sie Geld?
   a. ☐ Ich fülle ein Formular aus und gebe es am Schalter ab.
   b. ☐ Ich mache die Überweisung am Online-Terminal.
   c. ☐ Ich mache Online-Banking von zu Hause.
6. Haben Sie schon einmal einen Kredit aufgenommen?
   a. ☐ Ich habe noch nie einen Kredit aufgenommen.
   b. ☐ Ich habe schon einmal einen Kredit aufgenommen.
   c. ☐ Ich nehme oft Kredite auf.

2 Konditionale Nebensätze mit „wenn"

a Rund ums Konto – Verbinden Sie die Sätze.

1. Wenn ich ein Konto eröffnen will,
2. Wenn ich einen Online-Zugang habe,
3. Wenn ich nur Online-Banking mache,
4. Wenn ich eine Überweisung am Schalter abgebe,
5. Wenn ich Geld auf einem Festgeldkonto anlege,
6. Wenn ich einen Kredit aufnehme,
7. Wenn ich auf Reisen bin,
8. Wenn ich meine EC-Karte verloren habe,

a. ☐ bekomme ich Zinsen.
b. ☐ ist die EC-Karte kostenlos.
c. ☐ kann die Bank sie sperren.
d. ☐ kann ich an 25.000 Geldautomaten Geld abheben.
e. ☐ kann ich Online-Banking machen.
f. ☐ muss ich Gebühren bezahlen.
g. _1_ muss ich meinen Personalausweis zeigen.
h. ☐ muss ich Zinsen bezahlen.

b In welchem Satz steht die Bedingung: a oder b? Kreuzen Sie an.

a. ☐ Im Hauptsatz.   b. ☐ Im Nebensatz mit „wenn".

c Schreiben Sie die Sätze um. Beginnen Sie mit dem Hauptsatz.

1. Ich muss meinen Personalausweis zeigen, wenn ich ein Konto eröffnen will.

d Am Online-Terminal. Markieren Sie die Bedingung. Verbinden Sie dann die Sätze mit „wenn".

1. <mark>Man will Gebühren sparen.</mark> – Online-Banking ist günstig.
2. Ich muss zuerst die EC-Karte einführen und die PIN eingeben – Ich möchte das Online-Terminal benutzen.
3. Ich möchte eine Rechnung am Online-Terminal bezahlen. – Ich wähle „Überweisung".
4. Ich möchte den Kontostand wissen. – Ich muss im Hauptmenü „Kontostand" wählen.
5. Ich drücke „Beenden". – Ich bin fertig.
6. Ich habe meine EC-Karte verloren. – Die Bank kann die EC-Karte sperren.

1. Wenn man Gebühren sparen will, ist Online-Banking günstig.

e Ergänzen Sie die Sätze.

1. Wenn ich Geld brauche, _____
2. Wenn ich Online-Banking mache, _____
3. Wenn ich einen Kredit aufnehme, _____
4. Wenn ich eine Rechnung bezahlen muss, _____
5. Wenn ich Geld auf einem Sparkonto anlege, _____

3 Was machst du, wenn ...?

Formulieren Sie Fragen mit „wenn". Stellen Sie den anderen Kursteilnehmer/innen Ihre Fragen.

Was machst du, wenn es am Wochenende regnet?

Wenn es am Wochenende regnet, bleibe ich zu Hause.

Was machst du, wenn das Internet nicht funktioniert und du nicht online sein kannst?

4 Eine Überweisung machen

a Wie füllt man ein Überweisungsformular aus? Ordnen Sie zu.

a. ⏍ Hier müssen Sie unterschreiben.
b. ⏍ Hier schreiben Sie das Datum.
c. ⏍ Hier schreiben Sie den BIC für das Konto vom Empfänger (wenn die IBAN nicht mit DE beginnt).
d. ⏍1⏍ Hier schreiben Sie den Empfänger (Wer bekommt das Geld?).
e. ⏍ Hier schreiben Sie die IBAN für das Konto vom Empfänger.
f. ⏍ Hier schreiben Sie Ihre eigene IBAN.
g. ⏍ Hier schreiben Sie Ihren Namen.
h. ⏍ Hier schreiben Sie, warum Sie Geld überweisen (z. B. Rechnungsnummer, Kundennummer, Matrikelnummer).
i. ⏍ Hier schreiben Sie, wie viel Geld Sie überweisen.

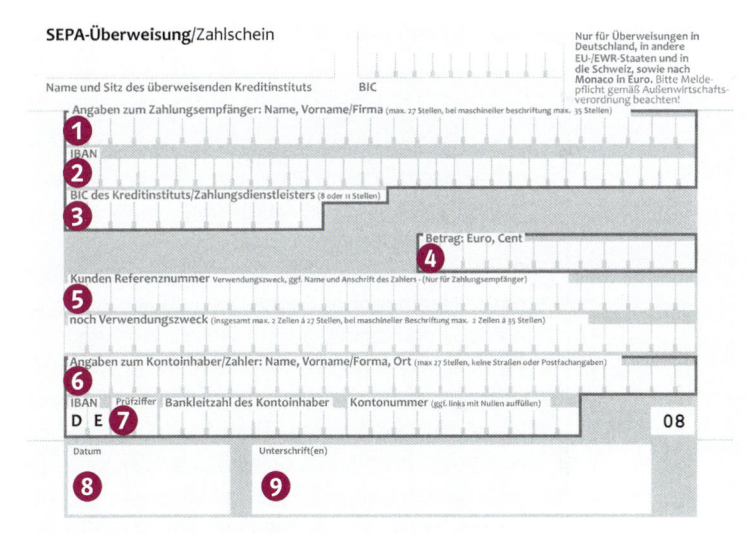

b Vor der Immatrikulation an der Universität müssen Sie den Semesterbeitrag (104 €) bezahlen. Auf der Homepage der Universität finden Sie wichtige Hinweise. Lesen Sie die Hinweise und füllen Sie das Überweisungsformular in 5a aus.

Zahlung per Banküberweisung

Sie können den Semesterbeitrag für die Immatrikulation per Banküberweisung einzahlen. Für eine Überweisung benutzen Sie bitte die nachstehende Bankverbindung.

Empfänger: Universität Würzburg
IBAN :   DE72 9889 0000 4301 1903 15
BIC :   BYLADMEN
Kreditinstitut: Bayerische Landesbank München

Hinweise zum Verwendungszweck:
Verwendungszweck 1: A / SS 20.. / WS 20..
Verwendungszweck 2: Name, Vorname

Erläuterungen zum Verwendungszweck:
„A" – Gibt an, dass es sich nachfolgend um eine Ersteinschreibung handelt.
SS: Sommersemester;
WS: Wintersemester

12 Geldgeschichten

B Wie konnte das passieren?

1 „Was ich als Kind alles machen musste!"

a Was mussten die Personen als Kind alles machen? Schreiben Sie Sätze in Ihr Heft.

1. im Haushalt helfen (Benjamin)
2. Geschirr spülen (meine Schwester)
3. das Essen kochen (du)
4. den Geschwistern bei den Hausaufgaben helfen (ich)
5. das Zimmer allein putzen / aufräumen (Lea)
6. das Auto waschen (mein Vater)
7. Einkäufe machen (mein Bruder)
8. früh ins Bett gehen (ihr)
9. nachmittags in die Schule gehen (Alex)
10. in den Ferien für die Schule lernen (Moritz)

1. Benjamin musste als Kind im Haushalt helfen.

b Und was mussten Sie als Kind machen? Was konnten Sie als Kind gut? Schreiben Sie in Ihr Heft.

Als Kind musste ich einmal pro Woche mein Zimmer aufräumen. Ich konnte als Kind gut Klavier spielen.

2 Hier stimmt etwas nicht!

a Lesen Sie den Blogbeitrag von Ruis Frau Nadine über das verlorene Portemonnaie. Vergleichen Sie mit Ruis Bericht im Kursbuch B 3a und korrigieren Sie die sechs falschen Angaben.

Was für ein Wochenende! Gestern waren Rui und ich den ganzen Tag in der Stadt. 0. von 16.30 – 19 Uhr
Zuerst gingen wir zu Kaufhof, dann in ein Spielzeuggeschäft und danach kauften
wir in einer Parfümerie ein. Zum Schluss wollte Rui noch ein Buch kaufen. Weil er
das Buch nicht sofort fand, fragte er an der Information nach und musste dort
5 einen Moment warten. Plötzlich betrat der bekannte Kinderbuchautor Weier die
Buchhandlung, weil dort eine Lesung aus seinem neuen Buch stattfand. Es gab
natürlich ein großes Gedränge, weil alle ihn sehen wollten. Rui stand immer noch
an der Information, als ihn ein ca. 50jähriger Mann anrempelte. Der Mann entschuldigte sich und verließ das Geschäft. Als Rui das Buch bezahlen wollte, sah er,
10 dass sein Portemonnaie weg war. Im Portemonnaie waren seine EC- und Kreditkarte und sein Ausweis. Er suchte in der ganzen Buchhandlung, aber er fand es
nicht. Wir liefen zum Spielzeuggeschäft zurück, aber das Portemonnaie blieb verschwunden. Niemand wusste, wo es war. Um 20 Uhr, als die Geschäfte schlossen,
beendeten wir die Suche, denn Rui musste die EC- und die Kreditkarte sperren
15 und rief bei der Bank an. Heute Morgen war Rui auf der Polizeiwache, weil die
Versicherung nicht zahlt, wenn er keine Anzeige erstattet. Vielleicht hat es jemand gefunden … Rui glaubt das nicht, aber ich bin optimistisch …

b Markieren Sie alle Verben im Präteritum. Schreiben Sie eine Tabelle in Ihr Heft und ergänzen Sie die Verben.

regelmäßige Verben: kaufen – ich kaufte …   unregelmäßige Verben: sein – ich war …
gemischte Verben / Modalverben: müssen – ich musste …

> Biographische Texte (z. B. im Lexikon) stehen meistens im Präteritum.

3 Zwei kluge Köpfe

a Was wissen Sie über das Leben von Albert Einstein (**AE**) und Sigmund Freud (**SF**)? Ordnen Sie zu.

AE kam am 14. März 1879 in Ulm zur Welt.
SF wurde am 6. Mai 1856 in Freiberg geboren.
___ begann 1896 ein Studium in Zürich.
___ zog 1860 mit seinen Eltern nach Wien.
___ lebte und arbeitete von 1914 bis 1933 in Berlin.

___ veröffentlichte 1916 die Relativitätstheorie.
___ unterrichtete an der Wiener Universität und eröffnete 1886 seine eigene Praxis.
___ schrieb Bücher und hielt Vorträge über Psychoanalyse.

___ schrieb sich 1873 an der Wiener Universität für das Fach Medizin ein.
___ wurde 1909 Dozent für theoretische Physik an der Universität Zürich.
___ verließ 1938 Wien und emigrierte nach London.
___ erhielt 1922 den Nobelpreis für Physik.
___ ging 1933 nach Princeton und starb dort 1955.
___ starb am 23. September 1939 in London.

b Schreiben Sie eine Kurzbiographie über eine berühmte Person aus Ihrem Land. Lesen Sie die Biographie im Kurs vor. Die anderen Kursteilnehmer raten den Namen der Person.

4 Temporale Nebensätze mit „als"

a Was passierte, als …? Ordnen Sie die Sätze zu.

1. Als der Krimiautor Weier in der Buchhandlung eintraf,
2. Als Rui an der Information wartete,
3. Als er an der Kasse bezahlen wollte,
4. Als er das Portemonnaie nicht fand,
5. Als er aus der Parfümerie zurückkam,
6. Als er auf der Polizeiwache eintraf,
7. Als Rui seine persönlichen Daten angab,

a. ⎵ rempelte ihn ein Mann an.
b. ⎵ rief er die Bank an.
c. ⎵ war sein Portemonnaie weg.
d. ⎵ wurde er nervös.
e. ⎵ begrüßte ihn ein freundlicher Polizist.
f. ⎵ bemerkte der Polizist sein perfektes Deutsch.
g. ⎵1 gab es ein großes Gedränge.

b Ein schrecklicher Morgen. Ergänzen Sie die Sätze im Präteritum.

das Handy klingeln | der Strom ausfallen (fiel … aus) | kein Kaffeepulver mehr da sein | ~~kein warmes Wasser geben~~ | mir aus der Hand fallen und zerbrechen | zurückgehen und den Regenschirm holen | regnen

1. Als ich heute Morgen duschen wollte, *gab es kein warmes Wasser.*
2. Als ich Kaffee kochen wollte, _____ .
3. Als ich den Toaster anmachen wollte, _____ .
4. Als ich die Haustür öffnete, _____ .
5. Als ich den Regen sah, _____ .
6. Als ich zur Bushaltestelle ging, _____ .
7. Als ich das Handy aus der Tasche nahm, _____ .

5 Wie alt warst du, als du …?

Fragen Sie die anderen Kursteilnehmer / Kursteilnehmerinnen und machen Sie Notizen. Berichten Sie anschließend im Kurs.

Wie alt warst du, als …	Name:	Name:	Name:
du in die Schule gekommen bist?			
du schwimmen gelernt hast?			
du mit Deutsch angefangen hast?			
…			

Als ich 6 war, bin ich in die Schule gekommen.

Igor war 5, als er in die Schule gekommen ist.
Als er 6 Jahre alt war, hat er schwimmen gelernt.

Letztes Jahr flog Miriam nach Kanada. Mit 5 Jahren fuhr Tom allein zu seinen Großeltern.

In Nebensätzen mit „als" benutzt man beim Sprechen meistens das Perfekt.

6 Unregelmäßige Verben

Markieren Sie die unregelmäßigen Verben in den Aufgaben 2 bis 5. Übertragen Sie die Tabelle in Ihr Heft und ergänzen Sie die Verbformen. Markieren Sie die Stammvokale.

Infinitiv / Präsens	Präteritum	Perfekt
kommen / er kommt	kam	ist gekommen
…	…	…

Lesen Sie die unregelmäßigen Verben laut und lernen Sie sie mit Rhythmus: kommen, kam, gekommen.

12 Geldgeschichten

C Wie im Märchen

1 Ich möchte mich bei Ihnen bedanken

a Lesen Sie die E-Mail von Rui. Beantworten Sie die W-Fragen: Wer? Was? Warum? Wann?

> Sehr geehrte Frau Reimann,
> es ist wie im Märchen: Sie haben mein Portemonnaie gefunden und es (mit dem ganzen Inhalt!!!) im Fundbüro abgegeben. Ich konnte dem Angestellten kaum glauben, als er sagte: „Es ist hier." Zum Glück durfte er Ihre E-Mail-Adresse weitergeben. Ich möchte Ihnen ganz herzlich danken: Vielen, vielen Dank für Ihre Ehrlichkeit! Ich bin so froh! Und das besonders, weil auch alte Fotos von meinen Eltern im Portemonnaie waren. (Und die haben schon immer gesagt: „Man muss den Menschen vertrauen!" ☺) Ich möchte mich auch sehr gern persönlich bei Ihnen bedanken und Ihnen auch einen Finderlohn geben. Darf ich Sie besuchen oder sollen wir uns in der Stadt treffen?
> Mit freundlichen Grüßen
> Rui Andrade

Nach „glauben", „vertrauen" und „danken" steht eine Ergänzung im Dativ.

b Wie sagt man „Danke"? Markieren Sie die Redemittel im Text.

c Schreiben Sie eine Antwortmail für Frau Reimann. Schreiben Sie etwas zu den Punkten unten.

Bedanken Sie sich für die E-Mail und sagen Sie, dass Sie Rui treffen wollen.
– Nennen Sie einen Ort und eine Uhrzeit für das Treffen.
– Wollen Sie einen Finderlohn? Warum (nicht)?
Vergessen Sie nicht die Anrede und die Grußformel.

Formelle Briefe schreiben:
Wenn Sie einen Adressaten nicht persönlich kennen, reden Sie ihn mit „Sehr geehrte Frau … / Sehr geehrter Herr …" an.
Am Ende schreiben Sie: „Mit freundlichen Grüßen"

2 Von einem Ereignis berichten

a Sie haben etwas erlebt und Sie möchten darüber schriftlich berichten (z. B. in einer E-Mail oder einem Blog). Was müssen Sie beim Schreiben beachten? Kreuzen Sie an.

	ja	nein
1. Man benutzt Verben in der Vergangenheit (Perfekt oder Präteritum).	☐	☐
2. Man gibt an, wann und wo etwas passiert ist.	☐	☐
3. Man gibt viele Details über die Personen an.	☐	☐
4. Man beginnt die Sätze immer mit dem Subjekt.	☐	☐
5. Man strukturiert den Text mit Bindewörtern wie „zuerst", „dann", …	☐	☐
6. Man begründet mit „denn" oder „weil".	☐	☐
7. Man verbindet Sätze mit „aber".	☐	☐
8. Man verwendet Nebensätze mit „als".	☐	☐
9. Man schreibt sehr viel.	☐	☐

b Lesen Sie noch einmal Ruis Bericht im Kursbuch B 3a. Wie verbindet er die Sätze? Wie variiert er die Satzanfänge? Markieren Sie.

c Schreiben Sie eine kurze Zusammenfassung über Rui und das verlorene Portemonnaie. Strukturieren Sie Ihren Text mit Hilfe der Wörter links. Sie können folgende Informationen verwenden:

in der Stadt sein | ~~Weihnachtsgeschenke kaufen~~ | in einer Buchhandlung ein Buch kaufen | viel Gedränge geben | bezahlen | das Portemonnaie weg | Geld, EC-Karte und Fotos | überall suchen, nichts finden | die Suche beenden | die Bank anrufen | zur Polizeiwache gehen | Anzeige erstatten | zum Fundbüro gehen | das Portemonnaie wiederfinden

Beginnen Sie so:

Am letzten Wochenende wollten Rui und seine Frau Weihnachtsgeschenke kaufen.

Einen Text strukturieren:
am … – einen / zwei Tag(e) später … – zuerst – dann – danach – schließlich – weil / denn – als – aber – leider – zum Glück – plötzlich.

d Betrachten Sie das Bild. Wie konnte das passieren? Beschreiben Sie den Vorfall. Die Redemittel helfen.

Am ... | im Restaurant Zweistein | auf der Terrasse sitzen | eine Nachricht bekommen | mit Freundinnen chatten | auf das Smartphone sehen | Rechnung bestellen | Portemonnaie nicht in der Tasche sein | viel Geld | die anderen Gäste fragen | nichts wissen ...

Vor ein paar Tagen saß Frau Schneider im Café „Zweistein" auf der Terrasse und ...

e Haben Sie schon einmal etwas verloren? Hat man Ihnen schon einmal etwas gestohlen? Haben Sie schon einmal etwas gefunden? Schreiben Sie einen kurzen Bericht.

3 Niemand wusste etwas

a Sie haben Ihr Tablet verloren und sprechen mit einem Freund / einer Freundin über den Vorfall. Lesen Sie die Fragen und die Antworten. Markieren Sie die Indefinitpronomen und die Negationswörter und ergänzen Sie die Tabelle.

1. Hat jemand das Tablet gefunden? –
   Nein. Niemand hat es gefunden.
2. Vielleicht hast du das Tablet irgendwo vergessen. –
   Nein. Das habe ich nirgendwo vergessen. Das hat jemand gestohlen.
3. Hast du denn jemanden gesehen? –
   Nein. Ich habe niemanden gesehen.
4. Hast du jemandem von dem Vorfall erzählt? –
   Nein. Das habe ich niemandem erzählt. Nur dir.
5. Hast du schon etwas von der Versicherung gehört? –
   Von der Versicherung? Nein. Von der Versicherung habe ich nichts gehört.

	+	–
Sache	etwas	
		niemand
Person		
	jemand**em**	
Ort		/ nirgends

b Jemand hat Ihnen im Café die Tasche gestohlen und Sie erstatten Anzeige bei der Polizei. Beantworten Sie die Fragen.

1. Haben Sie jemanden gesehen?
   Ja. Ich habe eine junge Frau gesehen. / Nein. Ich habe niemanden gesehen.
2. Ist jemand an Ihrem Tisch vorbeigegangen?
3. Hatten Sie etwas Wertvolles in der Tasche?
4. Hat jemand Sie angesprochen?
5. Haben Sie mit jemandem gesprochen?
6. Haben Sie die Tasche vielleicht irgendwo vergessen?
7. Hat jemand neben Ihnen gesessen?

12 Geldgeschichten

DaF kompakt – mehr entdecken

1 Märchenstunde – Wir schreiben ein Märchen

a Sammeln Sie Wörter: Welche Personen kommen im Märchen vor? Wie ist ihr Charakter? Was tun sie im Märchen? Machen Sie Wortnetze.

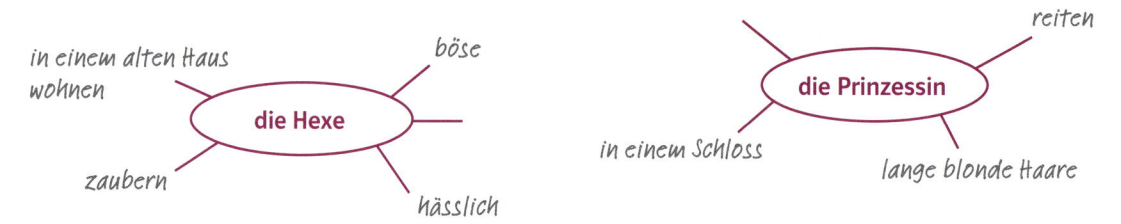

die Hexe: in einem alten Haus wohnen, böse, zaubern, hässlich

die Prinzessin: reiten, in einem Schloss, lange blonde Haare

b Arbeiten Sie zu zweit. Schreiben Sie mit Ihren Ideen aus den Wortnetzen ein Märchen.

Beginnen Sie Ihr Märchen mit: **„Es war einmal ein / eine ...**
Schreiben Sie den Text im Präteritum.
Wenn die Personen etwas sagen (oder denken), verwenden Sie: **... sagte / meinte / fragte / (dachte): „..."**
Am Ende steht: **„Und sie lebten glücklich und zufrieden bis an ihr Ende."**

c Präsentieren Sie Ihr Märchen im Kurs. Sie können es vorlesen, ein Märchenbuch erstellen und eine Ausstellung machen.

2 Über Sprache und Kultur reflektieren: Redewendungen

a Was bedeuten die Redewendungen? Ordnen Sie die richtige Bedeutung zu.

1. im Geld schwimmen / Geld haben wie Heu
2. das Geld aus dem Fenster werfen
3. etwas für einen Apfel und ein Ei bekommen
4. knapp bei Kasse sein
5. Kohle machen
6. Geld auf die hohe Kante legen

a. ⏚ etwas für wenig Geld kaufen
b. ⏚ Geld sparen / anlegen
c. ⏚ viel Geld haben
d. ⏚ viel Geld verdienen
e. ⏚ viel Geld ausgeben
f. ⏚ wenig Geld haben

b Was sagt man in Ihrer Sprache? Vergleichen Sie.

Redewendung	Französisch	andere Sprache(n)
Mein Chef schwimmt im Geld.	Mon patron roule sur l'or.	

3 Miniprojekt: Banken in unserer Stadt – Wer bietet den besten Service?

a Informieren Sie sich im Internet oder sprechen Sie mit einem Kundenberater / einer Kundenberaterin von einer Bank.

Fragen Sie zum Beispiel:
Wie viele Filialen und Geldautomaten gibt es in Ihrer Stadt?
Wie hoch sind die Kontogebühren pro Jahr?
Gibt es besondere Konditionen für Studierende?
Wie viel kostet eine Überweisung?
Wie viel kostet die EC-Karte jährlich?
Was bietet die Bank außerdem?

b Berichten Sie im Kurs.

Die Bank ... hat ... Filialen und ... Geldautomaten.
Die Kontogebühren betragen ...
Eine EC-Karte kostet ...
Außerdem gibt es Gebühren für ...

Aber ... ist kostenlos.
Für Schüler und Studierende ...
Es gibt auch ...
Wir können diese Bank (nicht) empfehlen, denn ...

Phonetik

12

ng / nk-Laut

1 ng / nk

Hören Sie die Laute und die Wörter und sprechen Sie sie nach.

[ŋ] - lang - singen - Junge - Engel
[ŋk] - Bank - sinken - danken - Enkel

🔊 75

„ŋ" und „ŋk" spricht man nasal, durch die Nase – wie bei „Schnupfen".

2 Wer ist da bitte?

a Hören Sie die Familiennamen und sprechen Sie nach.

🔊 76

1. a. ⊔ Tann   b. ⊔ Tang   c. ⊔ Tank
2. a. ⊔ Renner   b. ⊔ Renger   c. ⊔ Renker
3. a. ⊔ Sinnbach   b. ⊔ Singbach   c. ⊔ Sinkbach
4. a. ⊔ Bronn   b. ⊔ Brong   c. ⊔ Bronk

b Sie hören jetzt immer nur einen von den drei Namen in 2a. Was hören Sie: **a**, **b** oder **c**? Kreuzen Sie an. 🔊 77

c Sprechen Sie mit einem Partner / einer Partnerin. Einer / Eine nennt einen Namen aus 2a, der / die andere buchstabiert den Namen.

3 [ŋ] im Plural

Hören Sie die Wörter und sprechen Sie sie nach. Achten Sie auf die Aussprache von „ng". 🔊 78

die Buchhandlung - die Buchhandlungen   die Wohnung - die Wohnungen
die Lesung - die Lesungen   die Zeitung - die Zeitungen

4 Schwierige Bankangelegenheiten

a Hören Sie die Sätze und unterstreichen Sie ng- und nk-Verbindungen. 🔊 79

1. Frank geht heute zur Bank. Er braucht eine Beratung und will Überweisungen machen.
2. Als er in der Bank ankommt, ist dort ein großes Gedränge, viele Leute warten am Bankschalter.
3. Der Automat funktioniert heute nicht. Denn man kann die PIN nicht eingeben.
4. Er fragt eine Angestellte: „Wie lange muss ich warten?" Sie antwortet: „Das ist unklar."
5. Er sagt: „Entschuldigung, ich komme morgen wieder."

b In welchen Wörtern mit ng / nk hören Sie das g oder das k und in welchen nicht?

1. ng: ich höre [ŋ]: *Beratung, ...* _____   3. nk: ich höre [ŋk]: _____
2. ng: ich höre [ng]: *eingeben, ...* _____ 4. nk: ich höre [nk]: _____

c Was fällt bei den Beispielen in 4b auf? Ergänzen Sie die Regeln.

1. Wenn eine Vorsilbe mit „n" endet und ein „g" oder „k" folgt, z. B. unklar, sprechen wir _____ .
2. In den anderen Fällen (z. B. Überweisungen, Bank) sprechen wir _____ .

5 Singen oder sinken?

Wer oder was singt, wer oder was sinkt? Schauen Sie im Wörterbuch nach und sprechen Sie in Gruppen.

das Flugzeug | das Kind | der Wasserkessel | das Schiff | der Popmusiker | die Sonne | der Sänger | die Temperatur

13 Ohne Gesundheit läuft nichts!

A Ich fühle mich gar nicht wohl

1 Wo tut es weh?

a Ordnen Sie die Schmerzen den Körperteilen zu.
Tragen Sie die Nummern in die Zeichnung ein.

1. Rückenschmerzen
2. Ohrenschmerzen
3. Halsschmerzen
4. Magenschmerzen
5. Schmerzen in der Schulter
6. Kopfschmerzen

b Pantomime: Wo haben Sie Schmerzen?
Ihr Partner / Ihre Partnerin zeigt die Schmerzen an seinem /
ihrem Körper und Sie raten. Tauschen Sie auch die Rollen.

2 Das kommt davon, wenn man dauernd am Computer sitzt

Ergänzen Sie die Sätze.

Kopfschmerzen haben | Magenschmerzen haben | Ohrenschmerzen haben | erkältet sein |
Rückenschmerzen haben | Schlafstörungen haben | ~~Schmerzen im Nacken haben~~

1. *Ich habe Schmerzen im Nacken*, denn ich sitze dauernd am Computer.
2. _____, denn ich bin gestern ohne Jacke rausgegangen.
3. _____, denn ich habe etwas Schweres getragen.
4. _____, denn ich war gestern Abend in einer Diskothek.
5. _____, denn ich habe zu viel Eis gegessen.
6. _____, denn ich muss immer an die Prüfung denken.
7. _____, denn ich habe gestern auf der Party zu viel getrunken.

3 „seitdem" oder „bis"?

a Verbinden Sie die Sätze mit „seitdem". Schreiben Sie sie in eine Tabelle in Ihr Heft und markieren Sie die Verben.

1. Beate studiert in Gießen. Sie wohnt nicht mehr bei ihren Eltern.
2. Sie lebt in ihrer eigenen Wohnung. Sie lädt oft ihre Freunde ein.
3. Sie ist im Masterstudiengang. Das Studium macht ihr mehr Spaß.
4. Sie schreibt an ihrer Masterarbeit. Sie schläft sehr schlecht.
5. Sie hat Schlafstörungen. Sie ist oft den ganzen Tag müde.
6. Es geht ihr nicht gut. Sie macht sich Sorgen um ihre Gesundheit.

Nebensatz	Hauptsatz	Hauptsatz	Nebensatz
Seitdem Beate in Gießen studiert,	wohnt sie nicht mehr bei ihren Eltern	Beate wohnt nicht mehr bei ihren Eltern,	seitdem sie in Gießen studiert.

b Verbinden Sie die Sätze mit „bis". Schreiben Sie sie in eine Tabelle in Ihr Heft und markieren Sie die Verben.

1. Beate hat bei ihren Eltern gewohnt. Sie hat das Abitur gemacht.
2. Sie hat lange nach einer Wohnung gesucht. Sie hat eine in der Altstadt gefunden.
3. Sie hat Tag und Nacht für den Bachelor gelernt. Sie hat die Prüfung mit „sehr gut" bestanden.
4. Sie muss noch ein paar Wochen arbeiten. Sie ist mit der Masterarbeit fertig.
5. Sie hat so lange gearbeitet. Sie ist krank geworden.
6. Es hat lange gedauert. Sie hat einen Arzt gefunden.

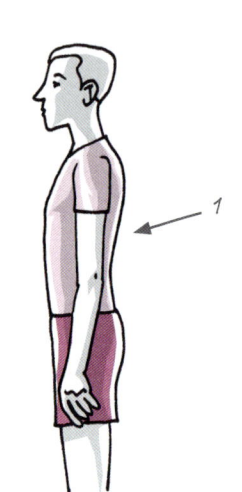

Hauptsatz	Nebensatz	Nebensatz	Hauptsatz
Beate hat bei ihren Eltern gewohnt,	bis sie das Abitur gemacht hat.	Bis Beate das Abitur gemacht hat,	hat sie bei ihren Eltern gewohnt.

c Und Sie? Seit wann? Bis wann? Fragen Sie im Kurs.

Was machen Sie, seitdem Sie Deutsch lernen?

Seitdem ich Deutsch lerne, habe ich viele neue Freunde.

Seitdem ich Deutsch lerne, sehe ich immer deutsches Fernsehen.

Bis wann wollen Sie Deutsch lernen?

Ich lerne Deutsch, bis ich Romane auf Deutsch lesen kann.

4 Welcher Arzt hilft?

Mit welchen Beschwerden gehen Sie zu welchem Arzt? Ordnen Sie die Beschwerden dem passenden Arzt zu.

1. Sie haben Kopfschmerzen in Stresssituationen: _e, a_
2. Sie haben sehr oft starke Magenschmerzen: _____
3. Sie sind erkältet und haben Fieber: _____
4. Sie brauchen eine Operation: _____
5. Sie haben starke Rückenschmerzen: _____
6. Sie hören sehr schlecht: _____

a. Allgemeinmediziner
b. Orthopäde
c. Hals-Nasen-Ohrenarzt
d. Internist
e. Arzt für chinesische Medizin
f. Chirurg

5 Drei Ärzte

Schauen Sie sich die Schilder im Kursbuch A, Aufgabe 3a an und lesen Sie die Nachrichten in Aufgabe 3c noch einmal. Was erfährt Beate über die Ärzte im Ärztehaus?

Praxis	Arzt für ...	+ (gut)	– (schlecht)
1. Dr. Rosmann	Allgemeinmedizin	alle Kassen	...
2. Dr. Freund			
3. Dr. Hofer			

6 Wie geht es ...?

a Schreiben Sie wie im Beispiel.

1. ~~schlecht | starke Rückenschmerzen | Orthopäde | Mach' ich.~~
2. gar nicht gut | Ohrenschmerzen | Hals-Nasen-Ohrenarzt | O. k.
3. nicht so gut | Magenschmerzen | Internist | Ja, das muss ich.
4. ziemlich schlecht | immer Kopfschmerzen | Arzt für Chinesische Medizin | Gute Idee!
5. nicht besonders | schreckliche Rückenschmerzen | Physiotherapeut | Auf jeden Fall!

1. ○ Wie geht's dir / Wie geht es Ihnen?
   ● Schlecht. Ich habe so starke Rückenschmerzen!
   ○ Geh doch / Gehen Sie doch zum Orthopäden.
   ● Mach' ich.

b Spielen Sie die Dialoge zu zweit. Tauschen Sie auch die Rollen.

13 Ohne Gesundheit läuft nichts!

B Was fehlt Ihnen denn?

1 Termine beim Arzt machen

a Hören Sie das Telefongespräch in B, Aufgabe 1a noch einmal. Was sagt die Arzthelferin (**A**), was der Patient/die Patientin (**P**)? Kreuzen Sie an.

Fieber:
Man sagt auch oft:
„Ich habe ‚neundreißig fünf" (ohne Komma).

		A	P
a.	☐ Guten Morgen. Mein Name ist Beate Scheidt, ich hätte gern einen Termin bei Dr. Hofer.	☐	X
b.	1 Hier Praxis Dr. Hofer, Ulrike Meinhardt. Was kann ich für Sie tun?	☐	☐
c.	☐ Seien Sie bitte bis 10 Uhr da und vergessen Sie Ihre Versichertenkarte nicht.	☐	☐
d.	☐ Bei welcher Krankenkasse sind Sie versichert?	☐	☐
e.	☐ Gestern Abend hatte ich auch hohes Fieber, 39,5. Und heute Morgen habe ich auch die Temperatur gemessen, da hatte ich noch 38,4. Außerdem habe ich schon die ganze Zeit starke Magenschmerzen. Kann ich vielleicht noch heute vorbeikommen?	☐	☐
f.	☐ Aber dann müssen Sie ohne Termin kommen und warten.	☐	☐
g.	☐ Geht es nicht früher? Ich fühle mich sehr schlecht. Sie hören vielleicht, ich habe eine starke Erkältung.	☐	☐
h.	☐ Ich bin bei der Allgemeinen Ortskrankenkasse.	☐	☐
i.	☐ O.k., bei der AOK. Wie wäre es heute in 14 Tagen? Das ist Donnerstag, der 12. März, um 11.30 Uhr.	☐	☐
j.	☐ Nein, die bringe ich bestimmt mit. Vielen Dank. Ich fahre jetzt gleich los.	☐	☐
k.	☐ Ja, das hört man.	☐	☐
l.	☐ Sind Sie schon Patientin bei uns?	☐	☐
m.	☐ Nein, noch nicht.	☐	☐

b Bringen Sie das Telefongespräch in die richtige Reihenfolge.

2 Vermutungen

Schreiben Sie die Sätze wie im Beispiel.

1. Sie sind überzeugt, dass Beate bald wieder gesund ist. → Sicher _ist Beate bald wieder gesund._
2. Es kann sein, dass Beate Urlaub machen muss. → Vielleicht _____
3. Sie vermuten, dass Beate viel Ruhe braucht. → Eventuell _____
4. Es kann sein, dass Beate eine Weile nicht arbeiten kann. → Möglicherweise _____
5. Sie glauben, dass Beate keine Diät machen muss. → Wahrscheinlich _____

3 Die Modalverben und ihre Bedeutung

a Welche Bedeutung haben die Sätze mit den Modalverben? Kreuzen Sie an.

1. Beate kann ganz normal essen.
   a. ☒ Es ist möglich, dass sie normal isst.   b. ☐ Das ist die Anweisung von Dr. Hofer.
2. Beate kann gut und gesund kochen.
   a. ☐ Sie möchte gut und gesund kochen.   b. ☐ Sie kocht gut und gesund. Sie hat das gelernt.
3. Beate muss keine Diät machen.
   a. ☐ Es ist nicht nötig, dass sie eine Diät macht.   b. ☐ Dr. Hofer hat erlaubt, dass sie keine Diät macht.
4. Beate muss viel schlafen.
   a. ☐ Dr. Hofer erlaubt, dass sie viel schläft.   b. ☐ Es ist nötig, dass sie viel schläft.
5. Beate darf walken gehen.
   a. ☐ Es ist nötig, dass sie walken geht.   b. ☐ Dr. Hofer hat erlaubt, dass sie walken geht.
6. Beate soll ein Medikament nehmen.
   a. ☐ Dr. Hofer erlaubt, dass sie die Medikamente nimmt.   b. ☐ Das ist die Anweisung von Dr. Hofer.

b Nötig, möglich, erlaubt, gelernt oder Anweisung? Schreiben Sie die Sätze mit Modalverben wie im Beispiel.

1. Es ist nötig, dass sich Beate ausruht.
2. Dr. Hofer erlaubt nicht, dass Beate zur Arbeit geht.
3. Dr. Hofers Anweisung war: Essen Sie regelmäßig.
4. Seine Anweisung war: Gehen Sie viel spazieren!
5. Beate hat reiten gelernt.
6. Es ist nötig, dass sie Medikamente nimmt.
7. Es ist möglich, dass Beate noch zwei Wochen verreist.

1. Beate muss sich ausruhen.

c Was müssen Sie machen? Was brauchen Sie nicht zu machen? Ergänzen Sie die Sätze.

~~das Geschirr spülen~~ | Diät machen | die Hausarbeit alleine machen | mit öffentlichen Verkehrsmitteln fahren | zum Arzt gehen

1. Wenn man keine Spülmaschine hat, *muss man das Geschirr selbst spülen.*
   Wenn man eine Spülmaschine hat, *braucht man nicht das Geschirr zu spülen.*
2. Wenn man kein Auto hat, _____
   Wenn man ein Auto hat, _____
3. Wenn man zu dick ist, _____
   Wenn man schlank ist, _____
4. Wenn man alleine wohnt, _____
   Wenn man in einer WG wohnt, _____
5. Wenn man krank ist, _____
   Wenn man gesund ist, _____

4 Mir geht's gar nicht gut!

Lesen Sie die Beschwerden und ordnen Sie passende Ratschläge zu. Manchmal passen auch mehrere Ratschläge.

1. erkältet sein: *c, f, i, m*
2. ständig Kopfschmerzen haben: _____
3. zu dick sein: _____
4. Fieber haben: _____
5. nicht schlafen können: _____
6. eine Magen-Darm-Grippe haben: _____
7. zu hohen Blutdruck haben: _____
8. nicht gut schlafen: _____
9. nicht gut sehen können: _____
10. nicht mehr gut hören: _____
11. sich beim Sport am Fuß verletzt haben: _____
12. Halsschmerzen haben: _____
13. Rückenschmerzen haben: _____

a. nicht so viel Kaffee trinken
b. ein Hörgerät tragen
c. im Bett bleiben
d. eine Brille tragen
e. zu Hause bleiben und den Fuß hochlegen
f. mit Salz gurgeln
g. abends nicht so lange vor dem PC sitzen
h. Salzstangen essen und Cola trinken
i. Hustensaft nehmen
j. nichts Fettes essen und im Bett bleiben
k. Diät machen
l. salzarm essen
m. nicht so viel Bier trinken

5 Wie soll ich das nehmen?

Lesen Sie den Beipackzettel im Kursbuch Teil B Aufgabe 4b noch einmal. Steht das im Text: **ja** oder **nein**? Schreiben Sie gegebenenfalls auch die Zeile.

	ja	nein	Zeile
1. Gasteron Plus hilft gegen Magenschmerzen.	☐	☐	_____
2. Wenn Sie schwanger sind, können Sie das Medikament immer nehmen.	☐	☐	_____
3. Kinder unter einem Jahr dürfen Gasteron nicht nehmen.	☐	☐	_____
4. Wenn Sie Gasteron nehmen, können Sie schnell müde werden.	☐	☐	_____
5. Gasteron kann krank machen.	☐	☐	_____
6. Kinder unter 5 Jahren nehmen 10 Tropfen.	☐	☐	_____

Detailliertes Lesen: Wenn ein Text viele wichtige Informationen enthält, muss man ihn sehr genau lesen. Wenn man schon etwas über das Thema weiß (Sie wissen, dass es ein Beipackzettel ist), kann man den Text leichter verstehen.

13 Ohne Gesundheit läuft nichts!

C Alles für die Gesundheit

1 Ein Museum mit „X"

Lesen Sie die folgenden Sätze. Wie sind sie im Text *Ein Museum mit „X"* in Kursbuch C, Aufgabe 1b formuliert? Schreiben Sie in Ihr Heft.

1. Vor dem Röntgenmuseum befindet sich ein sehr großes „X".
2. Sie machen einen Fehler, wenn Sie glauben, dass man hier etwas über Mathematik … erfährt.
3. Der Physiker Wilhelm Conrad Röntgen hat dem Museum seinen Namen gegeben.
4. In der Mathematik bedeutet das „X" eine unbekannte Größe.
5. 1901 verlieh man Röntgen für seine Entdeckung den Nobelpreis für Physik.
6. Die Röntgenstrahlung ist heute nicht nur in der Medizin wichtig.
7. Wenn man auf einen Knopf drückt, geht ein Licht an.
8. Robert Koch wanderte mit Röntgen zusammen.
9. Röntgen hat nicht viel von sich erzählt.

1. Vor dem Röntgenmuseum steht ein überdimensionales „X".

2 Viele Gründe

a Lesen Sie die Sätze und markieren Sie: In welchem Satz steht der Grund?

1. Beate ist gestresst. <mark>Sie schreibt ihre Masterarbeit.</mark>
2. Sie hat Rückenschmerzen. Sie sitzt den ganzen Tag.
3. Sie denkt immer an die Masterarbeit. Sie schläft nicht gut.
4. Sie hat einen Termin bei Dr. Rosmann vereinbart. Sie hat starke Magenschmerzen.
5. Sie soll nicht zu Dr. Rosmann gehen. Die Praxis ist immer voll.
6. Dr. Hofer nimmt sich viel Zeit für seine Patienten. Sie soll zu ihm gehen.
7. Die Patienten vertrauen Dr. Hofer. Er ist ein sehr erfahrener Arzt.

b Verbinden Sie die Sätze erst mit „deshalb", „darum", „deswegen" oder „daher".

1. Beate schreibt ihre Masterarbeit. Deshalb ist sie gestresst.

c Verbinden Sie die Sätze mit „weil".

1. Beate ist gestresst, weil sie ihre Masterarbeit schreibt.

d Verbinden Sie die Sätze.

1. W. C. Röntgen hat die X-Strahlung entdeckt. Sie heißt auf Deutsch auch Röntgenstrahlung. (deshalb)
   W. C. Röntgen hat die Röntgenstrahlung entdeckt. Deshalb heißt sie auf Deutsch auch Röntgenstrahlung.
2. Die Röntgenstrahlung ist für die Medizin sehr wichtig. Man kann ins Innere vom menschlichen Körper schauen. (weil)

3. Röntgen hat den ersten Nobelpreis für Physik bekommen. Seine Entdeckung war revolutionär. (deswegen)

4. Das Röntgenmuseum ist sehr modern und interaktiv. Es ist auch für Kinder interessant. (darum)

5. W. C. Röntgen wurde in Remscheid-Lennep geboren. Man hat das Museum dort 1932 gegründet. (weil)

6. Die gläserne Frau ist eine Attraktion. Man kann das Skelett und die Organe sehen. (weil)

7. Man kann sogar die Nerven und Adern erkennen. Viele Besucher sind begeistert. (daher)

3 Ein Ausflug ins Bergische Land

Beate schreibt ihrer Freundin Larissa. Schreiben Sie eine Antwortmail. Beachten Sie dabei die Punkte unten.

> Liebe Larissa,
> eine kurze Nachricht und eine Frage: Mir geht es viel, viel besser. Dein Rat war super! Dr. Hofer ist wirklich sehr nett und kompetent und hat mir sehr geholfen. Er hat gesagt, ich soll Sport machen. Deswegen gehe ich jetzt jeden zweiten Tag walken. Ich soll auch etwas ausspannen. Darum möchte ich am Wochenende einen Ausflug machen. Willst du mit mir am Wochenende ins Bergische Land fahren? Wir können bei meiner Freundin Marisa in Remscheid übernachten. Wir können einen „Mädels-Abend" machen ;–). Dort ist auch das Röntgenmuseum – ein Besuch lohnt sich. Ich war als Kind schon mal da. Was meinst du? Hast du Lust? Gib mir bitte kurz Bescheid. Marisa freut sich auch, wenn wir kommen!
> Liebe Grüße, Beate

– Danken Sie für die Einladung.
– Sie sind krank und sagen ab.
– Was sagt der Arzt? Was sollen Sie tun?
– Machen Sie einen Vorschlag für einen anderen Ausflug oder ein anderes Treffen.

4 Die „gläserne Frau": Schau mal! Man kann alles total gut sehen.

a Im Röntgenmuseum steht die „gläserne Frau". Sehen Sie das Foto an und notieren Sie die Wörter auf der passenden Linie.

die Ader | der Arm | das Auge |
der Bauch | das Bein | die Brust |
der Darm | der Finger | der Fuß |
der Hals | die Hand | das Herz |
das Knie | der Knochen | der Kopf |
das Ohr | die Lunge | der Magen |
der Mund | der Po | der Muskel |
die Nase | der Oberschenkel |
der Rücken | die Schulter |
der Unterschenkel | der Zeh

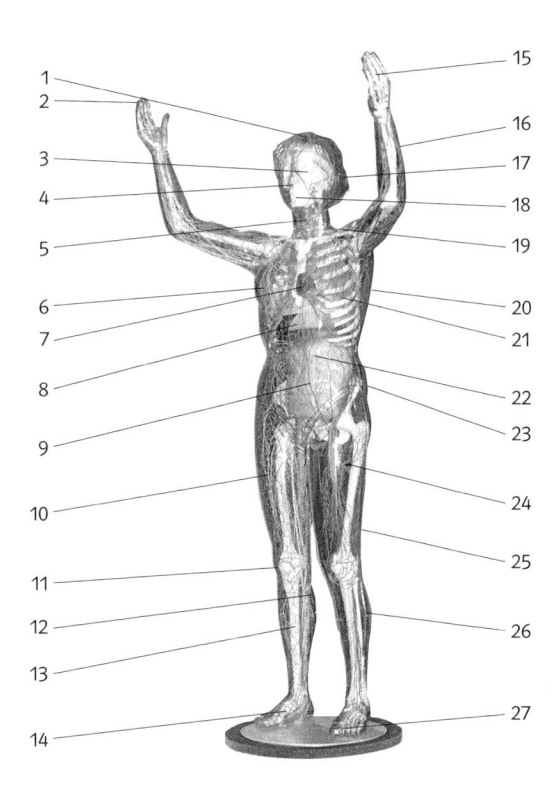

b Zeigen Sie auf einen Körperteil, aber nennen Sie einen anderen Körperteil. Ihr Partner / Ihre Partnerin korrigiert Sie.

> Mein Fuß tut weh.

> Das ist doch nicht dein Fuß! Das ist dein Knie.

c Warum geht es dir heute nicht so gut? Sprechen Sie im Kurs.

> Meine Zehen tun weh, weil ich gestern unbequeme Schuhe getragen habe.

> Ich war schwimmen. Deshalb bin ich heute erkältet.

13 Ohne Gesundheit läuft nichts!

DaF kompakt – mehr entdecken

1 Wortfelder Krankheit / Gesundheit: Sprichwörter international

a Lesen Sie die Sprichwörter. Welche Bedeutung passt?

1. Die Gesundheit ist wie das Salz, man bemerkt es erst, wenn es fehlt.
2. Lachen ist die beste Medizin.
3. Die Zeit ist der beste Arzt.
4. Der Gesunde hat viele Wünsche, der Kranke nur einen.

a. ☐ Wenn man krank ist, wünscht man sich nur, dass man gesund ist. Alles andere ist unwichtig.
b. ☐ Ruhe und Zeit heilen viele Krankheiten.
c. ☐ Wenn man viel lacht, bleibt man gesund.
d. ☐ Wie wichtig die eigene Gesundheit ist, bemerkt man erst, wenn man krank ist.

b Gibt es in Ihrer Sprache auch Sprichwörter zum Thema Gesundheit / Krankheit? Wenn ja, welche? Wo gibt es Gemeinsamkeiten? Wo gibt es Unterschiede? Arbeiten Sie in Gruppen und stellen Sie Ihre Ergebnisse dann im Kurs vor.

2 Über Sprache reflektieren

Ergänzen Sie die Tabelle und vergleichen Sie im Kurs. Was fällt auf?

Deutsch	Englisch	andere Sprache(n)
Beate ist gestresst, weil sie ihre Masterarbeit schreibt. Beate schreibt ihre Meisterarbeit. Deshalb ist sie gestresst.	Beate is stressed because she is writing her thesis. Beate is writing her thesis. Therefore she is stressed.	

3 Miniprojekt: Wissenschaftler aus DACH

a Wählen Sie eine Persönlichkeit aus der Liste unten und recherchieren Sie zu den folgenden Punkten:
– Leben
– Entdeckung und ihre Bedeutung

Präsentieren Sie dann „Ihre" Persönlichkeit im Kurs.

> Albert Einstein
> Richard E. Ernst
> Gustav Hertz
> Robert Koch
> Konrad Lorenz
> Christiane Nüsslein-Volhard
> Max Planck
> Erwin Schrödinger

b Recherchieren Sie über eine Persönlichkeit Ihrer Wahl und präsentieren Sie sie dann im Kurs.

Phonetik

Das ü ist im Rücken

1 So findet man das „ü"

a Hören Sie die Bildung des Lautes „ü" und sprechen Sie nach. 🔊 80

Das „ü" liegt in der Mitte zwischen „i" und „u". Denken Sie ein „i", wenn Sie „ü" sprechen. Die Zunge ist wie beim „i", die Lippen sind wie beim „u".

b Hören Sie die Familiennamen und sprechen Sie sie nach. 🔊 81

1. a. ⎵ Kiehn   b. ⎵ Kühn   c. ⎵ Kuhn
2. a. ⎵ Griener   b. ⎵ Grüner   c. ⎵ Gruner
3. a. ⎵ Kinnemann   b. ⎵ Künnemann   c. ⎵ Kunnemann
4. a. ⎵ Hirtner   b. ⎵ Hürtner   c. ⎵ Hurtner

c Sie hören jetzt immer nur zwei Namen von den drei Familiennamen in 1b. Was hören Sie nicht: **a**, **b** oder **c**? Kreuzen Sie an. 🔊 82

d Hören Sie die Namen mit „ü" aus 1b noch einmal. Welche Akzentvokale sind lang (= _), welche kurz (= .)? Markieren Sie. 🔊 83

e Hören Sie die Wortpaare. Sprechen Sie sie dann nach. 🔊 84

Buch – Bücher   Frucht – Früchte   Gruß – Grüße   Brust – Brüste
Mund – Münder   Wunsch – Wünsche   Fuß – Füße   Tuch – Tücher

2 Ein Tag in der Arztpraxis

a Hören Sie die Wortgruppen und sprechen Sie sie nach. 🔊 85

- sich nicht gut fühlen
- Rückenschmerzen haben
- zum Arzt müssen
- sehr müde sein
- die Überweisung mitbringen
- fünf Medikamente einnehmen
- tagsüber kein Fieber haben
- viel Flüssigkeit brauchen

b Wer macht was? Hören Sie die Sätze und schreiben Sie die Namen in die Lücken. Sprechen Sie dann die Sätze. 🔊 86

1. Frau _____ fühlt sich heute nicht gut.
2. Herr _____ hat Rückenschmerzen.
3. Die Kinder von Frau _____ sind krank und müssen zum Arzt.
4. Herr _____ ist seit Wochen sehr müde.
5. Frau _____ muss noch eine Überweisung mitbringen.
6. Herr _____ möchte nicht fünf Medikamente einnehmen.
7. Frau _____ hat tagsüber kein Fieber mehr.
8. Die Ärztin sagt, dass Herr _____ viel Flüssigkeit braucht.

3 Wörter mit „ü" raten

Arbeiten Sie in zwei Gruppen. Der Kursleiter / Die Kursleiterin fragt. Welche Gruppe zuerst ein passendes Wort mit „ü" nennt, bekommt einen Punkt.

Eine Farbe?   Ein Körperteil?   Gegenteil von teuer?
Eine Mahlzeit?   Etwas zum Essen?   Eine Jahreszeit?

14 Griasdi in München

A Auszeit in München

1 Es gibt kein schlechtes Wetter ...

a Finden Sie Synonyme. Schreiben Sie in Ihr Heft.

1. Es ist sonnig.
2. Es ist neblig.
3. Es ist windig.
4. Es regnet.
5. Es ist heiter.
6. Es gewittert.
7. Es ist bedeckt.
8. Es schneit.
9. Es stürmt.
10. Es hagelt.

~~Die Sonne scheint.~~ | Es ist bewölkt. | Es ist regnerisch. | Es gibt ein Gewitter. | Es fällt Hagel. | Es blitzt und donnert. | Es ist freundlich. | Wir haben Nebel. | Es fällt Schnee. | Der Wind ist stark. | Es ist stürmisch.

1. Es ist sonnig. = Die Sonne scheint.

b Wann regnet es? Schreiben Sie in Ihr Heft.

~~den ganzen Tag über~~ | gegen Abend | gegen Nachmittag | die ganze Nacht über | am Nachmittag

1. 7.00 – 18.00 Uhr   2. Um ca. 14.00 Uhr   3. 13.00 – 16.00 Uhr   4. Um ca. 19.00 Uhr   5. 23.00 – 4.00 Uhr

1. Es regnet den ganzen Tag über.

c Teils sonnig, teils wolkig. Schreiben Sie Sätze wie im Beispiel in Ihr Heft.

1. windig – stürmisch   2. schneien – regnen   3. nebelig – sonnig   4. heiter – bedeckt

1. Es ist teils windig, teils stürmisch.   2. Teils schneit es, teils ...

d Wie ist das Wetter im Moment an ihrem Kursort? Wie war es gestern? Wie ist es morgen? Sprechen Sie im Kurs.

> Heute ist es ... Gestern war es ...

2 Über Geschmack lässt sich (nicht) streiten

a Finden Sie das Gegenteil.

unpraktisch | modern | ~~schick~~ | zu klein | bequem | hässlich | bunt | zu weit

1. langweilig ≠ *schick*
2. unbequem ≠ _____
3. zu groß ≠ _____
4. altmodisch ≠ _____
5. zu eng ≠ _____
6. praktisch ≠ _____
7. einfarbig ≠ _____
8. hübsch ≠ _____

b Heute im Unimagazin: Studentenoutfits oder „Kleider machen Studenten". Was denken Sie: Tragen Studenten eine bestimmte Kleidung – je nach Fachrichtung? Sammeln Sie im Kurs.

> Ich denke, Philosophen tragen Jeans und T-Shirts.

> Juristen tragen teure Polohemden.

c Lesen Sie den Text aus dem Unimagazin oben rechts. Ordnen Sie die Abschnitte den Studierendengruppen zu.

☐ Juristen   ☐ Theologiestudenten   ☐ Sportstudenten
☐ Wirtschaftsstudenten   ☐ Ethnologiestudenten

Welche Outfitbeschreibung passt zu welchen Studenten?
Hier eine Zusammenfassung der Kleiderklischees.

A Sie tragen schon morgens ihren Anzug und ein Poloshirt (der Kragen ist hochgestellt), natürlich ein Markenpoloshirt. Die Haare bekommen viel Gel. Die Studentinnen finden langärmlige Blusen und elegante Blazer mit Rock und Rollkragenpullover ganz toll oder auch eine Anzughose: gut für die Uni – gut fürs Business. Natürlich darf das obligatorische Markenhandtäschchen nicht fehlen. Das gesamte Kleidungskonzept ist deswegen sehr konservativ.

B Das Klischee sagt, dass keine Studentin dieses Faches eine Styling-Queen ist. Sie tragen lieber ausgewaschene Cordhosen, XXL-Pullis und karierte Hemden. Farblich orientieren sie sich an Erdfarben (also hellbraun, dunkelgelb usw.). Neben einer Umhängetasche braucht der typische Student dieses Fachbereichs nur noch die Hornbrille und bei den Mädels einen schnell zusammengesteckten Haarknoten.

C Man sagt, dass sie in Vorlesung und Seminar immer einen Anzug mit schicken Halbschuhen tragen. In der Freizeit gern auch mal etwas „legerer": gebügeltes weißes Hemd, Pullis mit V-Ausschnitt, dunkle Jeans und Stiefel. Typische Accessoires: Smartphone, Aktenkoffer und iPad. Die Studentinnen tragen Kostüm, das farblich zur Handtasche passt. Schuhe: hohe Stöckelschuhe. Der Schmuck ist eher dezent; Perlen (natürlich echte!) sind sehr beliebt.

D Bunt – bunter – am buntesten – Ethnos. Farbenfrohe Klamotten mit diversen Mustern, weite Hosen und Röcke und Ökosandalen sind die Lieblingskleidungsstücke. An Accessoires brauchen die Studenten lediglich einen hübschen Jutebeutel. Individualität markieren sie mit bunten Tüchern, langen Ketten, Ohrringen und Armreifen. Ach ja, natürlich gehören auch 1 – 5 Piercings dazu.

E Weite Jogginghosen, Muskelshirt, die neuesten aerodynamischen Turnschuhe, Kapuzenjacke plus Labelrucksack oder Sporttasche – mehr findet man nicht im Kleiderschrank. Der Look eignet sich nicht nur für den Praxisteil des Studiums (klar, umziehen dauert ja auch viel zu lange), sondern passt auch zu Seminaren und Vorlesungen, Literaturrecherche in der Bibliothek oder für das Nachtleben. Dazu gehören bei den Männern ganz kurze Haare und bei den Studentinnen kurze oder zum Pferdeschwanz zusammengebundene Haare. Das angesagte Accessoire ist und bleibt: das Schweißband.

> Hier finden Sie Wörter der Alltagssprache / Jugendsprache:
> Klamotten = Kleidung
> Mädels = Mädchen
> angesagt = modisch

d Welche Kleidungsstücke sind typisch für die Studenten dieser Studienfächer? Markieren Sie.

e Ordnen Sie die Kleidungsstücke / Accessoires zu und notieren Sie auch die Artikel und Pluralformen in einer Tabelle in Ihrem Heft.

eher für Frauen (Studentinnen): -e langärmlige Bluse – die langärmligen Blusen, …
eher für Männer (Studenten): -r Anzug – die Anzüge, …
eher für beide:

f Meinen Sie, die Aussagen stimmen? Diskutieren Sie mit Ihrem Partner.

3 Der Diminutiv = Verkleinerungsform

Was finden Sie in der Kinderkleiderabteilung? Schreiben Sie die Verkleinerungsform mit Artikel und Pluralform in Ihr Heft.

1. Jacke
2. Socke
3. Rock
4. Kleid
5. Mantel
6. Mütze
7. Hemd
8. Schuh
9. Tasche
10. Bluse

1. Die Jacke – die Jacken, das Jäckchen – die Jäckchen

> Die Endungen „-chen" und „-lein" machen Personen / Dinge klein. Das Nomen bekommt einen Umlaut: die Jacke – das Jäckchen. „e" fällt weg. Singular und Plural sind gleich: das Jäckchen – die Jäckchen / das Hemdlein – die Hemdlein. Die Endung -lein kommt oft in Liedern und Märchen vor.

14 Griasdi in München

B „Mein Kleiderbügel"

1 Umschauen und anprobieren

Der Verkäufer / die Verkäuferin fragt: „Kann ich Ihnen helfen?" – Welche Antworten passen?
Kreuzen Sie an.

1. ☐ Ja, gerne. Wo finden wir …?
2. ☐ Ja, gerne. Wir suchen …
3. ☐ Ja, ich möchte gerne den Pulli aus dem Schaufenster anprobieren.
4. ☐ Danke, das ist mir Wurst.
5. ☐ Wir möchten uns nur umschauen. Danke.
6. ☐ Auf keinen Fall, bitte.

2 Welcher? Dieser hier oder der da?

a Lesen Sie die Fragen im Schüttelkasten und die Antworten 1–8. Markieren Sie Frageartikel und -pronomen sowie Demonstrativartikel und -pronomen. Schreiben Sie dann die passenden Fragen zu den Antworten.

~~Welchen Pulli kaufst du?~~ | Zu welchem Kleid passt der Schal? | Wie gefällt dir denn der Rock? | Zu welcher Hose passt die Bluse? | Wie gefällt dir denn das Hemd? | Welche Mäntel gefallen dir? | Welche Jacken gefallen dir? | Welches Kleid findest du am besten?

1. *Welchen Pulli kaufst du?* — Diesen hier, den dunkelblauen da.
2. _____ — Zu dieser, der Jeans.
3. _____ — Diese hier, die da aus Baumwolle.
4. _____ — Welcher, dieser hier?
5. _____ — Zu diesem hier.
6. _____ — Dieses hier in Pink.
7. _____ — Die da. Die hellen Daunenmäntel.
8. _____ — Welches? Das da oder dieses hier?

b Wie findest du das? Schreiben Sie Minidialoge wie im Beispiel.

○ Wie findest du diesen Mantel?
● Welchen denn? Den hier?
○ Nein, den da.

1. Wie findest du diese Hose?
2. Wie findest du diese Jacken?
3. Wie findest du dieses Blüschen?
4. Wie findest du diesen Anzug?

c Hilfe, sie kann sich nicht entscheiden! Lesen Sie die Texte und ergänzen Sie die Endungen.

1. Im Café:
   ○ Ach, welch____ [1] Brötchen soll ich nehmen? D____ [2] mit Wurst oder d____ [3] mit Schinken?
   ● Und wie wäre es mit dies____ [4] hier, mit Käse und Tomaten?
   ○ Oh, d____ [5] sieht ja auch lecker aus!

2. Im Kino:
   ○ In welch____ [6] Film soll ich gehen? In d____ [7] amerikanischen oder d____ [8] französischen?
   ● Und wie wäre es mit dies____ [9] hier? Er ist von einem englischen Regisseur.
   ○ Oh, d____ [10] klingt ja auch interessant.

3. Vor dem Urlaub:
   ○ Welch____ [11] Hotelzimmer soll ich buchen? D____ [12] mit dem Balkon oder d____ [13] mit der Terrasse?
   ● Und wie wäre es mit dies____ [14] hier?
   ○ Oh, d____ [15] liegt ja auch gut.

d Spielen Sie die Dialoge in 2b und c zu zweit. Spielen Sie auch mit Emotionen (interessiert, gelangweilt, neugierig, …).

136 einhundertsechsunddreißig
A1–B1: 120

3 Umtausch nur mit Kassenbon

a Lesen Sie die Aussagen von der Verkäuferin / dem Verkäufer und ergänzen Sie die Fragen und Antworten von der Kundin.

Leider nein. Sie ist zu eng. | Ich habe Größe 38. | ~~Ja, bitte. Ich suche eine Bluse.~~ | Danke schön. | Wie viel kostet sie denn? | Ja, wo ist denn die Umkleidekabine? | Kann ich die Bluse auch umtauschen? | Ja, sie passt genau. Ich nehme sie. | Kann ich auch mit Karte bezahlen? | Gut, das mache ich. | Eine rote Bluse mit kurzen Ärmeln.

1. Kann ich Ihnen helfen? — *Ja, bitte. Ich suche eine Bluse.*
2. Und welches Modell suchen Sie?
3. Welche Größe haben Sie?
4. Möchten Sie diese Bluse hier anprobieren?
5. Da vorne rechts. Passt die Bluse?
6. Dann probieren Sie sie doch einmal in Größe 40.
7. Passt sie in 40?
8. _____ — Ja, das geht aber nur mit Kassenbon.
9. _____ — 29,90 Euro.
10. _____ — Ja, mit EC-Karte oder Kreditkarte. Da vorne ist die Kasse.
11. _____

b Spielen Sie die Einkaufsgespräche mit den Redemitteln in 3a. Tauschen Sie auch die Rollen.

Produkt	Material	Besonderheit	Größe	Preis
Pullover	Wolle	V-Ausschnitt	Gr. 40	39,90 Euro
Regenjacke	Polyester	wasserfest	Gr. 42	115,00 Euro

c Sie möchten Ihren Einkauf umtauschen. Was sagt der Verkäufer / die Verkäuferin (V), was sagt der Kunde / die Kundin (K)?

		V	K
1.	Kann ich Ihnen helfen?	☐	☐
2.	Ich habe gestern dieses T-Shirt gekauft. Es ist schon kaputt. Ich möchte es umtauschen.	☐	☐
3.	Haben Sie den Kassenbon dabei?	☐	☐
4.	Das Etikett ist noch an dem T-Shirt. Hier ist der Kassenbon.	☐	☐
5.	Möchten Sie das Geld zurück oder möchten Sie sich ein anderes T-Shirt aussuchen?	☐	☐
6.	Ich nehme das Geld zurück.	☐	☐
7.	29,90 Euro für Sie. Sie müssen hier noch unterschreiben.	☐	☐
8.	O. k. Danke. Wiedersehen.	☐	☐

d Spielen Sie Minidialoge wie in 3c. Verwenden Sie folgende Elemente.

Produkt	Material	Preis	Problem
Pullover	Wolle	39,90 Euro	Loch
Jeans	Baumwolle	49,90 Euro	Knöpfe fehlen
Regenjacke	Stoff	59,90 Euro	zu weit
Portemonnaie	Leder	29,90 Euro	Reißverschluss kaputt

— Kann ich Ihnen helfen?
— Ja, bitte. Ich habe gestern diesen Pullover gekauft …

14 Griasdi in München

C Zwei Münchner Originale

1 Heute im Stadtmagazin: München feiert das Oktoberfest

a Lesen Sie den Artikel im Kursbuch C, Aufgabe 1b noch einmal. Was ist richtig (r), was ist falsch (f)?

	r	f
1. Kronprinz Ludwig und Prinzessin Therese feierten ihre Hochzeit mit Münchner Bürgern.	☐	☐
2. Die Theresienwiese liegt heute außerhalb der Stadt.	☐	☐
3. Das Pferderennen ist auch heute noch eine Tradition auf dem Oktoberfest.	☐	☐
4. Millionen Menschen aus dem In- und Ausland besuchen jährlich das Fest.	☐	☐
5. Das Oktoberfest ist wirschaftlich wichtig für ganz Deutschland.	☐	☐

b Unterstreichen Sie in dem Artikel im Kursbuch C, Aufgabe 1b, alle Informationen, die sich auf Zahlen und Daten beziehen. Notieren Sie.

1. 12.10.1810: _Hochzeit_
2. 17.10.1810: _____
3. Sa., nach 15.09.: _____
4. 1. Sonntag im Oktober: _____
5. 6 Millionen: _____
6. 250: _____
7. 100: _____
8. 12.000: _____
9. 800 Mio.: _____

c Schreiben Sie einen Satz zu jeder Zahl in Ihr Heft.

Am 12. Oktober 1810 feierten Kronprinz Ludwig und Prinzessin Therese ihre Hochzeit.

2 Blogeintrag: Mein Tag auf der Wiesn

Lesen Sie den Artikel im Kursbuch C, 1b und den Blogeintrag in 2a noch einmal und beantworten Sie die Fragen in Stichwörtern.

	Artikel	Blogeintrag
Oktoberfest – seit wann?		
Geschichte?		
Heute wann?		
Angebot heute?		
Besucher?		
Wirtschaftliche Bedeutung?		

3 Link: Der Kocherlball

a Unterstreichen Sie im Infolink im Kursbuch C, Aufgabe 3b alle Informationen, die sich auf Zahlen und Daten beziehen. Notieren Sie.

1. 1880: _____
2. 5000: _____
3. 1904: _____
4. 1989: _____
5. 5 und 8: _____
6. 3: _____

b Welche Wörter passen nicht? Unterstreichen Sie.

Kocherlball: Hausangestellte – früh – Winter – Ballhaus – Park
Oktoberfest: Karussell – Riesenrad – Brathendl – Einkaufsmöglichkeiten – Sommer

c Komposita: Welche Wörter passen zusammen? Wie heißt der Artikel?

Haus- (2x) | ~~Kinder-~~ | Küchen- | Dienstboten- | Leder- | Kocherl- | Jahr-

1. _Kinder_mädchen, _das_   3. _____hose, ____   5. _____hundert, ____   7. _____ball, ____
2. _____personal, ____   4. _____angestellte, ____   6. _____diener, ____   8. _____uniform, ____

4 Indefinitartikel und -pronomen

a Lesen Sie die Regel und ergänzen Sie dann die Indefinitartikel und -pronomen „kein-", „ein-".

Die Indefinitpronomen „ein-"/„kein-" haben nur im Maskulinum und Neutrum andere Endungen als der Indefinitartikel:
Nom. Mask.: (k)einer, Nom. Neutr.: (k)eins, Akk. Neutr.: (k)eins.

1. Ich trinke ein Bier. Magst du auch eins? – Nein, danke. Ich mag keins.
2. Ich habe k_____ Stift. Hast du _____? – Ja, ich habe _____. Hier bitte.
3. Gibst du mir bitte auch _____ Heft? Ich habe leider _____.
4. Hast du _____ Frage? – Ich habe _____. Aber Vroni hat _____.
5. Ist hier _____ Arzt? – Nein, hier ist _____. Aber gegenüber gibt es eine Arztpraxis.
6. Gibt es hier _____ Restaurant? – Nein, hier gibt es _____.

b Unterstreichen Sie die Indefinitartikel und Indefinitpronomen mit verschiedenen Farben und ergänzen Sie dann die Regel.

Indefinit_____ stehen vor einem Nomen. Indefinit_____ brauchen kein Nomen. Sie stehen für das Nomen.

c Schreiben Sie die Indefinitartikel und Indefinitpronomen in die Sätze.

~~alle~~ | keins | jeder | viele (2x) | jedem | eins | jeden | jedes

1. Wie fanden deine Freunde das Oktoberfest? – _Alle_ fanden es toll.
2. Wie viele Leute können an einem Tisch sitzen? – An _____ Tisch können 20 Personen sitzen.
3. Was habt ihr getrunken? – _____ hat ein Bier getrunken.
4. Hattest du ein Dirndl an? – Nein, ich hatte _____ an. Aber Vroni hatte _____ an.
5. Besuchen nur Touristen das Oktoberfest? – Nein. Es gab auch _____ Münchner auf dem Fest.
6. Der Kocherball ist nicht für _____. Man muss sehr früh aufstehen.
7. Kommen _____ Besucher auf den Kocherball? Ja, ca. 15.000 Personen.
8. Findet der Kocherball _____ Jahr statt? – Ja, und immer am dritten Sonntag im Juli.

d Isabellas Deutschlehrerin in Italien kommentiert den Blogeintrag von Isabella. Ergänzen Sie die Endungen.

@Isabella, danke für deinen interessanten Eintrag. Schön, dass dir München gefällt! Das ging viel___ [1] von meinen Studenten auch so. Nur wenig____ [2] fanden München nicht so gut, weil die Mieten dort sehr hoch sind. Aber das Oktoberfest hat all____ [3] gut gefallen. Stell dir vor, vor vielen Jahren war ich auch mit Freunden auf dem Kocherlball. All____ [4] hatten großen Spaß. Jed____ [5] von uns hat die besondere Atmosphäre am frühen Morgen genossen und kein____ [6] wollte nach Hause. Bald fahre ich mit meinen Studenten nach München, denn jed____ [7] Deutschstudent und jed____ [8] Deutschstudentin „muss" ☺ München kennenlernen. Und du? Welch____ [9] neuen Erfahrungen hast du an der deutschen Universität gemacht? Die Staatsbibliothek (viel____ [10] sagen „Stabi") ist übrigens gleich neben dem Englischen Garten und hat fast all____ [11] Bücher der Welt! Freue mich auf einen neuen Blogeintrag! Viel____ [12] Grüße, Barbara.

5 Volksfeste

Schreiben Sie einen kleinen Text (ca. 5 Sätze) über den Kocherlball in Ihr Heft.

zum ersten Mal | seit | heute | inzwischen | Den Kocherlball gibt es … | Er fand … statt. | …

14 Griasdi in München

DaF kompakt – mehr entdecken

1 Strategietraining: Wortschatz für die „Sprechstunde" an der Universität

a Isabella studiert „Interkulturelle Kommunikation" in Hildesheim. Sie muss eine Seminararbeit schreiben im Seminar „Interkulturelle Kommunikation in Institutionen". Sie hat eine Idee und geht in die Sprechstunde von Professorin Geistreich. Markieren Sie das „Universitätsvokabular".

Isabella: Guten Tag Frau Geistreich, ich wollte mit Ihnen über meine Seminararbeit sprechen.
Frau Geistreich: Gerne. Nehmen Sie Platz. An welches Thema haben Sie gedacht?
Isabella: Ich habe im Unimagazin einen Artikel gelesen über Kleidungsstile von Studenten in Deutschland.
Frau Geistreich: Dieses Thema ist interessant. Hier haben wir eine Form von nonverbaler Kommunikation an der Hochschule.
Isabella: Gibt es dazu denn wissenschaftliche Literatur? Welche Autoren können Sie mir empfehlen?
Frau Geistreich: Das Buch von Müller (2012) und den Artikel von Peters (2013). Meinen Sie, in Italien haben die Studierenden unterschiedliche Kleidungsstile?
Isabella: Ich glaube ja. Deswegen möchte ich auch Interviews machen und die Studenten dazu befragen.
Frau Geistreich: Da können Sie auch einen interkulturellen Vergleich machen. Die Methode „Interview" hilft Ihnen, eventuell Gründe und Meinungen zum Thema herauszufinden.
Isabella: Dann werde ich also gleich mal in der Bibliothek die Literaturrecherche beginnen … Ach und bis wann muss ich die Arbeit abgeben?
Frau Geistreich: Am Ende der vorlesungsfreien Zeit, bitte.
Isabella: Ah gut. Vielen Dank. Auf Wiedersehen.
Frau Geistreich: Auf Wiedersehen.

> Seminar- oder Hausarbeit: Schriftliche Arbeit an der Uni (20–30 Seiten) über ein wissenschaftliches Thema.

b Gehen Sie auf die Suchmaske der Staatsbibliothek München. Suchen Sie Literatur zum Thema „Interkulturelle Kommunikation". Was haben Sie gefunden? Vergleichen Sie mit Ihrem Partner.

> www.bsb-muenchen.de

2 Über Sprache und Kultur reflektieren

a Sprichwörter mit Kleidung und Wetter. Welche Sprichwörter passen zusammen? Ordnen Sie zu. Was ist Ihre Bedeutung?

1. Das ist Jacke
2. Kleider machen
3. Für jemanden das
4. Es gibt kein schlechtes Wetter,
5. Über Geschmack
6. Wie vom Blitz

a. ⌷ nur schlechte Kleidung.
b. ⌷ lässt sich streiten.
c. ⌷ letzte Hemd geben.
d. ⌷ wie Hose.
e. _6_ getroffen sein.
f. ⌷ Leute.

Das ist egal [1].
Jeder hat einen anderen Geschmack [2].
Bereit sein, für jemanden alles zu geben [3].
Jemand ist sehr überrascht [4].
Für jedes Wetter gibt es Kleidung [5].
Kleidung kann auf den sozialen Status hinweisen [6].

b Gibt es in Ihrer Sprache Sprichwörter mit Kleidung oder Wetter?

c Gibt es in Ihrer Sprache auch einen Diminutiv? Ergänzen Sie die Tabelle und vergleichen Sie im Kurs.

Deutsch	Englisch	Ihre Sprache
Das Kind – das Kindchen	The child – the little child	

3 Miniprojekt

Arbeiten Sie in Gruppen. Sammeln Sie Informationen über München und Hildesheim. Suchen Sie in Zeitungen, Büchern oder im Internet zu folgenden Themen: Stadtgeschichte, Sehenswürdigkeiten, Attraktionen, Essen und Trinken, aber auch Universitäten und ihr Studienangebot. Machen Sie einen Ministadtführer.

Phonetik

Das Schwa ist schwach

1 Was ist ein Schwa?

a Hören Sie die Wörter und sprechen Sie sie dann nach. Achten Sie besonders auf das „e" in der Endung. 🔊 87

Mütze	Mützen
Das „e" am Wortende ist ein Schwa. Das heißt, man hört es nur ganz schwach. Das phonetische Zeichen ist: [ə]	In der Endung „-en" spricht man das schwache „e", also das Schwa, oft nicht. Die phonetischen Zeichen sind: [ən]

Auch in den Vorsilben „be-" und „ge-" sowie in der Endung „-el" haben wir ein Schwa.

b In welchen Wörtern ist das „e" ein Schwa? Markieren Sie.

- Jacke   - gelb   - Hose   - Tasche
- Hemd   - Bluse   - fest   - echt

c Hören Sie die Wörter mit dem Schwa-Laut in 1b. Ist alles richtig? 🔊 88

d Hören Sie Wortpaare und sprechen Sie sie nach. 🔊 89

lang – eine lange Bluse   hübsch – eine hübsche Hose   kurz – eine kurze Jacke
blau – eine blaue Socke   schick – eine schicke Weste   rein – reine Wolle

2 Das Schwa in „-en", „-el" und in den Vorsilben „be-" und „ge-"

a Hören Sie die Wortpaare und achten Sie auf das Schwa in der Endung „-en". 🔊 90

Gruppe 1	– shoppen	– arbeiten	– zeigen	– sprechen
Gruppe 2	– bauen	– sehen		
Gruppe 3	– spielen	– fahren		
Gruppe 4	– nehmen	– gewinnen	– singen	

b Was fällt auf? Kreuzen Sie in der Regel an. Sprechen Sie anschließend die Wörter in 2a nach.

Gruppe 1: nach Plosiven (p, b, k, g, t, d) und Frikativen
(z. B. f, s, z, ch, sch):   Man hört das Schwa   a. ☐ gut.   b. ☐ kaum.
Gruppe 2: nach Diphthong (z. B. ei, eu, au) und „h":   Man hört das Schwa   a. ☐ gut.   b. ☐ kaum.
Gruppe 3: nach „l" und „r":   Man hört das Schwa   a. ☐ gut.   b. ☐ kaum.
Gruppe 4: nach „m", „n" und „ng":   Man hört das Schwa   a. ☐ gut.   b. ☐ kaum.

c Hören Sie die Wörter und markieren Sie, wo Sie das Schwa hören. Sprechen Sie anschließend nach. 🔊 91

- Nebel   - Mantel   - geblümt   - bewölkt
- Hagel   - Gürtel   - gestreift   - beginnen
- Artikel   - Ärmel   - gemacht   - Bekleidung

3 Gedichte mit Schwa

Schreiben Sie in Gruppen kleine Texte oder Gedichte mit vielen Schwa-Lauten und lesen Sie sie im Kurs vor.

*Rote Socken
blaue Hosen
schöne Gürtel
gestreifte und geblümte Hemden
schwarze Mäntel
kaufe alles
trage alles
bin modern!*

15 Eine Reise nach Wien

A Unterwegs zur Viennale

1 Wo übernachten?

🔊 39 Hören Sie das Gespräch zwischen Jörg und einer Freundin im Kursbuch A, Aufgabe 1c, noch einmal und beantworten Sie die Fragen.

1. Wohin fährt Jörg?
   Er fährt nach Wien.
2. Wo will Jörg übernachten?
   _____
3. Wie lange will er bleiben?
   _____
4. Was kostet die Übernachtung?
   _____
5. Wie hat er Kontakt mit seinem Gastgeber aufgenommen?
   _____

2 Ein Fall für die Couch

a Lesen Sie den Text im Kursbuch A, Aufgabe 1d, noch einmal. Was passt: **a** oder **b**? Kreuzen Sie an.

1. „Couch surfen" ist
   a. ⬜ eine Sportart.
   b. ⮽ eine Übernachtungsmöglichkeit.
2. Eric reist durch
   a. ⬜ Deutschland und Polen.
   b. ⬜ Deutschland und andere Länder.
3. Er übernachtet lieber
   a. ⬜ in privaten Wohnungen.
   b. ⬜ in Hotels.
4. Er kennt seine Gastgeber
   a. ⬜ persönlich.
   b. ⬜ über das Internet.
5. Die Gastgeber bieten online
   a. ⬜ eine Schlafgelegenheit an.
   b. ⬜ ihre Wohnung an.
6. Die „Couch-Surfer"
   a. ⬜ müssen den Haushalt machen.
   b. ⬜ können ein Geschenk mitbringen.

b Wie heißen die Wörter? Ergänzen Sie bei Nomen den Artikel.

ber | camping | ~~gast~~ | gast | ge | ge | ~~geber~~ | gend | her | ho | ju | lus | nach | platz | rei | schenk | se | tig | tel | ten | ter | über | un | wegs

1. Er hat / bekommt Gäste. → *der Gastgeber*
2. Da kann man in einem Zelt schlafen. → _____
3. über Nacht bleiben → _____
4. Da können Jugendliche und Familien für wenig Geld schlafen. → _____
5. Jemand, der gern reist, ist … → _____
6. nicht zu Hause sein → _____ sein
7. Das bringen Gäste mit. → _____
8. Da kann man ein Zimmer reservieren. → _____

c Lesen Sie den Text im Kursbuch A 1d noch einmal. In Zeile 15 steht die Partikel „ja". Sie kann viele Bedeutungen haben. Welche Bedeutung hat sie hier? Kreuzen Sie an.

a. ⬜ Man benutzt „ja" zum Ausdruck von verschiedenen Gefühlen, wie z. B. Überraschung oder Ärger.
b. ⬜ Man verwendet es auch, wenn etwas dem Gesprächspartner schon bekannt ist: „Ich war ja krank."
     = Wir wissen beide, dass ich krank war.

„Ja" ist in diesen Sätzen immer unbetont.

d Texte korrigieren: Markieren Sie die Fehler in den folgenden Sätzen und ordnen Sie zu: Welche Fehler sind das?

1. „Couch surfen" gefällt mir, weil man andere menschen kennenlernen kann.
2. Ich finde, dass „Couch surfen" ist eine gute Idee.
3. Ich möchte „Couch surfen" nicht ausprobieren, weil ich nicht bei fremden Leuten schlafen wollen.

a. ☐ Position der Verben
b. ☐ Konjugation der Verben
c. ☐ Groß- und Kleinschreibung

e Korrigieren Sie die Fehler in Ihren Texten mithilfe der Checkliste in 2d. Ergänzen Sie die Checkliste, wenn Sie noch andere Fehlertypen finden.

3 Filme ansehen

Sie lesen in einer Zeitung folgenden Text. Was ist richtig: **a**, **b** oder **c**? Kreuzen Sie an.

Der treue Viennale-Fan Werner Schmidt

„Von Filmen kann ich nicht genug bekommen"

Werner Schmidt fährt jeden Herbst nach Wien, schon seit 15 Jahren. Was fasziniert ihn so an Wien im Oktober? „Es ist die Viennale, die mich anzieht", sagt der in Detmold (Nordrhein-Westfalen) lebende 45-Jährige. In seiner Heimatstadt organisiert er Filmabende in seinem Firmenbüro, wo er Kinofilme in privatem
5 Kreis zeigt. Dem begeisterten Filmfan geht es aber nicht um den kommerziellen „Mainstream", also was man normalerweise im Kino sehen kann. Er will lieber das Besondere zeigen, eher unbekannte Filme. Das mögen auch seine Freunde und sie kommen deshalb gern zu seinen Vorführungen mit gemütlichem Abend. „Ein guter Film ist immer auch eine Anregung für ein spannendes Gespräch da-
10 nach", meint Schmidt.
Bei der Viennale findet Schmidt Anregungen für seine Filmabende. Zusätzlich zur Viennale reist er auch regelmäßig zu anderen europäischen Filmfestivals. Während eines Festivals sieht er oft mehrere Filme an einem Tag. Außerdem nimmt er auch am Rahmenprogramm teil, z. B. an Diskussionsveranstaltungen. Mit Wien verbindet Schmidt aber mehr als nur die Liebe zum Film: Bei der Viennale vor 12 Jahren lernte er seine Frau kennen. Seit
15 10 Jahren lebt die Wienerin nun schon in Deutschland. Sie freut sich auf die jährliche Wien-Reise zur Viennale. Und natürlich versucht Schmidt für die Filmabende immer wieder Filme zu finden, die in Wien spielen.

Viennale-Fan Werner Schmidt aus Detmold

1. Werner Schmidt ...
   a. ☐ liebt den Herbst.
   b. ☐ fährt gern nach Detmold.
   c. ☒ fährt jedes Jahr zur Viennale.

2. Er zeigt Filme ...
   a. ☐ von seinen Wien-Reisen.
   b. ☐ bei sich im Büro.
   c. ☐ in seinem eigenen Kino.

3. Der Filmfan mag außerdem ...
   a. ☐ die Gespräche nach den Filmen.
   b. ☐ Vorführungen bei Freunden.
   c. ☐ Filme, die in Kinos laufen.

4. Werner Schmidt ...
   a. ☐ nimmt nur an der Viennale teil.
   b. ☐ möchte andere Filmfestivals kennen lernen.
   c. ☐ bekommt in Wien Ideen für Filmabende.

5. Schmidt mag Wien besonders, weil ...
   a. ☐ es in vielen Filmen vorkommt.
   b. ☐ es die Heimat seiner Frau ist.
   c. ☐ er viele Anregungen findet.

6. Dieser Text informiert über ...
   a. ☐ bekannte Filmfestivals.
   b. ☐ Filme für großes Publikum.
   c. ☐ das Leben eines Filmfans.

15 Eine Reise nach Wien

B Spaziergang in der Innenstadt

1 Das müssen Sie sehen!

Lesen Sie die Texte im Kursbuch B, Aufgabe 1a, noch einmal. Ordnen Sie zu.

1. Naschmarkt
2. Wien-Museum
3. Kahlenberg
4. Sacher
5. Musikverein
6. Staatsoper

a. ☐ Im 19. Jahrhundert war es das erste Gebäude in der Ringstraße.
b. ☐ Für Leute, die gern Torte essen oder im Luxushotel wohnen.
c. ☐1☐ Bekannt für das Angebot an internationalen Waren.
d. ☐ Ein bekanntes Orchester spielt hier jedes Jahr zum Jahreswechsel.
e. ☐ Hier erfahren Besucher viel über Wiener Kunst und Geschichte.
f. ☐ Man hat eine tolle Aussicht über die ganze Stadt.

2 Was in Plänen steht

a „der", „die" oder „das" – welcher bestimmte Artikel (im Nominativ) passt? Ergänzen Sie auch den Plural.

~~Dom~~ | Gasse | Kirche | Museum | Oper | Park | Platz | Straße | Autobahn | Gebäude | Ort

der Dom, die Dome ...

b Ordnen Sie die Verben den Bildern zu.

umkehren | ~~abbiegen~~ | überqueren | vorbeigehen

1. *abbiegen*   2. _____   3. _____   4. _____

3 Ortsangaben

a Präposition mit Dativ, mit Akkusativ oder Wechselpräposition? Schreiben Sie die Präpositionen in die Tabelle.

~~bei~~ | an | zu | (rechts / links / gegenüber) von | auf | ... entlang | in | aus | durch

1. Dativ   *bei, ...*
2. Akkusativ   _____
3. Wechselpräposition _____

in + dem = im
von + dem = vom
zu + dem = zum
zu + der = zur
bei + dem = beim
an + dem = am

in + das = ins

b Ergänzen Sie den Artikel im Dativ.

1. *beim* Museum sein
2. gegenüber vo_____ Museum sein
3. bis zu_____ Museum gehen
4. a_____ Musikverein vorbeigehen
5. auf _____ rechten Seite sehen
6. rechts von _____ Tür stehen
7. bis zu_____ Dumbastraße gehen
8. schräg gegenüber vo_____ Musikverein sein
9. aus _____ Museum rauskommen
10. auf _____ Karlsplatz stehen

c Ergänzen Sie den Artikel im Akkusativ.

1. _____ Straße entlang gehen
2. in_____ Museum reingehen
3. rechts in _____ Kärntner Straße einbiegen
4. durch _____ Park laufen
5. _____ Ring entlang gehen
6. in _____ Philharmonikerstraße einbiegen

d „hin-", „her-", „rein" und „raus". Vergleichen Sie die Sätze: Welche sagen das gleiche? Verbinden Sie.

1. Geh hinein!   a. ☐ Komm raus!
2. Komm heraus!   b. ☐ Komm runter!
3. Geh hinauf!   c. 1 Geh rein!
4. Komm herunter!   d. ☐ Geh rauf!

Umgangssprachlich:
rauf, raus, rein

Standardsprachlich:
hinauf / herauf;
hinaus / heraus;
hinein / herein

e „hin" oder „her"? Ordnen Sie die Sätze aus 3d den Bildern zu (X = Position vom Sprecher).

1. _Geh hinauf! Geh rauf!_   2. _____   3. _____   4. _____

f Schauen Sie sich die Bilder noch einmal an. Sie stehen dort, wo das Kreuz ist. Ergänzen Sie dann die Regeln.

1. „hin-" bedeutet: a. ☐ weg vom Sprecher zu einem Ort   b. ☐ von einem Ort zum Sprecher
2. „her-" bedeutet: a. ☐ weg vom Sprecher zu einem Ort   b. ☐ von einem Ort zum Sprecher

g Da war ich schon! Ergänzen Sie die Präpositionen und Artikel.

> Hallo Ruth,
> gestern war ich _im_ [1] Wien-Museum, danach habe ich Michael _____ [2] Café Sacher getroffen und natürlich habe ich ein Stück Sachertorte gegessen. Da musste ich an dich denken ☺ Lecker! Und der Kaffee schmeckt so gut hier. _____ [3] Burgtheater war ich immer noch nicht, da bekommt man nur sehr schwer Karten. Leider waren wir auch nicht _____ [4] Kahlenberg, das Wetter war zu schlecht! _____ [5] Stephansdom war ich natürlich auch schon, aber ich bin nicht _____ [6] Turm gestiegen. Und morgen will ich noch einmal _____ [7] Kino gehen, da läuft wieder eine Doku. Also, ich habe wirklich viel gesehen und ich kann dir Wien sehr empfehlen. Ein paar neue Fotos kannst du auf meinem Blog sehen.
> Liebe Grüße, Jörg

4 Da war ich überall

a Jörg hat Texte und Fotos auf seinen Blog gestellt. Lesen Sie die Texte von Jörg und markieren Sie: Wie beschreibt Jörg die Sehenswürdigkeiten?

> **A** Das ist der Stephansdom. Er ist das Wahrzeichen von Wien und weltberühmt. Die mehr als 300 Stufen auf den Südturm („Steffl") waren mir zu viel.
>
> **B** Das ist das Wien Museum. Da habe ich alte Stadtmodelle der Wiener Innenstadt gesehen. Kunst und Geschichte von der Jungsteinzeit bis ins 20. Jahrhundert.
>
> **C** Hier im Stadtkino im Künstlerhaus laufen auch Viennale-Filme. Bisher habe ich 5 Filme geschafft!!!

b Schreiben Sie einen kurzen Blogeintrag zu den folgenden Sehenswürdigkeiten (vgl. Kursbuch B, Aufgabe 1a). Die Redemittel unten helfen.

1. Kahlenberg   2. Naschmarkt   3. Café Sacher

das berühmteste Café in Wien | eine Superaussicht bis in die Slowakei | viele exotische Lebensmittel | hierhin fährt man, wenn man einen guten Blick auf Wien haben will | ein Hügel vor Wien | ein Markt | hier riecht und schmeckt es super | ich bringe eine ganze Sachertorte mit

15 Eine Reise nach Wien

C Was wollen wir unternehmen?

1 Ja gern!

a Jemand schlägt etwas vor: Wie können Sie reagieren? Schreiben Sie in Ihr Heft.

~~Ja, gern!~~ | Das mache ich nicht so gern. | Das muss ich mir noch überlegen. | Das klingt gut. | Das ist eine gute Idee. | Ich weiß noch nicht genau. | Das ist nichts für mich. | Ja, klar. Sehr gern. | Das gefällt mir bestimmt. | Mal sehen, ich denk' noch mal nach. | Da mache ich lieber etwas anderes.

Ja: Ja, gern! ...   *Nein: ...*   *Vielleicht: ...*

b Was passt? Ordnen Sie zu und bilden Sie Sätze wie im Beispiel.

1. einen Ausflug
2. auf den Dom
3. ins Kino
4. ein Theaterstück
5. „Mensch ärgere dich nicht"
6. den Dom

a. ⊔ sehen
b. ⊔ *1* machen
c. ⊔ spielen
d. ⊔ besichtigen
e. ⊔ gehen
f. ⊔ steigen

1. Wir machen einen Ausflug.

2 Notizen aus Wien

Lesen Sie den Blogeintrag von Jörg im Kursbuch C 3 noch einmal und beantworten Sie die Fragen.

1. Wie findet Jörg die Wohnung von Michael?
2. Was haben die beiden am Vormittag gemacht?
3. Was sagt Jörg über alte Kinos?
4. Wie findet Jörg den Theaterbesuch?

3 Orts- und Zeitangaben im Satz

a Schreiben Sie die Sätze in die Tabelle wie im Beispiel. Markieren Sie die Orts- und Zeitangaben mit verschiedenen Farben.

1. Jörg | aus Wien | Mails | vorgestern | an Freunde | hat | geschickt
2. Er | gestern | ins Museum | gegangen | ist
3. Michael | hat | einen Spiele-Nachmittag | am Samstag | zu Hause
4. Jörg und Michael | am Mittag | in einem Lokal | wollen | essen
5. Jörg | bestellt | im Internet | hat | gestern Abend | eine Theaterkarte
6. Jörg | gerade | ist | nach Hause | gekommen | aus dem Burgtheater

	Pos. 1	Pos. 2	Mittelfeld	Satzende
1.	Jörg	hat	vorgestern aus Wien Mails an Freunde	geschickt.
2.				
3.				
4.				
5.				
6.				

b Formulieren Sie die Sätze. Beginnen Sie immer mit dem Subjekt.

1. bin | ins Museum | gestern | gegangen | ich
   1. Ich bin gestern ins Museum gegangen.
2. bin | letzte Woche | gewesen | oft | im Kino | ich
3. im Zentrum | spazieren gegangen | nach dem Kino | bin | ich
4. Michael und ich | in einem Wiener Beisl | heute Abend | essen
5. wollen | danach | in eine Disko | tanzen gehen | wir
6. eine Woche | gewesen | bin | in Wien | ich
7. nach Hause | morgen | ich | zurückfahren | muss

c Formulieren Sie die Sätze aus 3b um. Beginnen Sie mit folgenden Angaben.

1. Zeit   2. Ort   3. Zeit   4. Zeit   5. Zeit   6. Ort   7. Zeit

1. Gestern bin ich ins Museum gegangen.

4 In der Touristeninformation – Indirekte Fragesätze

a Was sind direkte (d), was sind indirekte (i) Fragen? Kreuzen Sie an.

	d	i
1. Haben Sie einen Augenblick Zeit?	X	☐
2. Können Sie mir sagen, wann der Film beginnt?	☐	☐
3. Wie komme ich zum Stephansdom?	☐	☐
4. Gibt es heute eine Vorstellung im Burgtheater?	☐	☐
5. Wissen Sie, wann das Theaterstück beginnt?	☐	☐
6. Ich möchte nachfragen, ob es noch Theaterkarten gibt.	☐	☐
7. Ich möchte wissen, wie viel eine Karte kostet.	☐	☐
8. Wann fahren Sie zurück nach Deutschland?	☐	☐

Nach indirekten Fragen steht ein Punkt (.), wenn der Einleitungssatz keine Frage ist, z. B. *Ich möchte wissen, wann du kommst.*

Nach indirekten Fragen steht ein Fragezeichen (?), wenn der Einleitungssatz eine Frage ist, z. B. *Weißt du, wann du kommst?*

b Formen Sie die W-Fragen in indirekte Fragen um.

1. Was kostet die Führung? → Können Sie mir sagen, *was die Führung kostet?*
2. Wann beginnt der Film? → Wissen Sie, _____
3. Wo kann man Karten kaufen? → Ich möchte gern wissen, _____
4. Wie lange dauert der Film? → Weißt du, _____

c Formen Sie die Ja/Nein-Fragen in indirekte Fragen um.

1. Gibt es noch andere Führungen? → Kannst du mir sagen, *ob es noch andere Führungen gibt?*
2. Findet die Führung auch am Samstag statt? → Wissen Sie, _____
3. Darf man im Museum fotografieren? → Können Sie mir sagen, _____
4. Gibt es auch Tagestickets? → Wissen Sie, _____

d Hören Sie, was der Sprecher sagt und beantworten Sie die Frage: Was macht Jörg? 🔊 92

e Hörstile: Was passt: **a** oder **b**? Kreuzen Sie an.

Wenn Sie die Frage in 4d beantworten wollen, dann müssen Sie
a. ☐ alles verstehen.   b. ☐ nur die zentralen Informationen verstehen.

Hörstil Globales Hören: Sie interessieren sich nur für eine oder mehrere zentrale Informationen.

15 Eine Reise nach Wien

DaF kompakt – mehr entdecken

1 Sprachliche Elemente in Texten erkennen und selbst verwenden – Paralleltexte schreiben

a Lesen Sie den Bericht über den Film „Der Dritte Mann" auf der linken Seite. Markieren Sie im Text die Informationen über den Film.

„Der Dritte Mann"

Der schwarz-weiß gedrehte Thriller heißt im Original „The Third Man". Regisseur ist der Brite Carol Reed, Graham Greene hat das Drehbuch geschrieben. Der Film spielt in der Nachkriegszeit in Wien;
5 man drehte ihn an Originalschauplätzen in der Wiener Innenstadt, am Riesenrad im Prater, in der Kanalisation usw.
Die Hauptfigur, der amerikanische Autor Holly Martins, spielt Joseph Cotton, seinen Jugendfreund
10 Harry Lime stellt Orson Welles dar. Die weibliche Hauptrolle spielt Alida Valli als Anna Schmidt.
Berühmt ist auch die Filmmusik (besonders das „Harry-Lime"-Theme) von Anton Karas. Sie führte 1950 mehrere Wochen die US-Hitparade an.
15 Der Film kam im August 1949 in Großbritannien in die Kinos. Er gewann im gleichen Jahr den Grand Prix (großen Preis) beim Filmfestival Cannes.

(Filmtitel)
(Filmgenre) heißt im Original „...".
Regisseur ist *(Name)*, *(Name)* hat das Drehbuch geschrieben.
Der Film spielt *(Zeit und / oder Ort)*; man drehte *(Ort)*.

Die Hauptfigur *(Name Filmfigur)* spielt *(Name Schauspieler/in)*, *(Name Filmfigur)* stellt *(Name Schauspieler/in)* dar. Die weibliche Hauptrolle spielt *(Name Schauspielerin)* als *(Name Filmfigur)*.
Berühmt ist ...

Der Film kam *(Zeit)* in die Kinos.
Er gewann ...

b Vergleichen Sie Ihre Markierungen mit dem Textgerüst auf der rechten Seite. Sprechen Sie im Kurs über die Methode „Paralleltext". Was sind die Vorteile, was die Nachteile?

2 Über Sprache reflektieren

Reihenfolge von Zeit- und Ortsangaben: Lesen Sie das Beispiel. Wie wird das in anderen Sprachen ausgedrückt? Ergänzen Sie und vergleichen Sie im Kurs.

Deutsch	Englisch	andere Sprache(n)
Ich bin gestern Abend ins Kino gegangen.	I went to the cinema yesterday evening.	

3 Miniprojekt: Über einen Film berichten

Schreiben Sie mithilfe des Textgerüsts aus 1a einen kurzen Text über einen Film Ihrer Wahl. Vergleichen Sie Ihre Zusammenfassung mit einem Partner / einer Partnerin.

Phonetik

Träume in Wien

1 Diphthonge

a Bitte hören Sie die Laute und die Wörter und sprechen Sie sie nach. 🔊 93

Laut	Schrift	Beispiele
[aɛ̯]	ei, ai, ey, ay	sein, Mai, Norderney, Mayer
[ɔœ̯]	eu, äu	heute, Häuser
[aɔ̯]	au	Haus

Diphthonge sind Vokalkombinationen. Sie werden wie ein Laut gesprochen. Im Deutschen gibt es drei Diphthonge: [aɛ̯] [ɔœ̯] [aɔ̯].

b Hören Sie die Wortpaare und sprechen Sie sie nach. 🔊 94

1. a. ☐ Feuer   b. ☐ Feier   6. a. ☐ euer   b. ☐ Eier
2. a. ☐ Baum   b. ☐ Bäume   7. a. ☐ Eis   b. ☐ aus
3. a. ☐ heiß   b. ☐ Haus   8. a. ☐ Frauen b. ☐ freuen
4. a. ☐ Leute   b. ☐ Laute   9. a. ☐ Raum   b. ☐ Räume
5. a. ☐ Mais   b. ☐ Maus   10. a. ☐ Reis   b. ☐ raus

c Sie hören jetzt immer nur eins von den Wörtern in 1b. Was hören Sie: **a** oder **b**? Kreuzen Sie an. 🔊 95

2 Eine Umfrage unter Wienern. Was sind Ihre Träume?

a Hören Sie die Wortgruppen. Achten Sie besonders auf die Diphthonge. Sprechen Sie dann die Wortgruppen nach. 🔊 96

- Europa bereisen
- im August nach Norderney fahren
- im Mai Zeit haben
- neue Freunde finden
- eine Reise nach Bayern machen
- ein Feuer machen und feiern
- häufig ausgehen
- einmal Kaiser sein
- ein blaues Haus bauen
- ohne Maut auf der Autobahn fahren
- kleine Steine suchen
- eine Ausstellung über Malerei ansehen

b Was sind Ihre Träume? Sprechen Sie im Kurs. Benutzen Sie viele Wörter mit Diphthongen.

Ich möchte ein kleines Haus kaufen.   Ich will Urlaub in Neuseeland machen.

3 Diphtonge sammeln

a Sammeln Sie aus Lektion 13, 14 und 15 Wörter mit Diphthongen. Wer findet die meisten?

[aɛ̯]	[ɔœ̯]	[aɔ̯]
Überweisung, …	Gebäude, …	Auto, …

b Sammeln Sie in Gruppen Wörter mit „au". Eine Gruppe sagt das Wort im Singular, die andere sagt es im Plural. Ist der Plural richtig, bekommt sie einen Punkt.

Haus? Häuser. Ja, richtig.   Bau? Bäuer. Nein, falsch. Bauten.

16 Ausbildung oder Studium?

A Nach der Grundschule

1 Das Bildungssystem in Deutschland

a Das Bildungssystem der Bundesrepublik ist sehr komplex, weil dieses Land föderalistisch ist. Lesen Sie den Text. Was ist richtig (r), was ist falsch (f)? Kreuzen Sie an.

> Für die Bildungspolitik sind in Deutschland in erster Linie die Bundesländer verantwortlich. Ihre Landesregierungen können selbständig entscheiden, wie sie ihr allgemeines Schulwesen gestalten. Dadurch gibt es Unterschiede zwischen den einzelnen Ländern, z.B. dauert die Grundschulzeit in Berlin sechs Jahre, während sie in den anderen Ländern nur 4 Jahre dauert. Auch die Bezeichnung
> 5 bestimmter Schulformen kann unterschiedlich sein. Trotzdem gibt es eine gemeinsame Grundstruktur des Bildungssystems. Die Schulpflicht beginnt mit sechs und endet mit 18 Jahren. Es existiert eine sog. Vollzeitschulpflicht, die neun bzw. zehn Jahre an einer allgemeinbildenden Schule umfasst. Das Bildungssystem besteht aus fünf großen Bildungsbereichen: Elementarbereich, Primarbereich, Sekundarbereich I, Sekundarbereich II und Tertiärbereich.
> 10 Der Elementarbereich betrifft das Alter von 3–5 Jahren. Dazu gehören u.a. die Kinderkrippe, der Kindergarten und die Kindertagesstätte. Der Besuch ist in Deutschland nicht obligatorisch. Trotzdem gehen über 90% der Kinder in eine dieser Institutionen. Mit sechs Jahren treten die Kinder in die Grundschule ein. Diese umfasst i.d.R. die Klassenstufen 1 bis 4. Es ist die einzige Schule, die alle Schülerinnen und Schüler gemeinsam besuchen. Am Ende der Grundschulzeit entscheiden
> 15 Lehrer und Eltern zusammen, meist auf der Basis von Schulnoten, Beobachtungen und Gesprächen, welche weiterführende Schule für die Kinder am besten ist.

	r	f
1. Die Bundesregierung entscheidet die Bildungspolitik.	☐	☐
2. Der Besuch des Kindergartens ist obligatorisch.	☐	☐
3. Die Grundschule dauert i.d.R. vier Jahre.	☐	☐
4. Alle Kinder müssen bis 18 Jahre zur Schule gehen.	☐	☐
5. Nach der 4. Klasse gehen alle Schüler auf die gleiche Schule.	☐	☐

b Lesen Sie den Text im Kursbuch Teil A Aufgabe 1b und den Text in Aufgabe 1a oben noch einmal. Ergänzen Sie mit den Informationen aus beiden Texten das Schema.

2 Arbeit mit dem Wörterbuch: Berufe und Ausbildung

Was passt? Schreiben Sie die Wörter aus dem Schüttelkasten in die passenden Lücken. Arbeiten Sie auch mit einem einsprachigen Wörterbuch.

~~ein Studium~~ | das Abitur | ein Handwerker | ein Bankkaufmann | die „duale Ausbildung" | eine Lehre | ein Abschlusszeugnis | ein Praktikum | das Gymnasium | „Lehrling"

1. *Ein Studium* macht man an einer Universität.
2. _____ arbeitet bei einer Bank. Seine Aufgaben sind Kundenberatung und Verkauf.
3. _____ besuchen Schüler, wenn sie das Abitur machen möchten.
4. _____ arbeitet mit der Hand und meist auf Bestellung.
5. _____ braucht man, wenn man studieren will.
6. _____ bekommt man am Ende der Schulzeit.
7. _____ ist die gleichzeitige Ausbildung in Betrieb und Berufsschule.
8. _____ ist eine andere Bezeichnung für „Auszubildende(r)".
9. _____ macht man, weil man Berufserfahrung sammeln will.
10. _____ kann man ohne Abitur machen.

3 Ausbildung oder Studium

a Hören Sie das Gespräch zwischen Emma, Tim, Rainer und Sofia im Kursbuch Teil A Aufgabe 2c noch einmal. Wer hat welche Meinung? Ordnen Sie die Namen zu. Lesen Sie zuerst die Sätze und konzentrieren Sie sich dann beim Hören auf die gesuchten Informationen (Selektives Hören).   44–45

1. *Emma* findet, dass es nur nach einem Studium interessante Jobs gibt.
2. _____ findet eine Ausbildung besser, weil man dann sofort Geld verdient.
3. _____ findet, dass man auch nach einer Berufsausbildung noch studieren kann.
4. _____ findet am Gymnasium alles zu theoretisch.
5. _____ findet, dass man Praktika machen kann, wenn man Berufserfahrung sammeln will.

b Haben Sie das gehört: ja (j) oder nein (n)? Kreuzen Sie an.

	j	n
1. Eine Ausbildung dauert genauso lange wie ein Studium.	☐	☐
2. Während einer Ausbildung verdient man schon Geld.	☐	☐
3. Jeder Handwerker hat eine eigene Firma.	☐	☐
4. Nach dem Abitur kann man keine Ausbildung machen.	☐	☐
5. Einen Mittleren Abschluss hat man mit dem Abschlusszeugnis der 10. Klasse.	☐	☐
6. Man braucht kein Abitur, wenn man Physiotherapeutin werden will.	☐	☐
7. Wenn man studiert, kann man keine Berufserfahrung sammeln.	☐	☐
8. Man muss in den Semesterferien Praktika machen.	☐	☐

4 Und bei Ihnen?

Vergleichen Sie. Sprechen Sie in Gruppen. Präsentieren Sie Ihr Ergebnis dann im Kurs.

Welche Ausbildung / Welches Studium ist in deinem / Ihrem Land beliebt?
Verdient man schon in der Ausbildung Geld?
Wo macht man eine handwerkliche Ausbildung: nur in einer Schule, in einem Betrieb, …?
Kostet das Studium in deinem / Ihrem Land etwas?
Wann hat man bessere Chancen auf eine Arbeitsstelle: nach einer Ausbildung oder nach einem Studium?
Was finden Sie besser?

Der Ausdruck *Es ist besser / schwieriger / einfacher / …* braucht „zu + Infinitiv".

> Bei uns studieren viele Jugendliche, weil …

16 Ausbildung oder Studium?

B Ich bin Azubi

1 Konjunktiv II – höfliche Fragen, Empfehlungen, Wünsche und Träume

a Ergänzen Sie die Tabelle.

haben	Präteritum	Konjunktiv II	haben	Präteritum	Konjunktiv II
ich	hatte	hätte	wir		hätten
du	hattest		ihr	hattet	
er/sie/es			sie/Sie		hätten

b Lesen Sie die Fragen und Bitten. Schreiben Sie sie höflicher und benutzen Sie den Konjunktiv II.

1. Dürfen wir euch eine Frage stellen? _Dürften wir euch eine Frage stellen?_
2. Kannst du mir helfen? _____
3. Habt ihr kurz Zeit? _____
4. Willst du eine Tasse Tee? _____
5. Hast du Lust, mit mir ins Kino zu gehen? _____
6. Schickst du mir eine SMS? _____
7. Können Sie mir sagen, wie spät es ist? _____
8. Geben Sie mir bitte Ihre E-Mail-Adresse? _____
9. Ist es möglich, einen Test zu machen? _____

c Was passt besser: „würde(n)", „hätte(n)", „könnte(n)", „dürfte(n)"? Bitte korrigieren Sie die Verben im Konjunktiv II. Manchmal gibt es zwei Lösungen.

1. ~~Dürften~~ Sie ein bisschen Zeit für mich?
2. Wir hätten gern mit Ihnen sprechen.
3. Ich könnte eine große Bitte.
4. Ich würde gern Ihre Telefonnummer.
5. Dürftest du mich beraten?
6. Würde ich mal telefonieren?
7. Dürftet ihr mir bitte helfen?
8. Hätten Sie mir bitte eine Information geben?
9. Würde ich bitte bei Ihnen vorbeikommen?
10. Ich dürfte Ihnen gern ein paar Fragen stellen.
11. Welchen Beruf hätten Sie empfehlen?
12. Wann würde ich Sie anrufen?

1. Hätten Sie ein bisschen Zeit für mich?

d Welche Wünsche und Träume haben Sie? Schreiben Sie verschiedene Sätze in Ihr Heft. Tauschen Sie sich danach mit Ihrem Partner aus.

1. Ich möchte gern _____.
2. Ich würde gern/lieber _____.
3. Ich hätte Lust, _____ zu _____.
4. Ich könnte mir vorstellen, _____ zu _____.
5. Ich würde lieber/am liebsten _____.
6. Ich hätte eine Bitte. Könnten Sie _____.
7. Es wäre für mich besser/am besten, wenn ich _____.

Ausdrücke wie „Ich hätte Lust, …" und „Ich könnte mir vorstellen, …" bilden Nebensätze mit „zu + Infinitiv".

2 Geben Sie Ratschläge!

Schreiben Sie ein Problem auf einen Zettel. Gehen Sie durch den Raum und tauschen Sie die Zettel, bis der Kursleiter/die Kursleiterin „Stopp" ruft. Lesen Sie dann „Ihr" Problem, sagen Sie es mindestens vier verschiedenen Teilnehmern/Teilnehmerinnen und notieren Sie die Ratschläge. Nennen Sie am Ende im Kurs das Problem und die zwei besten Ratschläge.

3 Arbeit mit dem Wörterbuch: Auf der Suche nach der richtigen Endung

a Welche Endung haben die Wörter im Genitiv? Schreiben Sie die Wörter in eine Tabelle in Ihr Heft.

Abschluss | Arbeit | Ausbildung | Beruf | Firma | Gruß | Haus | Kollege | Kunde | Lehre | Lehrer | Markt | Nachbar | Patient | Praktikant | Praxis | Stress | Rezept | Satz | Studium | Vergleich | Vorschlag | Zentrum | Zettel

nur -s	nur -es	-s oder -es	-n/-en	–
	des Abschlusses			

b Lesen Sie die Regel. Bei welchen Wörtern kann man das „e" in der Genitivendung weglassen?

Die Endung „-es" muss bei maskulinen und neutralen Nomen verwendet werden, wenn das Nomen mit „s, ß, x, z" endet. Die Endung „-es" kann bei maskulinen und neutralen Nomen verwendet werden, wenn das Nomen
– einsilbig ist: der Tag – des Tag(e)s
– mehrere Konsonanten am Ende hat: das Geschenk – des Geschenk(e)s.
Bei Nomen mit der Genitivendung „-(e)s" benutzt man „-es" nur im gehobenen Sprachstil, z. B. „der Empfänger des Briefes" oder in festen Ausdrücken, z. B. „eines Tages" oder „guten Mutes sein".

~~Gespräch~~ | Platz | Dienst | Tag | Geld | Sitz | Test | Tanz | Ziel | Rezept | Schluss | Anruf | Ort | Brief | Fuß | Rad | Flug | Bereich

Gespräch → des Gesprächs

c Was kann bei der Berufswahl helfen? Formulieren Sie wie im Beispiel.

1. Rat / **mein** Vater
2. Ideen / die Freunde
3. Ratschläge / **mein** Lehrer
4. Informationen / ein Berufsberater
5. Vortrag / ein Experte
6. Besuch / ein Betrieb

1. der Rat meines Vaters

d Lesen Sie die Regel und formulieren Sie die Ausdrücke um.

Vorangestellte Eigennamen stehen im Genitiv. In der gesprochenen Sprache wird bei Eigennamen oft auch „von" + Namen verwendet, z. B. Pauls Fahrrad = das Fahrrad von Paul; Ines' CD = die CD von Ines. In der Schriftsprache sollten Sie das nicht verwenden.

1. „die Pläne von Tim"   3. „der Berufswunsch von Rainer"   5. „das Studium von Emma"
2. „die Freundin von Sofia"   4. „die Vorschläge von Herrn Schmitz"   6. „die Schule von Agnes"

1. Tims Pläne

e Lesen Sie die Stichwörter und verbinden Sie sie mit „von" + Dativ.

1. Beratung – Anleger   2. Abschluss – Verträge
3. Überwachung – Termine   4. Gestaltung – Verkaufsräume

f Lesen Sie die Tabelle und ergänzen Sie die Adjektivendungen im Genitiv. Was fällt auf?

	best. Artikel	unbest. Artikel	Possessivartikel	ohne Artikel
M	des groß**en** Erfolgs	eines groß___ Erfolgs	meines groß___ Erfolgs	groß**en** Erfolgs
N	des groß___ Lebens	eines groß**en** Lebens	meines groß___ Lebens	groß___ Lebens
F	der kurz___ Karriere	einer kurz___ Karriere	deiner kurz___ Karriere	kurz**er** Karriere
Pl.	der gestresst___ Manager	gestresst**er** Manager	unserer gestresst___ Manager	gestresst___ Manager

A1–B1: 137

einhundertdreiundfünfzig 153

16 Ausbildung oder Studium?

C Das duale Studium

1 Rainer und Sofia bei der Berufsberatung

🔊 46–48 Markieren Sie die Verben in den Sätzen. Ergänzen Sie die Präpositionen zu den Verben. Hören Sie anschließend nochmals das Beratungsgespräch im Kursbuch Teil C Aufgabe 1c an und kontrollieren Sie.

1. In der Schule haben wir *über* mögliche Berufe gesprochen.
2. Haben Sie irgendeine Vorstellung _____ einem konkreten Beruf?
3. Haben Sie auch schon mal _____ ein duales Studium gedacht?
4. Ich habe schon da_____ gehört.
5. Wenn Sie sich _____ ein duales Studium an einer Hochschule entscheiden, …
6. Natürlich geht es hier _____ andere Berufe als beim dualen Ausbildungssystem.
7. Das hängt _____ Bundesland und _____ der jeweiligen Stadt ab.
8. Das kommt jetzt konkret _____ das Unternehmen an.

2 Eine E-Mail an Emma

a Lesen Sie die Mail im Kursbuch (C 2) nochmals und schreiben Sie die Vorteile und Nachteile des dualen Studiums in eine Tabelle. Nutzen Sie evtl. auch die Informationen aus dem Beratungsgespräch (C 1c).

b Spielen Sie ein Gespräch, in dem Sie sich in die Rolle von Rainer denken und für das duale Studium plädieren. Ihre Partnerin ist Emma. Sie versucht, Sie davon zu überzeugen, dass dies keine gute Idee ist und zählt die negativen Seiten auf. Benutzen Sie dabei den Konjunktiv II, da es sich um eine irreale Situation handelt.

> Ich würde gerne das duale Studium machen, weil ich Geld verdienen würde.

> Du hättest aber …

3 Grammatik kompakt: Relativsätze

Was schreibt Rainer in seiner Mail im Kursbuch C 2? Ordnen Sie zu.

Er schreibt über

1. Frau Scholz,
2. Herrn Schmitz,
3. den Berufsberater,
4. das duale Studium,
5. Studiengänge,
6. die Schulabschlüsse,
7. einen Freund,
8. die Vorteile,

a. ⎵ von dem er und Sofia noch nicht viel gehört hatten.
b. ⎵ die für ihn wichtig sind.
c. ⎵ die Voraussetzung sind.
d. ⎵ mit dem er gesprochen hat.
e. ⎵ die vor Jahren Sofias Klassenlehrerin war.
f. ⎵ der Rainer und Sofia beraten hat.
g. ⎵ bei denen man sogar soziale Berufe erlernen kann.
h. ⎵ der sehr kompetent war.

4 Berufswünsche

Ergänzen Sie die passenden Relativpronomen.

A Ich hätte gern einen Beruf,
der [1] gut zu mir passt, mit _____ [2] ich viel Geld verdiene, für _____ [3] ich ein Studium brauche, mit _____ [4] ich zufrieden sein kann, _____ [5] auch meine Familie gut findet, _____ [6] auch in Zukunft wichtig ist, bei _____ [7] ich viel unterwegs bin, durch _____ [8] ich viele Leute kennenlerne, _____ [9] mich glücklich macht, von _____ [10] ich immer begeistert bin.

B Ich suche eine Arbeit,
_____ [1] mir Spaß macht, _____ [2] leicht ist; bei _____ [3] ich nicht früh aufstehen muss, _____ [4] nicht müde oder krank macht, bei _____ [5] ich nicht viel denken muss, für _____ [6] ich keine Ausbildung brauche, _____ [7] ich im Büro machen kann, bei _____ [8] ich nicht viel Kontakt mit Leuten habe, von _____ [9] ich gut leben kann, _____ [10] mir und meinen Freunden gefällt.

5 Berufe raten: Was bin ich von Beruf?

Verbinden Sie die Sätze mit einem Relativpronomen wie im Beispiel.

1. Ich habe einen Beruf. Er macht mir viel Spaß.
2. An meinem Arbeitsplatz arbeiten Kollegen. Mit ihnen kann ich gut zusammenarbeiten.
3. Auf meinem Schreibtisch steht ein Computer. Ich arbeite viele Stunden an dem Computer.
4. Ich suche im Internet Informationen. Ich brauche die Informationen für meine Artikel.
5. Ich treffe wichtige Leute aus Politik und Gesellschaft. Ich mache Interviews mit ihnen.
6. Ich bin _____ von Beruf.

1. Ich habe einen Beruf, der mir viel Spaß macht.

6 Stefanias Weg zum dualen Studium in Deutschland

a Stefania aus Italien stellt ihren Weg zum dualen Studium in Deutschland vor. Sie hält einen Vortrag, der in vier Punkte gegliedert ist. Vermuten Sie, was könnte sie zu den einzelnen Punkten sagen?

1. Was habe ich vor dem dualen Studium gemacht und wie habe ich davon erfahren?
2. Welchen Studiengang habe ich gewählt?
3. Wie funktioniert mein duales Studium?
4. Wie gefällt mir das duale Studium?

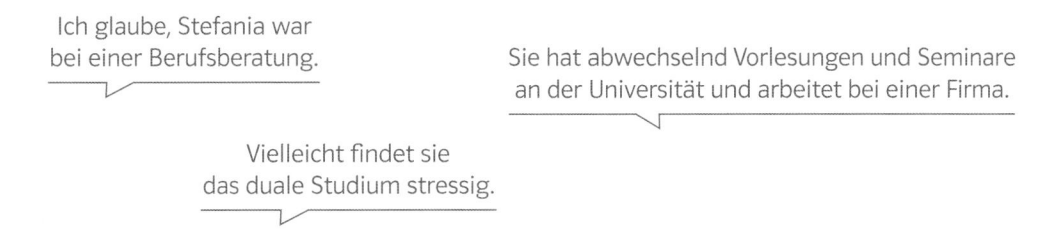

> Ich glaube, Stefania war bei einer Berufsberatung.

> Sie hat abwechselnd Vorlesungen und Seminare an der Universität und arbeitet bei einer Firma.

> Vielleicht findet sie das duale Studium stressig.

b Hören Sie Stefanias Präsentation. Vergleichen Sie mit Ihren Vermutungen in 6a. 🔊 97–101

c Hören Sie noch einmal und notieren Sie sich wichtige Stichpunkte zu den folgenden Fragen ins Heft. 🔊 97–101

1. Woher kommt Stefania und was hat sie vor dem dualen Studium gemacht?
2. Wie hat sie vom dualen Studium erfahren?
3. Welche Überlegungen haben zu ihrer konkreten Wahl geführt?
4. Welche Kompetenzen sind für ihre Aufgaben wichtig?
5. Wie gefällt Stefania das duale Studium?

d Bereiten Sie die Folien der Präsentation vor, wie Stefania sie wahrscheinlich aufgebaut hat. Hören Sie sich die Präsentation nochmals an und prüfen Sie dabei, ob die Folien auf diese Weise funktionieren.

e Folgende Redemittel verwendet Stefania zur Gliederung ihrer Präsentation. Schreiben Sie die Redemittel in eine Tabelle in Ihr Heft.

~~Hallo und guten Morgen!~~ | Im Rahmen von unserem Thema „…" möchte ich … vorstellen. … | ~~Meine Präsentation gliedert sich in … Punkte: Erstens …, zweitens …, drittens …~~ | Zu Punkt 1: … | ~~Ihr wisst, dass …~~ | Ich wollte… | Zuerst … Dann … Schließlich … | Das führt mich zu Punkt 2: … | Mein Ziel war es, … | Und damit komme ich zu Punkt 3, den ich in … Unterpunkte gegliedert habe: … | Zunächst zu Punkt 3.1: … | Nun zu Punkt 3.2: … | Meine Aufgaben sind folgende: … | Und zum letzten Unterpunkt: … | Damit komme ich schon zu meinem letzten Punkt: … | Ich muss zugeben … Aber … | So, das war ein kurzer Überblick über … | Danke fürs Zuhören. | Wenn ihr Fragen habt, gerne.

Gliederung: Meine Präsentation gliedert sich in … Punkte: Erstens …, zweitens …, drittens …
Überleitungssätze: Ihr wisst, dass…
Begrüßung / Einleitung / Schluss: Hallo und guten Morgen!

16 Ausbildung oder Studium?

DaF kompakt – mehr entdecken

1 Wortfeld Berufe

a Schauen Sie sich auf der Internetseite www.planet-beruf.de unter „Berufe von A bis Z" verschiedene Ausbildungsberufe in den Bereichen Handwerk, Industrie, Handel und Technik an. Sammeln Sie die Bezeichnungen. Was fällt auf?

b Versuchen Sie, die neuen Begriffe aus dem Internet ohne Wörterbuch zu analysieren, z. B. „Orthopädietechnik-Mechaniker: Orthopädie – Technik – Mechaniker" und stellen Sie eine Hypothese auf, was dieser Mechaniker macht, z. B. *Ein Orthopädietechnik-Mechaniker ist eine Person, die orthopädische Geräte herstellt.* Schauen Sie sich danach die Steckbriefe und weiteren Informationen zum Beruf an, um Ihre Hypothese zu überprüfen. Notieren Sie sich einige Stichpunkte zum Beruf in eine Tabelle in Ihrem Heft. (Es geht nicht um das komplette und detaillierte Verständnis der Darstellung im Internet!)

Berufsbezeichnung	Aufgaben und Tätigkeiten	Nötige Kompetenzen	Was gefällt am Beruf?
Orthopädietechnik-Mechaniker	Prothesen herstellen und bauen, individuell	Handwerkliches Geschick	Lebensqualität anderer Menschen verbessern, Kontakt zu Menschen

c Überlegen Sie sich, welche Berufe es in Ihrem Land in den Bereichen Handwerk, Technik / Informatik, Service, etc. gibt und vergleichen Sie.

2 Über Sprache reflektieren

Ergänzen Sie die Tabelle. Vergleichen Sie im Kurs.

Deutsch	Englisch	andere Sprache(n)
Der Anfang eines großen Erfolges.	The start of a great success.	

3 Miniprojekt: eine Präsentation vorbereiten

a Was sollte man bei einer guten Präsentation beachten? Sammeln Sie im Kurs.

b Korrigieren Sie die Tipps für eine Präsentation. Schreiben Sie sie in der richtigen Reihenfolge auf ein Plakat.

1. Überlegen Sie sich einen langweiligen Einleitungssatz.
2. Sagen Sie den Zuhörern nicht, wie Sie Ihre Präsentation gegliedert haben.
3. Benutzen Sie keine Graphiken und Bilder auf den Folien.
4. Schreiben Sie viel Text auf die Folien.
5. Lesen Sie von der Folie ab und sprechen Sie nicht frei.
6. Schauen Sie immer nur auf den Text oder auf eine bestimmte Person.
7. Sprechen Sie so schnell wie möglich. Und sprechen Sie leise!
8. Formulieren Sie keinen Schlusssatz.
9. Geben Sie den Zuhörern keine Zeit für Fragen.

c Erstellen Sie in verschiedenen Gruppen Powerpoint-Präsentationen (ca. 6 – 8 Folien) und tragen Sie diese in der Klasse vor. Wählen Sie dazu ein konkretes Thema, z. B. die deutschen Bildungsbereiche, ein bestimmter Schultyp oder Vor- und Nachteile einer dualen Ausbildung oder des dualen Studiums. Achten Sie auf die Tipps oben und verwenden Sie die auf S. 155 genannten Redemittel.

Phonetik

Traumberufe

1 Unbetonte Endungen und Akzentvokal

a Hören Sie die folgenden Wörter und achten Sie vor allem auf die Aussprache der unbetonten Endungen „-er" und „-erin" und den Akzentvokal. 🔊 102

(ich) be-ra-te	Be-ra-ter	Bera-te-rin
[ə]	[ɐ]	[ə]
Die Endung „-e" spricht man als Schwa-Laut. Die Endung ist unbetont.	Die Endung „-er" spricht man fast wie ein „a". Die Endung ist unbetont.	In der Endung „-erin" spricht man das „e" als Schwa-Laut. Die Endung ist unbetont.

b Hören Sie die Wörter noch einmal und sprechen Sie sie nach. Besonders wichtig ist der Akzentvokal auf dem Wortstamm. 🔊 102

2 Berufe raten

a Wie heißen die Berufe zu den Verben? Schreiben Sie und markieren Sie den Akzentvokal.

1. lehren — der Lehrer – die Lehrerin
2. fahren
3. übersetzen
4. pflegen
5. arbeiten
6. malen
7. verkaufen
8. backen

b Hören Sie die Lösungen von 2a. Sprechen Sie die Wortpaare dann nach und klopfen Sie bei der Akzentsilbe auf den Tisch. 🔊 103

c Bilden Sie Berufe aus den Wörtern. Schreiben Sie und markieren Sie den Akzentvokal.

1. Sport — der Sportler — die Sportlerin
2. Medizin
3. Handwerk
4. Mechanik
5. Training
6. Musik

d Hören Sie die Lösungen von 2c. Sprechen Sie die Wortpaare dann nach und klopfen Sie bei der Akzentsilbe auf den Tisch. 🔊 104

e Spielen Sie. Eine Person wählt einen Beruf aus 2a oder c. Die anderen fragen.

Arbeitest du beim Radio? — Nein.   Arbeitest du im Auto? — Ja.   Bist du Fahrerin? — Ja, genau.

A1–B1: 141

17 Erste Erfahrungen in der Arbeitswelt

A Hoffentlich bekomme ich den Platz!

1 Der Lebenslauf

Verfassen Sie einen Lebenslauf für Lauras Zwillingsschwester Leni mit folgenden Inhalten. Ergänzen Sie die Lücken.

~~Leni Feld, *14.07.1995, Stuttgart~~ | Fortbildungskurs (Analysemethoden) bei Biotec, Mainz | Bachelor of Science (Biochemie) | Eberhard-Karls-Universität Tübingen | Albert-Einstein-Gymnasium Stuttgart, Abitur | Microsoft Office Programme | B2 | ~~Englisch~~ | C1 | Spanisch | Basketball, Gitarre spielen

Persönliche Daten	Leni Feld
	geboren am 14.07.1995 in Stuttgart
Schule und Studium	
voraussichtlich März 2018	_____ [1]
seit 2014	_____ [2]
2005 – 2014	_____ [3]
Weiterbildung	
10/2015 – 01/2016	_____ [4]
EDV-Kenntnisse	_____ [5]
Sprachkenntnisse	Englisch, _____ [6]
	_____ [7]
Persönliche Interessen	_____ [8]
Tübingen, 15.05.2016	Leni Feld

2 Das Anschreiben

a Welche Präposition passt: **a** oder **b**? Kreuzen Sie an.

1. vertraut sein   a. ☐ mit   b. ☐ für
2. teilnehmen   a. ☐ an   b. ☐ zu
3. vielen Dank   a. ☐ auf   b. ☐ für
4. ein Studium   a. ☐ in Chemie   b. ☐ für Chemie
5. passen   a. ☐ bei   b. ☐ zu
6. verfügen   a. ☐ auf   b. ☐ über
7. sich freuen   a. ☐ von   b. ☐ über
8. Interesse   a. ☐ an   b. ☐ auf

b Ergänzen Sie zuerst die fehlenden Wörter in der richtigen Form. Bringen Sie dann die Abschnitte in die passende Reihenfolge.

~~o.g.~~ | sammeln | mein Profil | absolvieren | Bereich | geehrter | wecken | fasziniert | hinaus | beifügen | verfügen | teilnehmen | EDV-Kenntnisse | Fortbildungskurs | bestehen | persönliches Gespräch | dahinter

☐ **A** Ihre _o.g._ [1] Anzeige passt genau zu _____ [2], denn schon in der Schule habe ich mehrfach an Chemie-AGs _____ [3] und im Abitur den Leistungskurs in Chemie mit der Note 1,5 _____ [4]. Ich _____ [5] zurzeit ein Bachelor-Studium in Chemie an der Universität Tübingen und bin im 4. Semester. Ich möchte nun in diesem _____ [6] praktische Erfahrung _____ [7].

☐ **B** Habe ich Ihr Interesse _____ [8]? Dann freue ich mich sehr auf ein _____ [9].

158   einhundertachtundfünfzig   A1–B1: 142

1 **C** Sehr _____ [10] Herr Bayer,
Das erste Mal war ich mit 6 Jahren im Museum Ritter. Ich war _____ [11] von der Frage: Wie stellt man Schokolade her? Über die bloßen Rezepte _____ [12] haben mich die chemischen Prozesse _____ [13] interessiert.

D Wie Sie den _____ [14] Unterlagen entnehmen können, _____ [15] ich über Spezialkenntnisse in Analysemethoden. Außerdem habe ich neben dem Studium einen _____ [16] in Methoden der Projektarbeit absolviert und habe sehr gute _____ [17] (Office-Programme, HTML, SQL). Zudem würde ich sehr gern in einem Familienunternehmen arbeiten.

c Verfassen Sie nach dem Muster in Aufgabe 2b ein Anschreiben für eine eigene Bewerbung um Ihr Wunschpraktikum. Orientieren Sie sich an der Gliederung im Kursbuch A, Aufgabe 3a. Vergleichen Sie am Ende mit der folgenden Checkliste, ob Sie alle Punkte erfüllt haben.

Persönliche Angaben	Datum	Kenntnisse
Adresse	Anrede	Schlusssatz
Betreff	Bezug auf ein Vorgespräch*	Grußformel
Bezug auf eine Anzeige auf einer Homepage	Gründe für die Bewerbung	Unterschrift

*Diesen Punkt am besten in der begleitenden Mail behandeln.

d Bilden Sie eine Dreiergruppe und lesen Sie die zwei Anschreiben der anderen. Tauschen Sie sich über diese Anschreiben aus.

3 Briefe formell – informell

a Laura will ihrer Großmutter einen Brief über ihre Bewerbung schreiben. Was würden Sie der Großmutter mitteilen? Sprechen Sie darüber mit einem Partner.

b Lesen Sie nun den Brief von Laura an ihre Großmutter Carola im Krankenhaus und beantworten Sie anschließend die Fragen.

1. Was ist „die tolle Nachricht"?
2. Warum hat Laura ein gutes Gefühl?
3. Wie will Laura sich vorbereiten?

Liebe Carli,

ich hoffe, es geht dir schon besser. Heute gibt es eine tolle Nachricht: Ich hab eine Einladung zum Vorstellungsgespräch bei Ritter Sport. Und ich hab ein super gutes Gefühl! Denn ich hab mit dem Personalchef telefoniert, der war total nett und hat gesagt, dass ich mich unbedingt (!) bewerben soll. Ich konnte alle Unterlagen online einreichen, ganz einfach. Jetzt muss ich mich noch gut vorbereiten: Infos über die Firma suchen, überlegen, was ich zu meinem Lebenslauf erzählen kann. Ich bin ein bisschen aufgeregt, aber ich freu mich so!!!

Dir weiter gute Besserung und einen dicken Kuss
von deiner Laura

---

c Vergleichen Sie den Brief mit dem Brief in Kursbuch A 3a. Was ist anders? Ordnen Sie die Informationen im Schüttelkasten den Kategorien „formell" und „informell" zu. Schreiben Sie in Ihr Heft.

~~Anrede, Grußformel: feste Ausdrücke~~ | Umgangssprache | Anrede, Grußformel: frei | Betonung von Sachlichkeit | übersichtliche Gliederung durch Absätze | Verwendung von Standardsprache | Verben ohne Konjugationsendung | Betonung von Gefühlen

formelles Schreiben: Anrede und Grußformel: ...
informelles Schreiben:

17 Erste Erfahrungen in der Arbeitswelt

B Warum gerade bei uns?

1 Aktiv und Passiv

a Was bedeuten die Sätze? Was ist richtig: **a** oder **b**?

1. Jedes Jahr werden viele Bewerbungen an Ritter Sport geschickt.
   a. ☐ Ritter Sport schickt jedes Jahr viele Bewerbungen.
   b. ☒ Ritter Sport bekommt jedes Jahr viele Bewerbungen.
2. Die Bewerber werden zum Vorstellungsgespräch eingeladen.
   a. ☐ Man lädt die Bewerber zum Vorstellungsgespräch ein.
   b. ☐ Die Bewerber laden zum Vorstellungsgespräch ein.
3. Laura wurde von Herrn Bayer angerufen.
   a. ☐ Herr Bayer rief Laura an.
   b. ☐ Laura rief Herrn Bayer an.
4. Die Praktikanten werden vom Personalchef begrüßt.
   a. ☐ Der Personalchef begrüßt die Praktikanten.
   b. ☐ Die Praktikanten begrüßen den Personalchef.
5. Von Mitarbeitern werden die Praktikanten durch die Firma geführt.
   a. ☐ Die Praktikanten führen die Mitarbeiter durch die Firma.
   b. ☐ Die Mitarbeiter führen die Praktikanten durch die Firma.
6. Den Praktikanten wird für ihre Arbeit ein kleines Gehalt gezahlt.
   a. ☐ Die Praktikanten bezahlen für ihre Arbeit.
   b. ☐ Die Praktikanten bekommen ein kleines Gehalt.

b Lesen Sie noch einmal die Sätze im Passiv (1–6). Markieren Sie das Subjekt rot und das Verb im Passiv grau.

c Firmengeschichte. Bilden Sie Sätze aus den Elementen. Welcher Satz muss im Präsens stehen?

1. 1912 – die Hochzeit – feiern
2. im gleichen Jahr – die Schokoladenfabrik – gründen
3. 1919 – die „Alrika" – auf den Markt bringen
4. 1926 – der erste Firmenwagen – anschaffen
5. 1930 – die Firma – nach Waldenbuch – verlegen
6. in den 60er- und 70er-Jahren – viele neue Sorten – herstellen
7. Und es – mit dem Slogan „Quadratisch, praktisch, gut" – werben
8. im MUSEUM RITTER – Herstellung und Geschichte von Schokolade – präsentieren

1. 1912 wurde die Hochzeit gefeiert.

d In welchen Städten werden die Autos hergestellt? Ordnen Sie zu und schreiben Sie die Sätze.

1. Ingolstadt   a. ☐ Ford   5. Sindelfingen   e. ☐ Volkswagen
2. Köln   b. ☐ Mercedes   6. Stuttgart   f. ☒ Audi
3. München   c. ☐ Opel   7. Wolfsburg   g. ☐ BMW
4. Rüsselsheim   d. ☐ Porsche

1. In Ingolstadt werden Audi-Modelle hergestellt.

2 Von wem wurde das gemacht?

a Lesen Sie die Sätze und markieren Sie das Agens. Schreiben Sie anschließend die Sätze neu und verwenden Sie das Aktiv.

1. Die Firma Ritter wurde von dem Ehepaar Ritter gegründet.
2. Von Clara Ritter wurde eine originelle Idee entwickelt.
3. Das Museum Ritter wurde vom Schweizer Architekten Max Dudler geplant.
4. Vom Museum werden viele Ausstellungen zum Thema „Quadrat in der Kunst" gezeigt.
5. Das Museum wird oft von Schulklassen besucht.
6. Von den Museumsführern werden die Besucher sehr gut betreut.
7. Die Gäste im Museumscafé werden von den Mitarbeitern sehr freundlich bedient.

1. Das Ehepaar Ritter gründete die Firma Ritter.

b Was wird von diesen Firmen hergestellt? Ordnen Sie zu und schreiben Sie die Sätze.

Firma
1. Adidas / Herzogenaurach
2. Airbus / Hamburg
3. Bayer / Leverkusen
4. Bosch / München
5. Dr. Oetker / Bielefeld
6. MAN / München
7. Siemens / München

Produkt
a. ⎵ elektronische Geräte
b. ⎵ Medikamente
c. ⎵1⎵ Sportartikel
d. ⎵ Fahrzeuge und Maschinen
e. ⎵ elektronische Geräte
f. ⎵ Nahrungsmittel
g. ⎵ Flugzeuge

1. In Herzogenaurach werden von Adidas Sportartikel hergestellt.

c Was wird in Ihrer Stadt hergestellt? Berichten Sie im Kurs.

3 Lauras Schoko-Haselnuss-Creme

a Lesen Sie die Zutaten und die Hinweise zur Zubereitung für Lauras Schoko-Haselnuss-Creme und beschreiben Sie, wie Lauras Schoko-Haselnuss-Creme zubereitet wird.

Verwenden Sie Bindewörter:
zuerst – dann – danach – später – zum Schluss

Wir brauchen:
100 Gramm Butter
100 Gramm Honig
2 Teelöffel Kakaopulver
100 Gramm Haselnüsse
einen Kochtopf
einen Pürierstab
leere Marmeladengläser mit Deckel

Und so wird's gemacht:
1. die Butter in einem Topf erwärmen
2. den Honig hinzufügen
3. das Kakaopulver dazugeben
4. Haselnüsse mahlen und unterrühren
5. die Masse leicht erhitzen und mit dem Pürierstab pürieren
6. in die Marmeladengläser füllen
7. ein paar Stunden in den Kühlschrank stellen

Zuerst wird die Butter in einem Topf erwärmt. …

b Kennen Sie auch ein Rezept mit Schokolade? Sammeln Sie Rezepte im Kurs.

4 Ausbildungsweg

Ergänzen Sie das passende Verb in der richtigen Verbform.

gehen | studieren | machen | ~~kommen~~ | sammeln | besuchen | arbeiten | teilnehmen | absolvieren | beschäftigen

Mit sechs Jahren bin ich in die Grundschule _gekommen_ [1]. Die Grundschule habe ich 4 Jahre _____ [2]. Nach der Grundschule bin ich 8 Jahre aufs Gymnasium _____ [3] und habe mit 18 Jahren das Abitur _____ [4]. Während meiner Schulzeit habe ich mich intensiv mit visuellen Medien _____ [5] und an mehreren Kursen zu den Themen Kamera und Filmschnitt _____ [6]. Zurzeit _____ [7] ich an der Filmhochschule in Potsdam im fünften Semester. Nach dem ersten Studienjahr habe ich in einer TV- Produktionsfirma ein Praktikum _____ [8]. Dort konnte ich viele praktische Erfahrungen _____ [9]. Nach meinem Studium möchte ich als freier Kameramann _____ [10].

17 Erste Erfahrungen in der Arbeitswelt

C Der erste Tag im Praktikum

1 Abteilungen und ihre Aufgaben

🔊 52 **a** Hören Sie das Gespräch im Kursbuch C, Aufgabe 1c, noch einmal. Notieren Sie, welche Aufgaben folgende Abteilungen haben. Denken Sie an Abkürzungen.

1. der Vertrieb: *bereitet vor, fördert Verk.*
2. die Marketingabteilung: _____
3. das Controlling / die Buchhaltung: _____
4. der Wareneingang: _____
5. die Produktion: _____

b Bilden Sie aus den folgenden Elementen Sätze im Passiv und ergänzen Sie die passende Abteilung aus dem Kursbuch C, Aufgabe 1b. Schreiben Sie in Ihr Heft.

1. Hier entwickelt man neue Produkte.
2. In dieser Abteilung macht man die Werbung.
3. Hier nimmt man die Rohstoffe an.
4. In dieser Abteilung bereitet man den Verkauf vor.
5. Hier kontrolliert man die Rechnungen und die Steuern.
6. Hier stellt man die verschiedenen Schokoladensorten her.
7. Hier analysiert man Rohstoffe und kontrolliert die fertigen Produkte.
8. Diese Abteilung betreut die Mitarbeiter / innen.

1. Hier werden neue Produkte entwickelt: Forschung und Entwicklung.

2 Wortschatz zur Arbeitswelt

a Welche Präposition passt?

1. gut / schlecht sein *in* Deutsch
2. arbeiten _____ der Personalabteilung
3. sich interessieren _____ Chemie
4. arbeiten _____ Ritter Sport

b Bilden Sie Sätze aus den Elementen wie im Beispiel. Achten Sie auf die Zeiten.

1. interessant | Buchhaltung | finden | nicht
2. Chemie | sich interessieren | schon immer | sehr
3. gefallen | Bürotätigkeit | nicht, | lieber | arbeiten | mit Menschen
4. noch nie | Chemie | in | gut sein, | darum | würde | nicht gern | arbeiten | in Analytik
5. würde | gern | Marketing | im | arbeiten, | denn | finden | Werbung | interessant

1. Buchhaltung finde ich nicht interessant.

c Verbinden Sie die Nomen „Zeit", „Schicht" oder „Stunde" mit folgenden Wörtern und bilden Sie zusammengesetzte Nomen.

~~Arbeits-~~ | Früh- | Gleit- | Nacht- | Spät- | Über-

1. *die Arbeitszeit*
2. _____
3. _____
4. _____
5. _____
6. _____

162 einhundertzweiundsechzig

d Welches Verb passt zu welchem Nomen? Ordnen Sie zu. Manchmal passen mehrere.

arbeiten | kontrollieren | abbauen | machen

1. Arbeitszeit *abbauen / kontrollieren*
2. Schicht _____
3. Überstunden _____
4. Gleitzeit _____

e Hören Sie das Gespräch in Kursbuch C, Aufgabe 2b, noch einmal und beantworten Sie die Fragen. 🔊 53

1. Wie arbeitet die Abteilung „Analytik und Rohstoffsicherheit"?
   Die Abteilung arbeitet in Schichten.
2. Wann kann Laura ihre Arbeitszeit selbst bestimmen?
3. Was kann Laura mit den Überstunden machen?
4. Was kann man mit dem Werksausweis machen?
5. Was sagt Herr Bayer über das Kantinenessen?
6. Was sagt Herr Bayer über die Fahrtkosten?

3 Mein erster Tag als Praktikantin

a Lesen Sie die Mail und ergänzen Sie die Lücken mit den Wörtern im Schüttelkasten.

analysieren | Aufgaben | Einführung | ~~erfahren~~ | Kantine | Kollegen | Nachteil | Produkte | Projekt | Rabatt | Zuschuss | Werk

Liebe Leni,
nun ist mein erster Tag bei Ritter Sport schon vorbei und ich habe so viel Neues *erfahren* [1]! Zuerst gab es eine allgemeine _____ [2], danach einen Rundgang durch das _____ [3] und danach war ich in der Analytik und Rohstoffsicherheit und habe dort die _____ [4] kennengelernt. Alle waren sehr freundlich. Dort haben wir gleich meine _____ [5] besprochen: Rohstoffe _____ [6], Verpackungen kontrollieren und die fertigen _____ [7] überprüfen. Das finde ich wirklich interessant. Stell dir vor, später bekomme ich ein eigenes _____ [8]! Positiv ist auch: Ich kann in der _____ [9] essen und bekomme einen _____ [10] zu den Fahrtkosten. Ich bekomme sogar 600,– € im Monat. Ist das nicht super?! Einen _____ [11] gibt's schon: Ich muss natürlich den ganzen Tag arbeiten + 2 Stunden Busfahrten. Aber Waldenbuch gefällt mir sehr und der _____ [12] im SchokoLaden ist echt ein Vorteil!! Du kannst dich schon freuen, wenn ich das nächste Mal nach Hause komme!! Kannst du am kommenden Wochenende, vielleicht am Samstagnachmittag? Bitte schreib mir, ob du Zeit hast. ☺
LG Laura

b Schreiben Sie eine Antwortmail an Laura zu folgenden Punkten. Ergänzen Sie auch eigene Ideen und berichten Sie, was Sie gerade machen.

1. Drücken Sie zuerst Dank und Freude über die Mail aus.
2. Fragen Sie dann:
   – Wer – Einführung?
   – Wie viele Kollegen in Abteilung?
   – Mittagspause – wie lang?
   – Vielleicht in Mittagspause besuchen?
3. Machen Sie einen Vorschlag für einen Termin.

17 Erste Erfahrungen in der Arbeitswelt

DaF kompakt – mehr entdecken

1 Notizen machen

a Lesen Sie die Tipps zum Notizenmachen. Welche dieser Tipps befolgen Sie? Welche können Sie ergänzen? Sammeln Sie im Kurs.

1. Notizen klar strukturieren
2. deutlich schreiben
3. freien Platz für spätere Ergänzungen
4. sich auf Schlüsselwörter konzentrieren
5. Symbole und Zeichen benutzen
6. Abkürzungen verwenden (immer die gleichen!)
7. …

b Schauen Sie sich die Notizen an, die jemand zur Aufgabe 3c im Kursbuch B gemacht hat. Verbessern Sie den Notizzettel und beachten Sie die Tipps oben.

> 1. Warum wollen Sie gerade bei uns ein Praktikum machen?
>   Ihre Anzeige passt zu meinem Profil, ich kann hier meine Kenntnisse anwenden und viel lernen, ich kenne R. S. schon lange, ich war im Museum Ritter und im SchokoLaden.
> 2. Was wissen Sie über unsere Firma?
>   Ich kenne die Geschichte, Sie haben 1400 Mitarbeiter, Sie exportieren in über 100 Länder.
> 3. Was wollen Sie nach dem Praktikum machen?
>   Zuerst mein Bachelor-Studium abschließen, vielleicht den Master in Chemie machen.

c 🔊 51 Hören Sie jetzt die Antworten zu den Fragen 4 und 5 im Kursbuch B, Aufgabe 3c, und machen Sie Notizen nach den Tipps in 1a. Vergleichen Sie dann Ihre Notizen in der Gruppe und verbessern Sie sie, wenn nötig.

2 Über Sprache reflektieren

Passivsätze ohne Agens. Lesen Sie das Beispiel. Wie wird das in anderen Sprachen ausgedrückt? Ergänzen Sie und vergleichen Sie im Kurs.

Deutsch	Englisch	andere Sprache(n)
Hier wird Deutsch gesprochen.	German spoken here.	
Das Museum wird um 18.00 Uhr geschlossen.	The museum is closed at 6 p.m.	
Der Kuchen wurde von meiner Schwester gemacht.	The cake was made by my sister.	

3 Miniprojekte: Rund ums Praktikum

Machen Sie eine Bewerbermesse.

In vielen Studiengängen gibt es Pflichtpraktika. Wo würden Sie gern Erfahrungen sammeln? Recherchieren Sie auf der Webseite von Unicum (http://karriere.unicum.de/praktikum/). Suchen Sie sich dort „Ihren" Praktikumsplatz. Was sind die Voraussetzungen für das Praktikum und was brauchen Sie für eine Bewerbung? Stellen Sie Ihre Bewerbungsunterlagen zusammen (das Anschreiben, den Lebenslauf und die Zeugnisse). Veranstalten Sie eine Bewerbermesse. Bei einer Bewerbermesse kommen Firmen mit potenziellen Praktikant/innen in Kontakt. Eine Gruppe präsentiert dort Praktikumsplätze. Die andere Gruppe geht mit ihren Bewerbungsunterlagen auf die Messe. Versuchen Sie, mit mindestens fünf Personen zu sprechen. Tauschen Sie anschließend die Rollen!
Nach der Bewerbermesse machen Sie sich Notizen: Was hat Ihnen Spaß gemacht? Wo benötigen Sie noch Hilfe beim Bewerben um einen Praktikumsplatz?

Phonetik

Konsonantenhäufung

1 Zusammengesetzte Nomen mit „Praktikum"

a Bilden Sie Zusammensetzungen mit dem Wort „Praktikums-" / „-praktikum".

Ausland(s) | Beruf(s) | Betrieb(s) | Bezahlung | Industrie | Messe | Pflicht | Platz | Schul- | Zeugnis

b Hören Sie die Lösung von 1a und sprechen Sie die Wörter nach. 🔊 105

*So geht es besser: Sprechen Sie die Wörter langsam und klatschen Sie die Silben dazu, z. B. Be-**triebs**-prak-ti-kum.*

2 Silbentrennung – wie macht man das?

a An welchen Stellen kann man Komposita trennen? Schauen Sie sich die Tabelle an und lesen Sie die Beispielwörter laut.

So geht man vor.	Beispiele
Welche Teilwörter kenne ich? → Man trennt immer an der Wortgrenze.	Frühschicht → Früh-schicht Bewerbungsbrief → Bewerbungs-brief
Gibt es Vorsilben? → Bei längeren Wörtern trennt man Vorsilben ab.	Beruf → **Be**-ruf Vertrieb → **Ver**-trieb
Gibt es Nachsilben? → Bei längeren Wörtern trennt man Nachsilben ab, – wenn sie mit einem Konsonanten anfangen. – wenn sie mit einem Vokal beginnen und der Wortteil davor auch mit einem Vokal endet. → Die Silben müssen gut sprechbar sein. Bei Nachsilben mit Vokal am Anfang spricht man diesen mit dem Konsonanten davor und trennt entsprechend.	Tätigkeit → Tätig-**keit** Sicherheit → Sicher-**heit** Befreiung → Befrei-**ung** Mechaniker → Mechani-**ker** Leistung → Leis-**tung**
Wo kann man noch trennen? → zwischen zwei Konsonanten	Zwillingsschwester → Zwil-lings-schwes-ter kommen → ko**m-m**en
Was ist noch wichtig? → Jede Silbe braucht einen Vokal oder einen.	Herstellung → **H**er-stel-**l**ung erfolgreich → **e**r-folg-**r**eich

b Trennen Sie folgende Komposita. Gehen Sie wie in 2a vor.

Lebenslauf | Firmengeschichte | Schokoladenfabrik | Wareneingang | Buchhaltung | Personalabteilung | Vertriebskenntnisse | Vorstellungsgespräch | Industriepraktikum

Im Duden finden Sie zu jedem Wort die Silbengrenze, z. B. Wa|ren|ein|gang.

c Sprechen Sie die Wörter aus 2b langsam und klatschen Sie die Silben.

3 Wie bitte?

a Bilden Sie zwei Gruppen (A und B): Sammeln Sie sechs Wörter mit vielen Konsonantenhäufungen. Rufen Sie nun der anderen Gruppe die Wörter zu.

- Gruppe A und Gruppe B stellen sich im Abstand von 3 m gegenüber.
- Alle aus Gruppe A rufen gleichzeitig ihrem Partner / ihrer Partnerin aus Gruppe B ihre Wortliste zu.
- Der Partner / Die Partnerin aus Gruppe B notiert die Wörter.
- Wenn Sie ein Wort nicht verstehen, dürfen Sie noch einmal um Wiederholung bitten.
- Welche Gruppe die meisten Wörter richtig notiert hat, gewinnt.

Rohstoffkontrolle   Rohstoff …? Wie bitte.   Roh-stoff-kon-trol-le

A1–B1: 149   einhundertfünfundsechzig   **165**

18 Endlich Semesterferien!

A Wohin in den Ferien?

1 Urlaubsziele in Deutschland

a Lesen Sie die Texte in Aufgabe 2b noch einmal und ordnen Sie die Begriffe aus dem Schüttelkasten zu.

~~Badestrand~~ | Wanderparadies | Wassersport | alte Hansestädte | viele Parkanlagen | Ski fahren | tropische Pflanzen | klettern | interessante Museen | Dünenlandschaft | Fahrradtour | Schifffahrt | hübsche kleine Städte | moderne Architektur | herrliche Berge | wandern

	Ostsee	Alpen	Bodensee	Berlin
Natur			Badestrand	
Kultur				
Sport				

b Welches Adjektiv passt besser? Lesen Sie die Sätze und korrigieren Sie.

1. Viele Menschen mögen die Ostsee. Sie ist sehr ~~vielfältig~~. *beliebt.*
2. Für Wassersport sind die Bedingungen an der Ostsee optimal. Sie sind herrlich. _____
3. In der Dünenlandschaft kann man schöne Spaziergänge machen. Die Landschaft ist einfach attraktiv. _____
4. Jeder kennt das Brandenburger Tor in Berlin. Es ist in der ganzen Welt beliebt. _____
5. In den Alpen gibt es viele verschiedene Sportmöglichkeiten. Das Freizeitangebot ist perfekt. _____
6. Kein See ist so groß und interessant wie der Bodensee. Er ist für Touristen sehr bekannt. _____

2 Deutschland: Ein Land der Superlative.

a Was passt? Ordnen Sie zu.

1. Welche Stadt ist am ältesten?
   a. ☐ München.   b. ☐ Köln.   c. ☐ Berlin.
2. Welcher Fluss ist in Deutschland am längsten?
   a. ☐ Die Spree.   b. ☐ Der Rhein.   c. ☐ Die Donau.
3. Welches Reiseziel in Deutschland ist am beliebtesten?
   a. ☐ Berlin.   b. ☐ München.   c. ☐ Hamburg.
4. Wie heißt der höchste deutsche Berg?
   a. ☐ Der Watzmann.   b. ☐ Der Feldberg.   c. ☐ Die Zugspitze.
5. Die längste Grenze hat Deutschland mit
   a. ☐ Österreich.   b. ☐ Polen.   c. ☐ Frankreich.
6. Das größte Bundesland ist
   a. ☐ Baden-Württemberg.   b. ☐ Niedersachen.   c. ☐ Bayern.

b Lesen Sie den Werbetext und ergänzen Sie Komparativ und Superlativ.

Sie brauchen Urlaub? Und Sie fragen sich, welcher Urlaubsort *am attraktivsten* (attraktiv) [1] ist? Dann kommen Sie zu uns. Kein Strand ist _____ (breit) [2], keine Landschaft _____ (idyllisch) [3] und keine Luft ist _____ (gesund) [4]. Wir bieten _____ (viel) [5] Kultur als Sie glauben. Unsere Museen und Kirchen sind _____ (interessant) [6] als in jeder anderen Stadt. Unsere Hotels sind _____ (groß) [7] und viel _____ (gut) [8] als die anderen. Unsere Restaurants sind wirklich nicht _____ (teuer) [9] als andere, aber das Essen hier schmeckt am _____ (gut) [10]! Natürlich sind auch die Kellner _____ (nett) [11] als anderswo! In unserer Altstadt sind die Geschäfte etwas _____ (klein) [12], aber viel _____ (hübsch) [13] als in anderen Städten. Auch die Preise sind hier nicht _____ (hoch) [14] als bei Ihnen zu Hause. Nirgends können Sie also _____ (schön) [15] Urlaub machen!!!

3 Reiseforum: Was sagen Touristen über Deutschland?

Was ist richtig: *als* oder *wie*? Kreuzen Sie an.

1. **Mary:** Ich finde es interessant, dass man auf deutschen Autobahnen viel schneller fahren darf [X] als [ ] wie bei uns in den USA.
2. **Rafael:** Ich war überrascht: Die Deutschen sind genauso freundlich und offen [ ] als [ ] wie wir Spanier!
3. **Peter:** Hamburg ist eine tolle Stadt! Viel schöner [ ] als [ ] wie die meisten Städte in Bulgarien.
4. **Pierre:** Ich dachte, deutsches Essen, naja … Aber ich habe in Berlin so gut gegessen [ ] als [ ] wie in Frankreich!
5. **Luisa:** Ich wusste nicht, dass Deutschland fast viermal so groß ist [ ] als [ ] wie Portugal.
6. **Arif:** Das Wetter in Deutschland ist viel kühler [ ] als [ ] wie in Indonesien.
7. **Danilo:** Frankfurt ist viel kleiner [ ] als [ ] wie São Paulo, aber der Flughafen dort ist viel größer.
8. **Hicham:** In Stuttgart gibt es ein Restaurant, dort isst man fast so gut [ ] als [ ] wie in Casablanca.

4 Wie war der Urlaub?

Simon berichtet über seinen Fahrrad-Urlaub. Schreiben Sie Vergleichssätze mit *als* oder *wie*. Achten Sie bei *als* auf den Komparativ.

1. Der Fahrrad-Urlaub in Norwegen war total spannend. Das hatte ich nicht erwartet.
   Der Fahrrad-Urlaub in Norwegen war spannender, als ich es erwartet hatte.
2. Mit einer Gruppe unterwegs zu sein, hat mir viel Spaß gemacht. Das hatte ich nicht gedacht.
3. Es regnete oft. Das hatte ich aber in einem Wetterbericht gelesen.
   so oft,
4. Wir sind viel und lang gefahren und haben lange geschlafen. Das hatte ich eigentlich nicht geplant.
5. Meine Freunde mögen solche Abenteuerurlaube nicht so gern, ich aber schon. (Kein Komma!)
6. In Norwegen wurde es erst spät dunkel. Bei uns wird es früh dunkel. (Kein Komma!)
7. Die Landschaft war faszinierend und die Strecken attraktiv. Das hatte ich mir nicht so vorgestellt.
8. Ich finde Norwegen als Urlaubsziel großartig. Spanien finde ich auch großartig, obwohl es ganz anders ist.

5 Meine Urlaubspläne

Schreiben Sie eine E-Mail an eine Freundin / einen Freund und schlagen Sie einen gemeinsamen Urlaub vor. Schreiben Sie etwas zu den vier Punkten. Vergessen Sie nicht Anrede und Gruß.

1. Wohin wollen Sie fahren?
2. Wann möchten Sie fahren?
3. Wie lange wollen Sie dort bleiben?
4. Was wollen Sie dort am liebsten machen?

18 Endlich Semesterferien!

B Ab in die Ferien!

1 Anzeigen im Netz

a Lesen Sie die Stichwörter. Was passt nicht: **a**, **b**, **c** oder **d**? Kreuzen Sie an.

1. Campingurlaub:
   a. ☐ Wellness   b. ☐ Wohnmobil   c. ☐ Zelt   d. ☐ günstig reisen
2. Fernreise:
   a. ☐ fremde Länder   b. ☐ andere Kulturen   c. ☐ Heimat   d. ☐ die große weite Welt
3. Aktivurlaub:
   a. ☐ Sport   b. ☐ Natur erleben   c. ☐ viel Ruhe   d. ☐ interessante Ausflüge
4. Wellness:
   a. ☐ Körper und Geist   b. ☐ Gesundheit   c. ☐ Sportaktivitäten   d. ☐ Entspannung
5. Städtereise:
   a. ☐ Neues kennenlernen   b. ☐ Natur erleben   c. ☐ Sehenswürdigkeiten   d. ☐ Atmosphäre genießen

b Was fällt Ihnen zu den fünf Reiseoptionen in 1a noch ein? Notieren Sie weitere Stichwörter und vergleichen Sie im Kurs.

c Vermutungen. Ergänzen Sie die Sätze.

in Spanien studieren | nicht in die Berge fahren | besser ans Mittelmeer fahren | einen Ferienjob haben | uns in Berlin besuchen | ~~eine Hochzeitsreise machen~~

1. Daniel und Lena möchten im Mai heiraten. _Sie machen danach bestimmt auch eine Hochzeitsreise._
2. Erika mag das Wandern nicht. _Sicher ..._
3. Was macht Martin denn im Sommer? _Wahrscheinlich ..._
4. Berge oder Mittelmeer? Beides klingt gut. _Vielleicht ..._
5. Lukas lernt jetzt intensiv Spanisch. _Ich vermute, dass ..._
6. Anne und Tom sind auf Europareise. _Es kann sein, dass ..._

2 Cool oder uncool? Niclas und Pia sprechen über den Urlaub

Manche Adjektive kann man durch die Vorsilbe „un-" negieren. Sie hat die gleiche Bedeutung wie „nicht":
klar ≠ unklar (nicht klar).

a Formulieren Sie die Aussagen negativ.

1. a. ☒ Niclas möchte gern in die Alpen fahren.   b. ☐ _Niclas möchte ungern in die Alpen fahren._
2. a. ☐ Niclas hat viel Zeit, er ist flexibel.   b. ☐ _____
3. a. ☐ Pia findet Niclas' Vorschlag cool.   b. ☐ _____
4. a. ☐ Für Pia ist Wandern interessant.   b. ☐ _____
5. a. ☐ Pia ist sportlich.   b. ☐ _____
6. a. ☐ In Niclas' Heimat ist das Wandern populär.   b. ☐ _____

b 🔊 56 Hören Sie das Gespräch im Kursbuch B Aufgabe 2 noch einmal. Was ist richtig: **a** oder **b**? Kreuzen Sie in 2a an.

3 Unterkunft-Anzeigen

a Lesen Sie die Erklärungen und ergänzen Sie die passenden Begriffe.

Doppelzimmer | Vollpension | Einzelzimmer | ~~Halbpension~~ | Ferienwohnung | Personenkraftwagen

1. Frühstück und Mittagessen → _Halbpension_
2. ein Zimmer mit einem Einzelbett → _____
3. Frühstück, Mittagessen und Abendessen sind inklusiv → _____
4. Auto → _____
5. eine Unterkunft mit eigener Küche → _____
6. ein Zimmer mit einem Doppelbett oder zwei Einzelbetten → _____

b Was bedeuten die Abkürzungen? Ordnen Sie die Wörter aus 3a zu.

1. Fewo = _____
2. DZ = _____
3. EZ = _____
4. HP = _____
5. VP = _____
6. PKW = _____

4 Eine Unterkunft buchen

a Lesen Sie die E-Mail von Pia an den Campingplatz *Bergblick*. Zu welchen Punkten schreibt sie etwas? Kreuzen Sie an und unterstreichen Sie die passenden Formulierungen im Text.

a. ☐ Termin   b. ☐ Preis   c. ☐ Essen/Frühstück   d. ☐ Ausstattung   e. ☐ Lage
f. ☐ Freizeitmöglichkeiten   g. ☐ Haustiere   h. ☐ Sonstiges (z. B. Autostellplatz)

> Sehr geehrte Damen und Herren,
> wir möchten Anfang September etwa 14 Tage auf Ihrem Campingplatz verbringen und hätte ein paar Fragen: Wie viel kostet ein Zeltplatz und ab wie vielen Tagen Aufenthalt gibt es Rabatt? Könnten Sie uns bitte Details zu der Lage schicken? Wir haben die Information, dass es bei Ihnen ein Café gibt – ist es möglich, dort zu frühstücken? Außerdem möchten wir gern wissen, welche Freizeitmöglichkeiten die Region bietet und welche Wanderrouten direkt am Campingplatz starten.
> Vielen Dank und mit freundlichen Grüßen
> Pia Gruber

b Sie wollen auch in die Alpen fahren und möchten eine Unterkunft buchen. Wählen Sie eine Unterkunft aus Aufgabe 3a im Kursbuch und schreiben Sie eine E-Mail. Die Punkte in Übung 4a und die Redemittel helfen Ihnen.

Sehr geehrte Damen und Herren, | wir möchten vom … bis zum kommen. | Ist in der Zeit … frei? |
Wie viel …? | Kann man … bekommen? | Außerdem möchten wir wissen, ob … und ob … |
Vielen Dank im Voraus. | Mit freundlichen Grüßen

5 Ist noch etwas frei?

a Marcus und seine Freundin möchten den Urlaub am Bodensee verbringen. Marcus möchte ein Zimmer buchen und telefoniert mit einem Hotel.
Lesen Sie zuerst den Tipp rechts und ergänzen Sie dann die Pronomen im Telefongespräch.

Ich hätte noch einige Fragen:
1. Haben Sie Doppelzimmer? – *Ja, wir haben welche.*
2. Haben Sie Zimmer mit Balkon und Seeblick? – *Nein, wir haben keine.*
3. Haben Sie Getränke auf den Zimmern? – Ja, _____.
4. Kann man bei Ihnen Fahrräder ausleihen? – Nein, _____.
5. Gibt es Liegestühle auf der Terrasse? – Ja, _____.
6. Haben Sie Autostellplätze vor dem Haus? – Nein, _____.

> Indefinitpronomen –
> Plural bei Nomen ohne
> Artikel:
> „Haben Sie Doppel-
> zimmer?"
> – „Nein, wir haben keine."
> – „Ja, wir haben welche."

b Marcus möchte genauer nachfragen. Lesen Sie die Informationen vom Hotel. Stellen Sie Fragen.

1. Wir haben noch Zimmer frei.
2. Es gibt noch ein Doppelzimmer Deluxe.
3. Es gibt einen Wellnessraum.
4. Es gibt ein Schwimmbad.
5. Natürlich haben wir ein Restaurant.
6. Es gibt eine Terrasse.

1. Was für Zimmer sind das? / Was für welche sind das?

c Welche Antwort passt zu Ihren Fragen in 5b? Ordnen Sie zu.

a. ☐ Eine sehr große Sonnenterrasse.
b. ☐ Eins mit Komfortbetten und Seeblick.
c. ☐ Eins mit Liegewiese und Massagepool.
d. ☐ 1 Leider nur noch welche ohne Balkon.
e. ☐ Einen mit Solarium und Sauna.
f. ☐ Eins mit Frühstücksraum und Bar.

> Frage nach etwas Un-
> bestimmtem oder Un-
> bekanntem: „Was für" +
> unbest. Artikel oder
> „was für" + Indefinit-
> pronomen; Beispiel:
> ○ Wir haben noch ein
> Zimmer.
> ● Was für ein Zimmer
> ist das? / Was für eins
> ist das?
> ○ Ein schönes mit See-
> blick.

A1–B1: 153

18 Endlich Semesterferien!

C Urlaubsspaß in den Alpen

1 Zelten ist zu anstrengend

a Lesen Sie den Kommentar zum Reiseblogbeitrag von Pia im Kursbuch C1.
Wie finden Sie die Meinung von Ben? Tauschen Sie sich aus und sammeln Sie Argumente.

> Ben   03.10. / 20:40
> ben.gruber@yahoo.de
>
> Hallo Leute, ich finde euren Urlaubsbericht sehr interessant. Aber für mich wäre das nichts. Zelten mit Kindern – das finde ich zu anstrengend. Ich will im Urlaub meine Ruhe haben. Natur ja, aber nicht zu viel! Wenn man jung ist, kann es spannend sein, viel Sport zu machen, aber einen Tandemflug finde ich einfach zu gefährlich.

b Schreiben Sie selbst einen Kommentar zu dem Beitrag: Wie finden Sie den Urlaubsort?
Wie gefallen Ihnen die Aktivitäten? Würden Sie auch gern im Zelt übernachten?

2 Ein Sonnenzelt abbauen – wie ist die Reihenfolge?

a Lesen Sie die Anleitung und ergänzen Sie die Wörter an der passenden Stelle.
Manchmal sind zwei Lösungen möglich.

~~Zuerst~~ | dann | danach | schließlich | dann

Nehmen Sie _zuerst_ [1] die beiden ovalen Enden des Zeltes in beide Hände. Nehmen Sie _____ [2] den Rahmen vom Zelt in beide Hände und drücken Sie das Zelt in der Mitte zusammen. Drücken Sie _____ [3] den Rahmen zusammen, bis er einrastet. Legen Sie _____ [4] einen Rahmen über den anderen und falten Sie das Zelt so zusammen. _____ [5] können Sie Ihr Sonnenzelt nach Hause tragen.

b Arbeiten Sie zu zweit. Nehmen Sie einen Gegenstand, den man leicht aufbauen oder zusammenbauen kann. Benutzen Sie die Wörter aus 2a und schreiben Sie eine Anleitung. Ihr Lernpartner / Ihre Lernpartnerin soll den Gegenstand nach Ihrer Anleitung aufbauen. Tauschen Sie dann die Rollen.

3 Nebensätze mit „wenn" und „als"

a Pia telefoniert mit ihrer Freundin Gabi. Lesen Sie die Sätze und tragen Sie den passenden Buchstaben ein.

a = etwas ist nur einmal in der Vergangenheit passiert;
b = etwas ist mehrmals in der Vergangenheit passiert;
c = etwas passiert einmal oder mehrmals in der Gegenwart oder Zukunft.

1. [a] Als wir losfahren wollten, rief meine Mutter an.
2. [ ] Das Wetter war sehr schlecht, als wir endlich ankamen.
3. [ ] Jedes Mal wenn wir Hunger hatten, gingen wir in ein Restaurant.
4. [ ] Immer wenn wir das Haus der Berge in Berchtesgaden besuchen wollten, war es geschlossen.
5. [ ] Als das Wetter wieder besser wurde, machten wir viele Ausflüge.
6. [ ] Jedes Mal wenn Niclas das Zelt aufstellen wollte, hat er etwas falsch gemacht.
7. [ ] Wenn wir zu Hause sind, zeige ich dir Fotos von unseren Touren.
8. [ ] Immer wenn ich die Fotos von Niclas und dem Zelt anschaue, muss ich lachen.
9. [ ] Ich melde mich bei dir, wenn wir wieder aus dem Urlaub zurück sind.

b Niclas schreibt Linus eine Nachricht. Lesen Sie die Karte und ergänzen Sie „als" oder „wenn".

Hallo Linus,
hier in den Alpen ist es wirklich klasse! Natur pur mit sehr guten Sportangeboten, ein echter Aktivurlaub! Hier kann man sogar bei schlechtem Wetter viel unternehmen. _Als_ [1] es einmal regnete, waren wir im Salzbergwerk. Das war wirklich interessant! Die Stadt Berchtesgaden ist natürlich auch schön, aber immer _____ [2] wir in einer Stadt sind, möchte Pia alle Sehenswürdigkeiten sehen. Naja, das ist mir dann doch ein wenig langweilig. Ich möchte am liebsten möglichst viel Sport machen. Das Wandern macht richtig Spaß. _____ [3] ich das erste Mal auf einem Berggipfel stand, war ich total stolz! Stell dir vor, ich habe für Pia und mich einen Tandemflug mit einem Paragleiter gebucht. _____ [4] ich ihr von dem Plan erzählt habe, war sie sehr neugierig. Aber jedes Mal _____ [5] ich jetzt davon rede, ist sie etwas nervös. _____ [6] das Semester wieder anfängt, müssen wir uns treffen und ich zeige dir mal die Fotos.
Schöne Urlaubsgrüße aus den Alpen
Niclas

c „Wenn" kann Bedingung oder Zeit ausdrücken. Welche Bedeutung hat „wenn" in den Sätzen? Kreuzen Sie an.

	Bedingung	Zeit
1. Ich komme nur mit an die Ostsee, wenn ich faulenzen kann.	X	☐
2. Ich rufe gleich meine beste Freundin an, wenn ich wieder zu Hause bin.	☐	☐
3. Immer wenn ich im Urlaub Zeit habe, schreibe ich meiner Freundin eine SMS.	☐	☐
4. Wenn dir das Radfahren einen so großen Spaß macht, dann mache ich auch mit.	☐	☐
5. Jedes Mal wenn ich eine Städtereise machen will, bist du genervt.	☐	☐
6. Ich gehe nur dann wandern, wenn das Wetter gut ist.	☐	☐

d Lesen Sie den Werbetext und ergänzen Sie die Wörter aus dem Schüttelkasten.

als | als | bis | dann | denn | deshalb | weil | weil | ~~wenn~~ | wie | wie | dann

Fliegen wie die Vögel

Wenn [1] Sie fantastische Momente in den Bergen erleben wollen, _____ [2] probieren Sie mit uns das Paragleiten! Sie brauchen nur eine kurze Vorbereitung, _____ [3] Sie fliegen mit mir oder einem anderen erfahrenen Profi-Lehrer im Tandem. Sie starten auf einem Berg ca. in 2000 Metern und es geht einfacher, _____ [4] Sie gedacht haben: _____ [5] ein Luftballon steigen Sie mit dem Schirm in die Höhe, _____ [6] Ihr Tandem-Lehrer entscheidet, dass es wieder nach unten geht. Wer zum ersten Mal mit einem Paragleiter fliegt, bekommt meistens Angst, _____ [7] man einfach nur „in der Luft" hängt. Aber [8] _____ gleiten Sie über den Bergen und fühlen sich _____ [9] ein Vogel am Himmel! Sie verlieren das Gefühl für Zeit und Raum, _____ [10] alles so unwirklich ist. Dieses Erlebnis vergessen Sie bestimmt Ihr ganzes Leben nicht! _____ [11] ich das erste Mal geflogen bin, ging es mir auch so. Nun ist Fliegen nicht nur mein Hobby, es ist mein Lebensstil. _____ [12] muss ich immer wieder in die Luft.

Profi Rudi beim Fliegen

4 Das wird einfach super!

a Formulieren Sie Sätze.

1. bestimmt / Das / super! / wird
2. schlecht. / wird / mir / Hoffentlich / nicht
3. auf / gebracht. / Der Schirm / wird / den Berg
4. wurden / erklärt. / Vor / alle / Details / dem Flug / wichtigen
5. Supersportlerin! / wird / Sie / ja / noch / eine
6. Fotos / gemacht. / Vom / wurden / Tandem-Lehrer / in der Luft

1. Das wird bestimmt super!

b Welche Bedeutung hat „werden" in den Sätzen? Schreiben Sie.

Entwicklung / Veränderung:
Sätze _1,_ _____
etwas wird gemacht:
Sätze _____

A1–B1: 155   einhunderteinundsiebzig **171**

18 Endlich Semesterferien!

DaF kompakt – mehr entdecken

1 Doppelbedeutungen

a Welche beiden Bedeutungen haben die Wörter? Ordnen Sie die Bilder zu.

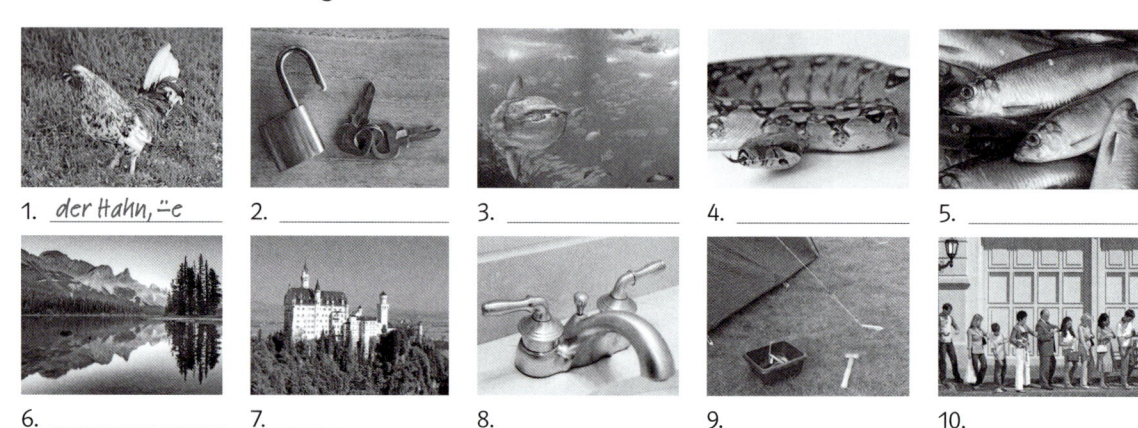

1. der Hahn, ⸚e   2. _____   3. _____   4. _____   5. _____

6. _____   7. _____   8. _____   9. _____   10. _____

der Hering X der Hering   die Schlange X die Schlange   der Hahn X der Hahn
der See X die See   das Schloss X das Schloss

b Verstehen Sie die Doppelbedeutungen dieser Wörter? Überlegen und recherchieren Sie.

1. Erde   1. Planet   2. Blumenerde   5. Decke _____ _____
2. Note   _____   _____   6. Glas   _____ _____
3. Birne   _____   _____   7. Karte _____ _____
4. Geschichte _____   _____   8. Bank   _____ _____

c Spielen Sie „Teekesselchen". Nennen Sie zu einem Wortpaar zwei Definitionen. Die anderen raten das Wort.

Mein Teekesselchen macht ein Zelt fest. Mein Teekesselchen schwimmt im Meer. — Hering!

2 Über Sprache reflektieren

Temporale Nebensätze. Ergänzen Sie die Tabelle und vergleichen Sie im Kurs.

Sprache	Beispiel
Deutsch	1. Als ich in München lebte, bin ich viel gereist. 2. Wenn ich früher im Urlaub war, habe ich viele Fotos gemacht. 3. Wenn Michael im Urlaub ist, schickt er mir immer eine Postkarte.
Englisch	1. When I lived in Munich, I travelled a lot. 2. Every time when I went on holiday, I took a lot of pictures. 3. When Michael is on holiday, he always sends me a postcard.
andere Sprache(n)	

3 Miniprojekt: Ungewöhnliche Reiseziele

Suchen Sie interessante und ungewöhnliche Reiseziele in Deutschland. Vergleichen Sie im Kurs: Wer findet das interessanteste Reiseziel?

Ich habe im Netz recherchiert und habe … | Mein Freund hat mir erzählt, dass … | So etwas habe ich noch nie gesehen … | Es ist eine ungewöhnliche Stadtführung in … | Der Reiseführer / die Reiseführerin erzählt aus der Perspektive von … | Diese Unterkunft ist unglaublich! Man übernachtet … | …

Phonetik

Perfekte Ferien

1 E-Laute

a Hören Sie die Laute und die Wörter und sprechen Sie sie nach. 🔊 106

[eː]	[ɛ]	[ɛː]	[ə]
lesen	essen	Universität	Lampe
See	Äpfel	wählen	waschen
sehen			
lang, geschlossen	kurz, offen	lang, offen	unbetont

In Norddeutschland hört man statt dem langen „ä" [ɛː] oft ein langes „e" [eː].

b Hören Sie die Familiennamen und sprechen Sie sie nach. 🔊 107

1. a. ⬜ Reetmann   b. ⬜ Rettmann   c. ⬜ Rähtmann
2. a. ⬜ Nehl   b. ⬜ Nell   c. ⬜ Nähl
3. a. ⬜ Dehling   b. ⬜ Delling   c. ⬜ Dähling
4. a. ⬜ Mehler   b. ⬜ Mäller   c. ⬜ Mähler
5. a. ⬜ Hebel   b. ⬜ Hebbel   c. ⬜ Häbel

c Sie hören jetzt immer nur zwei von den drei Namen in 1b. Was hören Sie: **a**, **b** oder **c**? Kreuzen Sie an. 🔊 108

d Schauen Sie sich die Namen in 1b noch einmal an und vergleichen Sie den Klang mit der Schrift. Was fällt auf? Kreuzen Sie in der Regel an.

1. „e"/„ä" + zwei oder mehr Konsonanten (außer „h"):
   in der gleichen Silbe: a. ☒ meistens kurz   b. ⬜ meistens lang
2. „e"/„ä" + Doppelkonsonant: a. ⬜ kurz   b. ⬜ lang
3. „e"/„ä" + „h":   a. ⬜ kurz   b. ⬜ lang
4. Zwei „e", also „ee":   a. ⬜ kurz   b. ⬜ lang

Diese Regeln gelten für alle Vokale, also auch für „a", „i", „o", „u", „ö" und „ü".

2 Urlaub im September

a Lesen Sie den Text und markieren Sie alle Wörter mit langem, geschlossenem „e" ([eː])

Letztes Jahr habe ich an der Ostsee Urlaub gemacht. Es war September und ich hatte mich auf sonniges Herbstwetter und angenehme Temperatur gefreut. Ich wollte täglich spazieren gehen, am Strand lesen, den Segelbooten zuschauen und mich entspannen. Das sind für mich perfekte Ferien.
Als ich ankam, war Regenwetter. Jeden Tag war es etwas kälter als am Tag vorher. Jetzt sehe ich sehr viel fern und gehe täglich ins Café. Dort trinke ich Tee und lese meine Bücher. Die Menschen sind nett hier. Sie warten alle auf besseres Wetter. Der Wetterbericht sagt wärmeres Wetter erst für nächste Woche voraus. Dann sind meine Ferien schon zu Ende.

b Hören Sie die Lösung zu 2a und sprechen Sie die Wörter mit langem „e" [eː] nach. 🔊 109

c Notieren Sie vier Wörter mit verschiedenen E-Lauten auf einem Zettel. Tauschen Sie den Zettel mit einem Partner / einer Partnerin. Denken Sie sich mit den Wörtern von Ihrem Partner / Ihrer Partnerin eine Geschichte mit mindestens 6 Sätzen aus und erzählen Sie sie.

Modelltest Goethe-Zertifikat A2

Informationen zur Prüfung

Wenn Sie DaF kompakt neu A2 durchgearbeitet haben, können Sie Ihre Deutschkenntnisse mit der Prüfung Goethe-Zertifikat A2 (früher Start Deutsch 2) nachweisen. So sieht die Prüfung aus:

Fertigkeit	Teil	Aufgabe	Zeit	Punkte
Hören	1	Informationen im Radio, Nachrichten auf dem Anrufbeantworter, Durchsagen	ca. 25 Minuten	25 (Punkte x 1,25)
	2	Gespräch zwischen zwei Personen		
	3	Kurze Einzelgespräche		
	5	Radiointerview		
Lesen	1	Medientext (z. B. Zeitungsartikel)	ca. 30 Minuten	25 (Punkte x 1,25)
	2	Informationstafeln, Veranstaltungsprogramme etc.		
	3	Korrespondenz (z. B. E-Mail)		
	4	Anzeigen		
Schreiben	1	Persönliche Mitteilung schreiben	ca. 20 Minuten	25 (Punkte x 1,25)
	2	Halbformelle Mitteilung schreiben		
Sprechen	1	Informationen zur Person austauschen (Gespräch mit einem / einer anderen Prüfungsteilnehmenden)	ca. 15 Minuten, Paarprüfung	25 (Punkte x 1,25)
	2	Ausführlich nähere Informationen zum eigenen Leben geben (Gespräch mit Prüfendem / -er)		
	3	Unternehmung planen und aushandeln (Gespräch mit einem / einer anderen Prüfungsteilnehmenden		

Bewertung: Bei jedem Prüfungsteil können Sie maximal 25 Punkte erreichen.

100 – 90 Punkte = sehr gut   79 – 70 Punkte = befriedigend   unter 60 = nicht bestanden
 89 – 80 Punkte = gut   69 – 60 Punkte = ausreichend

Hören

ca. 30 Minuten

Hören, Teil 1

🔊 110 – 114   Sie hören fünf kurze Texte. Sie hören jeden Text **zweimal**.
Wählen Sie für die Aufgaben 1 bis 5 die richtige Lösung: **a**, **b** oder **c**.

1. Wie ist das Wetter morgen?
   a. ☐ Im Norden scheint die Sonne.
   b. ☐ Im Süden und Osten regnet es.
   c. ☐ In der Nacht sind es überall 13 Grad.

2. Wann muss Tina arbeiten?
   a. ☐ Heute.
   b. ☐ Am Wochenende.
   c. ☐ Am Montag.

3. Warum können die Kunden nicht in die Tiefgarage gehen?
   a. ☐ Weil es regnet.
   b. ☐ Weil die Elektriker dort arbeiten.
   c. ☐ Weil man dort nichts sieht.

4. Wann kann Frau Koch zu Dr. Rapp kommen?
   a. ☐ Heute um 16 Uhr.
   b. ☐ Heute um 18 Uhr.
   c. ☐ Morgen um 10 Uhr.

5. Was will Sibel Kathrin schenken?
   a. ☐ Einen Spiegel.
   b. ☐ Ein Küchengerät.
   c. ☐ Eine Pflanze.

Hören, Teil 2

🔊 115

Sie hören ein Gespräch. Sie hören den Text **einmal**. Was machen Hannah und Julian in der Woche?

Wählen Sie für die Aufgaben 6 bis 10 ein passendes Bild aus a bis i.
Wählen Sie jeden Buchstaben nur einmal. Sehen Sie sich zuerst die Bilder an.

Aufgabe	0	6	7	8	9	10
Tag	Montag	Dienstag	Mittwoch	Donnerstag	Freitag	Samstag
Lösung	i					

Hören, Teil 3

🔊 116–120

Sie hören fünf kurze Gespräche. Sie hören jeden Text **einmal**.
Wählen Sie für die Aufgaben 11 bis 15 die richtige Lösung: **a**, **b** oder **c**.

11. Wofür muss der Nachmieter eine Ablöse zahlen?
    a. ▭
    b. ▭
    c. ▭

12. Was gab es auf der Party zu essen?
    a. ▭
    b. ▭
    c. ▭

13. Was wollen die Frauen auf der Hochzeit anziehen?
    a. ▭
    b. ▭
    c. ▭

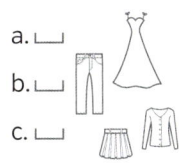

14. Was will der Mann nicht auf die Reise mitnehmen?
    a. ▭
    b. ▭
    c. ▭

15. Was hatte der Mann in seinem Portemonnaie?
    a. ▭
    b. ▭
    c. ▭

A1–B1: 261

Modelltest Goethe-Zertifikat A2

🔊 121 **Hören, Teil 4**

Sie hören ein Interview. Sie hören den Text **zweimal**.
Wählen Sie für die Aufgaben 16 bis 20 „**Ja**" oder „**Nein**".
Lesen Sie jetzt die Aufgaben.

Beispiel

	r	f
Mathias ist vor zwei Jahren nach Berlin gezogen.	X	☐
16. Mathias hat in Stuttgart keinen Studienplatz gefunden.	☐	☐
17. Seine Mutter fand es gut, dass er nach Berlin gegangen ist.	☐	☐
18. Mathias' Geschwister haben im Ausland studiert.	☐	☐
19. Mathias wohnt zurzeit bei seinen Eltern.	☐	☐
20. Die Weihnachtsferien verbringt Mathias in Berlin.	☐	☐

Lesen

ca. 30 Minuten

Lesen, Teil 1

Sie lesen in einer Zeitung diesen Text.
Wählen Sie für die Aufgaben 1 bis 5 die richtige Lösung: **a**, **b** oder **c**.

Beispiel

0. Hajo Schleifer …
   a. X hat ein halbes Jahr nur Dialekt gesprochen.
   b. ☐ spricht heute nur noch Kölsch.
   c. ☐ kann nicht gut Hochdeutsch sprechen.

1. Hajo Schleifer hat erlebt, dass …
   a. ☐ sich die Leute freuen, wenn er sie auf Kölsch anspricht.
   b. ☐ auf der Straße niemand mehr Kölsch spricht.
   c. ☐ man ihn manchmal nicht versteht, wenn er Kölsch spricht.

2. Die Kölschsprecher …
   a. ☐ sprechen nur Kölsch.
   b. ☐ sprechen kein Kölsch.
   c. ☐ sind meistens ältere Leute.

3. Die Menschen sprechen nicht mehr Kölsch, weil …
   a. ☐ es in der Schule verboten war.
   b. ☐ die Eltern nicht mehr mit ihren Kindern Kölsch gesprochen haben.
   c. ☐ die junge Generation den Dialekt nicht mehr lernen wollte.

4. Hajo Schleifer freut sich, denn …
   a. ☐ die Menschen interessieren sich für den Dialekt.
   b. ☐ alle Kölner Bands singen auf Kölsch.
   c. ☐ alle Kölner wollen wieder Kölsch lernen.

5. Dieser Text …
   a. ☐ informiert über die sprachliche Situation in Köln.
   b. ☐ gibt Ratschläge für Kölschsprecher.
   c. ☐ informiert über die Sprachprobleme von Rentnern in Köln.

„Sechs Mond Kölsch" – sechs Monate Kölsch

Der Rentner Hajo Schleifer (72) schreibt Lieder, Gedichte und kleine Geschichten im Kölner Dialekt. Im letzten Jahr hat er für ein Experiment sechs Monate lang kein Hochdeutsch, sondern nur „Kölsch" gesprochen. Er wollte herausfinden, welche Rolle der Dialekt heute noch spielt.

Er setzte sich neben Menschen auf Parkbänke oder sprach Fremde im Café an. Dabei musste er feststellen, dass
5 man auf den Straßen von Köln und im Alltag nur noch selten Kölsch spricht. In einer Kölner Sparkasse wollte ein Angestellter sogar einen Kollegen rufen, der übersetzten sollte. Schleifer schätzt, dass nur noch 3 bis 5 Prozent der Kölner Kölsch sprechen. Und die wenigen Kölschsprecher sind meistens schon relativ alt.

Warum verschwindet ein Dialekt? Die Antwort ist ganz einfach: Die junge Generation lernt ihn nur, wenn die Alten ihn weitergeben. Aber genau das ist seit Jahrzehnten in Köln nicht passiert. Hajo Schleifer hat das selbst
10 erlebt. Sein Vater hat ihm als Kind gesagt: „Sprich richtig". Und richtig sprechen hieß „Hochdeutsch sprechen".
Hajo Schleifer bleibt dennoch optimistisch: Zwar hört man im Alltag kaum noch Kölsch, aber die Menschen interessieren sich für den Dialekt, auch wenn sie ihn selbst nicht mehr sprechen. Er freut sich deshalb über die vielen neuen Kölner Musikbands, die auf Kölsch singen und nicht nur in Köln bekannt sind. Schliefer glaubt: „Die Menschen wünschen sich eine Sprache, mit der sie sich identifizieren können und die ihnen sagt: Wir ge-
15 hören zusammen."

Lesen, Teil 2

Sie lesen das Informationsblatt zum „Tag der offenen Tür" an der Volkshochschule.
Lesen Sie die Aufgaben 6 bis 10 und den Text.
In welchen Stock gehen Sie? Wählen Sie die richtige Antwort **a**, **b** oder **c**.

Beispiel

0. Sie möchten ein zweisprachiges Wörterbuch kaufen.
   a. ☐ 1. Stock
   b. ☒ 2. Stock
   c. ☐ anderer Stock

6. Sie wollen Informationen zu einem Gymnastikkurs.
   a. ☐ Erdgeschoss
   b. ☐ 2. Stock
   c. ☐ anderer Stock

7. Sie wollen mit anderen singen.
   a. ☐ Keller
   b. ☐ 3. Stock
   c. ☐ anderer Stock

8. Sie wollen sich für den Yoga-Kurs anmelden.
   a. ☐ Keller
   b. ☐ Erdgeschoss
   c. ☐ anderer Stock

9. Sie möchten Kaffee trinken und eine Kleinigkeit essen.
   a. ☐ Erdgeschoss
   b. ☐ 1. Stock
   c. ☐ anderer Stock

10. Ihr Kind möchte in den Sommerferien einen Gitarrenkurs besuchen.
    a. ☐ 2. Stock
    b. ☐ 3. Stock
    c. ☐ anderer Stock

Tag der offenen Tür an der Volkshochschule: Wo finden Sie welche Veranstaltung?

3. Stock: Computerräume: Senioren-Kurse | Musikzimmer: Instrumente ausprobieren | Küche: Kochen mit Claudine – französische Vorspeisen zum Probieren

2. Stock: Yoga zur Probe | Sprachenpräsentation: in 10 Sprachen grüßen lernen | Büchertisch: Lehrmaterialien für Sprachkurse | Spielecke für Kinder | Kursteilnehmer stellen aus: „Natur im Bild"

1. Stock: Foto-Ausstellung „Unser Stadtteil" | Café und Snacks | Informationen über die Kinderkurse in den Ferien

Festsaal: Kursleiter kennenlernen | Toilette mit Wickeltisch

Erdgeschoss: Anmeldung: heute 15% Rabatt auf alle Kurse bei Barzahlung | Sekretariat: Informationen über alle Kurse in den Bereichen Fremdsprachen und Computer | Getränkeautomat

Keller: Sporthalle: Vorführung Bodenturnen | Beratung für Sportkurse mit Fitnesstest | Chorprobe zum Mitsingen

Modelltest Goethe-Zertifikat A2

Lesen, Teil 3

Sie lesen eine E-Mail. Wählen Sie für die Aufgaben 11 bis 15 die richtige Lösung: **a**, **b** oder **c**.

Liebe Kristin,

du fragst dich sicher, warum ich dir aus unserem Kurzurlaub in München eine so lange Mail schreibe. Das kam so: Am Freitagmorgen sind Moritz und ich wie geplant nach München geflogen. Vor dem Abflug habe ich auf meiner Wetter-App gesehen, dass es schneien soll. Als wir in München ankamen, waren es minus fünf Grad, in Hamburg waren es 10 Grad mehr! Schnee gab es aber nur in den Bergen.
Wir haben im Hotel eingecheckt, unsere Koffer abgestellt und sofort die Münchner Sehenswürdigkeiten besucht. Obwohl es so kalt war, waren sehr viele Touristen auf den Straßen. In einem Kaufhaus hat sich Moritz ein Paar Handschuhe gekauft, denn seine Finger waren schon ganz blau vor Kälte. Wir waren den ganzen Tag in der Stadt unterwegs.
In einem typischen Münchner Lokal haben wir zu Abend gegessen. Dort habe ich verschiedene bayerische Spezialitäten probiert, aber Moritz natürlich nicht. Du kennst ihn ja. Er isst nur, was er kennt. Etwas Neues ausprobieren kommt für ihn nicht in Frage. Mir hat am besten der Leberkäse geschmeckt.
In der Nacht hat es sehr viel geschneit und als wir am Samstagmorgen aufgewacht sind, war alles weiß. Geplant war der Besuch vom Deutschen Museum, aber weil wir so viel Schnee noch nie gesehen haben, wollten wir zum Schlittenfahren in den Englischen Garten. Der Hotelbesitzer hat uns seinen Schlitten geliehen und wir sind losgegangen. Nach nicht einmal 100 Metern bin ich im Schnee ausgerutscht und aufs Knie gefallen. Mit dem Schlitten hat mich Moritz zum Hotel zurückgebracht.
Ein Arzt – seine Praxis ist neben dem Hotel – hat mein Knie untersucht und gesagt, ich soll mindestens eine Woche nicht laufen. Moritz wollte aber unbedingt Schlitten fahren und ich sitze jetzt allein im Hotelzimmer, schreibe E-Mails und warte auf den Rückflug am Montagabend …
Ein Winterwochenende in München habe ich mir anders vorgestellt.

Viele Grüße
Lizzy

11. Als Lizzy und Moritz in München ankamen, …
    a. ⊔ hat es geschneit.
    b. ⊔ war es nicht so kalt wie in Hamburg.
    c. ⊔ war es viel kälter als in Hamburg.

12. Weil es sehr kalt war, …
    a. ⊔ musste sich Moritz Handschuhe kaufen.
    b. ⊔ haben sie sofort im Hotel eingecheckt.
    c. ⊔ waren nicht viele Touristen in der Stadt.

13. In einem Münchner Restaurant …
    a. ⊔ hat Moritz nur wenig gegessen.
    b. ⊔ hat Lizzy etwas typisch Bayerisches gegessen.
    c. ⊔ haben Lizzy und Moritz bayerische Spezialitäten probiert.

14. Am Samstagmorgen …
    a. ⊔ sind sie im Englischen Garten Schlitten gefahren.
    b. ⊔ sind sie zuerst ins Deutsche Museum gegangen.
    c. ⊔ hat sich Lizzy auf dem Weg zum Englischen Garten verletzt.

15. Lizzy sitzt im Hotelzimmer, weil …
    a. ⊔ sie keine Lust mehr zum Schlittenfahren hat.
    b. ⊔ weil sie sich München anders vorgestellt hat.
    c. ⊔ sie nicht mehr laufen kann.

Lesen, Teil 4

Sechs Studenten suchen im Internet nach Nebenjobs.
Lesen Sie die Aufgaben 16 bis 20 und die Anzeigen a bis f.
Welche Anzeige passt zu welcher Person? Für eine Aufgabe gibt es keine Lösung. Markieren Sie so X.
Die Anzeige aus dem Beispiel können Sie nicht mehr wählen.

Beispiel
Tanja macht ihren Master in Chemie und sucht einen Teilzeitjob in diesem Bereich.   *f*

16. Anne-Kathrin studiert Germanistik und Hispanistik und möchte von zu Hause aus arbeiten.
17. Tom hat schon oft in Lokalen gearbeitet und möchte samstagsabends als Kellner jobben.
18. Fahri fährt gerne Auto und sucht einen Teilzeitjob.
19. Boris möchte nachts arbeiten, aber er möchte keinen Schreibtischjob.
20. Marie studiert Französisch und Spanisch und sucht einen Job als Sprachlehrerin oder Übersetzerin.

a. www.wirtschaftsclub-am-rhein.de

Studenten als Kellner für unser Restaurant und unsere Clubräume gesucht.
Wenn Sie flexibel und teamfähig sind, schicken Sie uns Ihre Bewerbung.
Arbeitszeiten nach Bedarf, an Wochentagen, meistens am Abend (nie am Wochenende).
Vergütung: 12 Euro / Stunde.

b. www.gourmet-kurier.de

Lieferdienst sucht Kuriere
Verdiene bis zu 14 Euro pro Stunde als Kurierfahrer. Unsere Kuriere liefern Essen aus Restaurants nach Hause. Hast du einen Führerschein Klasse B? Bist du bereit, mindestens 15 Stunden pro Woche zu arbeiten?
Arbeitszeiten: 12–15 Uhr und 18–23 Uhr.
Dann bist du bei uns genau richtig.

c. www.reisetipps.de

Wir suchen Autoren, deren Muttersprache Deutsch, Englisch, Spanisch, Italienisch oder Französisch ist.
Du schreibst Texte über Reiseziele in aller Welt. Arbeitsort und Arbeitszeiten bestimmst du! Für jeden Text zahlen wir dir ein Honorar.
Voraussetzung: gute Grammatik- und Rechtschreibkenntnisse in deiner Muttersprache und Interesse an anderen Kulturen.

d. www.rheinterrassen.de

Wir suchen für unsere Biergärten am Rheinufer studentische Hilfskräfte in der Küche und im Service.
Arbeitszeiten: Mo – Fr, 18 – 22 Uhr oder Sa, 18 – 24 Uhr.
Voraussetzung: Erfahrung in der Gastronomie.

e. www.flughafenlogistik.de

Wir suchen Logistik-Helfer am Flughafen.
Ihre Aufgaben: Container beladen und entladen, Scannen und Sortieren von Paketen.
Voraussetzung: gute körperliche Kondition, Arbeitszeiten: Mo – Fr, 22.00 – 03.00 Uhr.
Sie haben keine Angst vor harter körperlicher Arbeit? Dann bewerben Sie sich.

f. www.linasol-chemie.de

Wir suchen wir unser Labor eine / n Werkstudenten / in für 20 Stunden pro Woche.
Voraussetzung: Mindestens 3. Semester Chemiestudium.
Wir bieten einen interessanten Arbeitsplatz.
Arbeitszeiten: nach Vereinbarung (vor allem am Nachmittag).

Modelltest Goethe-Zertifikat A2

Schreiben

ca. 20 Minuten

Schreiben, Teil 1

Sie müssen heute länger in der Universität bleiben und schreiben eine SMS an Ihren Freund Marco, mit dem Sie sich verabredet haben.

- Entschuldigen Sie sich, dass Sie zu diesem Treffen nicht kommen können.
- Schreiben Sie, warum.
- Nennen Sie einen neuen Ort und eine neue Uhrzeit für das Treffen.

Schreiben Sie 20 bis 30 Wörter. Schreiben Sie etwas zu allen drei Punkten.

Schreiben, Teil 2

Ihre Chefin, Frau Lorenz, feiert bald ihr Dienstjubiläum. Sie hat Ihnen eine Einladung zu ihrer Feier in einem Restaurant geschickt. Schreiben Sie Frau Lorenz eine E-Mail.

- Bedanken Sie sich und sagen Sie zu.
- Informieren Sie, dass Sie auf der Feier fotografieren wollen.
- Fragen Sie nach dem Weg zum Restaurant.

Schreiben Sie 30 bis 40 Wörter. Schreiben Sie etwas zu allen drei Punkten.

Sprechen

ca. 15 Minuten für zwei Teilnehmende

Sprechen, Teil 1

Sie bekommen vier Karten und stellen mit diesen Karten vier Fragen. Ihr Partner / Ihre Partnerin antwortet.

Fragen zur Person	Fragen zur Person	Fragen zur Person	Fragen zur Person
Studium? / Ausbildung?	Geschwister?	Wohnort?	Hobby?

Sprechen, Teil 2

Sie bekommen eine Karte und erzählen etwas über Ihr Leben.

Prüfungsteilnehmer / -in A

Von sich erzählen
- Was machen Sie im Urlaub?
- Wohin?   – Wo übernachten?
- Sport?   – Verkehrsmittel?

Prüfungsteilnehmer / -in B

Von sich erzählen
- Wie sieht Ihre Wohnung aus?
- Wie groß?   – Zimmer?
- Möbel?   – Zufrieden?

Sprechen, Teil 3

Sie planen eine Party und wollen mit Ihrer Freundin Nathalie einkaufen gehen.
Finden Sie einen Termin, an dem Sie beide Zeit haben.

Prüfungsteilnehmer/-in A

	Donnerstag, 21. Juni
7.00	joggen
8.00	
9.00	Vorlesung
10.00	
11.00	Treffen mit Svenja
12.00	
13.00	Sprechstunde Prof. Eckhard
14.00	
15.00	Spanischkurs
16.00	
17.00	Auto in die Werkstatt bringen
18.00	
19.00	Handballtraining
20.00	Handballtraining
21.00	

Prüfungsteilnehmer/-in B

	Donnerstag, 21. Juni
7.00	
8.00	Vorlesung
9.00	
10.00	Übung
11.00	
12.00	Treffen mit Mo in der Mensa
13.00	
14.00	Termin beim Zahnarzt
15.00	Gespräch mit Vermieter
16.00	
17.00	Paul abholen
18.00	Rückengymnastik
19.00	
20.00	
21.00	Geschäfte schließen

Anmerkung: Partner A darf nicht sehen, was Partner B hat und umgekehrt.

L Lösungen zum Übungsbuch

9 Ein Grund zum Feiern

A Das müssen wir feiern!

1 2. Alles Gute zur Hochzeit • 3. Viel Glück für die Prüfung. • 4. Herzlichen Glückwunsch zum Examen. • 5. Herzlich willkommen im Haus. • 6. Alles Gute zum Ruhestand.

2a 1i • 2j • 3k • 4e • 5b • 6f • 7g • 8a • 9c • 10l • 11d • 12h

2b es geht, gefallen, gehören, schmecken, gratulieren, helfen, danken, passieren, antworten

2c dem / einem / deinem Bruder • dem / einem / deinem Kind • der / einer / deiner Mutter • den / ø / meinen Freunden

2d 2a • 3b • 4g • 5c • 6e • 7d

2e **Akk.:** mich, dich, ihn / es / sie, uns, euch, sie / Sie • **Dat.:** mir, dir, ihm / ihm / ihr, uns, euch, ihnen / Ihnen

2f Liebe Tina, du kennst doch Sophia und Nils, oder? Sie haben ihren Master geschafft und wollen am Samstag eine große Party machen. Kommst du mit? LG Ali • Lieber Ali, Sophia und ich waren mal im Seminar von Professor Eck. Später habe ich ihr bei einer Hausarbeit geholfen. Nils kenne ich auch – wir sind beide beim Uni-Sport. Ich treffe ihn dort manchmal. Seit ein paar Wochen habe ich ihn aber nicht gesehen. Er hat also auch den Master geschafft. Das ist schön. Ich muss ihn unbedingt anrufen. Ich komme gerne mit zur Party. Wann beginnt denn die Party? VG Tina • Hi, die zwei haben viele Leute eingeladen. Ich bin schon um 16 Uhr da, denn ich möchte ihnen beim Kochen helfen. Komm doch auch früh. Dann kannst du uns helfen. Bis bald, Ali

3a **eine Einladung schreiben:** Am … um … Uhr mache ich eine Party. Kommst du auch? – Die Party findet am …. um … statt. – Ich hoffe, du kannst kommen. – Ich möchte dich zu meiner Party einladen. - Wir feiern bei mir zu Hause / bei meinen Eltern im Garten. • **zusagen:** Ich komme gern, aber ein bisschen später, denn … – Ich komme gern. – Natürlich komme ich. • **absagen:** Am … habe ich leider keine Zeit. Da muss ich … – Danke für die Einladung. Leider kann ich nicht kommen. Am … bin ich schon bei … eingeladen. – Tut mir leid, da kann ich nicht.

B Den Studienabschluss feiern

2 1. interessante • 2. interessant • 3. schicken • 4. karierte • 5. weite • 6. bequeme • 7. schick • 8. alten • 9. neue • 10. großen • 11. französischen • 12. deutschen • 13. lustig • 14. französische • 15. dunklen • 16. langen • 17. elegant • 18. roten • 19. schwarzer • 20. teuer • 21. teures

4 *Mögliche Lösungen:* 2. Ich möchte etwas ohne Alkohol (trinken). – Ich möchte (lieber) etwas Warmes (trinken). – Ich möchte (lieber) nichts Alkoholisches (trinken). • 3. Ich möchte (lieber) etwas Vegetarisches (essen). – Ich möchte (lieber) etwas Süßes (essen). – Ich möchte (lieber) etwas mit Käse (essen). • 4. Ich möchte (lieber) etwas Kaltes (trinken). – Ich möchte (lieber) etwas Alkoholisches (trinken). • 5. Ich möchte (lieber) etwas mit Fisch (essen). – Ich möchte (lieber) etwas Süßes (essen). • 6. Ich möchte (lieber) etwas mit Fisch (essen). – Ich möchte (lieber) etwas Warmes (essen). • 7. Ich möchte (lieber) etwas Vegetarisches (essen). – Ich möchte (lieber) nichts mit Schweinefleisch (essen). • 8. Ich möchte nichts Süßes.

C Feste hier und dort

1 2f • 3f • 4r • 5f • 6r • 7r • 8f • 9f

2a 2. Kristin schenkt ihrer Schwester einen Gutschein. • 3. Das Mädchen schenkt seinen Eltern ein Bild. • 4. Der junge Mann schenkt seiner Nichte einen Teddybären. • 5. Der junge Mann schenkt seinem Neffen eine DVD. • 6. Die Eltern schenken ihrem Sohn ein Fahrrad.

2b 2. Kristin schenkt ihr einen Gutschein. • 3. Das Mädchen schenkt ihnen ein Bild. • 4. Der junge Mann schenkt ihr einen Teddybären. • 5. Der junge Mann schenkt ihm eine DVD. • 6. Die Eltern schenken ihm ein Fahrrad.

2c 2. Kristin schenkt ihn ihrer Schwester. • 3. Das Mädchen schenkt es seinen Eltern. • 4. Der junge Mann schenkt ihn seiner Nichte. • 5. Der junge Mann schenkt sie seinem Neffen. • 6. Die Eltern schenken es ihrem Sohn.

2d 2. Kristin schenkt ihn ihr. • 3. Das Mädchen schenkt es ihnen. • 4. Der junge Mann schenkt ihn ihr. • 5. Der junge Mann schenkt sie ihm. • 6. Die Eltern schenken es ihm.

2e 2. Nils' Eltern schenken ihrem Sohn zum Geburtstag einen neuen Laptop. – Zum Geburtstag schenken Nils' Eltern ihrem Sohn einen neuen Laptop. – Ihrem Sohn schenken Nils' Eltern zum Geburtstag einen neuen Laptop. • 3. Die Großeltern schenken ihrem Enkel dieses Jahr eine neue Uhr. – Dieses Jahr schenken die Großeltern ihrem Enkel eine neue Uhr. – Ihrem Enkel schenken die Großeltern dieses Jahr eine neue Uhr. • 4. Der Kursleiter erklärt den Studenten die Aufgabe. – Die Aufgabe erklärt der Kursleiter den Studenten. – Den Studenten erklärt der Kursleiter die Aufgabe. • 5. Die Studenten schicken dem Kursleiter eine E-Mail. – Eine E-Mail schicken die Studenten dem Kursleiter. – Dem Kursleiter schicken die Studenten eine E-Mail. • 6. Der IT-Spezialist erklärt den Studenten das neue Programm. – Das neue Programm erklärt der IT-Spezialist den Studenten. – Den Studenten erklärt der IT-Spezialist das neue Programm. • 7. Die Studenten stellen dem IT-Spezialisten viele Fragen. – Viele Fragen stellen die Studenten dem IT-Spezialisten. – Dem IT-Spezialisten stellen die Studenten viele Fragen.

3 **Verben mit Dativergänzung:** schmecken, zustimmen, gratulieren, gefallen, helfen, antworten • **Verben mit Akkusativergänzung:** bestellen, aufräumen, finden, backen, trinken, lesen • **Verben mit Dativ- und Akkusativergänzung:** schenken, geben, zeigen, erklären, wünschen, leihen

4 1. n • 2. - • 3. n • 4. - • 5. n • 6. n • 7. - • 8. n • 9. - • 10. en • 11. - • 12. en • 13. -

5a 1. anzünden • 2. mitbringen • 3. einladen • 4. anstoßen • 5. anschneiden • 6. übernachten • 7. begrüßen • 8. anbieten • 9. halten • 10. wünschen

5b Meine Familie sehe ich nur zu Weihnachten, denn ich arbeite im Ausland. Am Heiligen Abend sind wir alle bei meinen Eltern und wir reden bis tief in die Nacht. Das finde ich sehr schön. (Alex, 30 – mag Weihnachten) • Zu Weihnachten gibt es bei uns immer Stress: Meine kleinen Geschwister streiten, mein Vater und mein Onkel streiten über Politik, meine Mutter arbeitet den ganzen Tag in der Küche und ist unzufrieden. (Saskia, 16: – mag Weihnachten nicht) • Zu Weihnachten besuche ich meine Eltern, es gibt ein leckeres Essen, ich bekomme Geschenke und wir singen Weihnachtslieder – wie früher, als ich klein war. (Nadine, 33 – mag Weihnachten)

DaF kompakt – mehr entdecken

1a 1B • 2C • 3A
1b 1. globales Lesen • 2. selektives Lesen • 3. detailliertes Lesen
1c 1. selektiv • 2. global • 3. detailliert

Phonetik

1e 1. [x] • 2. [ç] • 3. [ç] • 4. [ç]
1f 1. [x] • 2. [ç] • 3. [ç] • 4. [x] • 5. [ç] • 6. [ig] • 7. [ig] • 8. [ç]
2a 1. [x] • 2. [x] • 3. [x] • 4. [ç] • 5. [ç] • 6. [ç] • 7. [ç] 8. [ç] • 9. [ç] • 10. [ç]

10 Neue Arbeit – neue Stadt

A Wohnen in einer neuen Stadt

1 2f • 3e • 4g • 5b • 6a • 7d • 8c
2a **NO:** Nordosten • **O:** Osten • **SO:** Südosten • **S:** Süden • **SW:** Südwesten • **W:** Westen • **NW:** Nordwesten
2b 3. östlich • 4. westlich • 5. nordwestlich • 6. südlich • 7. südöstlich • 8. südwestlich
2c 2. Genf liegt westlich von Sion. • 3. München liegt nordwestlich von Salzburg. • 4. Salzburg liegt südwestlich von Wien. • 5. Bonn liegt südlich von Köln. • 6. Potsdam liegt südwestlich von Berlin. • 7. Hamburg liegt nordöstlich von Bremen • 8. Lausanne liegt nordöstlich von Genf. • 9. Die Schweiz liegt westlich von Österreich. 10. südlich (südöstlich) • 11. östlich • 12. westlich • 13. nördlich • 14. östlich • 15. nördlich (nordöstlich)
3a Position 0.
3b 2. Sie suchen in Zürich eine Wohnung, denn sie arbeiten dort ab September. • 3. Sie möchten nicht außerhalb, sondern lieber zentral wohnen. • 4. Sie wollen zentral wohnen, aber sie können nicht so viel bezahlen.
3c 3. Das Haus ist kein Reihenhaus, sondern ein Einfamilienhaus. • 4. das Haus hat keinen Balkon, sondern eine Terrasse. • 5. Das Haus hat kein Parkett, sondern Laminatboden. • 6. Das Haus hat keinen Keller, sondern einen Abstellraum.
3d 1. kein • 2. kein • 3. nicht • 4. nicht • 5. nicht
4a schön – schöner – am schönsten • billig – billiger – am billigsten • beliebt – beliebter – am beliebtesten • gut – besser – am besten
4b 2. kälter • 3. älter • 4. jünger • 5. größer • 6. länger • 7. kürzer
4c 1. wie • 2. als • 3. als
4d *Mögliche Lösungen:* Die Wohnung in Schwamendingen ist größer als die Wohnung in Enge. Die Wohnung in Enge ist (genau) so groß wie die Wohnung auf dem Lindenhof, aber sie kostet viel weniger. Die Wohnung auf dem Lindenhof ist teuer als die Wohnungen in Schwamendingen oder Enge, aber preiswerter / billiger als die Wohnung in der Bahnhofstraße. Die Wohnung in der Bahnhofstraße ist am teuersten, aber kleiner als die Wohnung in Schwamendingen. Sie hat mehr Bäder als die anderen Wohnungen und der Blick über die Zürcher Altstadt ist am schönsten.

B Ist die Wohnung noch frei?

1a die Miete, -n • die Lage, -n • die Besichtigung, -en • die Ablöse (nur Sg.) • der Vermieter, - • die Nebenkosten (nur Pl.) • das Zimmer, - • der Vertrag, ⸚e • der Stock (nur Sg.) • die Waschküche, -n
1b

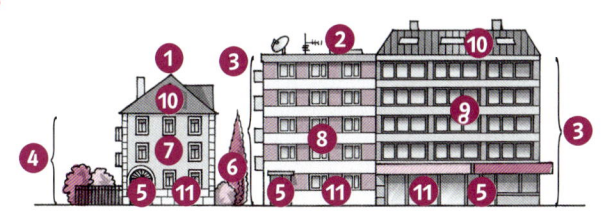

1c *Mögliche Lösungen:* **2.** Wie ist die Adresse? • **3.** Im wievielten Stockwerk ist die Wohnung? • **4.** Wie groß ist das Wohnzimmer? • **5.** Gibt es eine Waschmaschine? • **6.** Gibt es einen Abstellraum? / Hat die Wohnung einen Abstellraum? • **7.** Gibt es einen Parkplatz? • **8.** Wie hoch ist die Ablöse? • **9.** Wie hoch ist die Nettomiete? 10. Wie hoch ist die Kaution? • 11. Fährt / Hält eine Straßenbahn in der Nähe? • 12. Wie heißt der Vermieter?
1d *Mögliche Lösungen:* **2.** Die Adresse ist Mainstraße 25. • **3.** Die Wohnung liegt in der 2. Etage. Klingeln Sie dreimal. • **4.** Das Wohnzimmer ist 20 m² groß. • **5.** Es gibt Waschmaschinen in der Waschküche im Keller. • **6.** Es gibt keinen Abstellraum, sondern einen großen Keller. • **7.** Es gibt einen Parkplatz in der Tiefgarage. • **8.** Die Möbel sind geschenkt. • **9.** Die Nettomiete beträgt CHF 1.940. • **10.** Die Kaution beträgt zwei Monatsmieten. • **11.** Sie können mit der Linie 25 fahren. Die Haltestelle heißt Mainstraße. • **12.** Mein Name ist Widmer.
2 2. Man darf maximal zwei Stunden täglich üben. • 3. Man darf die Nachbarn nicht stören. • 4. Sie dürfen von Montag bis Samstag waschen. • 5. Sie arbeiten in der Woche • 6. Sie unterschreiben den Mietvertrag.
3 1. Andrea Mahler / Lara Jung • 2. ledig • 3. Bederstraße 250 • 4. 3-Zimmer-Wohnung • 5. 3. • 6. im Keller • 7. 01.09.2016 • 8. Kaution
4a 1. deiner • 2. meiner • 3. seiner • 4. ihrer • 5. deins • 6. meins • 7. deine • 8. meine • 9. deine • 10. meine
4b ○ Wem gehört der Computer? Hendrik, ist es deiner? – ● Nein, meiner ist das nicht. Aber vielleicht gehört er Lars? ○ Nein, seiner ist es auch nicht. Vielleicht gehört er Ira? – ● Nein, ihrer ist es auch nicht. • ○ Wem gehört das Smartphone? Hendrik, ist es deins? – ● Nein, meins ist das nicht. Aber vielleicht gehört es Lars? – ○ Nein, seins ist es auch nicht. Vielleicht gehört es Ira? – ● Nein, ihrs ist es auch nicht. • ○ Wem gehört die Brille? Hendrik, ist es deine? – ● Nein, meine ist das nicht. Aber vielleicht gehört sie Lars? – ○ Nein, seine ist es auch nicht. Vielleicht gehört sie Ira? – ● Nein, ihre ist es auch nicht. • ○ Wem gehörten die Stifte? Hendrik, sind es deine? – ● Nein, meine sind das nicht. Aber vielleicht gehörten sie Lars? – ○ Nein, seine sind es auch nicht. Vielleicht gehörten sie Ira? – ● Nein, ihre sind es auch nicht.
5 2. ihre • 3. unsere • 4. ihrs • 5. unserer • 6. unsere

L Lösungen zum Übungsbuch

C Unsere neue Wohnung

1 2. der Sessel, - • 3. der Kühlschrank, ⸚e • 4. das Waschbecken, - • 5. der Herd, -e • 6. das Regal, -e • 7. das Bett, -en • 8. der Tisch, -e • 9. das Bild, -er • 10. die Badewanne, -en • 11. die Kommode, -n • 12. der Vorhang, ⸚e • 13. der (Kleider)schrank, ⸚e • 14. die Schrankwand, ⸚e • 15. die Dusche, -en

2a 2. Wo? • 3. Wo? • 4. Wo? • 5. Wohin? • 6. Wohin? • 7. Wohin? • 8. Wo? • 9. Wo? • 10. Wohin? • 11. Wo? • 12. Wo?

2b Ich war im Bett, im Internet, im Park, im Supermarkt. • Ich gehe ins Bett, ins Internet, in den Park, ins Kino.

2c 2a. Er stellt die Lampe auf den Teppich. • 2b. Die Lampe steht auf dem Teppich. • 3a. Er legt das Buch auf das Bett. • 3b. Das Buch liegt auf dem Bett. • 4a. Er hängt das Bild an die Wand. • 4b. Das Bild hängt an der Wand.

2d 2. stehen – gestanden • 3. hängen – gehangen • 4. sitzen – gesessen

2e 2. stellen – gestellt • 3. hängen – gehängt • 4. setzen – gesetzt

2f 1. ins Internet gehen • 2. im Internet surfen • 3. im Park spazieren gehen • in der Küche liegen • 5. in die Küche gehen • 6. im Bett liegen

3a 1. zwischen die Fenster gestellt • 2. die Matratze links von der Tür an die Wand gelegt • 3. den Kleiderschrank / ihn in den Teil rechts von der Tür / in die Ecke gestellt • 4. gehängt.

3b 2. steht • 3. hängen • 4. liegt / ist • 5. liegt / ist • 6. legen • 7. leg • 8. stellst • 9. stelle • 10. lege • 11. liegt

4 1. Wo ist (bloß) meine Jacke? Ich habe sie doch gerade in den Schrank gehängt, oder? • 2. Wo ist mein Kuli? Ich habe ihn doch gerade auf den Tisch gelegt, oder? • 3. Wo ist (bloß) mein Wörterbuch? Ich habe es doch gerade in Regal gestellt, oder? • 4. Wo ist (bloß) mein Smartphone? Ich habe es doch gerade auf die Kommode gelegt, oder? • 5. Wo ist (bloß) meine Tasche? Ich habe sie doch gerade aufs Sofa gelegt, oder? • 6. Wo ist (bloß) mein Notizblock? Ich habe ihn doch gerade auf den Tisch gelegt, oder? • 7. Wo ist der / das Joghurt? Ich habe ihn / es doch gerade in den Kühlschrank gestellt, oder? • 8. Wo ist (bloß) der Suppentopf? Ich habe ihn doch gerade auf den Herd gestellt, oder?

DaF kompakt – mehr entdecken

1 Grund für die Mail: Kannst du vielleicht nicht erst nächstes, sondern schon dieses Wochenende nach Zürich kommen?

Phonetik

1b [s]: Einkaufsmöglichkeit • außerhalb • Kreis • Erdgeschoss • scheußlich • Monatsmiete • Terrasse • Bus • [z]: Süden • besichtigen • Sofa • leise

1d 1. [z] • 2. [z] • 3. [s] • 4. [s] • 5. [s] • 6. [s]

1e *Mögliche Lösung:* [s]: Eis • Fenster • Schluss • groß • [z]: Sonne • besuchen • Bluse

2 1u • 2g • 3g • 4g • 5g • 6u • 7g • 8g

11 Neu in Köln

A Auf nach Köln!

1 2c • 3d • 4a

2a 2b • 3a • 4a • 5b • 6b

2b **markierte konjugierte Verben:** 2. ist • 3. ist • 4. findet • 5. sucht • 6. möchte • 7. ist

Hauptsatz		Nebensatz		
3. Eva meint,	dass	das Studium anstrengend		ist.
6. Bernhard schreibt der WG eine Mail,	weil	er das Zimmer haben		möchte.
Nebensatz			**Hauptsatz**	
4. Dass	er Wirtschaftsmathematik interessant	findet,	sagt	Bernhard immer wieder.
5. Weil	Bernhard ein WG-Zimmer	sucht,	telefoniert	er mit Eva.
7. Dass	Köln eine schöne Stadt	ist,	weiß	Bernhard schon.

2c 2. Bernhard hofft, dass er in einer WG ein Zimmer finden kann. • 3. Eva findet es schön, dass Bernhard sie angerufen hat. • 4. Bernhard kommt nach Köln, weil er dort studieren will. • 5. Bernhard möchte in Köln studieren, weil er weg von zu Hause sein will. • 6. Eva glaubt, dass Bernhards Studium anstrengend ist.

2d 2. Weil viele junge Leute Köln interessant finden, studieren sie in der Stadt. • 3. Weil Köln viele Sehenswürdigkeiten hat, ist es eine interessante Stadt. • 4. Weil die Universität einen guten Ruf hat, gefällt sie den Studenten. • 5. Weil Bernhard schon einen Studienplatz hat, ist er glücklich.

2e 2. denn • 3. denn • 4. Weil – „Weil" leitet einen Nebensatz ein: Verb am Ende. „Denn" leitet einen Hauptsatz ein: Verb auf Position 2, „denn" auf Position 0.

2f 2. und • 3. Weil • 4. und • 5. dass • 6. denn • 7. dass • 8a. nicht • 8b. sondern • 9. und • 10a. keinen • 10b. sondern • 11. aber • 12. oder

3 *Mögliche Lösung:* In der Grafik kann man sehen, dass die meisten Deutschen ein Studium an einer Universität in Österreich und in den Niederlanden absolvieren. Die Grafik macht deutlich, dass nur ca. 10.000 Deutsche 2013 zum Studium in die USA gegangen sind. Man kann auch sagen, dass viele deutsche Studierende lieber in Europa studieren wollen.

B Kunst- und Medienstadt Köln

1 2. Fluss • 3. Schiffstouren • 4. Museen • 5. Ausstellungen • 6. Fernsehsender • 7. Kanal • 8. Messe • 9. Besucher

2a 2. sich erholen – sich befinden – sich wohlfühlen • 3. sich interessieren für • 4. sich ansehen – sich vorstellen • 5. sich freuen auf • 6. sich wohlfühlen – sich befinden • 7. sich vorstellen • 8. sich ansehen – sich interessieren für – sich freuen auf

2b 2. dich • 3. mich • 4. uns • 5. sich • 6. euch • 7. sich • 8. dich • 9. dir • 10. dir

2c 1. 1, 2 • 2. 3, 4

2d 2. Kaufst du dir (D) ein Buch über Fotografie? • 3. Ich wasche mir (D) die Hände. • 4. Er interessiert sich (A) für modernen Tanz. • 5. Ich erhole mich (A) am Freitag zu Hause. • 6. Fühlst du dich (A) in deiner Stadt wohl? • 7. Wir freuen uns (A) auf die Ausstellung. • 8. Ich treffe mich (A) morgen mit Anja. • 9. Siehst du dir (D) morgen die Van-Gogh-Ausstellung an? • 10. Ich freue mich (A) über das schöne Wetter.

2e b

2f *Mögliche Lösungen:* 2. Hast du dir das Museum angesehen? • 3. Hast du dich am Rhein erholt? • 4. Fühlst du dich in Köln wohl? • 5. Freust du dich auf die Ferien? • 6. Freust du dich über ein Geschenk? • 7. Kaufst du dir einen neuen Computer? • 8. • Interessierst du dich für Kunst?

2g Satzmitte • vor

3 2. tanzen • 3. Eintritt • 4. lesen • 5. Altstadt

C „Et es wie et es"

1 2e • 3a • 4b • 5d

2a 2. Akkusativ (M), Dativ (M, N, F, Pl.), Pl. bei Negativ- und Possessivartikel. • 3. Nominativ und Akkusativ (F), Nominativ und Akkusativ Pl. bei Nullartikel • 4. Nominativ und Akkusativ (N)

2b 1. Nominativ (M, N, F) • Akkusativ (N, F) • 2. Endung „-en": Akkusativ (M), immer im Dativ • immer im Plural

2c 2. -en • 3. -en • 4. -en • 6. -en • 7. -en • 8. -en • Im Dativ immer -en!

2d 2. -e • 3. -en • 4. -e • 5. -en • 6. -en • 7. -e • 8. -en • 9. -e

3 2a • 3d • 4e • 5c

4a 1

4b 2f • 3r • 4r • 5r • 6r

Phonetik

1c 1a. Heller • 2c. Ohrsen • 3b. Möller • 4b. Löhrmann • 5c. Mockel • 6a. Kehler

1d **lang:** Öhrsen • Löhrmann • Köhler • **kurz:** Höller • Möller • Möckel

1e **Frau Köhler kauft:** Möbel • Brötchen • Knödel • Öl • ein Hörbuch • **Frau Möckel kauft:** Töpfe • zwölf Löffel • ein Wörterbuch • Söckchen

2a 2. die Töchter • 3. die Töne • 4. die Böden • 5. die Röcke • 6. die Wörter • 7. die Körbe • 8. die Klöße

12 Geldgeschichten

A Ich möchte ein Konto eröffnen

2a 2e • 3b • 4f • 5a • 6h • 7d • 8c

2b b

2c 2. Ich kann Online-Banking machen, wenn ich einen Online-Zugang habe. • 3. Die EC-Karte ist kostenlos, wenn ich nur Online-Banking mache. • 4. Ich muss Gebühren bezahlen, wenn ich eine Überweisung am Schalter abgebe. • 5. Ich bekomme Zinsen, wenn ich Geld auf einem Festgeldkonto anlege. • 6. Ich muss Zinsen bezahlen, wenn ich einen Kredit aufnehme. • 7. Ich kann an 25.000 Geldautomaten Geld abheben, wenn ich auf Reisen bin. • 8. Die Back kann meine EC-Karte sperren, wenn ich sie verloren habe.

2d 2. Wenn ich das Online-Terminal benutzen will, muss ich zuerst die EC-Karte einführen und die PIN eingeben. • 3. Wenn ich eine Rechnung am Online-Terminal bezahlen will, wähle ich „Überweisung". • 4. Wenn ich den Kontostand wissen möchte, muss ich im Hauptmenü „Kontostand" wählen. • 5. Wenn ich „Beenden" drücke, bin ich fertig. • 6. Wenn ich meine EC-Karte verloren habe, kann die Bank sie sperren.

2e *Mögliche Lösungen:* 1. Wenn ich Geld brauche, muss ich jobben. • 2. Wenn ich Online-Banking mache, zahle ich keine Gebühren für Überweisungen. • 3. Wenn ich einen Kredit aufnehme, muss ich Zinsen bezahlen. • 4. Wenn ich eine Rechnung bezahlen muss, kann ich Online-Banking machen. • 5. Wenn ich Geld auf einen Sparkonto anlege, bekomme ich (vielleicht ;)) Zinsen.

4a 2e • 3c • 4i • 5h • 6g • 7f • 8b • 9a

4b *Mögliche Lösung:*

SEPA-Überweisung/Zahlschein
Bayerische Landesbank München
Universität Würzburg
IBAN: DE72 9889 0000 4301 1903 15
BIC: BYLADMEN
Betrag: 104,—
Kunden Referenznummer: A
Verwendungszweck: Chraibi, Hicham, Matrikelnummer 1234567
Chraibi, Hicham
IBAN: DE25 1234 5678 9012 3456 12   08
Datum: 7.7.16
Unterschrift: Hicham Chraibi

B Wie konnte das passieren?

1a 2. Meine Schwester musste als Kind Geschirr spülen. • 3. Du musstest als Kind das Essen kochen. • 4. Ich musste als Kind den Geschwistern bei den Hausaufgaben helfen. • 5. Lea musste als Kind das Zimmer allein putzen / aufräumen. • 6. Mein Vater musste als Kind das Auto waschen. • 7. Mein Bruder musste als Kind Einkäufe machen. • 8. Ihr musstet als Kind früh ins Bett gehen. • 9. Alex musste als Kind nachmittags in die Schule gehen. • 10. Moritz musste als Kind in den Ferien für die Schule lernen.

2a 1. Kinderbuchautor • 2. junger Mann • 3. 250,- €, EC- und Kreditkarte und alte Familienfotos • 4. suchte in allen Taschen • 5. zur Parfümerie zurück • 6. um 19.00 Uhr

2b *regelmäßige Verben:* kaufen, ich kaufte – fragen, ich fragte – (sich) entschuldigen, ich entschuldigte mich – anrempeln, ich rempelte an – suchen, ich suchte – beenden, ich beendete • *unregelmäßige Verben:* sein, ich war – gehen, ich ging – finden, ich fand – betreten, ich betrat – stattfinden, (die Lesung) fand statt – geben, ich gab – laufen, ich lief – bleiben, ich blieb – schließen, (das Geschäft) schloss – rufen, ich rief • *gemischte Verben / Modalverben:* müssen, ich musste – wollen, ich wollte – wissen, ich wusste

3a AE kam am 14. März 1879 in Ulm zur Welt. SF wurde am 6. Mai 1856 in Freiberg geboren. AE begann 1896 ein Studium in Zürich. SF zog 1860 mit seinen Eltern nach Wien. AE lebte und arbeitete von 1914 bis 1933 in Berlin. AE veröffentlichte 1916 die Relativitätstheorie. SF unterrichtete an der Wiener Universität und eröffnete 1886 seine eigene Praxis. SF schrieb Bücher und hielt Vorträge über Psychoanalyse. SF schrieb sich 1873 an der Wiener Universität für das Fach Medizin ein. AE 1909 wurde Dozent für theoretische Physik an der Universität Zürich. SF verließ 1938 Wien und emigrierte nach London. AE erhielt 1922 den Nobelpreis für Physik. AE ging 1933 nach Princeton und starb dort 1955. SF starb am 23. September 1939 in London.

4a 2a • 3c • 4d • 5b • 6e • 7f

4b 2. Als ich Kaffee kochen wollte, war kein Kaffeepulver mehr da. • 3. Als ich den Toaster anmachen wollte, fiel der Strom aus. • 4. Als ich die Haustür öffnete, regnete es. • 5. Als ich den Regen sah, ging ich zurück und holte den Regenschirm • 6. Als ich zur Bushaltestelle ging, klingelte das Handy. • 7. Als ich das Handy aus der Tasche nahm, fiel es mir aus der Hand und zerbrach.

einhundertfünfundachtzig **185**

L Lösungen zum Übungsbuch

6 *regelmäßige Verben:* kaufen: er kauft, kaufte, hat gekauft – fragen: er fragt, fragte, hat gefragt – (sich) entschuldigen: er entschuldigt sich, er entschuldigte sich, er hat sich entschuldigt – anrempeln: er rempelt an, rempelte an, hat angerempelt – suchen: er sucht, suchte, hat gesucht – beenden: er beendet, beendete, hat beendet – leben: er lebt, lebte, hat gelebt – veröffentlichen: er veröffentlicht, veröffentlichte, hat veröffentlicht – unterrichten: er unterrichtet, unterrichtete, hat unterrichtet – eröffnen: er eröffnet, eröffnete, hat eröffnet – begrüßen: er begrüßt, begrüßte, hat begrüßt – bemerken: er bemerkt, bemerkte, hat bemerkt – klingeln: er klingelt, klingelte, hat geklingelt – holen: er holt, holte, hat geholt • *unregelmäßige Verben:* sein: er ist, war, (ist gewesen) – gehen: er geht, ging ist gegangen – finden: er findet, fand, hat gefunden – betreten: er betritt, betrat, hat betreten – stattfinden: (die Lesung) findet statt, fand statt hat stattgefunden – geben: er gibt, gab hat gegeben– laufen: er läuft, lief, ist gelaufen – bleiben: er bleibt, blieb ist geblieben – schließen: (das Geschäft) schließt, schloss, hat geschlossen – rufen: er ruft, rief, hat gerufen – werden: er wird, wurde, ist geworden – beginnen: er beginnt, begann, hat begonnen – ziehen: er zieht, zog, ist gezogen (intransitiv) – schreiben: er schreibt, schrieb, hat geschrieben – verlassen: er verlässt, verließ, hat verlassen – erhalten: er erhält, erhielt, hat erhalten – sterben: er stirbt, starb, ist gestorben – eintreffen: er trifft ein, traf ein, ist eingetroffen – zurückkommen: er kommt zurück, kam zurück, ist zurückgekommen – angeben: er gibt an, gab an, hat angegeben – sehen: er sieht, sah, hat gesehen – nehmen: er nimmt, nahm, hat genommen – ausfallen: er fällt aus, fiel aus, ist ausgefallen – fallen: er fällt, fiel, ist gefallen – zurückgehen: er geht zurück, ging zurück, ist zurückgegangen • *gemischte Verben / Modalverben:* müssen: ich musste – wollen: ich wollte – wissen: ich wusste, habe gewusst

C Wie im Märchen

1a Wer: Rui bedankt sich bei Frau Reimann. Was: Frau Reimann hat sein Portemonnaie gefunden. Warum: Sie hat das Portemonnaie im Fundbüro abgegeben. Wann: heute (implizit)

1b Ich möchte Ihnen ganz herzlich danken. • Vielen Dank (für Ihre Ehrlichkeit)! Ich möchte mich gern persönlich bei Ihnen bedanken.

1c *Mögliche Lösung:* Sehr geehrter Herr Andrade, vielen Dank für Ihre Mail. Ich freue mich, dass Sie Ihr Portemonnaie wiedergefunden haben und ich Ihnen helfen konnte. Ich möchte natürlich keinen Finderlohn, denn ich denke, es ist ganz normal, dass man ein Portemonnaie zurückgibt, wenn man es irgendwo findet. Aber wir können uns gern treffen, vielleicht im Café Baumann um 16.00 Uhr? Viele Grüße Andrea Reimann

2a 1. ja • 2. ja • 3. nein • 4. nein • 5. ja • 6. ja • 7. ja • 8. ja • 9. nein

2b Am 11.12.2015 war ich von ca. 16.30 bis 19.00 Uhr … Plötzlich gab es …, als der … Weil ich ein bestimmtes Buch … Als ich noch an der Information wartete, … Als ich an der Kasse bezahlen wollte … mich plötzlich ein junger Mann an. Er entschuldigte sich … Wir fanden das etwas komisch, aber wir … aber ich fand es nicht. Dann liefen wir … Danach fragten wir in der Parfümerie. Leider wusste … Um 19.00 Uhr beendeten wir schließlich …, denn ich musste …

2c *Mögliche Lösung:* Am letzten Wochenende wollten Rui und seine Frau Weihnachtsgeschenke kaufen. Zuerst gingen sie in ein Kaufhaus, später in ein Spielzeuggeschäft und dann in eine Parfümerie und schließlich in eine Buchhandlung, weil Rui noch ein Buch kaufen wollte. Er ging zur Information, denn er fand ein bestimmtes Buch nicht. Plötzlich gab es ein großes Gedränge, weil ein berühmter Krimiautor die Buchhandlung betrat. Er hatte am Abend eine Lesung. Als Rui noch an der Information wartete, rempelte ihn plötzlich ein junger Mann an, und als Rui bezahlen wollte, war leider das Portemonnaie weg. Im Portemonnaie waren Geld, EC-Karte und Fotos. Er und seine Frau suchten überall, konnten aber nicht finden. Schließlich beendeten sie die Suche, und Rui rief bei der Bank an. Am nächsten Morgen gingen sie zur Polizeiwache und erstatteten Anzeige. Danach gingen sie zum Fundbüro. Dort fand er zum Glück das Portemonnaie wieder, denn eine ehrliche Finderin hatte es im Fundbüro abgegeben.

2d Vor ein paar Tagen saß Frau Schneider im Café „Zweistein" auf der Terrasse und trank einen Cappuccino. Weil sie eine Nachricht bekam, sah sie auf ihr Smartphone und chattete dann mit Freundinnen. Nach 15 Minuten bestellte sie die Rechnung. Als sie bezahlen wollte, war ihr Portemonnaie nicht mehr in der Tasche. Sie hatte viel Geld im Portemonnaie. Sie fragte die anderen Gäste, aber leider wussten sie nichts. Am Nachmittag ging sie zur Polizei und erstattete Anzeige.

3a **Sache:** + etwas, – nichts • **Person:** + jemand, jemanden, jemandem, – niemand, niemanden, niemandem • **Ort:** + irgendwo, – nirgendwo / nirgends

3b *Mögliche Lösungen:* 2. Ja, da ist jemand vorbeigegangen. / Nein, niemand (ist vorbeigegangen). • 3. Ja, ich hatte viel Geld dabei. / Nein, (ich hatte) nichts Wertvolles (dabei). • 4. Ja, ein Mann … / Nein, niemand (hat mich angesprochen). • 5. Ja, mit einer Frau … / Nein, (ich habe) mit niemandem (gesprochen). • 6. Ja, (ich habe sie) vielleicht im Büro (vergessen). Nein, (ich habe sie) nirgendwo (vergessen).

DaF kompakt – mehr entdecken

2a 1c • 2e • 3a • 4f • 5d • 6b

Phonetik

2b 1b. Tang • 2c. Renker • 3a. Sinnbach • 4c. Bronk

4a **ng:** Beratung • Überweisungen • Gedränge • eingeben • Angestellte • lange • Entschuldigung • **nk:** Frank • Bank • ankommt • Bankschalter • funktioniert • unklar

4b 1. Überweisungen • Gedränge • lange • Entschuldigung • 2. Angestellte • 3. Frank • Bank • Bankschalter • funktioniert • 4. ankommt • unklar

4c 1. [ŋg], [ŋk] • 2. [ŋ], [ŋk]

13 Ohne Gesundheit läuft nichts

A Ich fühle mich gar nicht wohl

1a

2 2. Ich bin erkältet, denn ich bin gestern ohne Jacke rausgegangen. • 3. Ich habe Rückenschmerzen, denn ich habe etwas Schweres getragen. • 4. Ich habe Ohrenschmerzen, denn ich war gestern Abend in einer Diskothek. • 5. Ich habe Magenschmerzen, denn ich habe zu viel Eis gegessen. • 6. Ich habe Schlafstörungen, denn ich muss immer an die Prüfung denken. • 7. Ich habe Kopfschmerzen, denn ich habe gestern auf der Party zu viel getrunken.

3a

2. Seitdem sie in ihrer eigenen Wohnung lebt,	lädt sie oft Freunde ein.
3. Seitdem sie im Masterstudiengang ist,	macht das Studium ihr mehr Spaß.
4. Seitdem sie an ihrer Masterarbeit schreibt,	schläft sie sehr schlecht.
5. Seitdem sie Schlafstörungen hat,	ist sie oft den ganzen Tag müde.
6. Seitdem es ihr nicht gut geht,	macht sie sich Sorgen um ihre Gesundheit.
2. Sie lädt soft Freunde ein,	seitdem sie in ihrer eigenen Wohnung lebt.
3. Das Studium macht ihr mehr Spaß,	seitdem sie im Masterstudiengang ist.
4. Sie schläft sehr schlecht,	seitdem sie an ihrer Masterarbeit schreibt.
5. Sie ist oft den ganzen Tag müde,	seitdem sie Schlafstörungen hat.
6. Sie macht sich Sorgen um ihre Gesundheit,	seitdem es ihr nicht gut geht.

3b

2. Bis sie eine in der Altstadt gefunden hat,	hat sie lange nach einer Wohnung gesucht.
3. Bis sie die Prüfung mit „sehr gut" bestanden hat,	hat sie Tag und Nacht für den Bachelor gelernt.
4. Bis sie mit der Masterarbeit fertig ist,	muss sie noch ein paar Wochen arbeiten.
5. Bis sie krank geworden ist,	(so lange) hat sie gearbeitet.
6. Bis sie einen Arzt gefunden hat,	hat es lange gedauert.
2. Sie hat lange nach einer Wohnung gesucht,	bis sie eine in der Altstadt gefunden hat.
3. Sie hat Tag und Nacht für den Bachelor gelernt,	bis sie die Prüfung mit „sehr gut" bestanden hat.
4. Sie muss noch ein paar Wochen arbeiten,	bis sie mit der Masterarbeit fertig ist.
5. Sie hat so lange gearbeitet,	bis sie krank geworden ist.
6. Es hat lange gedauert,	bis sie einen Arzt gefunden hat.

4 *Mögliche Lösungen:* **2:** a, e, d • **3:** e, a, c • **4:** f • **5:** b, a • **6:** c

5 1. **Praxis Dr. Hofer:** Homöopathie • **gut:** nimmt sich Zeit • hört gut zu • alle Kassen • man bekommt schnell einen Termin • **schlecht:** 2. **Praxis Dr. Freund:** Arzt für Chinesische Medizin, Akupunktur und Homöopathie • **gut:** Behandlungen gut • **schlecht:** keine Kassenpatienten • Behandlung selbst bezahlen. • 3. **Praxis Dr. Rosmann:** Internist • **gut:** alle Kassen • **schlecht:** immer voll • auf einen Termin lange warten • wenig Zeit für Patienten

6 2. ○ Wie geht's dir / Wie geht es Ihnen? ● Gar nicht gut. Ich habe Ohrenschmerzen! ○ Geh doch / Gehen Sie doch zum Hals-Nasen-Ohrenarzt. ● O.k. • 3. ○ Wie geht's dir / Wie geht es Ihnen? ● Nicht so gut. Ich habe Magenschmerzen! ○ Geh doch / Gehen Sie doch zum Internisten. ● Ja, das muss ich. • 4. ○ Wie geht's dir / Wie geht es Ihnen? ● Ziemlich schlecht. Ich habe immer Kopfschmerzen! ○ Geh doch / Gehen Sie doch zu einem Arzt für Chinesische Medizin. ● Gute Idee! • 5. ○ Wie geht's dir / Wie geht es Ihnen? ● Nicht besonders. Ich habe schreckliche Rückenschmerzen! ○ Geh doch / Gehen Sie doch einem Physiotherapeuten. ● Auf jeden Fall!

B Was fehlt Ihnen denn?

1a b: A • c: A • d: A • e: P • f: A • g: P • h: P • i: A • j: P • k: A • l: A • m: P

1b 2a • 3l • 4m • 5d • 6h • 7i • 8g • 9k • 10e • 11f • 12c • 13j

2 2. Vielleicht muss Beate Urlaub machen. • 3. Eventuell braucht sie Ruhe. • 4. Möglicherweise kann Beate nicht arbeiten. • 5. Wahrscheinlich muss Beate keine Diät machen.

3a 2b • 3a • 4b • 5b • 6b

3b 2. Sie darf nicht zur Arbeit gehen. • 3. Sie soll regelmäßig essen. • 4. Sie soll viel spazieren gehen. • 5. Sie kann reiten. • 6. Sie muss Medikamente nehmen. • 7. Sie kann noch zwei Wochen Urlaub machen.

3c 2. Wenn man kein Auto hat, muss man mit öffentlichen Verkehrsmitteln fahren. Wenn man ein Auto hat, braucht man nicht mit öffentlichen Verkehrsmitteln zu fahren. • 3. Wenn man zu dick ist, muss man Diät machen. Wenn man schlank ist, braucht man keine Diät zu machen. • 4. Wenn man alleine wohnt, muss man die Hausarbeit alleine machen. Wenn man in einer WG wohnt, Braucht man die Hausarbeit nicht alleine zu machen • 5. Wenn man krank ist, muss man zum Arzt gehen. Wenn man gesund ist, braucht man nicht zum Arzt zu gehen.

4 *Mögliche Lösungen:* **2:** a, g, m • **3:** g, k, l, m • **4:** c, e • **5:** a, g, m • **6:** a, h, j • **7:** a, k, l, m • **8:** a, g • **9:** d, g • **10:** b • **11:** e • **12:** f, i • **13:** g

5 2. n, Zeile: 3–4 • 3. j, Zeile: 5 • 4. j, Zeile:7 • 5. n, Zeile: 7 • 6. n, Zeile: 11

C Alles für die Gesundheit

1 2. Wenn Sie glauben, dass man hier etwas über Mathematik, Chromosomen oder über die Fernsehserie „X-Files erfährt, irren Sie sich. • 3. Das Museum trägt seinen Namen nach dem Physiker Wilhelm Conrad Röntgen. • 4. Das „X" steht in der Mathematik für etwas Unbekanntes. • 5. Für seine Entdeckung erhielt er 1901 den ersten Nobelpreis für Physik. • 6. Heute spielt die Röntgenstrahlung nicht nur in der Medizin eine große Rolle. • 7. Auf Knopfdruck geht ein Licht an. • 8. Auf seinen Wanderungen begleitete ihn oft Robert Koch. • 9. Er erzählte auch kaum etwas über sich.

2a 2. Satz 2 • 3. Satz 1 • 4. Satz 2 • 5. Satz 2 • 6. Satz 1 • 7. Satz 2.

2b 2. Sie sitzt den ganzen Tag. Deshalb hat sie Rückenschmerzen. • 3. Sie denkt immer an die Masterarbeit. Deshalb schläft sie nicht gut. • 4. Sie hat starke Magenschmerzen. Deshalb hat sie einen Termin bei Dr. Rosmann vereinbart. • 5. Die Praxis ist immer voll. Deshalb soll sie nicht zu Dr. Rosmann gehen. • 6. Dr. Hofer nimmt sich viel Zeit für seine Patienten. Deshalb soll sie zu ihm gehen. • 7. Dr. Hofer ist ein sehr erfahrener Arzt. Deshalb vertrauen ihm die Patienten.

L Lösungen zum Übungsbuch

2c 2. Sie hat Rückenschmerzen, weil sie den ganzen Tag sitzt. • 3. Sie schläft nicht gut, weil sie immer an die Masterarbeit denkt. • 4. Sie einen Termin bei Dr. Rosmann vereinbart, weil sie starke Magenschmerzen hat. • 5. Weil die Praxis ist immer voll ist, soll sie nicht zu Dr. Rosmann gehen. • 6. Weil Dr. Hofer sich viel Zeit für seine Patienten nimmt, soll sie zu ihm gehen. • 7. Weil Dr. Hofer ein sehr erfahrener Arzt ist, vertrauen ihm die Patienten.

2d 2. Die Röntgenstrahlung ist für die Medizin sehr wichtig, weil man ins Innere vom menschlichen Körper schauen kann. • 3. Die Entdeckung von Röntgen war revolutionär. Deswegen hat er den ersten Nobelpreis für Physik bekommen. • 4. Das Röntgenmuseum ist sehr modern und interaktiv. Darum ist es auch für Kinder interessant. • 5. Man hat das Museum 1932 in Remscheid-Lennep gegründet, weil W. C. Röntgen dort geboren wurde. • 6. Die gläserne Frau ist eine Attraktion, weil man das Skelett und die Organe sehen kann. • 7. Man kann sogar die Nerven und Adern erkennen. Daher sind viele Besucher begeistert.

3 *Mögliche Lösung:* Liebe Beate, schön, dass es dir endlich wieder besser geht! Dr. Hofer ist wirklich ein guter Arzt. Gut, dass du jetzt wieder unternehmungslustig bist. Ein Ausflug ins Röntgenmuseum ist wirklich eine tolle Idee. Leider kann ich am Wochenende nicht. Stell dir vor, jetzt bin ich krank. Ich habe eine Grippe. Dr. Hofer hat gesagt, dass ich auf jeden Fall eine Woche im Bett bleiben soll, viel trinken und nur leichte Sachen essen. Aber wir können den Ausflug machen, wenn es mir wieder besser geht, vielleicht übernächstes Wochenende? Liebe Grüße, Larissa

4 1. der Kopf • 2. die Finger • 3. das Auge • 4. die Nase • 5. der hals • 6. die Brust • 7. das Herz • 8. der Magen • 9. der Darm • 10. der Oberschenkel • 11. das Knie • 12. der Unterschenkel • 13. der Konchen • 14. der Fuß • 15. • die Hand • 16. der Arm • 17. das Ohr • 18. der Mund • 19. die Schulter • 20. der Rücken • 21. die Lunge • 22. der Bauch • 23. der Po • 24. der Muskel • 25. das Bein • 26. die Ader • 27. der Zeh

DaF kompakt – mehr entdecken

1a 1d • 2c • 3b • 4a

Phonetik

1c 1a. Kiehn • 1b. Kühn • 2a. Griener • 2c. Gruner • 3b. Künnemann • 3c. Kunnemann • 4a. Hirtner • 4c. Hurtner

1d **lang:** Kühn • **kurz:** Künnemann • Hürtner

2b 1. Frau Kuhn • 2. Herr Griener • 3. Frau Hirtner • 4. Herr Künnemann • 5. Frau Hurtner • 6. Herr Kühn • 7. Frau Kinnemann • 8. Herr Grüner

3 *Mögliche Lösung:* grün • Gemüse • Frühstück • günstig • der Rücken • der Frühling

14 Griasdi in München

A Auszeit in München

1a 2. Es ist neblig. = Wir haben Nebel. • 3. Es ist windig. = Der Wind weht schwach / stark. • 4. Es regnet. = Es ist regnerisch. • 5. Es ist heiter = Es ist freundlich • 6. Es gewittert. = Es gibt ein Gewitter. / Es blitzt und donnert. 7. Es ist bedeckt. = Es ist bewölkt. • 8. Es schneit. = Es fällt Schnee. • 9. Es stürmt. = Es ist stürmisch • 10. Es hagelt. = Es fällt Hagel.

1b 2. Es regnet gegen Nachmittag • 3. Es regnet am Nachmittag. • 4. Es regnet gegen Abend. • 5. Es regnet die ganze Nacht über.

2a 2. bequem • 3. zu klein • 4. modern • 5. zu weit • 6. unpraktisch • 7. bunt • 8. hässlich

2c A Wirtschaftsstudenten • B Theologiestudenten • C Juristen • D Ethnologiestudenten • E Sportstudenten

2d *Wirtschaftsstudenten:* Männer: Anzug, Poloshirt – Frauen: langärmelige Blusen, elegante Blazer mit Rock und Rollkragenpullover oder Anzughose, Markenhandtäschchen • *Theologiestudenten:* Männer / Frauen: alte Cordhosen, XXL-Pullis, karierte Hemden in Erdfarben, Umhängetasche – Männer: Hornbrille – Frauen: schnell zusammengesteckter Haarknoten • *Juristen:* Männer: Anzug, schicke Halbschuhe, gebügeltes weißes Hemd, Pullis mit V-Ausschnitt, dunkle Jeans, Stiefel, Smartphone, Aktenkoffer, iPad. – Frauen: Kostüm mit farblich passender Handtasche, Stöckelschuhe, echter Perlenschmuck • *Ethnologiestudenten:* Männer und Frauen: farbenfrohe, gemusterte Kleidung, weite Hosen und Röcke, Ökosandalen, Jutebeutel, bunte Tücher, bunter Schmuck (Ketten, Ohrringe, Armreifen) • *Sportstudenten:* Männer und Frauen: aerodynamische Turnschuhe, Kapuzenjacke, Labelrucksack, Schweißband, kurze Haare oder (bei Frauen) zum Pferdeschwanz zusammengebundene Haare

2e **eher für Männer:** der Anzug, die Anzüge – der Halbschuh, die Halbschuhe – das Hemd, die Hemden • **eher für Frauen:** die langärmelige Bluse, die langärmeligen Blusen – der Rock, die Röcke – das Markenhandtäschchen, die Markenhandtäschchen – der schnell zusammengesteckte Haarknoten, die schnell zusammengesteckten Haarknoten – die Perlenkette, die Perlenketten – die farblich passende Handtasche, die farblich passenden Handtaschen • **eher für beide:** das Poloshirt, die Poloshirts – die alte Cordhosen, die alten Cordhosen – der XXL-Pulli, die XXL-Pullis – der Pulli mit V-Ausschnitt, die Pullis mit V-Ausschnitt – die Kapuzenjacke, die Kapuzenjacken – der elegante Blazer, die eleganten Blazer – der Rollkragenpullover, die Rollkragenpullover – die Anzughose, die Anzughosen – die Umhängetasche die Umhängetaschen – die Ökosandale, die Ökosandalen – der Turnschuh, die Turnschuhe – der hübsche Jutebeutel, die hübschen Jutebeutel – die Hornbrille, die Hornbrillen – die dunkle Jeans, die dunklen Jeans – der Stiefel, die Stiefel – die Hose, die Hosen – das karierte Hemd, die karierten Hemden – das Smartphone, die Smartphones – der Aktenkoffer, die Aktenkoffer – das iPad, die iPads – die lange Kette, die langen Ketten – der Ohrring, die Ohrringe – der Armreif, die Armreife – das bunte Tuch, die bunten Tücher – das Schweißband, die Schweißbänder

3 2. die Socke – die Socken, das Söckchen – die Söckchen
3. der Rock – die Röcke, das Röckchen – die Röckchen
4. das Kleid – die Kleider, das Kleidchen – die Kleidchen
5. der Mantel – die Mäntel, das Mäntelchen – die Mäntelchen
6. die Mütze – die Mützen, das Mützchen – die Mützchen
7. das Hemd – die Hemden, das Hemdchen – die Hemdchen
8. der Schuh – die Schuhe, das Schühchen – die Schühchen
9. die Bluse – die Blusen, das Blüschen – die Blüschen

B „Mein Kleiderbügel"

1 1 • 2 • 3 • 5

2a 2. Zu welcher Hose passt die Bluse? • 3. Welche Jacken gefallen dir? • 4. Wie gefällt dir denn der Rock? • 5. Zu welchem Kleid passt der Schal? • 6. Welches Kleid findest du am besten? • 7. Welche Mäntel gefallen dir? • 8. Wie gefällt dir denn das Hemd?

188 einhundertachtundachtzig

2b 1. ○ Wie findest du diese Hose? ● Welche denn? Die hier? ○ Nein, die da. • 2. ○ Wie findest du diese Jacken? ● Welche denn? Die hier? ○ Nein, die da. • 3. ○ Wie findest du dieses Blüschen? ● Welches denn? Das hier? ○ Nein, das da. • 4. ○ Wie findest du diesen Anzug? ● Welchen denn? Den hier? ○ Nein, den da.

2c 1. welches • 2. Das • 3. das • 4. diesem • 5. das • 6. welchen • 7. den • 8. den • 9. diesem • 10. der • 11. Welches • 12. Das • 13. das • 14. diesem • 15. das

3a 2. Eine rote Bluse mit kurzen Ärmeln. • 3. Ich habe Größe 38. • 4. Ja, wo ist denn die Umkleidekabine? • 5. Leider nein. Sie ist zu eng. • 6. Gut, das mache ich. • 7. Ja, sie passt genau. Ich nehme sie. • 8. Kann ich die Bluse auch umtauschen? • 9. Wie viel kostet sie denn? • 10. Kann ich auch mit Karte bezahlen? • 11. Danke schön.

3c 1. V • 2. K • 3. V • 4. K • 5. V • 6. K • 7. V • 8. K

C Zwei Münchner Originale

1a 1r • 2f • 3f • 4r • 5f

1b 2. Pferderennen • 3. Beginn des Oktoberfests • 4. Ende des Oktoberfests • 5. Besucher • 6. Schausteller • 7. Gastronomiebetriebe • 8. arbeiten auf dem Oktoberfest • 9. Umsatz

1c Am 17. Oktober 1810 fand ein Pferderennen statt. • Am 15. September um 12.00 Uhr beginnt das Oktoberfest. • Am 1. Sonntag im Oktober endet das Oktoberfest. • Jedes Jahr kommen 6 Millionen Besucher. • Es gibt 250 Schausteller und 100 Gastronomiebetriebe. • Auf dem Oktoberfest arbeiten 12.000 Menschen. • Es bringt einen Umsatz von 800 Millionen Euro.

2

	Artikel	Blogeintrag
Oktoberfest – seit wann?	17.10.1810: Pferderennen als Abschluss der Hochzeit von Kronprinz Ludwig von Bayern mit Prinzessin Therese von Sachsen-Hildburghausen	seit über 200 Jahren
Geschichte?	Man wiederholte das Pferderennen dann jährlich, bis daraus die Tradition der „Oktober-Feste" entstand. Diese entwickelten sich zu einem Volksfest (ohne Pferderennen).	–
Heute wann?	Beginn: am Samstag nach dem 15. September um 12.00 Uhr, Ende: am ersten Sonntag im Oktober	um 23.30 Ende
Angebot heute?	viele Unterhaltungsmöglichkeiten (es gibt ca. 250 Schausteller und 100 Gastronomiebetriebe): Schaukeln, Karussells, Buden; große Bierzelte	Bierzelte, Karussells, Riesenrad, typische Spezialität „Brathendl"
Besucher?	ca. 6 Millionen aus dem In- und Ausland	aus allen Ländern: Amerikaner, Japaner, viele Italiener
Wirtschaftliche Bedeutung?	12.000 Menschen dort; Umsatz: ca. 800 Millionen Euro	–

3a 1. Hausangestellte trafen sich am Sonntagmorgen im Englischen Garten. • 2. Hausangestellte • 3. man hat den Ball verboten • 4. Es gibt den Ball wieder. • 5. von 5.00–8.00 Uhr • 6. 3. Sonntag im Juli

3b Kocherlball: Winter • Oktoberfest: Sommer

3c 2. das Hauspersonal • 3. die Lederhose • 4. der/die Hausangestellte • 5. das Jahrhundert • 6. der Hausdiener • 7. der Kocherlball • 8. die Dienstbotenuniform

4a 2. keinen – einen – keinen • 3. ein – keins • 4. eine – keine – eine • 5. ein – keiner • 6. ein – keins

4b Indefinitartikel stehen vor einem Nomen. Indefinitpronomen brauchen kein Nomen.

4c 2. jedem • 3. Jeder • 4. keins – eins • 5. viele • 6. jeden • 7. viele • 8. jedes

4d 1. vielen • 2. wenige • 3. allen • 4. Alle • 5. Jeder • 6. keiner • 7. jeder • 8. jede • 9. Welche • 10. viele • 11. alle • 12. Viele

5 *Mögliche Lösung:* Der Kocherlball fand 1880 zum ersten Mal statt: Immer im Sommer trafen sich Hausangestellte am Sonntagmorgen im Englischen Garten. Dort tanzten sie von 5 bis 8 Uhr am Morgen. 1904 hat man den Ball als unmoralisch verboten. Seit 1989 gibt es den Ball wieder. Inzwischen kann jeder mitmachen. Man feiert ihn heute jedes Jahr am 3. Sonntag im Juli, viele kommen in Tracht.

DaF kompakt – mehr entdecken

1a Thema • Artikel • eine Form von nonverbaler Kommunikation • Hochschule • wissenschaftliche Literatur • Autor(en) • Das Buch von Müller (2012) • Interviews machen • Studenten befragen • die Methode • Gründe und Meinungen zum Thema herausfinden • Literaturrecherche • abgeben

2a 1d1 • 2f6 • 3c3 • 4a5 • 5b2

Phonetik

1b Jack<u>e</u> • Blus<u>e</u> • Hos<u>e</u> • Tasch<u>e</u>

2b Gruppe 1: a • Gruppe 2: b • Gruppe 3: b • Gruppe 4: b

15 Eine Reise nach Wien

A Unterwegs zur Viennale

1 2. Er will bei einem Wiener übernachten („Couch surfen") • 3. Er will eine Woche bleiben. • 4. Die Übernachtung ist kostenlos. • 5. Er hat mit ihm telefoniert und ihm Mails geschrieben.

2a 2b • 3a • 4b • 5a • 6b

2b 2. der Campingplatz, ¨-e • 3. übernachten • 4. die Jugendherberge, -n • 5. reiselustig • 6. unterwegs • 7. das Gastgeschenk, -e • 8. das Hotel, -s

2c b

2d 1c • 2b • 3a

2e 1. „Couch surfen" gefällt mir, weil man andere Menschen kennenlernen kann. • 2. Ich finde, dass „Couch surfen" eine gute Idee ist. • 3. Ich möchte „Couch surfen" nicht ausprobieren, weil ich nicht bei fremden Leuten schlafen will.
Mögliche Lösung für andere Fehlertypen: falsches Wort, falsche Endung, falsche Wortstellung

3 2b • 3b • 4b • 5b • 6c

L Lösungen zum Übungsbuch

B Spaziergang in der Innenstadt

1 2e • 3f • 4b • 5d • 6a

2a die Gasse, -n • die Kirche, -n • der Markt, ¨e • das Museum, Museen • die Oper, -n • der Park, -s • der Platz, ¨e • die Straße, -en • die Autobahn, -en • das Gebäude, – • der Ort, -e

2b 2. vorbeigehen • 3. umkehren • 4. überqueren

3a 1. zu – (rechts / links / gegenüber) von – aus • 2. … entlang – durch • 3. in – auf – an

3b 2. -m • 3. -m • 4. -m • 5. der • 6. der • 7. -r • 8. -m • 9. dem • 10. dem

3c 2. das • 3. die • 4. den • 5. den • 6. die

3d 2a • 3d • 4b

3f 1a • 2b

3g im • 3. Im • 4. auf dem • 5. Im • 6. auf den • 7. ins

4a Wien Museum – alte Stadtmodelle der Wiener Innenstadt – Kunst – Geschichte – Jungsteinzeit – 20. Jahrhundert • Stadtkino im Künstlerhaus – Viennale-Filme – 5 Filme

4b Der Kahlenberg ist ein Hügel vor Wien. Hierhin fährt man, wenn man einen guten Blick auf Wien haben will. Man hat eine Superaussicht bin in die Slowakei. • Der Naschmarkt ist ein ganz besonderer Markt – hier gibt es viele exotische Lebensmittel. Hier riecht und schmeckt es super!!! • Das Café Sacher ist das berühmteste Café in Wien. Hier riecht und schmeckt es super – ich bringe eine ganze Sachertorte mit!

C Was wollen wir unternehmen?

1a **Ja:** Das ist eine gute Idee. – Das klingt gut. – Das gefällt mir bestimmt. – Ja, klar. Sehr gern. **Nein:** Das mache ich nicht so gern. – Das ist nichts für mich. – Da mache ich lieber etwas anderes. • **Vielleicht:** Das muss ich mir noch überlegen. – Ich weiß noch nicht genau. – Mal sehen, ich denk' noch mal nach.

1b 2f • 3e • 4a • 5c • 6d • *Mögliche Lösungen:* 2. Wir steigen auf den Dom. • 3. Ich gehe heute Abend ins Kino. • 4. Wollen wir später ein Theaterstück sehen? • 5. Wir spielen „Mensch ärgere dich nicht". • 6. Morgen besichtigen wir den Dom.

2 1. sehr gute Lage, gleich neben einer U-Bahnstation; angenehmes Gästezimmer • 2. Sie sind ins Museum Moderner Kunst gegangen. • 3. Sie gefallen ihm besser als moderne Kinos • 4. Toll.

3a

Pos. 1	Pos. 2	Mittelfeld	Satzende
2. Er	ist	gestern ins Museum	gegangen.
3. Michael	hat	am Samstag zu Hause einen Spiele-Nachmittag.	
4. Jörg und Michael	wollen	am Mittag in einem Lokal	essen.
5. Jörg	hat	gestern Abend im Internet eine Theaterkarte	bestellt.
6. Jörg	ist	gerade aus dem Burgtheater nach Hause	gekommen.

3b 2. Ich bin letzte Woche oft im Kino gewesen. • 3. Ich bin nach dem Kino im Zentrum spazieren gegangen. • 4. Michael und ich essen heute Abend in einem Wiener Beisl. • 5. Wir wollen danach in eine Disko tanzen gehen. • 6. Ich bin eine Woche in Wien gewesen. • 7. Ich muss morgen nach Hause zurückfahren.

3c 2. <u>Im Kino</u> bin ich letzte Woche oft gewesen. • 3. <u>Nach dem Kino</u> bin ich im Zentrum spazieren gegangen. • 4. <u>Heute Abend</u> essen Michael und ich in einem Wiener Beisl. • 5. <u>Danach</u> wollen wir in eine Disko tanzen gehen. • 6. <u>In Wien</u> bin ich eine Woche gewesen. • 7. <u>Morgen</u> muss ich nach Hause zurückfahren.

4a 2i • 3d • 4d • 5i • 6i • 7i • 8d

4b 2. wann der Film beginnt? • 3. wo man die Karten kaufen kann? • 4. wie lange der Film dauert?

4d Er macht eine Stadtführung.

4e b

Phonetik

1c 1b. Feier • 2b. Bäume • 3a. heiß • 4b. Laute • 5a. Mais • 6a. euer • 7b. aus • 8b. freuen • 9a. Raum • 10a. Reis

3a *Mögliche Beispiele:* das Auge – die Augen • der Aufzug – die Aufzüge • der Baum – die Bäume • der Bauch – die Bäuche • der Einkauf – die Einkäufe • die Frau – die Frauen • der Stau – die Staus • der Traum – die Träume

16 Ausbildung oder Studium

A Nach der Grundschule

1a 1f • 2f • 3r • 4r • 5f

4b 1. Grundschule • 2. Sekundarstufe 1 • 3. Sekundarstufe 2 • 4. Kindergarten • 5. Realschule • 6. Gymnasium • 7. Ende der Schulpflicht

2 2. Ein Bankkaufmann • 3. Das Gymnasium • 4. Ein Handwerker • 5. Das Abitur • 6. Ein Abschlusszeugnis • 7. Die „duale Ausbildung" • 8. „Lehrling" • 9. Ein Praktikum • 10. Eine Lehre

3a 2. Tim • 3. Rainer • 4. Sofia • 5. Emma

3b 2j • 3n • 4n • 5j • 6j • 7n • 8n

B Ich bin Azubi

1a **Präteritum:** du hattest • er / sie / es hatte • wir hatten • ihr hattet • Sie / sie hatten • **Konjunktiv II:** du hättest • er / sie / es hätte • wir hätten • ihr hättet • sie hätten

1b 2. Könntest du mir (bitte) helfen? • 3. Hättet ihr kurz Zeit? • 4. Möchtest du eine Tasse Tee? • 5. Hättest du Lust, … • 6. Würdest du mir (bitte) eine SMS schicken? • 7. Könnten Sie mir sagen, wie spät es ist? • 8. Würden sie mir bitte Ihre E-Mail-Adresse geben? • 9. Wäre es möglich, einen Test zu machen?

1c 2. Wir würden / möchten gern mit Ihnen sprechen. • 3. Ich hätte eine große Bitte. • 4. Ich hätte gern Ihre Telefonnummer. • 5. Würdest / Könntest du mich beraten? • 6. Dürfte / Könnte ich mal telefonieren? • 7. Könntet / Würdet ihr mir bitte helfen? • 8. Könnten Sie mir bitte eine Information geben? • 9. Könnte / Dürfte ich bitte bei Ihnen vorbeikommen? • 10. Ich möchte Ihnen gern ein paar Fragen stellen. • 11. Welchen Beruf würden / könnten Sie empfehlen? • 12. Wann dürfte / könnte ich Sie anrufen?

3a **nur -s:** des Lehrers • des Praktikums • des Studiums • des Zentrums • des Zettels • **nur -es:** des Grußes • des Hauses • des Stresses • des Satzes • **-s oder -es:** des Beruf(e)s • des Markt(e)s • des Rezept(e)s • des Vergleich(e)s • des Vorschlag(e)s • **-n / -en:** des Kollegen • des Kunden • des Nachbarn • des Patienten • des Praktikanten • **-:** der Arbeit • der Ausbildung • der Firma • der Lehre • der Praxis

3b Dienst → des Diensts • Tag → des Tags • Geld → des Gelds • Test → des Tests • Ziel → des Ziels • Rezept → des Rezepts • Anruf → des Anrufs • Ort → des Orts • Brief → des Briefs • Rad → des Rads • Flug → des Flugs • Bereich → des Bereichs

3c 2. die Ideen der Freunde • 3. die Ratschläge meines Lehrers • 4. die Informationen eines Berufsberaters • 5. der Vortrag eines Experten • 6. der Besuch eines Betriebs

3d Sofias Freundin • 3. Rainers Berufswunsch • 4. Herrn Schmitz' Vorschläge • 5. Emmas Studium • 6. Agnes' Schule

3e 2. der Abschluss von Verträgen • 3. die Überwachung von Terminen • 4. die Gestaltung von Verkaufsräumen

3f **M:** -en • -en • **N:** -en • -en • -en • **F:** -en • -en • -en • **Plural:** -en • -en • -er

C **Das duale Studium**

1 2. von • 3. an • 4. von • 5. für • 6. um • 7. vom – von • 8. auf

2 **Vorteile:** man verdient Geld – sicherer Arbeitsplatz nach der Ausbildung – finanzielle Unabhängigkeit von den Eltern • **Nachteile:** man hat verschiedene Wohnorte – man muss viel planen – das duale Studium ist arbeitsintensiv – man hat kaum Freizeit – man muss beim Arbeitgeber Urlaub beantragen

3 1e • 2h • 3f • 4a • 5g • 6c • 7d • 8b

4 A. 2. dem • 3. den • 4. dem • 5. den • 6. der • 7. dem • 8. den • 9. der • 10. dem B. 1. die • 2. die • 3. der • 4. die • 5. der • 6. die • 7. die • 8. der • 9. der • 10. die

5 2. An meinem Arbeitsplatz arbeiten Kollegen, mit denen ich gut zusammenarbeiten kann. • 3. Auf meinem Schreibtisch steht ein Computer, an dem ich viele Stunden arbeite. • 4. Ich suche im Internet Informationen, die ich für meine Artikel brauche. • 5. Ich treffe wichtige Leute aus Politik und Gesellschaft, mit denen ich Interviews mache. • 6. Journalist / Journalistin

6c 1. Stefania kommt aus Italien. Vor ihrem dualen Studium hat sie einen BA-Studiengang in Fremdsprachen (Deutsch, Englisch) absolviert. • 2. Sie hat im Internet recherchiert, mit deutschen Freunden gesprochen und sich schließlich an den DAAD gewendet. Das duale Studium kann auch für ausländische Studierende nach einem BA-Studiengang interessant sein, als Ergänzung zum bisherigen Studium. • 3. Sie hat sich schon immer für Wirtschaft und Finanzwesen interessiert. • 4. Fremdsprachen-, besonders Englischkenntnisse • 5. Das Studium ist stressig und verschult, aber als Ergänzung zum BA ist es toll, ebenso die Sicherheit des Arbeitsplatzes sowie die finanzielle Unabhängigkeit.

6e **Gliederung:** Meine Präsentation gliedert sich in … Punkte: Erstens …, zweitens …, drittens … – Zu Punkt 1: … Zuerst … Dann … Schließlich … – Das führt mich zu Punkt 2: … Und damit komme ich zu Punkt 3, den ich in … Unterpunkte gegliedert habe: … – Zunächst zu Punkt 3.1: … – Nun zu Punkt 3.2: … – Meine Aufgaben sind folgende: … – Und zum letzten Unterpunkt: … – Damit komme ich schon zu meinem letzten Punkt: … • **Überleitungssatz:** Ihr wisst, dass … – Ich wollte … – Mein Ziel war es, … – Ich muss zugeben … Aber … • **Begrüßung / Einleitung / Schluss:** Hallo und guten Morgen! – Im Rahmen von unserem Thema „…" möchte ich … vorstellen, … – So, das war ein kurzer Überblick über … – Danke fürs Zuhören. – Wenn ihr Fragen habt, gerne.

Phonetik

2a 2. der F<u>a</u>hrer – die F<u>a</u>hrerin • 3. der Übers<u>e</u>tzer – die Übers<u>e</u>tzerin • 4. der Pfl<u>e</u>ger – die Pfl<u>e</u>gerin • 5. der <u>A</u>rbeiter – die <u>A</u>rbeiterin • 6. der M<u>a</u>ler – die M<u>a</u>lerin • 7. der Verk<u>äu</u>fer – die Verk<u>äu</u>ferin • 8. der B<u>ä</u>cker – die B<u>ä</u>ckerin

2b 2. der Medizi<u>n</u>er – die Medizi<u>n</u>erin • 3. der H<u>a</u>ndwerker – die H<u>a</u>ndwerkerin • 4. der Mech<u>a</u>niker – die Mech<u>a</u>nikerin • 5. der Tr<u>ai</u>ner – die Tr<u>ai</u>nerin • 6. der M<u>u</u>siker – die M<u>u</u>sikerin

17 Erste Erfahrungen in der Arbeitswelt

A **Hoffentlich bekomme ich den Platz!**

1 1. Bachelor of Science • 2. Eberhard-Karls-Universität Tübingen • 3. Albert-Einstein-Gymnasium, Stuttgart, Abitur • 4. Fortbildungskurs (Analysemethoden) bei Biotec, Mainz • 5. Microsoft Office Programme • 6. C1 • 7. Spanisch, B2 • 8. Basketball, Gitarre spielen

2a 1a • 2a • 3b • 4a • 5b • 6b • 7b • 8a

2b 2. meinem Profil • 3. teilgenommen • 4. bestanden • 5. absolviert • 6. Bereich • 7. sammeln • 8. geweckt • 9. persönliches Gespräch • 10. geehrter • 11. fasziniert • 12. hinaus • 13. dahinter • 14. beigefügten • 15. verfüge • 16. Fortbildungskurs • 17. EDV-Kenntnisse **Reihenfolge:** C A D B

3b 1. Die Einladung zum Vorstellungsgespräch bei Ritter Sport. • 2. Der Personalchef hat gesagt, dass sie sich unbedingt bewerben soll. • 3. Informationen über die Firma suchen und überlegen, was sie zu ihrem Lebenslauf sagen kann.

3a **formelles Schreiben:** Anrede, Grußformel: feste Ausdrücke • Betonung von Sachlichkeit • übersichtliche Gliederung durch Absätze • Verwendung von Standardsprache • **informelles Schreiben:** Anrede, Grußformel: frei • Verwendung von Umgangssprache • Verben ohne Konjugationsendung • Betonung von Gefühlen

B **Warum gerade bei uns?**

1a 2a • 3a • 4a • 5b • 6b

1b 1. Jedes Jahr werden viele Bewerbungen an Ritter Sport geschickt. • 2. Die Bewerber werden zum Vorstellungsgespräch eingeladen. • 3. Laura wurde von Herrn Bayer angerufen. • 4. Die Praktikanten werden vom Personalchef begrüßt. • 5. Von Mitarbeitern werden die Praktikanten durch die Firma geführt. • 6. Den Praktikanten wird für ihre Arbeit ein kleines Gehalt gezahlt.

1c 2. Im gleichen Jahr wurde die Schokoladenfabrik gegründet. • 3. 1919 wurde die „Alrika" auf den Markt gebracht. • 4. 1926 wurde der erste Firmenwagen angeschafft. • 5. Die Firma wurde 1930 nach Waldenbuch verlegt. • 6. In den 60er- und 70er-Jahren wurden viele neue Sorten hergestellt. • 7. Und es wurde mit dem Slogan „Quadratisch, praktisch, gut" geworben. • 8. Im Museum Ritter wird die Herstellung und Geschichte von Schokolade präsentiert.

1d 2. In Köln werden Ford-Modelle hergestellt. • 3. In München werden BMW-Modelle hergestellt. • 4. In Rüsselsheim werden Opel-Modelle hergestellt. • 5. In Sindelfingen werden Mercedes-Modelle hergestellt. • 6. In Stuttgart werden Porsche-Modelle hergestellt. • 7. In Wolfsburg werden VW-Modelle hergestellt.

Lösungen zum Übungsbuch

2a 2. Von Clara Ritter wurde eine originelle Idee entwickelt. – Clara Ritter entwickelte eine originelle Idee. • 3. Das Museum Ritter wurde vom Schweizer Architekten Max Dudler geplant. – Der Schweizer Architekt Max Dudler plante das Museum Ritter • 4. Vom Museum werden viele Ausstellungen zum Thema „Quadrat in der Kunst" gezeigt. – Das Museum zeigt viele Ausstellungen zum Thema … • 5. Das Museum wird oft von Schulklassen besucht. – Schulklassen besuchen oft das Museum.• 6. Von den Museumsführern werden die Besucher sehr gut betreut. – Die Museumsführer betreuen die Besucher sehr gut• 7. Die Gäste im Museumscafé werden von den Mitarbeitern sehr freundlich bedient. – Die Mitarbeiter bedienen die Gäste im Museumscafé sehr freundlich.

2b 2g • 3b • 4e(a) • 5f 6d • 7a(e) • 2. In Hamburg werden von Airbus Flugzeuge hergestellt. • 3. In Leverkusen werden von Bayer Medikamente hergestellt. • 4. In München werden von Bosch elektronische Geräte hergestellt. • 5. In Bielefeld werden von Dr. Oetker Nahrungsmittel hergestellt. • 6. In München werden von MAN Fahrzeuge und Maschinen hergestellt. • 7. In München werden von Siemens elektronische Geräte hergestellt.

3a Dann werden 100g Honig hinzugefügt, später 2 Teelöffel Kakaopulver untergerührt. 100g Haselnüsse werden gemahlen dann untergerührt. Die Masse wird in einem Kochtopf leicht erhitzt und mit dem Pürierstab püriert. Dann wird die Masse in die Marmeladengläser gefüllt und zum Schluss in den Kühlschrank gestellt.

4 2. besucht • 3. gegangen • 4. gemacht • 5. beschäftigt • 6. teilgenommen • 7. studiere • 8. absolviert (auch möglich: gemacht) • 9. sammeln • 10. arbeiten

C Der erste Tag im Praktikum

1a 2. macht Werbung • 3. kontr. Rechnungen, überpr. Steuern • 4. nimmt Rohst. an (Kakao, Zucker, Nüsse) • 5. stellt Schoko. her

1b 2. In dieser Abteilung wird die Werbung gemacht: Marketing • 3. Hier werden die Rohstoffe angenommen: Wareneingang • 4. In dieser Abteilung wird der Verkauf vorbereitet: Vertrieb • 5. Hier werden die Steuern und die Rechnungen kontrolliert: Controlling / Buchhaltung • 6. Hier werden die verschiedenen Schokoladensorten hergestellt: Produktion • 7. Hier werden die Rohstoffe analysiert und die fertigen Produkte kontrolliert: Analytik und Rohstoffsicherheit • 8. Die Mitarbeiter / Mitarbeiterinnen werden von dieser Abteilung betreut: Personalabteilung

2a 2. in • 3. für • 4. bei

2b 2. Ich habe mich schon immer sehr für Chemie interessiert. • 3. Bürotätigkeit gefällt mir nicht, ich arbeite lieber mit Menschen. • 4. Ich bin noch nie gut in Chemie gewesen, darum würde ich nicht gern in der Analytik arbeiten. • 5. Ich würde gern im Marketing arbeiten, denn ich finde Werbung interessant.

2c 2. die Frühschicht • 3. die Gleitzeit • 4. die Nachtschicht • 5. die Spätschicht • 6. die Überstunde

2d 2. Schicht arbeiten • 3. Überstunden machen / abbauen / kontrollieren • 4. Gleitzeit haben

2e 2. Wenn sie ein eigenes Projekt hat. • 3. Sie kann sie abbauen. • 4. Mit dem Werksausweis kann man die Türen öffnen und die Arbeitszeit kontrollieren. • 5. Es ist sehr gut und gesund. • 6. Zu den öffentlichen Verkehrsmitteln ja, zum Auto nicht.

3a 2. Einführung • 3. Werk • 4. Kollegen • 5. Aufgaben • 6. analysieren • 7. Produkte • 8. Projekt • 9. Kantine • 10. Zuschuss • 11. Nachteil • 12. Rabatt

3b *Mögliche Lösung:* Liebe Laura, vielen Dank für deine Mail. Dein Praktikum bei Ritter Sport klingt sehr interessant. Erzähl mir deshalb bitte mehr: Wer hat die Einführung an deinem ersten Tag gemacht? Wie viele Kollegen gibt es in deiner Abteilung? Welche Aufgaben hast du im Moment? Und wie lange kannst du Mittagspause machen? Diese und nächste Woche muss ich sehr viel für die Uni tun, aber dann habe ich wieder mehr Zeit. Wenn es dir passt, besuche ich dich dann mal in deiner Mittagspause. Sag mir Bescheid. Liebe Grüße …

Phonetik

2b Le-bens-lauf • Fir-men-ge-schich-te • Scho-ko-la-den-fa-brik • Buch-hal-tung • Per-so-nal-ab-tei-lung • Ver-triebs-kennt-nis-se • Vor-stel-lungs-ge-spräch • In-dus-trie-prak-ti-kum

18 Endlich Semesterferien!

A Wohin in den Ferien?

1a

	Ostsee	Alpen	Bodensee	Berlin
Natur	Dünenlandschaft, wandern	Wanderparadies, wandern, herrliche Berge, klettern	tropische Pflanzen	viele Parkanlagen
Kultur	alte Hansestädte		Schifffahrt, hübsche kleine Städte	interessante Museen, moderne Architektur
Sport	Wassersport	Ski fahren	Fahrradtour	

1b 2. perfekt • 3. herrlich • 4. bekannt • 5. optimal • 6. attraktiv

2a 1b • 2c • 3a • 4c • 5a • 6c

2b 2. breiter • 3. idyllischer • 4. gesünder • 5. mehr • 6. interessanter • 7. größer • 8. besser • 9. teurer • 10. besten • 11. netter • 12. kleiner • 13. hübscher • 14. höher • 15. schöner

3 2. wie • 3. als • 4. wie • 5. wie • 6. als • 7. als • 8. wie

4 2. Mit einer Gruppe unterwegs zu sein hat mir mehr Spaß gemacht, als ich gedacht hatte. • 3. Es regnete so oft, wie ich im Wetterbericht gelesen hatte. • 4. Wir sind mehr und länger gefahren und haben länger geschlafen als ich geplant hatte. • 5. Meine Freunde mögen solche Abenteuerurlaube nicht so gern wie ich. • 6. In Norwegen wird es später dunkel als bei uns. • 7. Die Landschaft war faszinierender und die Strecken attraktiver als ich mir vorgestellt hatte. • 8. Ich finde Norwegen als Urlaubsziel genauso großartig wie Spanien.

5 *Mögliche Lösung:* Lieber Marcos, das Studium hier in München ist fantastisch, ich erfahre jeden Tag viel Neues und habe auch schon tolle Freunde gefunden. Leider kenne ich die Umgebung noch nicht so gut, deshalb möchte ich gern einmal in die Berchtesgadener Alpen fahren. Ich habe gedacht, wenn du mich im Sommer besuchen kommst, können wir das gemeinsam machen. Wir könnten erst eine Woche hier in München bleiben und dann noch eine Woche in die Alpen fahren. Ich möchte sehr gern wandern – eine Woche in der Natur, das stelle ich mir großartig vor! Was meinst du? Liebe Grüße Renato

B Ab in die Ferien!

1a 1a • 2c • 3c • 4c • 5b
1c 2. Sicher möchte sie nicht in die Berge fahren. • 3. Wahrscheinlich hat er einen Ferienjob. • 4. Vielleicht soll(t)en wir besser ans Mittelmeer fahren. • 5. Ich vermute, dass er in Spanien studieren will. • 6. Es kann sein, dass sie uns in Berlin besuchen.
2a 2. Niklas hat keine Zeit, er ist unflexibel (nicht flexibel). • 3. Pia findet Niclas' Vorschlag uncool. 4. Für Pia ist Wandern uninteressant. • 5. Pia ist unsportlich. • 6. In Niclas' Heimat ist das Wandern unpopulär.
2b 2a • 3a • 4a • 5a • 6b
3a 2. Einzelzimmer • 3. Vollpension • 4. Personenkraftwagen • 5. Ferienwohnung • 6. Doppelzimmer
3b 1. Ferienwohnung • 2. Doppelzimmer • 3. Einzelzimmer • 4. Halbpension • 5. Vollpension • 6. Personenkraftwagen
4a a (Anfang September etwa 14 Tage) – b (Wie viel kostet ein Zeltplatz und ab wie vielen Tagen Aufenthalt gibt es Rabatt?) – c (ist es möglich, dort zu frühstücken?) – e (Könnten Sie uns bitte Details zur Lage schicken?) – f (welche Freizeitmöglichkeiten die Region bietet und welche Wanderrouten direkt am Campingplatz starten?)
4b *Mögliche Lösung:* Sehr geehrte Damen und Herren, wir möchten Ende Oktober eine Woche in Ihrem Landgasthof verbringen und hätten ein paar Fragen: Wie viel kostet ein Doppelzimmer und ab wie vielen Tagen Aufenthalt gibt es Rabatt? Wir möchten gerne Vollpension buchen, denn wir wollen die Spezialitäten der Region bei Ihnen genießen. Gibt es auch genug vegetarische Gerichte? Mein Mann ist Vegetarier, liebt aber Süßspeisen. Außerdem möchten wir gern wissen, welche Freizeitmöglichkeiten die Region bietet. Gibt es Wanderouten direkt am Hotel? Vielen Dank im Voraus und beste Grüße Carmen Miranda
5a 3. Ja, wir haben welche. • 4. Nein, man kann keine ausleihen. • 5. Ja, es gibt welche. • 6. Nein, wir haben keine.
5b 2. Was für ein Zimmer ist das? / Was für eins ist das? • 3. Was für ein Wellnessraum ist das? / Was für einer ist das? • 4. Was für ein Schwimmbad ist das? Was für eins ist das? • 5. Was für ein Restaurant ist das? / Was für eins ist das? • 6. Was für eine Terrasse ist das? Was für eine ist das?
5c 1d • 2b • 3e • 4c • 5f • 6a

C Urlaubsspaß in den Alpen

1b Hi Ihr, die Berchtesgadener Alpen finde ich traumhaft und euren Tandemflug superspannend – das möchte ich auch unbedingt mal machen!! Die Aussicht von da oben muss unglaublich sein. Ich zwar keine 20 mehr, aber auch mit 40 kann man etwas Neues erkunden. Nur zelten möchte ich nicht, da gebe ich Ben recht: Abends möchte ich in einem bequemen Bett entspannen können!
2a 2. dann • 3. danach • 4. dann • Schließlich
3a 2a • 3b • 4b • 5a • 6b • 7c • 8c • 9c
3b 2. wenn • 3. Als • 4. Als • 5. wenn • 6. Wenn
3c 2. Zeit • 3. Zeit • 4. Bedingung • 5. Zeit • Bedingung
3d 2. dann • 3. denn • 4. als •5. Wie • 6. bis • 7. weil • 8. dann • 9. wie • 10. weil • 11. Als • 12. Deshalb
4a 2. Hoffentlich wird mir nicht schlecht! • 3. Der Schirm wird auf den Berg gebracht. • 4. Vor dem Flug wurden alle wichtigen Details erklärt. • 5. Sie wird ja noch eine Supersportlerin! • 6. Vom Tandemlehrer wurden in der Luft Fotos gemacht.
4b *Entwicklung / Veränderung:* 1, 2, 5 • *etwas wird gemacht:* 3, 4, 6

DaF kompakt – mehr entdecken

1a 2. das Schloss, ¨-er • 3. die See (nur Sg.) • 4. die Schlange, -n • 5. der Hering, -e • 6. der See, -n • 7. das Schloss, ¨-er • 8. der Hahn, ¨-e • 9. der Hering, -e • 10. die Schlange, -en
1b 2. 1. Bewertung – 2. Zeichen für Töne • 3. 1. Frucht – 2. Lampe • 4. 1. Historie – 2. Erzählung (z. B. Märchen). • 5. 1. oberer Abschluss eines Zimmers (Zimmerdecke) – 2. Stück Tuch (Tischdecke, Wolldecke) • 6. 1. Gefäß für Flüssigkeit (ein Glas Wasser) – 2. Material (Fensterglas) • 7. 1. Spielkarte – 2. Ticket • 8. 1. Möbelstück zum Sitzen – 2. Geldinstitut

Phonetik

1c 1a. Reetmann • 1b. Rettmann • 2a. Nehl • 2c. Näll • 3b. Delling • 3c. Dähling • 4a. Mehler • 4b. Mäller • 5b. Hebbel • 5c. Häbel
1d 2a • 3b • 4b
2a Ostsee • angenehme • gehen • lesen • Segelbooten • Ferien • Regenwetter • jeden • vorher • sehe • sehr • gehe • Café • Tee • lese • erst • Ferien

P Modelltest Goethe-Zertifikat A2

Hören: Teil 1 1a – 2b – 3c – 4b – 5a • **Teil 2** 6a – 7d – 8f – 9g – 10h • **Teil 3** 11c – 12b – 13a – 14b – 15b • **Teil 4** 16f – 17r – 18f – 19r – 20f
Lesen: Teil 1 1c – 2c – 3b – 4a – 5a • **Teil 2** 6c – 7a – 8b – 9b – 10b • **Teil 3** 11c – 12a – 13b – 14c – 15c • **Teil 4** 16c – 17a – 18b – 19e – 20X

Transkriptionen

1

Nele: Du Marco, mach doch mal bitte das Radio lauter.
Marco: Was gibt es denn Interessantes?
Nele: Jetzt kommen die Hörergrüße aus unserer Stadt, also Geburtstagsgrüße und andere Glückwünsche – das finde ich total interessant. Man erfährt viel Neues.
Marco: Die Hörergrüße? Aber du kennst die Leute doch nicht.
Nele: Wer sagt denn das? Letzten Monat habe ich im Radio erfahren, dass meine Schulfreundin Pia schon ihr zweites Kind bekommen hat. Da habe ich sie sofort angerufen. Sie hat sich sehr gefreut.
Marco: Na gut … Dann wollen wir mal hören, wer heute etwas feiert.

2

Moderator: … und am Samstag ab 18 Uhr findet auf dem Marktplatz das große Open-Air-Konzert mit Bands aus unserer Region statt. Der Eintritt ist wie immer kostenlos.
So, liebe Hörerinnen und Hörer, das war der Veranstaltungskalender für diese Woche.
Und nun zu unseren Hörergrüßen. Heute haben wir zwei Geburtstagskinder. Benjamin Möller aus der Blumenstraße wird 10. Seine Eltern gratulieren ihm ganz herzlich zum Geburtstag. Geburtstag feiert heute auch Kristin Frank. Sie wohnt in der Ketzberger Straße. Ihre Freundin Miriam wünscht ihr alles Gute zum Geburtstag. Lieber Benjamin und liebe Kristin – alles Gute zum Geburtstag wünscht euch das Team von Radio Südstadt. Grund zum Feiern haben auch Sophia Busch und Nils Kemper. Letzte Woche haben sie ihren Master in Psychologie geschafft. Die alten Schulfreunde gratulieren ihnen zum Examen. Auch wir von Radio Südstadt gratulieren euch und wünschen euch alles Gute für eure berufliche Karriere. Das waren die Hörergrüße. Es geht weiter mit Musik …

3

Nele: Hast du das gehört? Sophia und Nils! Sie haben ihren Master geschafft.
Marco: Jetzt verstehe ich: Ich habe lange nichts von Nils gehört. Zum Basketballtraining ist er seit Wochen nicht gekommen. Er und Sophia hatten sicher viel Stress mit den Prüfungen.
Nele: Nils vielleicht, aber Sophia kennt keinen Stress – sie bleibt immer cool. Ach übrigens, was hast du gesagt? Hörergrüße? Man kennt die Leute doch nicht …
Marco: Ist ja gut. Du hattest Recht. Wir müssen Sophia und Nils gratulieren. Sollen wir sie anrufen?
Nele: Ich schreibe Sophia sofort eine Nachricht … und du kannst Nils anrufen.
Marco: Das mache ich, aber zuerst spülen wir hier weiter …

4

Nils: Hallo Sophia. Hier ist Nils. Wie geht's dir heute?
Sophia: Ganz gut. Und dir? Wie hat dir die Abschlussfeier gestern gefallen?
Nils: Es war ganz nett, aber doch sehr formell … alle im schwarzen Anzug, ihr Frauen in langen Kleidern. Zum Glück trage ich heute wieder meine Jeans. Und die Reden der Professoren … na ja, am Ende war es ein bisschen langweilig.
Sophia: Das stimmt. Aber am Samstag machen wir unsere Master-Party, und die müssen wir jetzt planen. Was sollen wir zu essen anbieten? Hast du schon eine Idee?
Nils: Sollen wir grillen? Würstchen und Steaks zum Beispiel …
Sophia: Grillen? Das geht doch nicht. Mein Balkon ist zu klein zum Grillen.
Nils: Schade. Wie wäre es mit einem Fondue? Ein Fleischfondue oder ein Käsefondue?
Sophia: Ich liebe Käsefondue, aber wir sind mindestens zwanzig Gäste – das sind zu viele für ein Fondue.
Nils: Ich habe einen anderen Vorschlag: Wir können doch ein Buffet machen. Das ist sehr praktisch und wir haben dann genug Zeit für unsere Gäste. Sicher wollen alle wissen, wie die Prüfungen und die Abschlussfeier in der Uni waren. Bei einem Buffet ist für alle etwas dabei – es gibt etwas Warmes und etwas Kaltes. So sind alle zufrieden.
Sophia: Ein Buffet ist nicht schlecht. Das machen wir. Ich kann eine Käsesuppe und eine Kartoffelsuppe kochen, wir machen ein paar Salate und bieten unseren Gästen eine Käseplatte mit verschiedenen Käsesorten an.
Nils: Ich finde, wir müssen auch etwas mit Fleisch anbieten, z.B. kleine Schnitzel oder Würstchen. Wir sind ja nicht alle Vegetarier … Und für das Dessert brauchen wir etwas Süßes, vielleicht Eis oder Kuchen.
Sophia: Ein Kuchen, vielleicht ein Schokoladenkuchen – das ist eine gute Idee. Es gibt aber ein Problem: Ich habe nicht genug Geschirr: Ich habe genug Gläser und große Essteller, aber Suppenteller habe ich nicht genug. Ich glaube, ich habe nur sechs Suppenteller. Und einen großen Suppentopf habe ich auch nicht. Kannst du Suppenteller und einen Suppentopf mitbringen?
Nils: Mmh, Suppenteller und einen Suppentopf habe ich auch nicht. Frag mal Nele. Sie kocht doch so gerne und hat viel Geschirr. Sie kann uns vielleicht einen großen Topf leihen.
Sophia: Nele hat mich schon gefragt, ob ich etwas brauche. Sie will uns auch beim Kochen helfen. Ich rufe sie heute noch einmal an.
Nils: Und Suppenteller … mmh … Ich frage mal meinen Bruder Sven. Er leiht mir sicher ein paar Teller. Was meinst du? Und was ist mit Besteck? Hast du genug Messer, Gabeln und Löffel?
Sophia: Ich habe nur sechs Messer, sechs Löffel und sechs Gabeln und das ist nicht genug … Wir können doch Plastikbesteck kaufen, das ist zwar nicht ökologisch, aber was sollen wir machen?
Nils: Das stimmt. Ich habe auch nicht viele Messer und Gabeln. Aber von meiner letzten Party habe ich noch Plastikbesteck. Das kann ich dir leihen. Ich brauche es nicht mehr.
Sophia: Das ist super. … Tja, dann sind da noch die Einkäufe. Ich schreibe gleich eine Liste, denn wir müssen sehr viel einkaufen. Der Kühlschrank ist leer. Wann sollen wir einkaufen?
Nils: Wie wäre es mit morgen?
Sophia: Morgen Vormittag um 10 Uhr?
Nils: Einverstanden. Also dann, bis morgen. Ich hole dich ab.
Sophia: In Ordnung. Bis morgen. Und du musst deinen Bruder anrufen. Vergiss das nicht.
Nils: Tschüss.
Sophia: Alles klar. Tschüss.

5

Reporter: Guten Tag. Ich bin Matthias Schiffer von Radio Südstadt. Wir sind gerade live auf Sendung und berichten über den Weihnachtsmarkt in unserer Stadt. In drei Tagen ist Weihnachten und viele Menschen kaufen noch Weihnachtsgeschenke. Darf ich Sie fragen: Was schenken Sie dieses Jahr zu Weihnachten?

Junge Frau: Ich bin noch auf der Suche nach Weihnachtsgeschenken für meinen Freund und meine Schwester. Mein Freund wandert gerne und braucht neue Wanderschuhe und einen Rucksack. Ich möchte ihm einen Rucksack schenken, denn Schuhe, finde ich, sind kein schönes Geschenk. Meiner Schwester Kristin schenke ich eine neue Uhr – sie kommt immer zu spät. Meine Schwester schenkt mir übrigens jedes Jahr einen Gutschein für einen Restaurantbesuch. Wir gehen gerne zusammen essen.

Reporter: Meine erste Gesprächspartnerin schenkt also lieber etwas Praktisches. Und wie ist das bei Ihnen? Schenken Sie auch lieber etwas Praktisches? Beliebte Geschenke sind ja auch Parfüm und Bücher.

Älterer Mann: Ich schenke zu Weihnachten gar nichts. Meiner Frau schenke ich nichts. Und meine Frau schenkt mir auch nichts. Unsere Kinder sind schon groß: Wir treffen uns am Heiligen Abend und essen zusammen. Das gefällt mir sehr – da brauche ich keine teuren Geschenke. Ich mag den Weihnachtskonsum gar nicht.

Reporter: Und wie ist das bei dir? Hast du schon Weihnachtsgeschenke gekauft?

Mädchen: Nein. Ich kaufe auch keine Geschenke. Ich mache die Geschenke selbst, denn ich bastle gerne.

Reporter: Erzähl doch mal. Was bastelst du denn?

Mädchen: Ich schenke meinen Eltern ein Bild, ein Porträt von mir. Das haben wir in der Schule gemalt. Für meine Großmutter habe ich eine Weihnachtskerze gebastelt.

Reporter: Selbstgemachte Geschenke – das sind immer sehr persönliche Geschenke. Und Sie? Basteln Sie oder kaufen Sie die Weihnachtsgeschenke?

Junger Mann: Ich und basteln? Ich kann überhaupt nicht basteln. Ich kaufe auch nur Geschenke für die Kinder von meiner Schwester. Mein Bruder und seine Kinder leben in den USA. Ihnen schenke ich nichts. Meinem Neffen Tim schenke ich eine DVD und meiner Nichte Marie einen Teddybären. … Ach ja, das habe ich vergessen: Ich habe einen neuen Nachbarn. Er kommt aus Syrien und ist ganz allein hier. Ich habe heute Morgen für ihn ein Deutschbuch im Internet bestellt – er ist ganz neu hier und hat noch keinen Computer. Da hat er mich gefragt. Er braucht das Buch, denn im Januar beginnt sein Deutschkurs. Ich glaube, ich schenke ihm das Deutschbuch zu Weihnachten. Dann können wir in den Weihnachtsferien schon ein bisschen lernen. In der Uni sind ja Ferien. Ich glaube, ich lade ihn am Heiligen Abend zu mir ein.

Reporter: Sie denken also auch an die anderen, das finde ich gut. Und wie ist das bei unserem letzten Interviewpartner? Was schenkst du denn zu Weihnachten?

Junge: Das weiß ich noch nicht. Aber ich weiß, was ich bekomme. Ein Fahrrad. Das habe ich mir zu Weihnachten und zum Geburtstag gewünscht. Ich habe am 25. Dezember Geburtstag und bekomme immer ein ganz großes Geschenk. Meine Eltern schenken es mir immer schon am 24. Dezember.

Reporter: Dann wünsche ich dir viel Spaß mit dem neuen Fahrrad. Und unseren Hörern wünsche ich noch eine schöne Adventszeit. Und damit gebe ich zurück ans Funkhaus …

6

Andrea: Guten Morgen Herr Studer, haben Sie vielleicht einen Moment Zeit für mich?

Hr. Studer: Ja, gern. Was gibt's?

Andrea: Ich brauche einen Rat. Sie wissen, Lara Jung und ich gehen von Genf weg. Denn wir arbeiten ab September in Zürich. Ich glaube, Sie kennen Zürich sehr gut, oder?

Hr. Studer: Ja, sehr gut, mein Bruder wohnt da.

Andrea: Können Sie mal schauen? Ich habe hier einen Stadtplan. Wo wohnt man denn am besten in Zürich?

Hr. Studer: Also wunderschön ist natürlich Seefeld, hier im Kreis 8, direkt am Zürichsee. Aber jetzt kommt der Nachteil: Die Mieten sind ziemlich hoch!

Andrea: Hm, was heißt das?

Hr. Studer: Na ja, 5.000, 6.000 Franken.

Andrea: Oh Gott! Das geht gar nicht. Wir haben gedacht, vielleicht finden wir was in der City, an der Bahnhofstraße, hier in Kreis 1. Die kennen wir schon. Da kann man richtig gut einkaufen. Alle großen Kaufhäuser sind da, tolle Geschäfte und …

Hr. Studer: Ja, ja. Das stimmt, aber … die Mieten sind auch sehr hoch und Wohnungen gibt es da nicht viele.

Andrea: Also, den Kreis 1 können wir gleich streichen, oder?

Hr. Studer: Hm, ja, schauen Sie mal hier: das Quartier Lindenhof. Das ist auch Kreis 1. Hier auf der Karte, sehen Sie? Es liegt sehr zentral. Es ist ein ganz kleines Quartier in der Altstadt. Es ist wirklich schön. Hier gibt's viele kleine Geschäfte und Restaurants.

Andrea: Hm…

Hr. Studer: Aber es gibt einen Nachteil. Man bekommt nur sehr schwer eine Wohnung. Die Vermieter vermieten viel an Freunde, Bekannte und so.

Andrea: Und es ist bestimmt auch sehr teuer, oder?

Hr. Studer: Ja, leider! Also, vielleicht suchen Sie besser etwas außerhalb. Z. B. in Witikon. Das ist der Kreis 7. Hier, im Südosten. Die Mieten sind nicht so hoch und die Verkehrsverbindungen sind sehr gut.

Andrea: Ah ja, interessant! Das ist ein guter Tipp. Danke.

Hr. Studer: Es gibt natürlich noch andere gute Möglichkeiten, z. B. im Kreis 2, in Enge, ein sehr schöner Stadtteil mit vielen alten Häusern. Enge liegt sehr zentral.

Andrea: Das klingt sehr schön, da können wir …

7

Andrea: Schauen wir mal die Anzeigen an. Guck mal die Wohnung im Lindenhof, das ist ein Traum!

Lara: Ja, ja, ein schönes Viertel, aber fast 3.000 Franken! Das können wir vergessen. Guck mal hier: Die Wohnung in Schwamendingen. Die ist preiswert und schön groß.

Andrea: Ja, aber schau mal, 11. Stock! Das ist doch ein Hochhaus und Herr Studer hat gesagt, das Quartier ist auch nicht so schön.

Lara: Hm, die Wohnung in der Bahnhofstraße können wir auch vergessen! 4.772 Franken!

Andrea: Oh ja, das ist viel.

Lara: Aber schau mal die Anzeige hier, die Wohnung in Enge.

Andrea: Hm, die ist aber klein, nur 58 m².

Transkriptionen

Lara: Aber denk mal, das tolle Stadtviertel. Die schönen alten Häuser! Und das liegt ganz nah am See und ist total zentral. Wir brauchen kein Auto, wir können sogar zu Fuß zur Arbeit gehen. Und die Miete geht auch noch.
Andrea: Hm, stimmt. Und wir müssen nur eine Monatsmiete Kaution bezahlen. Ja, und es gibt einen Kamin. Das mag ich besonders gern.
Lara: Und das Bad ist mit Fenster. Das gibt es nicht so oft.
Andrea: Stimmt.
Lara: Komm, wir rufen jetzt gleich an. Da steht die Nummer.
Andrea: O. k., ich ruf' an.

8

Hr. Beck: Beck.
Andrea: Hier Andrea Maler. Sie suchen einen Nachmieter. Ist das richtig? Ist die Wohnung noch frei?
Hr. Beck: Ja, aber es gibt viele Interessenten.
Andrea: Aha, haben wir denn noch eine Chance?
Hr. Beck: Wer ist wir? Sie und Ihr Mann?
Andrea: Nein, ich bin nicht verheiratet. Meine Kollegin und ich. Wir wollen die Wohnung zusammen mieten. Sie wissen schon, die hohen Mieten.
Hr. Beck: Ja, ja. Das Problem kenne ich. Aber so günstig wie bei der Wohnung hier ist die Miete in diesem Stadtteil selten.
Andrea: Ähm, in der Anzeige steht, die Wohnung ist am 1. September frei oder kann man auch früher einziehen?
Hr. Beck: Nein, denn ich ziehe erst am 29. August aus. Ähm, eine Frage: Wo arbeiten Sie denn?
Andrea: Wir arbeiten bei der Allianz Suisse. Wir haben gerade die Probezeit bestanden.
Hr. Beck: Gratuliere.
Andrea: Können wir denn die Wohnung mal anschauen?
Hr. Beck: Natürlich gern. Wann möchten Sie denn kommen?
Andrea: Wann passt es Ihnen denn?
Hr. Beck: Heute Abend gegen sieben Uhr.
Andrea: Geht auch am Freitag, also morgen um 19.00 Uhr, denn wir kommen aus Genf.
Hr. Beck: Ja, morgen geht auch.
Andrea: Prima! Wie ist denn die Adresse?
Hr. Beck: Bederstrasse 250, das Haus mit dem spitzen Dach, neben dem Haus steht ein hoher Baum. Den sehen Sie gleich. Die Wohnung ist im dritten Stock, im Dachgeschoss.
Andrea: O. k.

9

Andrea: Ähm, noch eine Frage: In der Anzeige steht „teilmöbliert". Was heißt das genau?
Hr. Beck: Also ich ziehe nach Kanada. Einige Möbel habe ich verkauft, aber einige bleiben auch in der Wohnung. Das können Sie ja morgen Abend sehen.
Andrea: Und kosten die was? Wollen Sie eine Ablöse?
Hr. Beck: Nein, nein, die Möbel schenke ich Ihnen.
Andrea: Oh, danke, das ist nett. Und dann habe ich noch eine Frage: Gibt es eine Waschmaschine?
Hr. Beck: In der Wohnung nicht, aber wir haben eine Waschküche im Keller. Da sind Maschinen.
Andrea: Ach ja, das habe ich noch vergessen. Die Miete beträgt ja 1.940 Franken inklusive Nebenkosten. Wie hoch sind die Nebenkosten?
Hr. Beck: Also, die Nettomiete beträgt 1.700 Franken und die Nebenkosten 240 Franken.
Andrea: Aha. Und die Kaution beträgt eine Nettomiete, ja?
Hr. Beck: Genau, 1.700 Franken.
Andrea: O. k. Und wie kommen wir am besten zu Ihnen?
Hr. Beck: Von wo kommen Sie denn?
Andrea: Vom Hauptbahnhof.
Hr. Beck: Dann fahren Sie mit dem Tram bis zum Bahnhof Enge, also mit der Linie 6 oder 7. Dann gehen Sie ca. fünf Minuten zu Fuß zur Bederstrasse.
Andrea: Gut, vielen Dank! Ich freu' mich.
Hr. Beck: Nichts zu danken. Bis morgen Abend dann.
Andrea: Bis morgen. Auf Wiederhören.
Hr. Beck: Adieu.

10

Fr. Wyss: Also, hier ist die Hausordnung. Sie ist ein Teil vom Mietvertrag. Bitte lesen Sie sie zuerst einmal durch. Vielleicht haben Sie dann noch Fragen.
Andrea: O. k. Ähm, ich habe noch eine Frage.
Fr. Wyss: Ja?
Andrea: Hm, zu Paragraf 3. Also ich verstehe: Zwischen 12.00 und 13.00 Uhr ist Mittagsruhe, und ab 22.00 Uhr darf man auch keinen Lärm machen. Das ist in Deutschland auch so. Aber hier: Man darf nur zwei Stunden am Tag ein Instrument spielen. Ich spiele Geige und ich übe manchmal schon ein bisschen mehr.
Fr. Wyss: Na ja, Sie können ja leise spielen. Es darf nur die Nachbarn nicht stören.
Andrea: O. k.
Lara: Ja, und ich habe auch eine Frage. Ähm, die Waschküche. Ich lese mal vor, „Paragraf 5: Das Waschen an Sonn- und Feiertagen ist zu unterlassen." Ist das wirklich so: Man darf an Sonn- und Feiertagen nicht waschen? Wir arbeiten doch beide. Wir waschen immer am Sonntag.
Fr. Wyss: Ja, tut mir leid, das geht nicht. Haben Sie noch andere Fragen?
Lara: Ich nicht, du Andrea?
Andrea: Nein, ich auch nicht.
Fr. Wyss: Dann können wir ja unterschreiben. Unterschreiben Sie hier rechts bitte.

11

Fr. Wyss: So, das haben wir. Dann viel Glück in Enge!
Andrea: Ja, danke. Unser Traumquartier!
Fr. Wyss: Meins auch!
Lara: Oh, hier liegen noch Schlüssel. Sind das Ihre Schlüssel, Fr. Wyss, oder unsere?
Fr. Wyss: Moment mal. Ich schaue in meiner Tasche. Nein, ich habe meine, das sind Ihre.
Lara: Oh, danke.
Fr. Wyss: Na, dann ist ja alles klar!
Andrea: Ja. Vielen Dank!
Lara: Danke auch!
Fr. Wyss: Ich danke! Ja dann, auf Wiedersehen Frau Jung, auf Wiedersehen Frau Maler. Hat mich gefreut.
Andrea: Uns auch. Auf Wiedersehen.

12

Andrea: Lara, das ist bestimmt dein Bruder.
Lara: Ich komme. Hallo Sven, schön, dass du da bist!
Andrea: Hallo Sven, wie geht's dir?
Sven: Hallo ihr beiden. Das ist also eure Wohnung.
Andrea: Ja, schau hier sind Bad und Küche. Und hier ist das Kinderzimmer. Das ist mein Zimmer, klein und gemütlich.
Lara: Hier ist unser gemeinsames Wohnzimmer und durch das Wohnzimmer kommt man ins Schlafzimmer, das ist jetzt mein Zimmer.
Sven: Mensch Lara, das ist ja ein richtiges Möbellager! Aber das können wir umräumen. Das Zimmer ist vielleicht ein bisschen lang und schmal, aber groß genug.
Lara: Na ja. Kommt, gehen wir erstmal zurück ins Wohnzimmer

13

Sven: Oh Gott! Die Schrankwand ist ja schrecklich!
Lara: Warum das denn? Ich finde sie schön: praktisch und modern!
Sven: Lara! Das ist ja wie bei Oma und Opa!
Lara: Na und.
Andrea: He ihr zwei!
Sven: O.k., o.k. Ähm, wir können die Schrankwand ja trennen: Der Schrank bleibt hier, aber wir stellen ihn links an die Wand. Und das Regal stellen wir in dein Zimmer, Lara.
Lara: In meinem Zimmer steht aber schon so viel. Das Zimmer ist eh zu voll.
Sven: Komm, schauen wir noch mal. Hm, da steht ja auch ein viel zu großer Schreibtisch. Den bringen wir am besten in den Keller. Den brauchst du doch gar nicht.
Lara: Stimmt. Und das Bett ist auch viel zu groß.
Sven: Und bestimmt 100 Jahre alt!
Andrea: Ich habe eine Idee. Wir bringen das Bett auch in den Keller. Du legst eine Matratze auf die andere, eine Decke über die Matratzen und schon hast du eine Couch.
Lara: Gute Idee! Guck mal. An der Wand neben dem Schrank hängt so ein großer Spiegel. Da ist gar kein Platz mehr für das Regal. Das ist doch ganz einfach. Den Spiegel hängen wir in den Flur. Am besten an die Wand rechts, neben die Tür. Da ist Platz und das passt. Aber gehen wir doch zurück ins Wohnzimmer. Wir sind da noch nicht ganz fertig.

14

Andrea: Sollen wir nicht mal eine Pause machen?
Sven: Ja, gute Idee. Ich hab' Lust auf Kaffee.
Andrea: Oh, ich auch. Wo ist denn die Kaffeemaschine?
Lara: Ähm, die steht auf dem Küchenschrank.
Andrea: Und der Kaffee?
Lara: Der Kaffee liegt da, neben der Kaffeemaschine. Und Milch ist im Kühlschrank.
Andrea: Wo ist denn hier die Steckdose?
Lara: Da, über dem Herd.
Andrea: Dann mach' ich jetzt mal Kaffee.
Sven: Na super. Schaut mal, ich hab' hier was aus der Confiserie nebenan mitgebracht.
Andrea / Lara: Mmh, lecker!

15

Eva: Eva Rupp, hallo.
Bernhard: Hallo, hier Bernhard Ostermayer.
Eva: Ja, bitte?
Bernhard: Ja, hm, wir kennen uns vom Spanischkurs in Madrid, vor zwei Jahren, erinnerst du dich an mich und meine Schwester Ingrid?
Eva: Ach ja, ihr seid die zwei Österreicher aus Linz, richtig? Cómo estás?
Bernhard: Muy bien! Und wie geht's dir?
Eva: Auch gut.
Bernhard: Hm, ich rufe an, weil ich in Köln studieren will, und du lebst ja jetzt in Köln, stimmt's?
Eva: Ja, ich studiere hier an der Uni.
Bernhard: Genau das will ich auch.
Eva: Hast du denn schon einen Studienplatz?
Bernhard: Der Studienplatz ist kein Problem, den habe ich schon.
Eva: Na, dann hast du ja schon viel geschafft!

16

Eva: Und was möchtest du studieren?
Bernhard: Wirtschaftsmathematik.
Eva: Was, Wirtschaftsmathematik?
Bernhard: Na, das ist doch ein interessantes Fach!
Eva: Na ja, und warum gerade in Köln?
Bernhard: Weil die Uni einen guten Ruf hat. Außerdem gefällt mir Köln und na ja, es ist nicht so nah bei Linz.
Eva: Wieso ist das wichtig?
Bernhard: Na ja, ich muss endlich einmal weg von zu Hause!
Eva: Hm, und du kennst Köln schon, ja?
Bernhard: Ja, ich war mit Ingrid schon mal in Köln, aber nur als Tourist, da hab' ich den Dom gesehen, den Rhein und die Kölner Altstadt.
Eva: Na gut, da gibt's ja wirklich noch mehr.
Bernhard: Ja, z.B. der Karneval, auf den freu' ich mich schon richtig.
Eva: Das ist schon ein Spaß! Aber dein Studium stell' ich mir schon ganz schön anstrengend vor. Na, und dann in einer fremden Stadt, wo man am Anfang fast niemanden kennt.
Bernhard: Ja, klar. Aber ich will einfach mal weg aus Linz, du weißt schon, die Familie. Ich möchte jetzt anders leben! Und in Deutschland habe ich wenigstens keine Probleme mit der Sprache.
Eva: Waade mer's av! Loss dich üvverrasche!
Bernhard: Wie bitte? Reden da alle so? Dann verstehe ich doch nicht so viel.
Eva: Nein, so schlimm ist es nicht, und an der Uni spricht man natürlich Hochdeutsch, auch in den Geschäften, aber manchmal so privat mit Kölnern und abends in den Kneipen, da hört man schon Kölsch.
Bernhard: Na, hoffentlich funktioniert das im Alltag und ich verstehe die Kölner. Aber was ich dich eigentlich fragen wollte: Ich habe von meiner Schwester gehört, dass du in einer WG lebst, stimmt das?
Eva: Ja, und du suchst auch einen Platz in einer WG?
Bernhard: Ja, genau! Also, im Internet habe ich schon gesucht, aber …
Eva: Du hast Glück, vielleicht wird im September ein Zimmer in unserer WG frei. Schreib uns doch eine Mail mit ein paar Informationen über dich, o.k.? Die Adresse ist Eva.rupp@xpu.de.
Bernhard: Eva.rupp@xpu.de. Ja, klar, das mache ich. Super, danke!
Eva: Bitte, bitte. Tschüss dann.
Bernhard: Ciao!

einhundertsiebenundneunzig

Transkriptionen

🔊 17

Moderator: Guten Abend, liebe Hörerinnen und Hörer. Herzlich willkommen in unserer Sendung: „Ausgehen in Köln" mit vielen Tipps für das Wochenende.
Für alle Techno-Fans findet am Samstagabend in der Live-Music-Hall eine große Techno-Party statt. Die Tickets kosten 13,90 €. Die Party beginnt um 19 Uhr und geht bis 4 Uhr am Morgen.

🔊 18

Moderator: Sie interessieren sich für Tanz? Dann ist die Foto-Ausstellung „Tanzporträts" im Deutschen Tanzarchiv genau das Richtige für Sie. Tanz im Bild festhalten – geht das überhaupt? Nein, es geht um die Menschen, die hinter dem Tanz stehen. Zu sehen sind Porträts der Tanz- und Theaterfotografin Bettina Stöß.

🔊 19

Moderator: Für alle, die noch ein Kostüm für den Karneval suchen: Der Karnevalskostümmarkt öffnet wieder am Samstag um 11 Uhr in der Lutherkirche in der Südstadt: Verkauft eure alten Kostüme und findet ein neues für den nächsten Karneval. Es gibt Getränke und Essen. Eintritt kostenlos, Aussteller bezahlen 14 € für einen Stand.

🔊 20

Moderator: Und noch ein Theatertipp: Die französische Komödie „Dinner für Spinner" läuft im Theater am Dom, in der Glockengasse 11. Es gibt nur noch wenige Karten. Das Stück beginnt um 20 Uhr.
Und nun zum Wetter: Es wird kälter und bleibt bewölkt. Am Tag liegen die Temperaturen bei 5–8 Grad, nachts schon bei 0 Grad. Ziehen Sie sich warm an.

🔊 21

Fred: Hallo!
Eva: Hallo Fred. Alles klar?
Fred: Ja, bestens.
Eva: Das ist Bernhard, ein Kommilitone aus Österreich. Das ist Fred, ein Freund hier aus Köln.
Bernhard: Hallo Fred.
Fred: Hallo.
Kellner: Guten Abend. Möchten Sie was trinken?
Fred: Ja, gern. Ein Kölsch bitte.
Eva: Verzäll ens! Wie es et esu?
Fred: Üvvrigens, kennt ehr ad de neue Wetz vun de Köbes?
Eva: Enä. Verzäll ens!
Fred: Säht en Köbes zem andern: „Aan dingem Desch litt ene Jass, dä laut am schnorkse es. Wells de dä nit ens noh drusse bränge?" „Nä, op jar keine Fall. Jedesmol, wann de wach weed, bezahlt hä sing Rechnung openeus!"
Eva: Bernhard, was ist los? Du lachst ja gar nicht.
Bernhard: Hm, tut mir leid, aber ich habe nichts verstanden. Ich glaube, ich geh jetzt lieber nach Hause.
Eva: Mach keinen Quatsch. Bleib hier. Verzäll ens, erzähl mal, was ist los?
Bernhard: Na ja, ihr seid so lustig und versteht euch so gut. Und ich fühle mich halt ein bisschen blöd.
Eva: Ach komm. Jetzt machen wir erst mal eine Kölsch-Stunde. Fred, übersetz doch mal den Witz.
Fred: Also: Sagt ein Kellner zum anderen: „An deinem Tisch liegt ein Gast, der schnarcht laut. Willst du den nicht rausbringen." „Nein, auf keinen Fall, jedes Mal wenn er wach wird, bezahlt er seine Rechnung noch einmal."
Bernhard: Also, jetzt erzähle ich euch mal einen Witz: Ein Schweizer, ein Österreicher und ein Deutscher stehen auf einem Berg, sagt der Schweizer …

🔊 22

Radiomoderatorin: Hallo Bernhard, wir können doch „du" sagen, oder?
Bernhard: Ja, klar.
Radiomoderatorin: Prima. Danke, dass du dir die Zeit genommen hast für unser Interview für das Stadtradio. Du kommst aus Österreich, oder?
Bernhard: Ja, aus Linz.
Radiomoderatorin: Und wie gefällt es dir hier?
Bernhard: Also, ziemlich gut. Köln ist eine super Stadt!
Radiomoderatorin: Und wie ist dein neues Leben hier?
Bernhard: Na ja, ich fühle mich schon viel erwachsener jetzt! Ich habe mein Studium begonnen und weil ich jetzt in einer WG wohne, ist alles ziemlich neu für mich. Früher habe ich ja z. B. geglaubt, Kölsch ist ein Bier, aber jetzt weiß ich: Es ist auch eine Sprache!
Radiomoderatorin: Jo, Kölsch es de einzich Sproch op der Welt, die mer och drinke kann. Und wann de de kölsche Sproch nit met der Muttermilch enjesaug häs, häs de et jo nit leich.
Bernhard: Genau, man hat es nicht leicht! Aber ich habe mich schon ein bisschen eingehört. Aber manchmal muss ich richtig Vokabeln lernen.
Radiomoderatorin: Z. B. „Halve Hahn"?
Bernhard: Ja, genau, da kann man nicht wissen, dass das ein Semmel mit Käse und Senf ist. Aber ich habe Freunde, die helfen mir. Und manches sagen wir in Österreich natürlich auch, „Et es wie et es", da sagen wir vielleicht „Da kann man halt nichts machen" oder so.
Radiomoderatorin: Ah, du kennst also schon das Kölsche Grundgesetz?
Bernhard: Na klar. „Et kütt wie et kütt" – es kommt wie es kommt.
Radiomoderatorin: Ohne das geht's hier auch nicht!
Bernhard: Ja, stimmt.
Radiomoderatorin: Ja, und jetzt ist ja bald Karneval. Das wird dir sicher gefallen. Die Jecken, also die Narren, treiben es wirklich bunt hier: Un eesch de Wiever an Wieverfastelovend!
Bernhard: Hm. Das hab' ich jetzt leider nicht verstanden.
Radiomoderatorin: Die Weiber, also die Frauen, an Weiberfastnacht. Das ist am Donnerstag vor dem Karnevalssonntag. Da feiern Tausende von Frauen in der Altstadt und in anderen Stadtteilen. Das musst du erleben!
Bernhard: Ah, na, da bin ich ja neugierig! Und den Rosenmontagszug möchte ich natürlich auch sehen.
Radiomoderatorin: Ja, unbedingt! Viel Spaß noch in Köln und danke für das Gespräch.
Bernhard: Bitte, gern.

🔊 23

Bankangestellte: Guten Tag. Was kann ich für Sie tun?
Rui: Guten Tag. Mein Name ist Rui Andrade. Ich hätte gern ein paar Informationen.
Bankangestellte: Ja, gern. Sind Sie schon Kunde bei uns?
Rui: Nein, aber ich möchte ein Konto eröffnen und habe einige Fragen.
Bankangestellte: Gern. Das macht meine Kollegin, Frau Glimpf. Ich sage ihr Bescheid. Sie können dort vorne so lange Platz nehmen.
Rui: Danke, das ist sehr freundlich.

🔊 24

Fr. Glimpf: Guten Tag Herr Andrade.
Rui: Guten Tag Frau Glimpf.
Fr. Glimpf: Gehen wir doch in mein Büro.
Rui: Gern.
Fr. Glimpf: Also, Sie möchten ein Konto eröffnen, ein Girokonto oder ein Sparkonto?
Rui: Ähm, Entschuldigung, ich kenne die deutschen Fachwörter nicht: Was ist denn der Unterschied?
Fr. Glimpf: Also, wenn Sie Geld anlegen wollen, dann können Sie das Geld auf ein Sparkonto einzahlen, z. B. auf ein Tagesgeldkonto. Da bekommen Sie Zinsen.
Rui: Aha. Geld zum Anlegen habe ich leider im Moment nicht. Ich bekomme mein Gehalt und muss meine Miete überweisen.
Fr. Glimpf: Dann brauchen Sie ein Girokonto. Haben Sie Ihren Pass oder Ausweis dabei? Den brauchen wir und …
Rui: Entschuldigen Sie, wenn ich Sie unterbreche. Wie sind denn Ihre Konditionen, also Ihre Bedingungen für Privatkunden? Ich habe gehört, dass man Gebühren für die Kontoführung bezahlen muss. Stimmt das?
Fr. Glimpf: Nein, nicht immer.
Rui: Das verstehe ich nicht. Können Sie das bitte genauer erklären?
Fr. Glimpf: Natürlich, gern.

🔊 25

Rui: Also. Ihre Bedingungen. Stimmt es, dass das Girokonto bei Ihnen nichts kostet?
Fr. Glimpf: Ja, genau.
Rui: Gut, und wenn ich Geld überweisen will, kostet das etwas?
Fr. Glimpf: Ohne Beleg kostet es nichts, mit Beleg 50 Cent pro Überweisung.
Rui: Entschuldigung, dass ich noch mal nachfrage: Was bedeutet „ohne Beleg" und „mit Beleg"?
Fr. Glimpf: „Ohne Beleg" bedeutet ohne Papierformular. Wenn Sie die Überweisung direkt hier an unserem Online-Terminal eingeben oder online überweisen, kostet es nichts.
Rui: Hm, verstehe. Und „mit Beleg" ist dann mit Papierformular.
Fr. Glimpf: Genau. Wenn Sie ein Überweisungsformular, also einen Beleg, am Schalter abgeben, kostet es 50 Cent.
Rui: Ach, ich habe noch eine Frage: Bekomme ich auch eine EC-Karte? Und was kostet die?
Fr. Glimpf: Die kostet 6,50 Euro im Jahr.
Rui: Ich habe aber gelesen, die Karte ist kostenlos.
Fr. Glimpf: Die ist kostenlos, wenn Sie nur Online-Kunde sind.

Rui: Aha, die ist kostenlos, wenn ich nur Online-Banking mache. Verstehe ich das richtig?
Fr. Glimpf: Ja, genau.
Rui: Aha. Also, dann möchte ich jetzt das Girokonto eröffnen und ich möchte mich auch für das Online-Banking anmelden.
Fr. Glimpf: Gut …

🔊 26

Rui: Guten Tag!
Polizist: Guten Tag. Wie kann ich Ihnen helfen?
Rui: Ich bin Rui Andrade. Ich möchte Anzeige erstatten.
Polizist: Ja, was ist denn passiert?
Rui: Mein Portemonnaie mit EC-Karte und Kreditkarte ist weg. Vielleicht habe ich es verloren, vielleicht hat man es mir aber auch gestohlen. Und bei der Bank hat man mir gesagt, wenn ich keine Anzeige erstatte, bezahlt die Versicherung nicht.
Polizist: Das ist möglich. Bitte beschreiben Sie jetzt kurz den Vorfall.

🔊 27

Rui: Das war so: Meine Frau und ich wollten gestern Nachmittag Geschenke kaufen und sind in ein paar Geschäfte gegangen. Als ich im letzten Geschäft bezahlen wollte, war mein Portemonnaie weg.
Polizist: Hm. Ja, und dann?
Rui: Nun, ich habe überall gesucht. Ich wusste, im vorletzten Geschäft hatte ich es noch, ich bin zurückgegangen und habe nachgefragt. Aber auch dort konnte mir niemand helfen.
Polizist: Hm, wir brauchen das bitte schriftlich. Hier ist das Formular. Bitte schreiben Sie alles ganz genau auf: wo, wann, um wie viel Uhr, wie viel Geld im Portemonnaie war usw.
Rui: Hm, gut.

🔊 28

Rui: Guten Tag.
Angestellter: Guten Tag.
Rui: Mein Name ist Rui Andrade. Ich wollte fragen: Hat vorgestern oder gestern jemand ein braunes Lederportemonnaie abgegeben?
Angestellter: Ähm, da muss ich kurz nachsehen. Hm, ja, gestern. Wo haben Sie es denn verloren?
Rui: Hm, ich weiß es nicht ganz genau. Ähm, wahrscheinlich in der Nähe von der Buchhandlung Groß.
Angestellter: O. k., und was war in dem Portemonnaie?
Rui: 250 Euro, meine EC-, meine Kreditkarte und alte Familienfotos.
Angestellter: Ja, das ist hier eingetragen. Warten Sie einen Moment. Ich hole es. Schauen Sie, hier ist es. Haben Sie Ihren Personalausweis oder Pass dabei?
Rui: Ja, hier, mein Pass.
Angestellter: Hm, gut. Hier ist Ihr Portemonnaie.
Rui: Danke, das ist ja wunderbar. Da freue ich mich sehr! Ich habe mir schon große Sorgen gemacht! Die Karten, man hört ja so viel. Ich hatte wirklich Angst.
Angestellter: Das glaube ich.
Rui: Ähm, noch eine Frage: Wer hat denn das Portemonnaie abgegeben? Ich möchte mich bedanken.
Angestellter: Es war eine junge Dame. Hier steht, wir dürfen ihren Namen und ihre E-Mail-Adresse an den Eigentümer weitergeben.

Transkriptionen

Rui: Oh, da bin ich aber froh! Ja, und wo hat sie das Portemonnaie gefunden?
Angestellter: Hier steht: am Bankautomaten neben der Buchhandlung Groß.
Rui: Mein Gott! Da habe ich aber Glück gehabt! Das ist ja wie im Märchen!
Angestellter: Ende gut, alles gut!
Rui: Ich möchte ihr sehr gern einen Finderlohn geben. Wie viel gibt man denn da?
Angestellter: Normal sind fünf Prozent.
Rui: Das sind ja nur 12,50 Euro! Nein, das ist viel zu wenig! Ich bin so glücklich! Ich möchte ihr aber erst mal schreiben. Sagen Sie mir bitte die E-Mail-Adresse?
Angestellter: Ihr Name ist Reimann. Die Mail-Adresse ist …

🔊 29

Sprecher: Vor langer, langer Zeit, als die Märchen noch wahr waren, stahl ein armer Mann einmal in einem Gasthaus eine alte, zerbrochene Pfeife. Er wollte sie reparieren und am Abend nach der schweren Arbeit zu Hause ein Pfeifchen rauchen. Aber jemand erstattete Anzeige und er kam ins Gefängnis.
Eines Tages bat er seinen Wächter: „Bring mich zum König. Ich will ihm einen großen Schatz geben." Als der Dieb vor dem König stand, gab er ihm eine kleine Schachtel. Der König öffnete sie und fand dort nur einen Birnenkern: „Das ist ja nur ein ganz normaler Birnenkern!"
Da sagte der arme Mann: „Ja, aber wenn Ihr ihn in die Erde legt, wächst bald ein Baum mit Birnen aus Gold." „Und warum hast du ihn nicht selbst gepflanzt?", fragte der König. Da antwortete der arme Mann: „Man kann ihn nur pflanzen, wenn man noch nie etwas gestohlen oder betrogen hat." Und der Mann sprach weiter: „Wenn doch, trägt der Baum nur ganz normale Birnen. Ich bringe Euch den Kern, denn Ihr habt bestimmt ein gutes Gewissen."
Der König aber erinnerte sich an seine Kindheit: „Als ich klein war, habe ich meiner Mutter eine Münze gestohlen und das darf niemand wissen." Und so rief er seinen Kanzler. Aber der Kanzler wollte auch nicht, denn er nahm manchmal Geld aus der Staatskasse. Der König rief nach dem Ersten Richter, aber der war korrupt und nahm Bestechungsgelder an. Und der General zahlte den Soldaten zu wenig Geld. Noch viele wichtige Leute kamen, aber niemand wollte den Kern pflanzen.
Da sagte der Dieb: „Keiner hier hat ein gutes Gewissen. Doch niemand von euch muss im Gefängnis sitzen wie ich! Aber ich habe nur eine alte, zerbrochene Pfeife gestohlen." Da schenkte der König dem Mann die Freiheit.

🔊 30

Arzthelferin: Hier Praxis Dr. Hofer, Ulrike Meinhardt. Guten Tag. Was kann ich für Sie tun?
Beate: Guten Morgen. Mein Name ist Beate Scheidt, ich hätte gern einen Termin bei Dr. Hofer.
Arzthelferin: Sind Sie schon Patientin bei uns?
Beate: Nein, noch nicht.
Arzthelferin: Hm, bei welcher Krankenkasse sind Sie versichert?
Beate: Ich bin bei der Allgemeinen Ortskrankenkasse.
Arzthelferin: O.k., bei der AOK. Ähm, wie wäre es heute in 14 Tagen? Das ist Donnerstag, der 12. März, um 11.30 Uhr.
Beate: Geht es nicht früher? Ich fühle mich sehr schlecht. Sie hören vielleicht, ich habe eine starke Erkältung.
Arzthelferin: Ja, das hört man.
Beate: Ja, und gestern Abend hatte ich auch hohes Fieber, 39,5. Und heute Morgen habe ich auch die Temperatur gemessen, da hatte ich noch 38,4. Außerdem habe ich schon die ganze Zeit starke Magenschmerzen. Kann ich vielleicht noch heute vorbeikommen?
Arzthelferin: Aber dann müssen Sie ohne Termin kommen und warten. Seien Sie bitte bis 10.00 Uhr da und vergessen Sie Ihre Versichertenkarte nicht.
Beate: Nein, die bringe ich bestimmt mit. Vielen Dank. Bis gleich.
Arzthelferin: Bis gleich dann.

🔊 31

Beate: Guten Morgen.
Arzthelferin: Guten Morgen.
Beate: Ich bin Beate Scheidt. Ich habe vorhin angerufen.
Arzthelferin: Ah ja. Da haben Sie mit meiner Kollegin gesprochen. Dann wollen wir mal: Sind Sie zum ersten Mal hier?
Beate: Ja.
Arzthelferin: Gut. Und wo sind Sie versichert?
Beate: Bei der AOK.
Arzthelferin: Haben Sie Ihre Versichertenkarte mitgebracht?
Beate: Ja, hier ist sie.
Arzthelferin: Prima. Und hier ist der Patientenbogen. Bitte füllen Sie den aus und bringen Sie ihn mir, wenn Sie fertig sind, ja? Sie können im Wartezimmer Platz nehmen. Dr. Hofer ruft Sie dann.
Beate: Gut, danke.

🔊 32

Dr. Hofer: Frau Scheidt, bitte.
Beate: Guten Tag Herr Doktor.
Dr. Hofer: Guten Tag. Kommen Sie bitte mit. Nun, Frau Scheidt, was führt Sie zu mir? Sie klingen ja ganz schön erkältet.
Beate: Ja, das stimmt. Aber das ist nicht der Hauptgrund.
Dr. Hofer: Nein? Welche Beschwerden haben Sie denn noch?
Beate: Ich habe dauernd starke Schmerzen.
Dr. Hofer: Was genau tut Ihnen denn weh?
Beate: Ja, ich habe Kopfschmerzen, Rückenschmerzen …
Dr. Hofer: Hm, Kopf- und Rückenschmerzen.
Beate: Ja, und Schmerzen in der Schulter, und besonders schlimm sind die Magenschmerzen.
Dr. Hofer: Hm, und Magenschmerzen. Und seit wann haben Sie alle diese Schmerzen?
Beate: Ähm, ich weiß nicht genau. Vielleicht seit vier Wochen.
Dr. Hofer: Hm, und seit wann sind Sie erkältet?
Beate: Seit einer Woche.
Dr. Hofer: Haben Sie Fieber?
Beate: Ja, gestern Abend hatte ich hohes Fieber, 39,5. Und heute Morgen hatte ich noch 38,4.
Dr. Hofer: Gut, dann will ich Sie erst mal untersuchen.

33

Dr. Hofer: Also, Frau Scheidt, Sie sind nicht sehr krank, aber Sie arbeiten zu viel und Sie haben zu viel Stress. Daher Ihre Schmerzen. Sie müssen sich unbedingt ausruhen.
Beate: Aber das geht doch nicht, ich muss doch arbeiten.
Dr. Hofer: Das interessiert jetzt nicht. Sie dürfen jetzt nicht arbeiten. Sie müssen sich erholen! Ich schreibe Sie für zwei Wochen krank.
Beate: Und was soll ich tun?
Dr. Hofer: Gehen Sie jeden Tag ein bisschen spazieren und schlafen Sie viel.
Beate: Und wie ist es mit meinem Magen? Muss ich eine Diät einhalten?
Dr. Hofer: Nein, Sie brauchen keine Diät einzuhalten. Sie können ganz normal essen.
Beate: Was heißt das, „normal"?
Dr. Hofer: Sie haben gesagt, bis jetzt haben sie nicht gefrühstückt und dafür mittags viel und abends sehr viel gegessen, richtig?
Beate: Ja das stimmt.
Dr. Hofer: Essen Sie besser alle drei bis vier Stunden kleine Portionen. Das ist besser für Ihren Magen.
Beate: Gut, das mache ich.

34

Dr. Hofer: Sie bekommen noch ein Rezept. Ich verschreibe Ihnen einmal etwas für Ihren Magen, „Gasteron Plus", ein pflanzliches Mittel.
Beate: Und wie soll ich das nehmen?
Dr. Hofer: Viermal täglich 20 Tropfen vor dem Essen. Außerdem…
Beate: Entschuldigung, einen Moment. Ich notiere das kurz. Viermal täglich 20 Tropfen.
Dr. Hofer: Genau. Und ich verschreibe Ihnen noch ein homöopathisches Mittel. Das stärkt Ihr Immunsystem.
Beate: Und wie muss ich das nehmen?
Dr. Hofer: Tagsüber alle vier Stunden: morgens, mittags, nachmittags und noch einmal abends, zwei Tabletten. Und vergessen Sie nicht: Wenn Ihre Erkältung besser ist, gehen Sie jeden Tag spazieren.
Beate: Wie lange ungefähr?
Dr. Hofer: Hm, am Anfang dürfen Sie nicht so lange gehen. Sie merken selbst, wenn Sie müde sind. Wenn es Ihnen besser geht, können Sie jeden zweiten Tag eine halbe Stunde schnell gehen.
Beate: Prima. Darf ich auch walken?
Dr. Hofer: Ja, klar, wenn es nicht zu anstrengend ist. Ich verschreibe Ihnen dann auch noch sechsmal Krankengymnastik für Ihren Rücken. Sie müssen Ihre Muskeln stärken. Hier im Haus ist eine gute Physiotherapie-Praxis.
Beate: Ja, das weiß ich von einer Freundin. Da mache ich gleich nachher einen Termin.

35

Vroni: Hey Isabella. Meine Italienerin aus Norddeutschland! Na, wie ist das Leben und Studium in Hildesheim?
Isabella: Super, aber ich brauche echt eine Pause, deswegen rufe ich an. Kann ich dich jetzt am Wochenende besuchen?
Vroni: Ja, klar!
Isabella: Prima, dann könnte ich auch mal die Sehenswürdigkeiten von München besichtigen.
Vroni: Welche Sehenswürdigkeiten möchtest du denn gern sehen?
Isabella: Ähm, es gibt da einen Park! Wie heißt der noch?
Vroni: Ah, der Englische Garten.
Isabella: Genau, mit dem chinesischen Turm!
Vroni: Ja, da können wir spazieren gehen. Im Moment haben wir super Sonnenschein und 21 Grad. Und das im Herbst. Aber hast du die Wettervorhersage gehört? Sie haben 11 Grad und starken Regen am Samstag für München vorhergesagt. Bring also warme Kleidung mit. Wie heißt es bei uns? „Es gibt kein schlechtes Wetter, nur falsche Kleidung".
Isabella: Hm, Mama mia, dann muss ich auf jeden Fall noch eine dicke Jacke kaufen. Hier in Norddeutschland windet es ja auch sehr.
Vroni: Und bei uns in Süddeutschland schneit es viel, aber keine Angst, erst im Winter. Also, dann gehen wir vor unserem Parkspaziergang erst noch eine Runde shoppen!
Isabella: Prima!

36

Vroni: Schau mal, Isabella, wir wollen shoppen gehen und schon ist ein Prospekt in meinem Briefkasten. Ein neuer Laden hat aufgemacht: „Mein Kleiderbügel" … Guck mal hier, wie findest du denn das Jäckchen mit der Kapuze? Das ist total praktisch.
Isabella: Jäckchen?
Vroni: Na, ich meine diese Sportjacke hier.
Isabella: Hm, aber die Jacke ist nicht warm genug. Die ist doch aus Baumwolle.
Vroni: Stimmt, du suchst ja was Warmes. Ah, vielleicht dann der Wintermantel, echt schick und ideal für den Winter in Bayern.
Isabella: Stimmt, und gar nicht teuer.
Vroni: Ja, wirklich nicht. Und ich suche noch einen Pullover für den Herbst.
Isabella: Aus Baumwolle oder Wolle? Ah, schau mal, der graue Wollpulli mit dem Rollkragen, der sieht klasse aus.
Vroni: Ja, der schaut echt sportlich aus, aber ich mag keine Rollkragen. Ich möchte lieber diesen Baumwollpulli mit V-Ausschnitt hier. Oh, das Blüschen ist aber hübsch. Findest du nicht?
Isabella: Gefällt dir die Bluse wirklich? Ich finde sie total altmodisch: weiß und mit kurzen Ärmeln!
Vroni: Na, aber das Röckchen ist doch total süß, oder?
Isabella: Der Rock ist doch viel zu kurz. Das ist wirklich ein Röckchen.
Vroni: Tja, die Geschmäcker sind eben verschieden oder wie heißt es: Über Geschmack lässt sich streiten!
beide: … Ja, richtig.

37

Vroni: Schau mal, hier im Schaufenster! Wie findest du den Wollpulli da?
Isabella: Welchen? Den blauen oder meinst du den hellgrünen da?
Vroni: Nein, diesen hier, den dunkelgrünen.
Isabella: Ich weiß nicht, er sieht altmodisch aus. Probier ihn doch mal an.
Vroni: Ich weiß nicht ….
Isabella: Jetzt lass uns mal reingehen.
Verkäuferin: Kann ich Ihnen helfen?
Vroni: Danke, wir möchten uns nur umschauen.
Verkäuferin: Gerne.
Isabella: Schau mal: Wie gefällt dir denn die Strickjacke? Die sieht wirklich schick aus.

Vroni: Welche? Die lange da?
Isabella: Nein, diese hier, die kurze.
Vroni: Meinst du, die steht mir?
Isabella: Bestimmt!
Vroni: Hm, aber der Baumwollpulli da sieht auch klasse aus.
Isabella: Welcher, der bunte?
Vroni: Ja, ja, genau der hier.
Isabella: Und wie gefällt dir das Modell?
Vroni: Welches Modell meinst du?
Isabella: Dieses hier in Lila.
Vroni: Passt das denn zu meinen neuen Jeans?
Isabella: Zu welchen?
Vroni: Na, zu den hellblauen.
Isabella: Ja, klar. Was meinst du, zu welchem Pulli passt meine Bluse hier am besten?
Vroni: Zu diesem, dem schwarzen Baumwollpulli.
Isabella: Hm, aber schau mal, wie findest du …

38

Verkäuferin: Kann ich Ihnen helfen?
Isabella: Ja, bitte, ich suche einen Mantel, einen Daunenmantel.
Verkäuferin: Daunenmäntel haben wir hier. Welche Größe haben Sie?
Isabella: 44.
Vroni: Isabella, das ist die italienische Größe. Ich denke, du hast ungefähr Größe 38.
Verkäuferin: Die Modelle in 38 haben wir hier.
Isabella: Haben Sie dieses Modell auch in Grün?
Verkäuferin: Leider nein, zurzeit haben wir Daunenmäntel nur in Braun, Schwarz und Weiß.
Isabella: Dann probiere ich den braunen. Wo kann ich den Mantel anprobieren?
Verkäuferin: Da vorne ist die Umkleidekabine. Na, passt der Mantel?
Isabella: Nein, der ist zu klein.
Verkäuferin: Dann probieren Sie ihn mal in 40, ich bringe ihn Ihnen. Passt der Mantel in Größe 40 besser?
Isabella: Ja, der passt genau. Vroni, was meinst du? Steht mir der Mantel?
Vroni: Ja, wirklich sehr gut, echt schick! Gefällt er dir nicht?
Isabella: Doch, ähm, eigentlich schon. Was kostet der Mantel denn?
Verkäuferin: Der kostet statt 159,89 Euro nur 89,90 Euro. Wir haben im Moment Eröffnungsangebote.
Vroni: Wow, das ist ja ein richtiges Schnäppchen.
Isabella: Ja, der Preis ist wirklich gut. Ich nehme ihn. Kann ich den Mantel eventuell wieder umtauschen?
Verkäuferin: Ja, das geht 14 Tage lang, aber nur mit Kassenbon.
Isabella: Alles klar, danke. Sagen Sie, kann ich auch mit Karte bezahlen?
Verkäuferin: Ja, mit EC- oder Kreditkarte. Da vorne ist die Kasse.
Isabella: Danke schön.
Verkäuferin: Nichts zu danken.
Vroni: Schau mal, Isabella. Da vorne gibt es Dirndl! Genau das Richtige für das Oktoberfest.

39

Jörg: Hallo Ruth, schön, dass du anrufst!
Ruth: Hallo Jörg, sag mal, wann fährst du jetzt nach Wien zum Filmfestival?
Jörg: In drei Tagen. Ich habe im Internet für Mittwoch schon eine Kinokarte reserviert, bei der Viennale muss man schnell sein.
Ruth: Ein Hotel hast du auch schon gebucht?
Jörg: Nee, das ist mir zu teuer.
Ruth: Na, aber für den Campingplatz ist es jetzt im Oktober wohl ein bisschen zu kalt!
Jörg: Du hast Ideen!
Ruth: Na, du willst doch auch nicht in einer Jugendherberge schlafen, oder?
Jörg: Nein, nein, nein, solche Reisen habe ich früher gemacht, aber jetzt gibt es etwas Neues.
Ruth: Und was?
Jörg: „Couch surfen" heißt das, das ist so eine Plattform im Internet, und da habe ich einen Wiener gefunden. Bei dem kann ich eine Woche wohnen und schlafen.
Ruth: Was, einfach so?
Jörg: Ja, kostenlos! Na ja, aber ich lade ihn natürlich mal zum Essen ein.
Ruth: Das heißt, du kennst den gar nicht und fährst einfach so hin?
Jörg: Wir kennen uns schon ein bisschen, wir haben ja schon zusammen telefoniert und Mails geschrieben.
Ruth: Na, da bin ich aber gespannt. Schreib mir mal ne' Mail aus Wien.
Jörg: Ja klar, mach ich.

40

Michael: Hallo, hier Berger.
Jörg: Hallo Michael, hm, es tut mir leid, ich bin spät dran – ich bin noch im Wien Museum. Bist du schon im Café?
Michael: Nein, ich stehe noch vor der Tür.
Jörg: Kannst du mir den Weg beschreiben, ich habe leider meinen Plan vergessen. So, ich gehe gerade aus dem Museum raus und jetzt?
Michael: Jetzt gehst du nach rechts, in Richtung Musikverein.
Jörg: O.k., den kenne ich.
Michael: Gut, du gehst jetzt links am Musikverein vorbei und dann gleich rechts in die Dumbastraße.
Jörg: O.k., rechts in die Dumbastraße, und dann?
Michael: Die Dumbastraße gehst du bis ans Ende weiter, da ist der Ring. Du weißt schon, das ist die breite Straße mit den Straßenbahnen. Da biegst du links ab, gehst den Ring ein Stück entlang und siehst dann auf der rechten Seite, also gegenüber von dir, die Oper.
Jörg: Ja, kein Problem, das finde ich.
Michael: Gut, vor der Oper biegst du rechts in die Kärntner Straße ein, die gehst du entlang bis zur Philharmonikerstraße – das ist gleich die erste Straße links hinter der Oper. Dort siehst du das Hotel Sacher und das Café.
Jörg: Ja gut, also ich beeile mich. Bis gleich.
Michael: Ah, ich sehe durchs Fenster einen freien Tisch bei der Eingangstür. Ich gehe schon mal rein! Bis gleich.
Jörg: Ja, bis gleich.

41

Moderatorin: Herr Schmalzbauer, Sie sind heute bestimmt sehr früh aufgestanden, nicht wahr?
Herr Schmalzbauer: Ja, das ist so in meinem Beruf als Marktstandler. Ab ca. 6 Uhr kommen die Kunden und da muss alles schon fertig sein, Obst und Gemüse müssen bereitliegen.
Moderatorin: Aber Sie arbeiten nicht allein an diesem Marktstand.
Herr Schmalzbauer: Richtig, der Stand gehört meinen Eltern und ich bin an vier Tagen pro Woche hier. An den anderen Tagen arbeitet meine Schwester mit.
Moderatorin: Und wie finden Sie die Arbeit?
Herr Schmalzbauer: Sehr gut! Ich mag die Arbeit im Freien – und natürlich den direkten Kontakt und die Gespräche mit den Kunden.
Moderatorin: Wer kauft denn am Naschmarkt ein?
Herr Schmalzbauer: Also wir haben viele Stammkunden, die regelmäßig einkaufen und die wir seit vielen Jahren kennen. Und dann gibt es auch viele Touristen, die schauen, dann Fotos machen und nur manchmal etwas kaufen.
Moderatorin: Und wo kaufen Sie ein?
Herr Schmalzbauer: Natürlich nur hier! Ich weiß ja, wo ich z. B. das beste Fleisch und ganz frischen Fisch bekomme. Manche Standler kenne ich schon seit meiner Kindheit …
Moderatorin: Was hat sich seit damals verändert?
Herr Schmalzbauer: Na ja, seit einigen Jahren gibt es immer mehr internationale Restaurants und Lokale. Die Marktstände sind nicht mehr das Wichtigste, viele Leute kommen einfach zum Essen oder Kaffeetrinken.
Moderatorin: Ja, das ist mir auch aufgefallen! Vielen Dank für das Gespräch.
Herr Schmalzbauer: Gern, und wenn Sie noch Obst brauchen …

42

Michael: Wollen wir übermorgen am Vormittag etwas gemeinsam unternehmen?
Jörg: Ja gern, ich habe noch keine Pläne für Samstagvormittag. Hast du eine Idee?
Michael: Ja, also, warst du schon auf dem Stephansdom?
Jörg: Im Dom war ich heut' Vormittag, aber auf dem Dom noch nicht. Kann man denn da rauf?
Michael: Ja, wenn man über 300 Stufen hinaufsteigt, dann hat man einen super Blick über die Stadt.
Jörg: Also, Treppen steigen? Hm, das mache ich eigentlich nicht so gern. Hm, aber so ein Blick von oben … Gibt es nicht auch Berge in der Nähe von Wien?
Michael: Ja, natürlich, den Kahlenberg zum Beispiel. Das ist eine super Idee, wir machen einen Ausflug auf den Kahlenberg. Ich kenne dort auch ein nettes Lokal. Da haben wir einen super Ausblick und können etwas essen.
Jörg: Ja, Essen mit Ausblick, das klingt gut. Da lade ich dich dann auch ein. Ich hoffe, dass das Wetter passt.
Michael: Ja, die Wettervorhersage ist ganz gut. Und, sag, am Abend, gehst du da wieder ins Kino?
Jörg: Ich weiß noch nicht genau, aber es gibt einen Dokumentarfilm über die wirtschaftliche Entwicklung von Indien. Möchtest du vielleicht mitkommen?
Michael: Ich glaub', das ist nichts für mich. Warum kommst du nicht mit mir ins Burgtheater?
Jörg: Hm, ja, das ist eine gute Idee, das ist mal was anderes. Was siehst du dir denn an?
Michael: Shakespeare, „Wie es euch gefällt".
Jörg: Na, das gefällt mir bestimmt! Da gehe ich mit.
Michael: Sehr schön, und was machst du am Nachmittag?
Jörg: Hm, am Nachmittag? Da schaue ich noch mal ins Viennale-Programm, ich habe mir einen Film markiert.
Michael: Oder du spielst mit uns „Mensch ärgere dich nicht"?
Jörg: Was?
Michael: Ja, an einem Samstagnachmittag im Monat spiele ich immer mit den Nachbarskindern. Das ist wirklich lustig.
Jörg: Hm, das muss ich mir noch mal überlegen. Also, nein, da sehe ich mir doch lieber einen Film an.
Michael: Na gut, wie es dir gefällt.

43

Jörg: Guten Tag.
Angestellter: Guten Tag. Bitte schön?
Jörg: Ich interessiere mich für Filme und möchte wissen, ob es auch Führungen zum Thema „Film" gibt.
Angestellter: Ja, die gibt es, z. B. die Führung „Der Dritte Mann – auf den Spuren eines Filmklassikers". Sie gehen durch Wien, sehen wichtige Drehorte und erfahren auch etwas über die Geschichte von diesem Film.
Jörg: Ah, das finde ich spannend. Können Sie mir sagen, wie lange die Führung dauert?
Angestellter: So ca. zwei Stunden.
Jörg: Hm, und wann ist die nächste Führung?
Angestellter: Morgen um 16.00 Uhr, die ist immer montags und freitags um 16.00 Uhr. Treffpunkt ist bei der U4-Station „Stadtpark", Ausgang „Johannesgasse".
Jörg: Können Sie mir auf dem Plan zeigen, wo der Treffpunkt ist?
Angestellter: Ja, schauen Sie hier, hier ist die U4-Station „Stadtpark".
Jörg: Ah ja, vielen Dank.
Angestellter: Ach, ich hab' da noch einen Tipp für Sie: Beim Naschmarkt gibt es ein Dritter-Mann-Museum mit Original-Filmplakaten und Ton- und Filmaufnahmen aus der ganzen Welt, vielleicht interessiert Sie das?
Jörg: Ja, sehr! Wissen Sie, ob das Museum heute noch offen ist?
Angestellter: Nein, tut mir leid, das ist ein Privatmuseum. Das hat nur an Samstagen offen.
Jörg: Schade, am Samstag bin ich nicht mehr in Wien. Ah, ich habe noch eine letzte Frage zu den Tickets für die öffentlichen Verkehrsmittel. Ich habe immer einen Einzelfahrschein genommen, habe aber gesehen, dass es auch Zeitkarten gibt. Jetzt bin ich noch drei Tage in Wien. Ich möchte gern wissen, welches Ticket da am besten ist.
Angestellter: Moment, hier ist ein Prospekt mit allen Informationen und Preisen.

Transkriptionen

🔊 44

Emma: Sag mal Tim, was willst du eigentlich nach dem Abitur machen?
Tim: Ich weiß noch nicht so genau. Bis zum Abitur sind es noch anderthalb Jahre. Aber es muss was Praktisches sein, am liebsten ein technischer Beruf.
Emma: Hm, das kann ich mir vorstellen. Du bist ja so gut in Mathe und Physik. Willst du Ingenieur werden?
Tim: Nein, das glaube ich nicht. Wahrscheinlich mache ich eine Lehre.
Emma: Wirklich? Aber studieren ist doch viel besser. Da hat man viel mehr berufliche Möglichkeiten.
Tim: Ja, aber eine Ausbildung dauert nicht so lange und man verdient sofort Geld.
Emma: Gut, aber das ist ja nicht so viel. Nach einem Studium verdient man besser und es gibt viel mehr interessante Jobs.
Rainer: Also Emma, das kannst du doch so nicht sagen! Als Handwerker hat man auch viele Möglichkeiten: Man kann z. B. eine eigene Firma eröffnen und viel Geld verdienen.
Emma: Ja, gut, Rainer. Aber viele Handwerker haben keine eigene Firma und verdienen nicht so gut. Und nach der Ausbildung in einen anderen Beruf wechseln, ist sehr schwer.
Rainer: Egal. Ich will auf jeden Fall nach dem Abitur eine Ausbildung machen, irgendwas im kaufmännischen Bereich, vielleicht Bankkaufmann.
Emma: Ah, Quatsch, ich versteh' dich nicht, Rainer! Wenn du Abi machst, kannst du doch auch studieren.
Rainer: Ja, ja, aber das dauert noch mal ein paar Jahre! Und ich bin die ganze Zeit von den Eltern abhängig. Nach der Ausbildung kann ich immer noch studieren.

🔊 45

Emma: Hm, sag du mal was, Sofia. Was meinst du?
Sofia: Mich darfst du das nicht fragen. Ich will am Ende vom Schuljahr von der Schule abgehen.
Alle: Wie? Was? Hä?
Rainer: Mensch Sofia, das hast du ja noch gar nicht erzählt! Wieso willst du denn nicht weitermachen? Dann fehlt doch nur noch ein Jahr und du hast das Abitur.
Sofia: Ja, klar. Aber ich hab' einfach genug vom Gymnasium, alles zu theoretisch. Ich hab' ja ein gutes Abschlusszeugnis aus der 10. Klasse. Ich möchte endlich was Praktisches machen. Da brauch' ich nur den Mittleren Abschluss.
Tim: Und weißt du schon was?
Sofia: Nicht so richtig. Aber vielleicht werde ich Physiotherapeutin oder Logopädin oder so was. Ich möchte was mit Menschen machen.
Emma: Na ja, da musst du aber auch zur Schule gehen. Und das dauert, glaube ich, drei Jahre. Ich denke, du hast genug von der Schule?
Sofia: Das ist aber was anderes. Gut, man geht jeden Tag zur Schule, aber in der Berufsfachschule lernt man ganz praktische Dinge für den Beruf und gleichzeitig macht man auch Praktika in einer Praxis oder Klinik. Also, man ist in der Schule und sammelt schon Berufserfahrung.
Emma: Das kann man aber auch machen, wenn man studiert. Man kann in den Semesterferien Praktika machen. So kann man ein paar Berufe kennenlernen.
Tim: Hör auf Emma, es hat keinen Zweck!

Sofia: Na ja, aber ich bin noch nicht ganz sicher, welcher Beruf der richtige ist. Ach ja, ich hab' die E-Mail-Adresse von unserer alten Klassenlehrerin, Frau Scholz bekommen, die arbeitet jetzt in der Berufsschule. Vielleicht kann die mich beraten.
Tim: Super, erzählst du mir dann, was sie gesagt hat?
Rainer: Mir auch, ja?
Sofia: Ja, klar, mach ich gern.

🔊 46

Herr Schmitz: Herein!
Sofia / Rainer: Guten Tag Herr Schmitz.
Herr Schmitz: Guten Tag. Nehmen Sie Platz … Was kann ich für Sie tun?
Sofia: Also … wir sind jetzt in der 11. Klasse und in der Schule haben wir über mögliche Berufe gesprochen. Wir sind ziemlich unsicher und verwirrt … gerade weil es so viele verschiedene Berufe gibt und so viele unterschiedliche Ausbildungs- bzw. Studienmöglichkeiten.
Herr Schmitz: Haben Sie schon eine Idee? Irgendeine Vorstellung von einem konkreten Beruf?
Rainer: Ich möchte vielleicht eine Ausbildung als Bankkaufmann machen. Mich interessiert die Uni eigentlich nicht, ich will nicht nur Theorie, sondern möchte auch praktische Erfahrungen sammeln.
Sofia: Ich hab mir sogar überlegt, die Schule nach der 11. zu schmeißen und einen Beruf im Sozialen Bereich zu erlernen, vielleicht Physiotherapeutin oder Logopädin … irgendwas mit Menschen. Das fänd' ich super. Und dafür brauch' ich ja das Abitur nicht.
Herr Schmitz: Also, wenn ich Sie recht verstehe, dann wollen Sie eigentlich deshalb eine Ausbildung machen, weil sie dann schon Praxiserfahrung sammeln und sich nicht nur theoretisches Wissen aneignen wollen, wie an der Uni.
Sofia / Rainer: Genau.
Her Schmitz: Haben Sie auch schon mal an ein duales Studium gedacht?
Sofia: Hm?
Rainer: Ich habe schon davon gehört, aber so genau weiß ich nicht, wie das funktioniert.

🔊 47

Herr Schmitz: Das duale Studium kombiniert das Hochschulstudium mit einer Berufsausbildung in einem Unternehmen.
Sofia: Aha, und wie sieht das konkret aus?
Herr Schmitz: Wenn Sie sich für ein duales Studium an einer Hochschule entscheiden, müssen Sie auch einen Vertrag mit einem Unternehmen abschließen, d. h. Sie absolvieren Ihre berufliche Ausbildung an zwei verschiedenen Lernorten, ähnlich wie bei der dualen Berufsausbildung. Nur dass Sie nicht die Berufsschule besuchen, sondern eine Hochschule. Sie erwerben also einen Abschluss in einem Ausbildungsberuf und durch den Hochschulbesuch auch gleichzeitig einen ersten berufsbefähigenden Hochschulabschluss, z. B. einen Bachelor of Arts oder Bachelor of Science. Das klingt etwas kompliziert, aber das heißt einfach Studium + Ausbildung gleichzeitig. Natürlich geht es hier um andere Berufe als beim dualen Ausbildungssystem.
Sofia: Und welche wären das z. B.?

Herr Schmitz: Ja, man hat die Qual der Wahl. In Deutschland haben wir über 400 duale Studiengänge. Und es werden immer mehr. Allerdings bietet nicht jede Hochschule alle Studienfächer an. Das hängt vom Bundesland oder von der jeweiligen Stadt ab. Die vier größten Studienbereiche sind Betriebswirtschaft, also BWL, Informatik, Ingenieurwesen und Sozialwesen. Im sozialen Bereich kann man z. B. Gesundheits- und Krankenpflege studieren. Hand in Hand vermitteln Hochschule, Berufsschule und Klinik alles Wichtige für die professionelle Pflege. Dabei erhält man gleich drei Abschlüsse: als Gesundheits- und Krankenpfleger, Gesundheits- und Kinderkrankenpfleger und als Bachelor of Science. Das dauert allerdings 4 Jahre.
Sofia: Wow. Das klingt ja echt cool.
Rainer: Und im kaufmännischen Bereich?
Herr Schmitz: Also da hätte man die Möglichkeit, BWL, Internationales Management oder im Marketingbereich zu studieren. Das kommt jetzt konkret auf das Unternehmen an. Gehen wir mal direkt auf die Internetseite www.ausbildung.de … Schauen Sie mal! Diese Bank bietet ein duales Studium in BWL oder Wirtschaftsinformatik an. Und bei dieser hier studieren Sie Bankwesen und werden gleichzeitig zum Bankkaufmann ausgebildet.
Rainer: Poh! Das ist ja supergut!

🔊 48
Sofia: Welche Voraussetzungen muss man erfüllen? Und wie läuft das mit der Bewerbung?
Herr Schmitz: Sie brauchen i. d. R. das Abitur oder ein Fachabitur. Und …
Sofia: Oh, dann muss ich doch das Abi machen …
Herr Schmitz: … ja und die Plätze sind extrem begehrt. Sie müssen sich mindestens ein Jahr vorher bei einem Ausbildungsbetrieb bewerben. Denn außer der hohen Qualifikation gibt es noch einen Vorteil: Man verdient schon Geld. Und positiv ist auch, dass man übernommen wird, d. h. das Risiko nach dem Studium arbeitslos zu sein, liegt eigentlich bei null Prozent.
Sofia: Und wo sind die Hochschulen?
Herr Schmitz: In größeren und kleineren Städten. Schauen Sie mal im Internet unter www.hochschulkompass.de nach. Dort finden Sie alle Studiengänge und die entsprechenden Hochschulen: Köln, Bonn, Stuttgart, Stralsund, Berlin, Heilbronn, Mannheim, Buxtehude, Aachen, Zittau …, von A–Z, alles dabei …
Rainer: Und wo bewirbt man sich?
Herr Schmitz: Direkt beim Unternehmen.
Sofia: Toll.
Rainer: Tja … Das war ja jetzt wirklich eine Entdeckung. Vielen Dank.
Sofia: Ja, super. Vielen Dank. Also da muss ich wirklich mal besser googeln. Könnt' ich vielleicht nochmal kommen?
Herr Schmitz: Natürlich gerne. Sie müssen sich nur vorher einen Termin geben lassen.
Rainer: Also dann Tschüss.
Sofia: Auf Wiedersehen.
Herr Schmitz: Viel Erfolg bei der Recherche. Auf Wiedersehen.

🔊 49
Hr. Bayer: So Frau Feld, nach unserer kleinen Vorstellungsrunde beginnen wir jetzt mal, einverstanden?
Laura: Natürlich, gerne.
Hr. Bayer: Vielleicht beschreiben Sie uns als Erstes einmal, wie Ihr bisheriger Ausbildungsweg war.
Laura: Also ich bin in Stuttgart zur Grundschule gegangen, vier Jahre wie üblich. Dann bin ich aufs Gymnasium gewechselt und habe das Abitur gemacht. Danach habe ich …
Hr. Bayer: Entschuldigen Sie, wenn ich kurz unterbreche. Wie war das denn in Ihrer Schulzeit? Haben Sie da mal ein Praktikum gemacht?
Laura: Ähm, ja. Also, wir hatten mal ein Schulpraktikum, 14 Tage. Da war ich in einer Apotheke.
Hr. Bayer: Hm, und wie fanden Sie das?
Laura: Interessant, aber Chemie finde ich noch besser. Und letztes Jahr habe ich in den Semesterferien ein dreimonatiges Industriepraktikum gemacht, bei den Chemischen Werken Kluthe in Heidelberg. Da habe ich viel praktische Erfahrung gesammelt.
Hr. Bayer: Aha. Die Praktika stehen aber gar nicht in Ihrem Lebenslauf. Warum eigentlich nicht? Die sind doch wichtig.
Laura: Ja, schon, ich wollte den Lebenslauf nur nicht zu lang machen.
Hr. Bayer: Erlauben Sie, dass ich Ihnen einen Rat gebe: Das sind sehr wichtige Informationen, die sollten auf jeden Fall in Ihrem Bewerbungsbrief und im Lebenslauf stehen.
Laura: Danke! Da habe ich wohl nicht richtig nachgedacht.
Hr. Bayer: Nicht so schlimm. Und nun zu Ihrem Studium. Erzählen Sie.
Laura: Nach dem Abitur habe ich direkt mit dem Chemiestudium angefangen. Neben dem Studium habe ich noch einen Fortbildungskurs „Methoden der Projektarbeit" absolviert.
Hr. Bayer: Aha, und wo haben Sie den gemacht?
Laura: Bei der WAV-Akademie in Tübingen. Das waren vier Wochenenden. Es war anstrengend. Aber wir haben sehr viel gelernt.
Hr. Bayer: Interessant. Sie schreiben in Ihrem Bewerbungsbrief, dass Sie Spezialkenntnisse in Analysemethoden haben. Eigentlich gehören Analysemethoden doch automatisch zum Chemiestudium, oder?
Laura: Ja, aber man macht im Pflichtstudium da nicht so viel. Ich habe zusätzlich einige freiwillige Seminare besucht, also zu speziellen Analysemethoden, zum Beispiel …

🔊 50
Hr. Bayer: Warum wollen Sie eigentlich gerade bei uns ein Praktikum machen?
Laura: Na ja, als ich Ihre Anzeige gesehen habe, habe ich gedacht: Die Anzeige passt genau zu meinem Profil. Ich studiere Chemie, habe mich in Analysemethoden spezialisiert und eine Fortbildung in Methoden der Projektarbeit gemacht. Ich denke, dass ich meine Kenntnisse hier gut anwenden kann und auch noch viel lernen kann.
Hr. Bayer: Hm, und?
Laura: Ja, außerdem kenne ich Ritter Sport schon sehr lange. Ich war schon oft mit Freunden in Waldenbuch, wir waren im Museum Ritter und im SchokoLaden, ich mag Ihre Schokolade! Ich hab' immer gedacht: Hier arbeiten, ist sicher schön.
Hr. Bayer: Na, fein. Was wissen Sie denn schon über unsere Firma?
Laura: Ich habe Ihre Webseite genau angeschaut: Und ich kenne jetzt die Geschichte Ihrer Firma. Ich habe auch gelesen, dass Sie …

T Transkriptionen

Hr. Bayer: Sehr gut, ich sehe schon, Sie haben sich gut informiert. Jetzt würde ich gerne noch wissen: Was wollen Sie denn nach dem Praktikum machen?
Laura: Natürlich möchte ich zuerst einmal mein Bachelor-Studium abschließen. Danach, da bin ich noch nicht sicher. Vielleicht mache ich noch den Master in Chemie.

🔊 51

Hr. Bayer: Hm, und darf ich noch etwas Persönliches fragen?
Laura: Ja, bitte.
Hr. Bayer: Was machen Sie denn so in Ihrer Freizeit?
Laura: Na ja, im Moment habe ich sehr wenig Freizeit. Ich muss sehr viel lernen. Aber ich gehe auf jeden Fall zweimal in der Woche joggen und am Samstagabend treffe ich mich meistens mit Freunden. Dann gehen wir zusammen weg, ins Kino oder so. Ich lese auch sehr gerne, aber da fehlt im Moment die Zeit.
Hr. Bayer: Hm, gut, danke. Jetzt haben wir Sie schon so viel gefragt. Haben Sie selbst noch Fragen?
Laura: Ja, ähm, wie viele Stunden arbeitet man denn hier pro Woche?
Hr. Bayer: 38.
Laura: Aha. Und ähm, also, darf ich fragen: Bezahlen Sie Ihren Praktikanten etwas?
Hr. Bayer: Ja, als Praktikantin erhalten Sie 600 Euro im Monat.
Laura: Das ist ja prima!
Hr. Bayer: Schön! Möchten Sie sonst noch etwas wissen?
Laura: Nein, danke, im Moment nicht.
Hr. Bayer: Gut, dann können wir jetzt zum Schluss kommen.

🔊 52

Laura: Ich habe gerade gesehen, dass Sie 18 Abteilungen haben. Darf ich ein paar Fragen stellen?
Hr. Bayer: Ja, bitte.
Laura: Was ist denn der Unterschied zwischen Marketingabteilung und Vertrieb? Ich dachte, der Vertrieb macht auch das Marketing.
Hr. Bayer: Nein, der Vertrieb bereitet den Verkauf vor und fördert ihn mit verschiedenen Methoden. Die Marketingabteilung macht die Werbung. Sie kennen ja bestimmt unseren Spruch: „quadratisch, praktisch, gut" – den haben sich die Leute in der Marketingabteilung ausgedacht.
Laura: Ja, ein Superspruch. Den kennt wirklich jeder! Und in der Controlling-Abteilung bzw. in der Buchhaltung, was wird da gemacht?
Hr. Bayer: Da werden z. B. Rechnungen kontrolliert und die Steuern überprüft.
Laura: Aha. Und mein Arbeitsplatz ist in der Abteilung „Analytik und Rohstoffsicherheit", oder?
Hr. Bayer: Ja, aber zuerst lernen Sie noch ein paar Wochen lang andere Abteilungen kennen, z. B. den Wareneingang. Da werden die Rohstoffe angenommen, die wir für unsere Schokolade brauchen, also z. B. Kakao, Zucker oder Nüsse. Und natürlich die Produktion. Da können Sie lernen, wie unsere Schokolade hergestellt wird.
Laura: Oh, das freut mich aber, das ist ja alles sehr interessant.
Hr. Bayer: Ja, bestimmt. Aber jetzt machen wir erst mal einen kleinen Rundgang durch das Werk.
Laura: Sehr gerne, ich bin wirklich schon gespannt.

🔊 53

Laura: Ich hätte noch einige Fragen, geht das?
Hr. Bayer: Natürlich. Was möchten Sie denn wissen?
Laura: Ich habe gelesen, Sie haben Gleitzeit. Gilt das auch für Praktikanten?
Hr. Bayer: Ja, aber das kommt auf die Abteilung an. Die „Analytik und Rohstoffsicherheit" z. B. muss von 6.00 bis 23.00 Uhr besetzt sein. Deshalb arbeiten sie da in Schichten. Die werden von der Abteilung organisiert.
Laura: Aha.
Hr. Bayer: Vielleicht haben Sie später ein eigenes Projekt, dann können Sie Ihre Arbeitszeit selbst bestimmen.
Laura: Also, normalerweise arbeitet man ja 7,6 Stunden. Wie sieht es denn mit Überstunden aus? Darf ich Überstunden machen?
Hr. Bayer: Ja, aber Sie dürfen maximal zehn Stunden am Tag arbeiten. Die Überstunden können Sie später wieder abbauen.
Laura: Hm, und wie wird die Arbeitszeit kontrolliert?
Hr. Bayer: Sie erhalten einen Werksausweis. Mit dem werden die Türen geöffnet und die Arbeitszeit kontrolliert.
Laura: Aha, jetzt habe ich nur noch zwei Fragen: Wie sieht es denn mit der Kantine aus?
Hr. Bayer: Sie können da essen wie unsere festen Mitarbeiter. Unser Essen ist sehr gut und gesund.
Laura: Prima. Meine letzte Frage: Ich muss ja jeden Tag mit dem Bus fahren. Bekomme ich vielleicht einen Zuschuss zu den Fahrtkosten?
Hr. Bayer: Ja, wenn Sie mit öffentlichen Verkehrsmitteln fahren, bekommen Sie einen Zuschuss, wenn Sie mit dem Auto fahren, nicht.
Laura: Wunderbar. Ich danke Ihnen sehr!
Hr. Bayer: Nichts zu danken und viel Spaß und Erfolg bei uns!
Laura: Danke, ich freue mich schon sehr.

🔊 54

Linus: Hallo Niclas, wie geht es dir?
Niclas: Hallo Linus. Danke, gut. Ich muss heute aber noch viel lernen, morgen schreibe ich eine Klausur.
Linus: Lernen!? Die Semesterferien beginnen doch! Keine Uni, keine Seminare, keine Vorlesungen – die vorlesungsfreie Zeit! Drei Monate Sommer, Sonne und Erholung! Die beste Zeit des Jahres und du willst lernen? Sind denn alle rumänischen Studierenden so fleißig?
Niclas: Naja, du weißt doch, Medizin studieren bedeutet …
Linus: Ja, ja, ich weiß – lernen, lernen und noch mehr lernen. Ich muss in den Semesterferien auch zwei Seminararbeiten schreiben, aber ich will auch eine Reise machen. Ich habe eine sehr nette Erasmus-Studentin aus Portugal kennengelernt, Camila. Wir machen diesen Sommer eine Europareise. Und du?
Niclas: Ich möchte auch Urlaub machen, klar. Neue Energie tanken, wie man so sagt. Viel draußen sein, Sport machen, z. B. Rad fahren, wandern, schwimmen … Weißt du, was mein Traum ist? Einmal mit einem Paragleiter zu fliegen! Und ich möchte Deutschland kennenlernen. Ich finde Deutschland echt interessant. Und bis jetzt habe ich kaum etwas gesehen.
Linus: Hm, Urlaub in Deutschland …, das klingt natürlich auch nicht schlecht. Ich war früher mit meinen Eltern in den Ferien oft in Deutschland unterwegs. Warte mal, ich habe ein paar Reisetipps für dich …

55

Linus: Schau hier … „Du bist sportlich und möchtest viel erleben? Dann bist du bei uns im Nationalpark Berchtesgaden genau richtig!" Na, das passt doch perfekt! Was sagst du!?
Niclas: Ja, das gefällt mir. Ich finde die Ostsee auch total attraktiv, aber ich denke, viel Bewegung und Berge, das passt besser zusammen. Meinst du, es ist sehr touristisch dort?
Linus: Ja, also natürlich gibt es in den Alpen viele Touristen. Ich habe gelesen, dass immer mehr Deutsche ihren Urlaub lieber in Deutschland als im Ausland verbringen. Ich denke, es hat drei Gründe: Es ist billiger, man muss keine Fremdsprache sprechen und es ist mindestens genauso schön wie touristische Ziele im Ausland.
Niclas: Ich brauche auch noch einen Reisepartner oder eine Reisepartnerin. Allein in den Urlaub zu fahren, das macht keinen Spaß.
Linus: Ja, das kann ich gut verstehen … Ah!, ich habe eine Idee: Guck doch im Reiseforum der Uni nach. Dort findest du bestimmt jemanden, der auch in die Alpen fahren möchte!

56

Niclas: Hallo, … Entschuldigung, bist du Pia? Ich habe deine Anzeige im Reiseforum gelesen … Mein Name ist Niclas …
Pia: Ah, hallo Niclas. Ja, die Anzeige habe ich erst vor zwei Tagen gepostet. Hättest du Lust in die Berge zu fahren?
Niclas: Ja, ich möchte sehr gern in die Alpen fahren.
Pia: Und wann hast du Zeit?
Niclas: Für mich ist es Anfang August am besten. Ich bin flexibel, es sind ja Semesterferien.
Pia: Im August kann ich leider nicht. Ich habe einen Ferienjob, aber September wäre super.
Niclas: Gut, dann September. Es ist auch nicht mehr so heiß und auf jeden Fall weniger los. Die Ferien sind vorbei und ich denke, man kann sehr gut wandern.
Pia: Cool! Bist du auch so ein Outdoor-Fan wie ich? Ich war schon als Kind mit meinem Vater und meinem Bruder oft wandern und im Winter Ski fahren. Machst du auch Wander-Touren?
Niclas: Nein, das nicht, bei mir zu Hause ist es nicht so populär wie in Deutschland. Aber ich möchte es gern ausprobieren. Fit bin ich schon, nur richtige Wanderschuhe muss ich mir noch kaufen.
Pia: Wollen wir uns morgen zum Mittagessen treffen und alles besprechen. Was denkst du?
Niclas: Ja, gute Idee. Dann bis morgen!

57

Niclas: Hallo Pia, wie geht's?
Pia: Hallo Niclas, danke, sehr gut. Schön dich kennenzulernen.
Niclas: Ja, toll, dass es so gut geklappt hat! Also ich habe ein bisschen im Netz recherchiert und ein paar Informationen über verschiedene Unterkünfte in den Berchtesgadener Alpen gefunden. Sehr schön, gute Lage, aber am teuersten ist das Wellnesshotel Panorama …
Pia: Hm, das klingt interessant, aber ich glaube, das können wir uns nicht leisten …
Niclas: Ja, da hast du recht. Das nächste ist der Landgasthof Watzmann. Gutes Essen mit regionalen Produkten, 4 Doppelzimmer mit Wlan und Badezimmer, die Preise sind in Ordnung …
Pia: Und wo liegt der Gasthof?
Niclas: Leider nicht so günstig, in die Berge muss man mit dem Bus fahren.
Pia: Aha, und die Jugendherberge?
Niclas: Sie ist preiswert, liegt gut, aber natürlich sind auch viele Leute dort, also ruhig ist es nicht …
Pia: Eigentlich hätte ich Lust, auch mal im Zelt zu übernachten. Ein bisschen Abenteuer, was meinst du?
Niclas: Ja, klar! Gern. Der Campingplatz ist ja auch die günstigste Option und die Lage ist echt super! Mitten in den Bergen. Traumhaft. Hast du ein Zelt? Ich leider nicht.
Pia: Nein, ich auch nicht, aber ich kann mir ein Zelt von meinem Bruder leihen. Der übernachtet nur noch in einem Hotel.

58

Gabi: Hallo Pia, na, erzähl mal, wie war der Urlaub mit Niclas?
Pia: Es war richtig schön, Niclas ist ein toller Reisepartner. Wir haben uns sehr gut verstanden.
Gabi: Prima, das freut mich. Und seid ihr wirklich mit dem Paragleiter geflogen?
Pia: Klar! Es hat richtig Spaß gemacht!
Es war am letzten Tag. Wir haben den ganzen Abend darüber gesprochen. Niclas hat sich sehr auf den Flug gefreut und hat zu mir gesagt: „Ich bin mir sicher, das wird fantastisch!" Am nächsten Tag ist dann alles sehr schnell gegangen. Wir sind mit Rudi und Hans, den beiden Tandem-Lehrern, zum Ausgangspunkt gefahren. Ganz schön weit oben, über 2000 Meter hoch. Dann haben sie uns erklärt, wie es geht, und schon war der Gleitschirm mit uns in der Luft …
Gabi: Aber hattest du denn überhaupt keine Angst?
Pia: Und wie! Der Schirm ist in der warmen Luft schnell nach oben gestiegen, wir waren total nah an den Bergen. Ich glaube, am Anfang wurde ich vor Angst ganz blass. Es war faszinierend, aber auch ein komisches Gefühl. Ich bin zusammen mit Rudi geflogen und dachte nur, hoffentlich weiß er, was er tut. Aber er hat nur gesagt: „Der Anfang ist immer etwas hart, aber dann wird es einfach nur super!"
Gabi: Wow, das hört sich spannend an!
Pia: Ja, es war unglaublich, man sieht die Berge und die ganze Landschaft aus einer völlig anderen Perspektive. Man hängt in der Luft, aber nach einer Weile gewöhnt man sich daran und kann den Flug genießen. Am Ende durfte ich auch kurz den Schirm lenken – so etwas habe ich noch nie erlebt, es war einfach wunderbar! Als wir dann gelandet sind, lachte Niclas und meinte nur: „Du wirst noch eine Supersportlerin!"
Gabi: Tolles Erlebnis! Und … wie ist Niclas?!
Pia: Also er …

72

Sprecherin: 1. Heller 2. Ohrsen 3. Möller 4. Löhrmann 5. Mockel 6. Kehler

74

Sprecher: 1. der Sohn – die Söhne; 2. die Tochter – die Töchter; 3. der Ton – die Töne; 4. der Boden – die Böden; 5. der Rock – die Röcke; 6. das Wort – die Wörter; 7. der Korb – die Körbe; 8. der Kloß – die Klöße

Transkriptionen

77
Sprecher: 1. Tang – 2. Renker – 3. Sinnbach – 4. Bronk

82
Sprecher: 1. Kiehn – Kühn; 2. Griener – Gruner; 3. Künnemann – Kunnemann; 4. Hirtner – Hurtner

88
Sprecher: Jacke – Bluse – Hose – Tasche

92
Fremdenführer: Und hier, meine Damen und Herren, befinden wir uns auf dem Josefsplatz. Dieser Drehort ist sehr wichtig für den „Dritten Mann". Denn hier lag die Wohnung von der Hauptfigur des Films, Harry Lime, gespielt von Orson Welles. Der Drehort hat sich bis heute praktisch nicht verändert. Den sollten Sie unbedingt fotografieren. Gut, dann gehen wir weiter.

95
Sprecherin: 1. Feier – 2. Bäume – 3. heiß – 4. Laute – 5. Mais – 6. euer – 7. aus – 8. freuen – 9. Raum – 10. Reis

97
Stefania: Hallo und guten Morgen! 400 Berufe, die man dual studieren kann! Das wissen in Italien nur wenige. Und sicher ist es interessant für euch zu erfahren, wie ich zum dualen Studium gekommen bin. Im Rahmen von unserem Thema „duales Studium" möchte ich euch heute meinen Weg vorstellen, den ich als ausländische Jugendliche gegangen bin. Meine Präsentation gliedert sich in vier Punkte: Erstens: Was habe ich vor dem dualen Studium gemacht, und wie habe ich davon erfahren? Zweitens: Welchen Studiengang habe ich gewählt? Drittens: Wie funktioniert mein duales Studium? Und viertens: Wie gefällt mir das duale Studium?

98
Stefania: Zu Punkt 1 „Was habe ich vorher gemacht und wie habe ich vom dualen Studium erfahren?": Ihr wisst, dass ich aus Italien komme und vorher einen Bachelor-Studiengang in Fremdsprachen absolviert habe, mit Deutsch und Englisch. Ich wollte nach Deutschland, aber was sollte ich dort tun? Zuerst habe ich im Internet recherchiert. Aber das machte mich total konfus. Dann habe ich mit deutschen Freunden gesprochen. Schließlich habe ich mich an das Informationsbüro des DAAD gewendet. Dort hat man mir erklärt, dass das duale Studium auch für ausländische Studierende nach einem Bachelor-Studiengang interessant sein kann. Es ist eine Art Ergänzung zum bisherigen Studium. Wirtschaft und Finanzwesen haben mich auch schon immer interessiert. Und so habe ich nach einem passenden Studium gesucht.

99
Stefania: Das führt mich zu Punkt 2: „Welchen Studiengang habe ich gewählt?" Beim DAAD hat man mir verschiedene Internetseiten gezeigt, die ich dann zu Hause in Ruhe angeschaut habe. Mein Ziel war es, einen zweisprachigen Studiengang zu finden, so dass ich auch meine Englischkenntnisse weiter nutzen konnte. Die Wahl fiel auf „International Business", wo ich zwei Fremdsprachen brauche, und auch Italienisch von Vorteil ist.

100
Stefania: Und damit komme ich zu Punkt 3, den ich in drei Unterpunkte gegliedert habe: Ausbildungsort, Aufgaben, Einkommen. Zunächst zu Punkt 3.1.: Die duale Hochschule und auch das Unternehmen sind in einer kleinen Stadt im Süden Deutschlands. Die Firma ist international bekannt und hat mehrere Filialen im Ausland, auch in Italien. Nun zu Punkt 3.2.: Meine Aufgaben sind Marketing, Produkt- und Projektmanagement und Controlling. Fremdsprachenkenntnisse und eine interkulturelle Kompetenz sind sehr wichtig, da ich viele direkte Auslandsbeziehungen habe. Und nun zum letzten Unterpunkt: das Einkommen. Während des Studiums bin ich finanziell unabhängig, man verdient so zwischen 900 und 1200 Euro. Das variiert aber in Bezug auf Studienjahr und auch auf die Firma.

101
Stefania: Damit komme ich schon zu meinem letzten Punkt, Punkt 4: Wie gefällt mir das duale Studium? Ich muss zugeben, es ist sehr arbeitsintensiv, manchmal sogar ziemlich stressig. Man hat kaum Freizeit. Das Studium ist auch sehr verschult. Ich bin natürlich auch etwas älter als die anderen Studierenden, die direkt von der Schule kommen. Aber das duale Studium ist eine ideale Ergänzung für meinen Bachelor, und toll ist wirklich die Sicherheit des Arbeitsplatzes und die finanzielle Unabhängigkeit. So, das war ein kurzer Überblick über meinen Weg von Italien nach Deutschland, von der Uni zum dualen Studium hierher. Danke fürs Zuhören und wenn ihr Fragen habt, gerne.

103
Sprecher: der Lehrer – die Lehrerin; der Fahrer – die Fahrerin; der Übersetzer – die Übersetzerin; der Pfleger – die Pflegerin; der Arbeiter – die Arbeiterin; der Maler – die Malerin; der Verkäufer – die Verkäuferin; der Bäcker – die Bäckerin

104
Sprecher: der Sportler – die Sportlerin; der Mediziner – die Medizinerin; der Handwerker – die Handwerkerin; der Mechaniker – die Mechanikerin; der Trainer – die Trainerin; der Musiker – die Musikerin

105
Sprecher: – Auslandspraktikum – Berufspraktikum – Betriebspraktikum – Praktikumsbezahlung – Industriepraktikum – Praktikumsmesse – Pflichtpraktikum – Praktikumsplatz – Schulpraktikum – Praktikumszeugnis

🔊 108
Sprecher: 1. Reetmann – Rettmann, 2. Nehl – Nähl; 3. Delling – Dähling; 4. Mehler – Mäller; 5. Hebbel – Häbel

🔊 109
Sprecherin: Ostsee; angenehme; gehen; lesen; Segelbooten; Ferien; Regenwetter; jeden; vorher; sehe; sehr; gehe; Café; Tee; lese; erst; Ferien

🔊 110
Sprecherin: Und nun der Wetterbericht für morgen Freitag, 18. Juli: Im Norden ist es sonnig und warm. Die Temperaturen liegen bei 25 Grad am Tag und 18 Grad in der Nacht. Im Osten ist es den ganzen Tag bewölkt. Im Süden ist es zuerst bewölkt, am Nachmittag und Abend regnet es dann. Die Temperaturen fallen dort in der Nacht auf 13 Grad. Am Samstag scheint wieder überall die Sonne.

🔊 111
Sprecherin: Hallo Clemens, hier ist Tina. Ich glaube, ich kann heute nicht mitkommen. Ich arbeite immer noch an meinem Referat. Das muss bis Mittwoch fertig sein. Außerdem muss ich am Samstag und Sonntag den ganzen Tag meinem Chef helfen, denn einer von unseren Kollegen ist krank geworden. Und am Montag habe ich einen Arzttermin – da wartet man immer ziemlich lange im Wartezimmer. Ab Donnerstag habe ich wieder Zeit.

🔊 112
Sprecherin: Eine wichtige Durchsage für unsere Kunden, die ihr Auto in unserer Tiefgarage geparkt haben. Durch das starke Gewitter und den Regen ist in unserer Tiefgarage der Strom ausgefallen. Es gibt dort im Moment kein Licht. Wir bitten deshalb alle Kunden, nicht in den Keller zu gehen, sondern im Erdgeschoss zu warten. Die Elektriker sind gekommen. Wir schätzen, dass es ungefähr 10 Minuten dauern wird, bis wir wieder Strom haben. Wir danken Ihnen für Ihr Verständnis.

🔊 113
Sprecherin: Guten Tag Frau Koch. Carola Schleifer hier, Arztpraxis Dr. Rapp. Sie hatten heute einen Termin um 16 Uhr. Leider hat Dr. Rapp einen wichtigen Hausbesuch und kann nicht rechtzeitig zurück sein. Er ist erst wieder um 18 Uhr in der Praxis. Haben Sie da Zeit? Wenn nicht, kann ich Ihnen einen Termin morgen um 14 Uhr oder am Montag um 10 Uhr anbieten.

🔊 114
Sprecherin: Hallo Dominik, hier ist Sibel. Wir müssen unbedingt ein Geschenk für Kathrin kaufen. Sie hat gestern im Internet einen tollen Spiegel für ihre Diele gefunden. Der hat uns beiden gut gefallen. Patrick will ihr etwas für die Küche, Geschirr oder einen Kochtopf schenken. Das finde ich aber zu unpersönlich. Eine große Pflanze fürs Wohnzimmer ist auch nicht schlecht, aber sie hat eine Katze, die will dann bestimmt auf die Pflanze klettern. Wie findest du meinen ersten Vorschlag, den Spiegel?

🔊 115
Hannah: Nächste Woche haben wir frei, keine Vorlesungen, keine Übungen. Dann können wir uns endlich ein bisschen ausruhen. Es gibt im Leben nicht nur Lernen und Studieren.
Julian: Na ja, nur ausruhen geht auch nicht. Vergiss nicht, wir haben viel zu erledigen. Und das Semester ist noch nicht zu Ende.
Hannah: Stimmt, am Montag müssen wir unsere WG putzen. Wir beide sind diese Woche an der Reihe. Aber am Dienstag möchte ich endlich noch einmal in den Bergen wandern. Beim Wandern brauche ich an nichts zu denken, keine Vorlesung, keine Klausuren …
Julian: Wandern in den Bergen? Dann müssen wir erst über 100 Kilometer mit dem Auto fahren. Das ist mir zu anstrengend. Und abends dann wieder zurück. Wenn du unbedingt Sport machen willst, können wir auch Rad fahren.
Hannah: Wenn du mein Rad reparierst, das schon seit Wochen kaputt ist …
Julian: Ok, ich repariere dein Rad und dann machen wir eine Radtour. Aber am Mittwoch müssen wir uns mit Tim treffen und über das Referat sprechen. Ich schlage vor, wir treffen uns in der Uni-Bibliothek.
Hannah: Das geht nicht: Der Lesesaal der Bibliothek ist nächste Woche geschlossen. Wir können das Referat auch irgendwo draußen auf dem Campus besprechen. Wenn das Wetter schön ist, setzen wir uns auf eine Wiese und bringen auch etwas zu essen und zu trinken mit. Das ist ja in der Bibliothek verboten.
Julian: Gut. Das machen wir. Und am Donnerstagabend haben wir einen Termin für eine Wohnungsbesichtigung. Wir müssen ja spätestens am 1. August hier ausziehen.
Hannah: Nein, der Termin ist erst am Sonntagabend. Da hast du irgendetwas verwechselt. Am Donnerstag müssen wir mit Caroline zur Abschlussfeier in die Uni. Sie hat uns doch eingeladen.
Julian: Oh, das habe ich fast vergessen. Und was machen wir am Freitag?
Hannah: Ich will mir ein paar neue Klamotten für den Sommer kaufen. Du kommst mit und berätst mich. Sonst verkaufen die Verkäufer mir wieder irgendetwas, was mir nicht gefällt.
Julian: Das mache ich gerne.
Hannah: Aber am Samstag brauche ich etwas Kultur. Im Theater spielt man den „Faust" von Goethe.
Julian: Das wusste ich gar nicht. Für einen Germanistikstudenten wie mich ist das natürlich ein „Muss".

T Transkriptionen

🔊 116
Frau: Die Miete beträgt 500 Euro plus Nebenkosten.
Mann: Und ist die Wohnung möbliert?
Frau: Das Wohnzimmer ist möbliert. Es gibt ein Sofa, ein Regal und einen kleinen Tisch. In der Küche ist eine moderne Einbauküche mit Elektroherd.
Mann: Gibt es auch eine Waschmaschine?
Frau: Ja, vom Vormieter. Dafür möchte er eine Ablöse von 200 Euro.
Mann: Sind die Möbel auch vom Vormieter?
Frau: Nein. Die sind neu.

🔊 117
Mann: Wie war die Party bei Julius? Und was gab es zu essen?
Frau: Die Party war wirklich super. Julius wollte eigentlich Würstchen grillen, aber dann hat es geregnet und wir sind reingegangen. Die Würstchen liegen immer noch im Kühlschrank. Zum Glück hat seine Mutter eine leckere Kartoffelsuppe gekocht. Die haben wir dann gegessen. Marion wollte auch kommen und Kuchen mitbringen.
Mann: Und ist sie gekommen?
Frau: Ja, aber wie immer erst spät und den Kuchen hat sie vergessen.
Mann: Das ist mal wieder typisch für sie.

🔊 118
Frau 1: Was sollen wir auf der Hochzeit von Antonia bloß anziehen?
Frau 2: Ich ziehe ein langes Kleid an. Du hast doch auch eins?
Frau 1: Ich habe ein langes Sommerkleid, aber das kann ich auf einer Hochzeit im November nicht anziehen. Das ist zu kalt. Ich ziehe eine Hose an.
Frau 2: Eine Hose auf einer Hochzeit? Das geht gar nicht. Dann zieh doch deinen schwarzen Rock mit einer bunten Bluse an. Das sieht schick aus.
Frau 1: Ich weiß nicht. Kannst du mir kein Kleid leihen? Du hast doch so viele?
Frau 2: Das kann ich machen. Komm, wir schauen mal in meinen Kleiderschrank.

🔊 119
Frau: Wenn du alles ins Auto gelegt hast, können wir losfahren.
Mann: Ich finde meine Sonnenbrille nicht. Weißt du nicht, wo sie ist?
Frau: Die steckt doch schon in meiner Handtasche. Aber hast du die Landkarten eingepackt?
Mann: Landkarten? Ich habe ein Navigationsgerät, das uns den Weg zeigt.
Frau: Haha!! Beim letzten Mal hat uns dein Navi in die falsche Richtung geschickt.
Mann: Aber jetzt habe ich es aktualisiert. Es funktioniert ganz sicher.
Frau: Ich vertraue dem Ding nicht. Zur Sicherheit nehme ich die Karten mit.

🔊 120
Mann 1: Guten Tag. Ich habe mein Portemonnaie verloren.
Mann 2: Wo genau haben Sie es denn verloren?
Mann 1: Irgendwo hier im Einkaufszentrum, vielleicht in einem Geschäft. Ich weiß es nicht so genau.
Mann 2: Was war im Portemonnaie? Kreditkarte? Bargeld?
Mann 1: Nur mein Ausweis und Geld.
Mann 2: Wie viel Bargeld hatten Sie dabei?
Mann 1: Nur noch ein paar Münzen, 3, 4 Euro und ein paar Centstücke. Ich war ja einkaufen hier im Einkaufszentrum und habe alles ausgegeben.

🔊 121
Moderatorin: Guten Abend, Mathias. Du kommst aus der Region, aber du lebst schon seit 2 Jahren in Berlin.
Mathias: Ich habe in Stuttgart Abitur gemacht und bin dann zum Studium nach Berlin gegangen.
Moderatorin: Warum so weit? Das sind über 500 Kilometer. Hast du in der Nähe keinen Studienplatz bekommen?
Mathias: Der Studienplatz war nicht das Problem. Ich wollte einfach weg, eine andere Stadt kennen lernen und unabhängig sein.
Moderatorin: Wie haben deine Eltern reagiert, als du ihnen gesagt hast, dass du raus willst aus dem „Hotel Mama"?
Mathias: Meine Mutter konnte mich gut verstehen. Sie hat selbst studiert, in Frankreich. Ihre Eltern fanden das damals nicht gut, sie hat aber gemacht, was sie wollte.
Also, wie gesagt, für meine Mutter war das kein Problem. Aber mein Vater war sehr traurig – ich bin ja der Jüngste von vier Geschwistern.
Moderatorin: Sind deine Geschwister auch in andere Städte gezogen?
Mathias: Meine beiden Brüder haben in Stuttgart studiert, meine Schwester in Tübingen. Sie sind also in der Region geblieben.
Moderatorin: Aber jetzt bist du zurückgekommen. Warum?
Mathias: Zurückgekommen – das stimmt nicht ganz. Es sind Semesterferien und ich habe am 1. August ein Praktikum bei einer Schokoladenfabrik hier in der Region anfangen. Das Praktikum dauert bis Ende September. In dieser Zeit lebe ich natürlich im „Hotel Mama". Aber Anfang Oktober fahre ich nach Berlin zurück.
Moderatorin: Aber in den Weihnachtsferien kommst du doch wieder hierher, oder?
Mathias: Weihnachten ist etwas Besonderes. Das kann man nicht ohne Familie feiern. Na klar, dann bin ich wieder hier.
Moderatorin: Mathias, ich danke dir für das Gespräch und wünsche dir viel Spaß im Praktikum.

Quellen

Bildquellen

Cover: 1 Corbis (Tom Johnson/Blend Images), Berlin; **2** Shutterstock (Andrey Yushkov), New York; **Innenteil: 12.1** Thinkstock (chuckchee), München; **12.2** Thinkstock (Purestock), München; **12.3** Thinkstock (Digital Vision.), München; **12.4** Thinkstock (Mike Watson Images), München; **12.5** Thinkstock (Monkey Business Images/Stockbroker), München; **14.1** Thinkstock (Mike Watson Images), München; **15.1** Shutterstock (Africa Studio), New York; **16.1** Anne Reinker, Ostbevern; **16.2** Shutterstock (jmarkow), New York; **16.3** Thinkstock (Thinkstock), München; **20.1** Thinkstock (Pavel Losevsky), München; **20.2** Thinkstock (sjhaytov), München; **20.3** Zürich Tourism; **20.4** Zürich Tourism/Elisabeth Real; **21.1** Thinkstock (piovesempre), München; **21.2** Thinkstock (hanohiki), München; **22.1** Zürich Tourism; **24.1** Thinkstock (Top Photo Corporation), München; **24.2** Thinkstock (monkeybusinessimages), München; **25.1** Thinkstock (AlexBrylov), München; **25.2** Thinkstock (AlexBrylov), München; **28.1** Thinkstock (KayTaenzer), München; **28.2** Thinkstock (rclassenlayouts), München; **28.3** picture-alliance (Ralph Goldmann), Frankfurt; **28.4** Shutterstock (Regien Paassen), New York; **28.5** Thinkstock (Jasmin Awad), München; **30.1** Thinkstock (Arndale), München; **30.2** Nathalie Dampmann (Nathalie Dampmann), Salzbergen; **30.3** akg-images, Berlin; **30.4** koelnmesse; **32.1** Fotolia.com (Syda Productions), New York; **33.1** Thinkstock (ules_Kitano), München; **33.2** DIE KOELNER Agentur für Kommunikation (© Privatbrauerei Gaffel), Köln; **33.3** Wikimedia Commons (CC-BY-SA-3.0 (Superbass)), San Francisco; **33.4** Thinkstock (Issaurinko), München; **36.1** Fotolia.com (mag), New York; **36.2** Fotolia.com (mag), New York; **36.3** Fotolia.com (Maksim Kabakou), New York; **38.1** Imago (Jochen Tack), Berlin; **40.1** Klett-Archiv (Markus Hess), Stuttgart; **44.1** Fotolia.com (dessauer), New York; **44.2** Fotolia.com (benjaminnolte), New York; **44.3** Fotolia.com (benjaminnolte), New York; **46.1** Shutterstock (racorn), New York; **46.2** Thinkstock (tetmc), München; **48.1** Deutsches Röntgenmuseum, Remscheid; **48.2** Shutterstock (Everett Historical), New York; **52.1** Thinkstock (whilerests), München; **52.2** Shutterstock (George Dolgikh), New York; **52.3** Fotolia.com (firstflight), New York; **52.4** Fotolia.com (sonjanovak), New York; **53.1** Shutterstock (Ruslan Kudrin), New York; **53.1a** Thinkstock (greyj), München; **53.2** Thinkstock (demidoffaleks), München; **53.3** Shutterstock (Michael Kraus), New York; **53.4** Thinkstock (Evgenii Karamyshev), München; **53.5** Fotolia.com (the_lightwriter), New York; **53.6** Thinkstock (shutswis), München; **53.7** Thinkstock (SteveCollender), München; **53.8** Thinkstock (Aboli), München; **54.1** Shutterstock (Avatar_023), New York; **54.2** Shutterstock (fiphoto), New York; **56.1** Michael Nagy/Presse- und Informationsamt München; **56.2** Interfoto (Sammlung Rauch), München; **56.3** Fotolia.com (Elena kouptsova-vasic), New York; **56.4** SZ Photo/Süddeutsche Zeitung Photo; **57.1** picture-alliance (Claus Schunk), Frankfurt; **60.1** Thinkstock (TongRo Images), München; **60.2** Shutterstock (Claude Beaubien), New York; **60.3** Thinkstock (riderfoot), München; **60.4** Thinkstock (Kenishirotie), München; **60.5** Klett-Archiv (Angela Fitz-Lauterbach), Stuttgart; **61.1** VIENNALE, Wien; **62.1** Dreamstime.com (Stroie Mihai Razvan), Brentwood, TN; **62.2** Imago (Photoshot/Construction Photography), Berlin; **62.3** Hotel Sacher Wien; **62.4** Shutterstock (Lipskiy), New York; **62.5** Imago (xinhua), Berlin; **62.6** Shutterstock (Radu Bercan), New York; **64.1** Fotolia.com (photo 5000), New York; **67.1** Fotolia (DigiClack), New York; **68.1** Thinkstock (urfinguss), München; **68.2** Shutterstock (bikeriderlondon), New York; **68.3** Shutterstock (S_L), New York; **68.4** Thinkstock (g-stockstudio), München; **68.5** Shutterstock (Valeriy Velikov), New York; **72.1** Fotolia (FM2), New York; **76.1** Alfred Ritter GmbH & Co. KG, Waldenbuch; **78.1** Alfred Ritter GmbH & Co. KG, Waldenbuch; **78.2** Alfred Ritter GmbH & Co. KG, Waldenbuch; **78.3** Alfred Ritter GmbH & Co. KG, Waldenbuch; **78.4** Alfred Ritter GmbH & Co. KG, Waldenbuch; **80.1** Alfred Ritter GmbH & Co. KG, Waldenbuch; **80.2** Klett-Archiv (Katja Schüch), Stuttgart; **80.3** Alfred Ritter GmbH & Co. KG, Waldenbuch; **84.1** Thinkstock (fredcardoso), München; **84.2** Fotolia (shorty25), New York; **84.3** Thinkstock (Michael Leidel), München; **84.4** Thinkstock (zwawol), München; **84.5** Fotolia (Increa), New York; **88.1** Thinkstock (Janoka82), München; **88.2** Fotolia (Syda Productions), New York; **88.3** Fotolia (Syda Productions), New York; **88.4** Fotolia (Syda Productions), New York; **89.1** Fotolia (freefly), New York; **97.1** Thinkstock (kowalska-art), München; **106.1** Shutterstock (Pakkad Sah), New York; **112.1** koelnmesse; **115.1** Shutterstock (Robert Kneschke), New York; **119.1** Fotolia.com (Niko Endres), New York; **121.1** Thinkstock (jwblinn), München; **123.1** Fotolia (Picture-Factory), New York; **131.1** Deutsches Röntgen-Museum, Remscheid; **143.1** Fotolia.com (Janina Dierks), New York; **160.1** Alfred Ritter GmbH & Co. KG, Waldenbuch; **170.1** Shutterstock (emberiza), New York; **171.1** Fotolia (freefly), New York; **172.1** Thinkstock (B.SCHMID/amanaimagesRF), München; **172.6** Thinkstock (Mark Skerbinek), München; **172.2** Thinkstock (Marko Mijatov), München; **172.3** Thinkstock (Kwangmoozaa), München; **172.4** Thinkstock (Ryan McVay), München; **172.5** Thinkstock (Eskemar), München; **172.7** Thinkstock (Medioimages/Photodisc), München; **172.8** Thinkstock (Jupiterimages), München; **172.9** Thinkstock (peplow), München; **172.10** Thinkstock (Michael Blann), München; **175.1** Thinkstock (Ryan McVay), München; **175.2** Thinkstock (piovesempre), München; **175.3** Shutterstock (bikeriderlondon), New York; **175.4** Thinkstock (Jean-philippe WALLET), München; **175.5** Thinkstock (cyano66), München; **175.6** Thinkstock (Mike Watson Images), München; **175.7** Shutterstock (fiphoto), New York; **175.8** Freilichtspiele Schwäbisch Hall (Freilichtspiele Schwäbisch Hall/Jürgen Weller), Schwäbisch Hall; **175.9** Fotolia (Edenwithin), New York; **175.10** Shutterstock (Pakkad Sah), New York; **175.11** Shutterstock (Colorlife), New York; **175.12** Shutterstock (Voysla), New York; **175.13** Shutterstock (Batshevs), New York; **175.14** Shutterstock (tele52), New York; **175.15** Shutterstock (Bakai), New York; **175.16** Shutterstock (Happy Art), New York; **175.17** Shutterstock (G7 Stock), New York; **185.1** Fotolia.com (Niko Endres), New York

Q Quellen

Textquellen

S. 41: „Das Märchen vom Dieb und dem Birnenkern", chinesisches Volksmärchen, neu erzählt von Ilse Sander
S. 48–49: Informationen und Fotos mit freundlicher Genehmigung von: Deutsches Röntgen-Museum, Remscheid
S. 76–81: Informationen, Fotos und Logo mit freundlicher Genehmigung von: Alfred Ritter GmbH & C. KG, Waldenbuch
S. 111: Grafik „Deutsche Studierende Im Ausland im Jahr 2013" ©Statistisches Bundesamt, Wiesbaden 2015

CD-Impressum

Aufnahmeleitung: Ernst Klett Sprachen GmbH, Stuttgart
Produktion: Bauer Studios GmbH, Ludwigsburg
Sprecher: Robert Atzlinger, Hannah Beirer, Jonas Bolle, Chantal Busse, Coleen Clement, Kim Engelhardt, Philipp Falser, Andrea Frater-Vogel, Martin Haider, Anuschka Herbst, Bettina Höfels, Annette Kuppler, Stephan Moos, Mario Pitz, Stefanie Plisch de Vega, Sarah Ravizza, Marcelo Rodríguez, William Schulz, Inge Spaughton, Michael Speer, Martin Trenner, Johannes Wördemann
Tontechnik: Bauer Studios GmbH, Ludwigsburg
Presswerk: Optimal media GmbH, Röbel / Müritz